Dorothee Wolf

Ökonomische Sicht(en) auf das Handeln

Institutionelle und Evolutorische Ökonomik

Herausgegeben von
Birger P. Priddat – Josef Wieland – Gerhard Wegner – Reinhard Penz

Band 28

1 Birger P. Priddat, Gerhard Wegner (Hg.): Zwischen Evolution und Institution
2 Reinhard Penz und Holger Wilkop (Hg.): Zeit der Institutionen – Thorstein Veblens evolutorische Ökonomik
3 Gisela Kubon-Gilke: Verhaltensbildung und die Evolution ökonomischer Institutionen
4 Henner Schellschmidt: Ökonomische Institutionenanalyse und Sozialpolitik. Gustav Schmoller und John R. Commons als Vertreter einer sozialreformerisch ausgerichteten Institutionenökonomie
5 Helge Peukert: Das Handlungsparadigma der Nationalökonomie
6 Gerhard Wegner, Josef Wieland (Hg.): Formelle und informelle Institutionen – Genese, Interaktion und Wandel
7 Reinhard Penz: Legitimität und Viabilität. Zur Theorie der institutionellen Steuerung der Wirtschaft
8 Gregor Brüggelambert: Institutionen als Informationsträger: Erfahrungen mit Wahlbörsen
9 Josef Wieland: Die Ethik der Governance
10 Jens Weiß: Umweltpolitik als Akteurshandeln
11 Oliver Budzinski: Wirtschaftspolitische Implikationen evolutorischer Ordnungsökonomik
12 Carsten Herrmann-Pillath: Evolution von Wirtschaft und Kultur. Bausteine einer transdisziplinären Methode
13 Horst Hegmann: Die Verfassung der kulturell fragmentierten Gesellschaft
14 Carsten Herrmann-Pillath: Kritik der reinen Theorie des internationalen Handels, Band 1: Transaktionstheoretische Grundlagen
15 Siegfried Frick, Reinhard Penz, Jens Weiß (Hg.). Der freundliche Staat. Kooperative Politik im institutionellen Wettbewerb
16 Peter Mücke: Unternehmensgrenzen und Arbeitsmärkte. Ein Beitrag zur Interaktion normativer Verhaltenssteuerung und marktlicher Kontrolle
17 Falk Reckling: Interpretative Handlungsrationalität. Intersubjektivität als ökonomisches Problem und die Ressourcen der Hermeneutik
18 Beate Männel: Sprache und Ökonomie
19 Oliver Volckart: Wettbewerb und Wettbewerbsbeschränkung in Politik und Wirtschaft. Deutschland in Mittelalter und Früher Neuzeit
20 Sandra Hartig: Alterssicherung in der Industrialisierung
22 Uta-Maria Niederle: Institutionenwandel am Beispiel von vertraglicher Versicherung
23 Peter Saeverin: Transcendence matters! Institutioneller Wandel in der Hindu-Welt als transitionale Verschränkung von globalem Wettbewerb und lokalem Nicht-Wettbewerb (dharma)
24 Marco Lehmann-Waffenschmidt, Alexander Ebner, Dirk Fornahl (Hg.): Institutioneller Wandel, Marktprozesse und dynamische Wirtschaftspolitik
25 Carsten Herrmann-Pillath: Kritik der reinen Theorie des internationalen Handels. Band 2: Evolutionäre Politische Ökonomie
26 Josef Wieland (Hg.): Governanceethik im Diskurs
27 Birger P. Priddat: Strukturiertr Individualismus. Institutionen als ökonomische Theorie

Dorothee Wolf

Ökonomische Sicht(en) auf das Handeln

Ein Vergleich der Akteursmodelle
in ausgewählten Rational-Choice-Konzeptionen

Metropolis-Verlag
Marburg 2005

Bibliografische Information Der Deutschen Bibliothek

Die Deutsche Bibliothek verzeichnet diese Publikation in der Deutschen Nationalbibliografie; detaillierte bibliografische Daten sind im Internet über <http://dnb.ddb.de> abrufbar.

Metropolis-Verlag für Ökonomie, Gesellschaft und Politik GmbH
Bahnhofstr. 16a, D-35037 Marburg
http://www.metropolis-verlag.de
Copyright: Metropolis-Verlag, Marburg 2005
Alle Rechte vorbehalten
  ISBN 3-89518-513-2

Für meine Eltern Anne und Dieter Wolf

Vorwort

Die vorliegende Untersuchung entstand als Dissertation am Lehrstuhl für Volkswirtschaftslehre und Philosophie der Fakultät für Wirtschaftswissenschaft in Witten/Herdecke. Wie ich in meiner Arbeit gezeigt habe, sind die Interpretation der Umgebung und die Kommunikation mit anderen Akteuren wesentliche Bestimmungsgrößen für das Handeln rationaler Akteure sowie die Resultate dieses Handelns. In diesem Sinne möchte ich hier die »Handlungsumgebung« meiner selbst als Autorin dieses Buches ausleuchten und würdigen.

Besonders wichtige Unterstützung wurde mir durch Prof. Dr. Birger P. Priddat zuteil, der meine Denkprozesse durch originelle Anregungen und Fragen beförderte, ohne mich dabei jedoch auf seine Ideen festzulegen. Mein herzlicher Dank gilt ihm über diese inhaltliche Begleitung hinaus auch dafür, dass er mir in praktischen Angelegenheiten stets unkompliziert und äußerst zuvorkommend zur Seite stand. Ebenso danke ich Prof. Dr. Michael Hutter für anregende Gespräche sowie einen wertvollen Hinweis zur Gliederung. Die Angestellten der Universität Witten/Herdecke in Studierendensekretariat und Promotionsbüro zeigten sich mir gegenüber immer gut organisiert und hilfsbereit.

Finanziert wurde die Arbeit durch ein Promotionsstipendium und einen Druckkostenzuschuss der Hans-Böckler-Stiftung, der hiermit dafür gedankt sei. Sie stellte mir auch einen Vertrauensdozenten zur Seite, der das Projekt kritisch begleitete.

Konstruktive Anregungen und kritische Rückfragen zur Konzipierung erhielt ich von Sabine Reiner, Ralf Käpernick, Änneke Winckel, Jens Weiß, Kai Eicker-Wolf, Silke Naused, Michael Wohlgemuth und Marco Tullney, dem ich außerdem für seine Hilfe beim Layout danke. Olaf Karitzki begleitete mich während des Prüfungsverfahrens mit Tipps und Anteilnahme.

Für seine kritisch-konstruktive Kommentierung der kompletten Arbeit danke ich Torsten Niechoj, der auch bei konkretem Diskussionsbedarf oder technischen Schwierigkeiten stets seine Unterstützung anbot. Jan Limbers verdanke ich ebenfalls zahlreiche hilfreiche Rückfragen und Einwände zum vollständigen Typoskript. Für Kommentare und Kritik zu Teilen der Arbeit danke ich Mathias Veeser, Andreas Schwarz, Martina Denk, Maja Tölke, Holger Kindler, Timmo Scherenberg und Timo Jovicic.

Ein sehr herzlicher Dank gilt Georg Fülberth, der in der Phase der Promotion wie auch in meinem bisherigen wissenschaftlichen Leben mit kritischen und herausfordernden Fragen, durchdachten Vorschlägen sowie Interesse und Bestätigung präsent war. Gerd Brücker danke ich für sein Verständnis und seine Rücksichtnahme auf meine Arbeitssituation. Christoph Ellinghaus begleitete mich während des Lebensabschnitts, in dem das Buch entstand.

Über das bereits Gesagte hinaus erfuhr ich Empathie und Anteilnahme an den Mühen und Erfolgen des Promotionsprozesses von Maja Tölke und Martina Denk, von meinen Eltern, meinen Schwestern Karin und Christine sowie von der Gorki-WG in Erfurt und ihrem Umfeld. Ohne diese Unterstützung wäre die Arbeit sicherlich so nicht möglich gewesen.

Erfurt, im Juni 2005
Dorothee Wolf

Inhaltsverzeichnis

Abbildungsverzeichnis 13

Kapitel 1
Einleitung 15
1.1 Aufspannen des theoretischen Raums 16
      1.1.1 Grundzüge der Welt des Methodologischen
            Individualismus 17
      1.1.2 Individualhandeln als Rational Choice 20
1.2 Fragen an die rationalen Akteure 21
1.3 Auswahl der Theoriewelten und Gang der
     Untersuchung 23

I
ÖKONOMISCHE MODELLE
VON WELTEN UND HANDLUNGEN

Kapitel 2
›Homo Oeconomicus‹: Die Neoklassik 29
2.1 Handeln als Markttausch und Budgetmanagement 30
2.2 Rationalität und das Modell der Entscheiderin 41
2.3 Diskussion 44
2.4 Resümee 49

Kapitel 3
Entscheiden bei unbekannter Zukunft: Leonard J. Savage . . . 51
3.1 Handeln als Wahl zwischen Lotterien 55

	3.1.1	Savage-Entscheiderin und Handlungswahl	61
	3.1.2	Savages Postulate über Präferenzen	65
3.2	Diskussion		70
	3.2.1	Empirische Einwände und Plausibilitätserwägungen	70
	3.2.2	Probleme der Interpretation	80
	3.2.3	Anforderungen an den Akteur	86

Kapitel 4
Systematische Fehleinschätzungen: Kahneman und Tversky . . 89

Kapitel 5
Alltagshandeln als Produktion und Investition: Gary S. Becker . 95

5.1	Handeln als Produktion von Zielgütern	96
5.2	Präferenzen als Bestimmungsgrößen für Handlungen	105
	5.2.1 Stellenwert und Definition des Präferenzbegriffs	105
	5.2.2 Exogenität und Invarianz von Präferenzen	110
	5.2.3 Verhaltensvariationen	114
5.3	Exkurs: Präferenzen in Beckers Spätwerk	116
5.4	Diskussion	119
	5.4.1 Ungenauigkeiten und Defizite der Modellierung	119
	5.4.2 Unternehmen als Vorlage für ein Handlungsmodell?	123
	5.4.3 Gesamteinschätzung	129

Kapitel 6
Tausch von Verfügungsrechten: James S. Coleman 133

6.1	Handeln als Transaktion von Kontrollrechten	134
6.2	Entwürfe zu einem komplexen Konzept der Entscheiderin	144
	6.2.1 Das Selbst	145
	6.2.2 Interessenwandel und -genese	150
6.3	Diskussion	158

Kapitel 7
Institutionen und shared mental models: Douglass C. North . . . 169

7.1	Handeln im institutionellen Umfeld	170
7.2	Akteure und Gedankenmodelle	174
7.3	Einschätzung	180

Kapitel 8
Nutzenproduktion und situative Ziele: Siegwart Lindenberg .. 183
8.1 Anforderungen an eine leistungsfähige Individualtheorie ... 184
8.2 Handeln als Nutzenproduktion mit Frames 190
    8.2.1 Soziale Produktionsfunktionen 190
    8.2.2 Variation von Zielen durch Framing 197
8.3 Diskussion 208
8.4 Vorschlag für eine Zusammenführung 215

II
WELCHE RATIONALITÄT(EN)?

Kapitel 9
Rationale Akteure in den rationalen Theoriewelten 223
9.1 Das Spektrum 226
    9.1.1 Neoklassik 227
    9.1.2 Savage 229
    9.1.3 Kahneman und Tversky 233
    9.1.4 Becker 237
    9.1.5 Coleman 240
    9.1.6 North 244
    9.1.7 Lindenberg 247
9.2 Theoretischer Autismus? 253
    9.2.1 Fiktives Zusammentreffen der
          Entscheidungsträgerinnen 253
    9.2.2 Heterogenität und Familienähnlichkeiten –
          ein Zwischenergebnis 259
    9.2.3 Ein Versuch: Der Multi-Processing-Akteur 262
9.3 Zusammenfassung und Fazit 272

Kapitel 10
›Oeconomia Nova‹ – ein Ausblick 279
10.1 Fehlfarben im Spektrum 279
10.2 Rationale Akteure als Grundlage der Ökonomie? 290

Literaturverzeichnis 295

Abbildungsverzeichnis

1.1 Makro-Mikro-Makro-Schema nach Coleman, Esser, Weiß .. 19

2.1 Cobb-Douglas-Produktionsfunktion, Isoquantenform 32
2.2 Cobb-Douglas-Produktionsfunktion bei partieller Faktorvariation 33
2.3 Haushaltsgleichgewicht 35
2.4 Substitution aufgrund einer Preiserhöhung 37
2.5 Angebot und Nachfrage auf einem Gütermarkt 38
2.6 Edgeworth-Box 39

3.1 Beispiel für eine Konsequenzenmatrix nach Savage 57
3.2 Beispiel für eine Nutzenmatrix nach Savage 59
3.3 Entscheidungsproblem nach Allais 75
3.4 Entscheidungsproblem nach Ellsberg 75

4.1 Bewertungsfunktion nach Tversky und Kahneman 90
4.2 Entscheidungsgewicht (π) nach Tversky und Kahneman ... 93

5.1 Überblick über Handlungsziele bei Becker 109

8.1 Grundmuster der Erklärung nach Lindenberg und Wippler 184
8.2 Überblick über Handlungsziele bei Lindenberg 192
8.3 Framebasierter Entscheidungsprozess bei Lindenberg 202
8.4 Zusammenstellung aller Lindenbergschen Handlungsmotive . 216

9.1 Entwicklungslogische Abfolge der behandelten Akteursmodelle 224
9.2 Die Handlungswahl in der Neoklassik 227
9.3 Die Handlungswahl bei Savage 230
9.4 Die Handlungswahl bei Kahneman und Tversky 235

9.5	Die Handlungswahl bei Becker	237
9.6	Die Handlungswahl bei Coleman	242
9.7	Die Handlungswahl bei North	245
9.8	Die Handlungswahl bei Lindenberg (ohne Frameeinfluss)	248
9.9	Die Handlungswahl bei Lindenberg (integrierte Variante)	251
9.10	Familienähnlichkeiten zwischen den Akteursmodellen	260
9.11	Der Multi-Processing-Akteur	263
10.1	Trust Game nach Smith	288

Grafiken 2.1-2.6 orientieren sich an gängigen Lehrbuchdarstellungen. Die übrigen entstammen, sofern nicht durch den Zusatz »nach« markiert, meinem Entwurf.

Kapitel 1

Einleitung

»Die zentrale Annahme des RC-Ansatzes lautet, dass Individuen rational handeln und dass man aus diesem individuellen Handeln auf das Verhalten von Kollektiven schließen könne.« (Schmitt 1996, S. 111)

In dieser Knappheit lässt sich das theoretische Vorgehen mikroökonomischer Rational-Choice-Theorien im Kern charakterisieren. Die vergleichsweise enorme Simplizität des Grundprinzips kann man als Vorzug dieses Theorieansatzes preisen, verdankt er ihr doch Plausibilität und Nachvollziehbarkeit. Zugleich wird eben diese Eigenschaft häufig zum Anlass genommen, Rational-Choice-Erklärungen als trivial und tautologisch abzuqualifizieren und sie mit dieser Begründung nicht ernst zu nehmen. Die Anwendungsfelder, für welche Rational-Choice-Erklärungen genutzt werden, nehmen indes zu. War und ist das ursprüngliche Anwendungsgebiet mikroökonomischer Modelle die Erklärung von Marktgrößen wie Preisen und Mengen, rückten vor allem seit den 1970er Jahren vermehrt Fragestellungen, die über Gütertransaktionen auf Märkten hinausgehen, ins Interesse handlungswissenschaftlicher Theorien – z. B. in Bezug auf politische Wahlen, ökologisches Handeln oder Kriminalität, die hier stellvertretend für zahlreiche weitere Felder stehen. Im Zuge dessen diffundierte diese genuin ökonomische Methodologie in ihre sozialwissenschaftlichen Nachbardisziplinen hinein, in denen somit nun gewissermaßen Ökonomik außerhalb der Ökonomie betrieben wird. Im Zuge dieser Entwicklung wird bisweilen schon der Anspruch erhoben, jegliche Phänomene und Prozesse, die mit menschlichem Handeln verknüpft sind, mit Hilfe eines Modells rational wählender Individuen erklären zu können. So schwingt sich die Rational-Choice-Theorie mit der nicht wirklich bahnbrechenden Erkenntnis, ›dass Individuen rational handeln‹, zum neuen Paradigma der Sozialwissenschaften auf. Angesichts dieser Entwicklung kann die scheinbar so unscheinbare Grundannahme rationalen individuellen Handelns durchaus einmal unter die Lupe genommen werden, d.h. dieses Handeln selbst ist genauer zu untersuchen. Es könnte sich ergeben, dass diese Annahme so trivial gar nicht ist, zumal innerhalb des Rational-Choice-Ansatzes eine nicht geringe innere Differenzierung existiert.

Lenken wir die Aufmerksamkeit also auf das Modell des handelnden Subjekts, das den heuristischen Kern des ökonomischen Ansatzes bildet: Wie denkt und handelt dieser Homunculus und ist er damit eine angemessene Näherung an die Wirtschaftssubjekte der Realität? Hat er sich im Zuge der Weiterentwicklung der ökonomischen Modellwelt verändert? Stimmen die Akteursmodelle bei Rational-Choice-Theoretikern verschiedener Couleur überein? Was muss das theoretische Modell eines handelnden Subjekts leisten, um eine adäquate Grundlage für eine zu neuen Ufern aufbrechende Forschungsdisziplin bilden zu können?

Um mich solchen und weiteren Fragen zu nähern, habe ich einige sozialwissenschaftliche Rational-Choice-Theoretiker ausgewählt, die eine ökonomische Methodik anwenden und in ihren Erklärungen stets auf Akteure Bezug nehmen. In dieser Arbeit werde ich einerseits das Akteursmodell jedes dieser Theoretiker herausarbeiten und auf Konsistenz überprüfen, andererseits einen Vergleich zwischen diesen Modellen anstellen. Wie sich zeigen wird, ist allerdings auch bereits die erste dieser beiden Aufgabenstellungen nicht immer leicht zu bewältigen. Vielmehr erfordert die Herausarbeitung des Handlungsmodells bei manchem Rational-Choice-Theoretiker das Zusammentragen verstreuter und bisweilen nur impliziter Aussagen und fördert mitunter Widersprüche zutage. Damit wird ggf. umzugehen sein.

Doch zunächst sind eine kurze Einführung in das Theoriefeld und eine Erläuterung meines Vorgehens angebracht.

1.1 Aufspannen des theoretischen Raums

Die subjektive Werttheorie, aus der sich das Rational-Choice-Paradigma entwickelt hat, folgt historisch auf die objektive Wertlehre der ökonomischen Klassik des 18. und 19. Jahrhunderts. Während die Klassiker (v. a. Adam Smith, David Ricardo und Karl Marx) annahmen, dass Werte den Gütern gemäß ihren objektiv messbaren Eigenschaften zugeschrieben werden, gilt nach der Wende zum subjektivistischen Paradigma (ab 1880) der

Nutzen als Quelle von Bewertungen.[1] Im Gegensatz zum Wert ist der Nutzen eine mikroökonomische Größe und wird von den Wirtschaftssubjekten generiert. Das Modell des Wirtschaftssubjekts verfestigte sich im neoklassischen *homo oeconomicus*, der sich als rationaler Konsument verhält. Konkret bedeutet das, er substituiert Güter gegeneinander, um seine Kosten für die Realisierung eines bestimmten Nutzenquantums zu minimieren. Aus der Gesamtheit aller optimalen Individualentscheidungen entstehen Gleichgewichtszustände, die Preise und Allokationszustände bestimmen. Makrogrößen werden also unter Rückgriff auf Individuen rekonstruiert.

Im Zuge der Ausweitung des ökonomischen Forschungsprogramms auf genuin soziologische Gebiete wurden Einwände gegen das Handlungsmodell laut und in Reaktion darauf die Annahmen des homo oeconomicus teilweise modifiziert. Die dadurch ausgelöste Debatte drängt schließlich wieder auf ökonomisches Terrain zurück und wirft die Notwendigkeit einer Reflexion des Handlungsmodells auch in der Ökonomik auf. Zum Teil werden dabei neue theoretische Programme (wie die Berücksichtigung von Transaktionskosten oder bounded rationality) entwickelt. Vielfach werden die neoklassischen Verhaltenshypothesen auch beibehalten und als vereinfachende Abstraktion gekennzeichnet, also lediglich die empirische Reichweite der Theorie eingeschränkt.

1.1.1 Grundzüge der Welt des Methodologischen Individualismus

Das methodische Grundprinzip des Ansatzes, der rationales Individualhandeln als Ausgangspunkt wählt, ist es, kollektive Phänomene unter Rückgriff auf individuelle Handlungen zu erklären. Dabei wird das isolierte Individualhandeln jedoch nicht als ontologische Hypothese eingefordert. Der Individualismus ist lediglich methodologisches Grundprinzip der Analyse:

> »[W]hen we defend a thesis by arguments from the field of (scientific) method, arguing about its fruitfulness or usefulness, etc., we use the prefix ›methodological‹ to characterize the thesis at hand.« (Agassi 1975, S. 145)

---

[1] »Pleasure« wird nun zum Wertmaß, nachdem Smith »its opposite, the pain of labour« zur Quelle von Werten erklärt hatte (Hutter 2002, S. 19).

Das Vorgehen des Methodologischen Individualismus folgt einer Makro-Mikro-Makro-Heuristik, die sich grafisch als Zwei-Ebenen-Struktur abbilden lässt. Abbildung 1.1 zeigt eine gängige Darstellungsform des Modells, deren Form einer Badewanne ähnelt (vgl. etwa Coleman 1992a, S. 121, Esser 1999a, S. 98 oder Weiß 1998, S. 8). Zuerst wurde dieses Schema – noch nicht als Grafik – von McClelland (1966) benutzt, der den Zusammenhang zwischen der Erziehung zu Leistungsbereitschaft und den Wertmaßstäben des Protestantismus empirisch untersucht (vgl. S. 91, 105). Dieses Schema wurde maßgeblich von James S. Coleman (mit-)entwickelt, aber ich werde es dennoch nicht erst in Kapitel 6 darstellen, sondern ziehe es in die Einleitung vor. Meines Erachtens bietet es als Metatheorie die Möglichkeit, individualistische Theorien zu rekonstruieren. Dementsprechend ist es sinnvoll, das Schema bereits hier zu erläutern.

Darstellungen in der Form von Abbildung 1.1 finden sich mit leicht variierenden Bezeichnungen in der Einleitung vieler Artikel und Lehrbücher. Ihre vier Elemente sind: das Handlungssubjekt (von mir als P_1 bezeichnet) und dessen Handlungswahl (P_2) auf der Mikroebene sowie das kollektive Ergebnis (P_3) und auch der Ausgangszustand (P_0) auf der Makroebene. Mit Hilfe der Unterscheidung dieser vier Elemente wird eine Tiefenerklärung sozialer Systemzustände[2] gegeben, die im analytischen Nachvollzug der drei Pfeile besteht. Am Anfang (P_1) stehen die Entscheiderin[3] und ihre Handlungssituation. Eigenschaften der Makroebene des Systems (P_0) wirken sich auf die Mikroebene aus und prägen die Handlungssituation. Sie können in institutionellen Handlungsbeschränkungen (durch Regeln) bestehen, in Quantität und Qualität der bestehenden Handlungsoptionen und ihren Folgen sowie in der Ausgangsverteilung an Ressourcen unter den Akteuren. An dieser Stelle des Schemas kann auch die subjektive Sicht des Akteurs auf Ziele, Restriktionen und Handlungsoptionen (also die Übersetzung objektiver Systemgrößen in die Situationswahrnehmung durch die Entscheiderin) berücksichtigt werden (vgl. Weiß 2000, S. 25). Gemäß einer

---

[2] Ein System besteht aus mindestens zwei Entscheidungssubjekten, zwischen denen soziale Interdependenz besteht.
[3] Da die Akteure (zumindest nach meiner Vorstellung) nicht mit männlichen Eigenschaften ausgestattet oder Rationalität etwas Männliches ist, werde ich auch feminine Ausdrücke wie ›Entscheiderin‹ oder ›Person‹ als Synonyme für Akteur verwenden. Die Verteilung der Genera ist dabei um quantitative Ausgewogenheit bemüht und ansonsten willkürlich. Es ist nicht beabsichtigt, den Eindruck zu erzeugen, die Akteure der einen Theoriewelt seien männlicher oder weiblicher als die einer anderen.

1.1 Aufspannen des theoretischen Raums

Abbildung 1.1: Makro-Mikro-Makro-Schema nach Coleman, Esser, Weiß

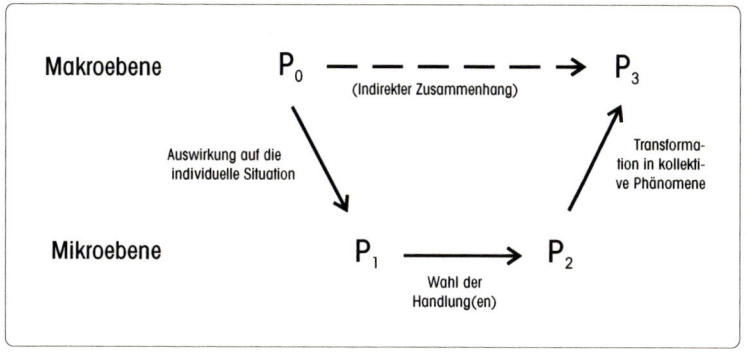

Rationalitätsregel, die angibt, welche Option zu wählen ist, treffen die Akteure Entscheidungen; Ergebnis ist P_2. Der dritte Schritt von P_2 nach P_3 ist die Transformation der individuellen Entscheidungen in ein Ergebnis auf der Makroebene. Diese Aggregationsprozesse können z. B. als simple Addition von Einzelhandlungen durch Ratenberechnung (etwa Kriminalitäts- oder Scheidungsraten) oder durch komplizierte Diffusionsmodelle vollzogen werden (vgl. Lüdemann 2000, S. 90), weil der Mikro-Makro-Übergang von (strategischen) Interdependenzen der Akteurshandlungen geprägt sein kann. Grundsätzlich muss eine Explikation kollektiver Effekte diese in ihrer eigenen Qualität erfassen und auch Rückwirkungen auf Individuen zulassen.

Ein Beispiel für kollektives Verhalten, das mit dem Makro-Mikro-Makro-Schema bearbeitet werden kann, ist eine Fluchtpanik (vgl. Coleman 1995a, S. 261-277; Coleman 1995c, S. 311-326): P_0 bezeichnet den Ausbruch eines Feuers in einem geschlossenen Raum, woraufhin die Akteure (P_1) handeln – sie streben dem Ausgang zu. Dabei beeinflussen sie sich gegenseitig. Wenn sie wahrnehmen, dass andere zu laufen beginnen, werden sie auch laufen, um nicht als langsam Gehende allzu sehr im Nachteil gegenüber den anderen zu sein. Als Ergebnis der Handlungen (P_2) stellt sich ein Zustand (P_3) auf der Makroebene ein: Es bricht eine Panik aus, der Ausgang verstopft. Wäre der Ausgangszustand ein anderer (P_0'), existierte z. B. eine durch Feuerschutzübungen verfestigte Norm, langsam zu gehen, so wären andere Handlungen und ggf. ein anderes Ergebnis zu erwarten.

Hinsichtlich der Qualität der Erklärung weist die Mikro-Makro-Unterscheidung den Vorzug auf, dass Explanans und Explanandum auf zwei voneinander getrennten Ebenen angesiedelt sind. Lindenberg (1990b) drückt dies so aus: Das *analytische Primat* (der vorrangige Fokus der Theorie) besteht in überindividuellen Phänomenen, während das *theoretische Primat* (die Instrumente, um diese Phänomene zu behandeln) auf der individuellen Ebene verortet ist (S. 736). Dies vermeidet eine typische Schwierigkeit teleologischer Erklärungsversuche (vgl. Coleman 1995a, S. 20): In funktionalistischen Ansätzen werden Systemkomponenten auf ihre Funktion für das System zurückgeführt, liegen Explanans und Explanandum also auf der Makroebene, während in psychologistischen Ansätzen Handlungen durch individuell-psychologische Handlungsziele ›erklärt‹ werden, beides also auf der Mikroebene angesiedelt ist. In beiden Fällen kommt die Theorie über Tautologien nicht hinaus und kann keine kausale Begründung liefern.

Dieses Grundmodell kann erweitert werden: Lüdemann (1998) zieht z. B. eine Mesoebene ein, auf der sich kleinere Kollektive (etwa peer groups oder Familien) befinden, um die unterschiedliche Mobilisierungswirkung der rassistischen Anschläge von Hoyerswerda und Rostock sowie Mölln und Solingen 1993 zu erklären. Neben dieser vertikalen Erweiterung ist auch eine horizontale möglich. Sie besteht darin, dass die Veränderungen auf der Makroebene und auf der Mikroebene wechselseitig als Ursache und Folge begriffen werden und durch Aneinanderreihung mehrerer aufeinanderfolgender Phasen rückgekoppelt werden: »Thus structure at one time (macro-level) generates the conditions which together with existing interests shape the actions of actors (micro-level) [...] that jointly procure outcomes (macro-level) and so on.« (Coleman 1993a, S. 63)

Mit der Metatheorie des Makro-Mikro-Makro-Modells wurde die Theorie zur Modellierung und Erklärung der Handlungen noch nicht ausreichend erläutert, sondern muss noch spezifiziert werden. Rational-Choice-Theoretiker schlagen i. d. R. vor, dass die Handlung aus einem Set von möglichen Optionen ausgewählt wird.

1.1.2 Individualhandeln als Rational Choice

Auf einen gemeinsamen Nenner gebracht, fasse ich die übliche Handlungstheorie hier grob zusammen. Wie im Folgenden plastisch werden wird, lassen sich die Handlungsmodelle der verschiedenen Rational-Choice-

Theoretiker differenzierter darstellen. Dennoch soll der zweite Schritt des Makro-Mikro-Makro-Modells, der bisher ausgespart wurde, hier bereits knapp skizziert werden.

Handlungen basieren in der Rational-Choice-Theorie auf dem Axiom rationalen, zielgerichteten Handelns. Gemeinsam ist allen Rational-Choice-Theorien, dass Handeln als Entscheidung zwischen bestehenden Optionen aufgefasst wird, wobei eine Größe angestrebt wird, die normalerweise als Nutzen bezeichnet wird. Die Logik, der die Akteure dabei folgen, lässt sich kurz zusammenfassen als ›Wahl der besten Möglichkeit‹ – wobei in den folgenden Kapiteln noch zu erläutern sein wird, wie die beste Option bestimmt wird und auf welchem Weg die Subjekte sie herausfinden. Die handelnden Subjekte haben Präferenzen für jede der möglichen Optionen und wählen diejenige aus, für die ihre Präferenz am höchsten ist, was i. d. R. gleichbedeutend mit derjenigen ist, die ihnen die geringsten Kosten verursacht. Wie sich noch zeigen wird, werden diese zentralen Begriffe von dem jeweiligen Rational-Choice-Theoretiker auf spezifische Weise definiert, akzentuiert und miteinander verknüpft.

In früheren Stadien der Theorieentwicklung ist das Akteursmodell noch relativ schlicht; später werden von zahlreichen Theoretikern und Theoretikerinnen einige der vormals angenommenen Selbstverständlichkeiten problematisiert und bisweilen komplexere Modelle entwickelt, von anderen aber auch die bewusste Rückkehr zur Schlichtheit vollzogen. In verschiedenem Ausmaß spielen auch Restriktionen (z. B. Kosten oder Regeln) eine Rolle. ›Egoismus‹ wird häufig vorausgesetzt, gehört aber nicht grundsätzlich zum Rationalitätsbegriff.

1.2 Fragen an die rationalen Akteure

Individuen bzw. Akteure sind es, die den Ausgangspunkt des Makro-Mikro-Makro-Schemas bilden und für die Bezeichnung ›Methodologischer Individualismus‹ den Ausschlag geben. Gegenstand meiner Untersuchung ist die Art und Weise ihrer Abbildung in den jeweiligen Theoriewelten, wobei das Hauptaugenmerk auf der Frage liegt, wie homogen oder heterogen der Raum der Handlungsmodelle ist. Wie sich während des Schreibprozesses allerdings herausstellte, besteht – so könnte etwas böswillig behauptet werden – eine erste Gemeinsamkeit darin, dass dem Innenleben der handelnden Subjekte wenig Aufmerksamkeit gewidmet wird.

Daher werde ich das Modell der Entscheiderin bei jedem Theoretiker aus den verschiedenen Teilen seines Werks zusammentragen, dabei Schwachstellen benennen und bisweilen auftretende Lücken, falls nötig, nach meinem Dafürhalten und meinen Kenntnissen des jeweiligen Konzepts vervollständigen.[4] Eine solche Herausstellung und Konsistenzprüfung von Handlungskonzepten wurde bisher in der Rational-Choice-Literatur nicht vorgelegt und ist meine eigene Leistung.

Interessant sind m. E. folgende Fragestellungen: Ist das Akteursmodell jedes einzelnen Theoretikers in sich konsistent; bleibt er seinen Annahmen treu oder variiert er das Menschenbild – offen oder unter der Hand? Ist das Spektrum der Entscheiderinnen relativ eng und sind Abweichungen daher vernachlässigbar? Oder gibt es abweichende Modelle, die sich in Teilen ähneln oder Varianten voneinander darstellen? Lassen sich Typen, Gruppen bilden? Sind manche sogar miteinander unvereinbar? Dies mündet in die grundsätzliche Frage, wie ein Akteursmodell beschaffen sein muss, um eine gute Erklärung sozialwissenschaftlicher Phänomene leisten zu können.

Für den Fall, dass deutliche Heterogenitäten erkennbar werden, schließen sich Fragen nach ihrem Verhältnis zueinander an: Ist der eine die Verallgemeinerung oder Weiterentwicklung eines anderen, lässt sich ein komplexer Akteur in gewissen Situationen auf einen anderen reduzieren, ist eines der Handlungsmodelle so allgemeingültig, dass es alle anderen mit einschließt? Ist für bestimmte Anwendungsfälle je eine Entscheiderin besonders geeignet, und wenn ja: wann greift man auf welche zurück? Kann es eine universelle Entscheiderin geben, die für die Erklärung jeglicher sozialen Handlungen geeignet ist, sozusagen einen gemeinsamen Nenner? Gibt es Phänomene, die mit Hilfe der Annahme rationalen Handelns gar nicht erklärt werden können? Eine Theorierichtung, die auf dem Weg ist, sich zu einem disziplinübergreifenden Paradigma zu entwickeln, sollte solche Fragen reflektieren und um Antworten bemüht sein.

---

[4] Wenn ich so verfahre, wird dies stets durch eindeutige Formulierungen als eigene Leistung oder als Vermutung erkennbar sein.

1.3 Auswahl der Theoriewelten und Gang der Untersuchung

Um die zu vergleichenden Akteursmodelle hinreichend klar erfassen zu können, beschränke ich mich in dieser Arbeit auf einige zentrale Theoretiker. Ich habe solche Vertreter ausgewählt, die gewissermaßen als Klassiker für eine bestimmte Spielart der ökonomischen Rational-Choice-Theorie stehen und ein eigenes, charakteristisches Handlungsmodell verwenden. Auch habe ich mich auf Theoretiker beschränkt, deren Handlungsmodell explizit dem Rational-Choice-Ansatz folgt; Vertreter verwandter Ansätze wie der Spieltheorie oder evolutorischer ökonomischer Richtungen habe ich nicht aufgenommen, weil hier – trotz der Annahme rationalen Wählens – meist überhaupt keine Ausarbeitung eines Handlungsmodells und des Entscheidungsprozesses zu finden ist.

Im ersten Teil dieser Arbeit werde ich eine eingehende Bestandsaufnahme der ausgewählten Rational-Choice-Ansätze vornehmen und die jeweiligen Akteursmodelle herausstellen. Die Reihenfolge orientiert sich dabei tendenziell am theoriehistorischen Verlauf.

Grundsätzlich behandle ich in jedem Kapitel des ersten Teils einen einzigen (exponierten) Vertreter des jeweiligen Typs des Akteursmodells. Durchbrochen wird dieses Prinzip nur im Fall der Neoklassik (Kapitel 2), wo es sinnvoller ist, sich an Lehrbücher zu halten, da sich die relevanten Begriffe und Theoreme nicht alle bei einem einzelnen Vertreter wiederfinden. Die Neoklassik bildet eine Grundlage für spätere Teile meiner Arbeit: Einerseits werden hier einige konzeptionelle Grundlagen eingeführt, die vielfach auch von anderen Theoretikern bemüht werden (wie Cobb-Douglass-Funktionen oder Substitution). Andererseits werden in der Neoklassik die ersten Rational-Choice-Annahmen über das Entscheidungssubjekt, den homo oeconomicus, getroffen. Akteursmodelle aus anderen Rational-Choice-Theorien weisen dementsprechend häufig (positive oder negative) Bezüge zum homo oeconomicus auf.

Leonard J. Savage, dargestellt in Kapitel 3, habe ich als Vertreter der Bayesschen Entscheidungstheorie ausgewählt, die das Konzept des (subjektiven) Erwartungsnutzens verwendet. Die Handlung findet nun in einer Welt mit unbekannter Zukunft statt, so dass die zu erwartenden Konsequenzen nicht mehr mit Sicherheit eintreffen und eine statistische Kalkulation unternommen wird. Daniel Kahnemans und Amos Tverskys prospect theory (Kapitel 4) habe ich als Kurzdarstellung in die Arbeit aufgenommen, weil ihr Handlungsmodell als Variation des Modells von Savage präsentiert werden kann und erstmals einen Schritt des Framing enthält, um Abweichungen zwischen Bayesscher Theorie und Empirie aufzufangen. Da sich Lindenberg auf die prospect theory bezieht, wird sein Framing-Konzept in Abgrenzung von dieser leichter darstellbar.

Im fünften Kapitel beschäftige ich mich mit Gary S. Becker, der einen Aspekt der neoklassischen Handlungstheorie übernimmt und diesen über die Marktsphäre hinaus verallgemeinert: Er geht von Substitutionsakten aus und begreift die Wahl zwischen Handlungsoptionen als kostenminimierende Produktion nutzenstiftender Güter. Er hat mit dieser Neuinterpretation den Grundstein für eine breite sozialwissenschaftliche Anwendung des Rational-Choice-Konzepts gelegt und zudem einen neuen Akteur geschaffen: den Nutzenproduzenten.

James S. Coleman, dessen Theorie ich in Kapitel 6 vorstelle, legt ebenfalls eine Variation der Neoklassik vor, modifiziert diese aber in eine andere Richtung als Becker. Er arbeitet mit dem ursprünglich neoklassischen Tauschparadigma, beschränkt die Handlungen aber nicht auf den Tausch von Waren gegen Einkommen, sondern betrachtet sie als Übertragung von Verfügungsrechten. Bei ihm sind auch sozial bedingte Modifikationen der Entscheiderin möglich, indem sie diejenige Komponente ihrer selbst, die Nutzen empfindet, umstrukturiert. Er erklärt eine Vielzahl kollektiver Phänomene (wie Normengenese) akteurstheoretisch.

Als institutionellen Ökonomen habe ich für das siebte Kapitel Douglass C. North ausgewählt, bei dem Entscheiden als Aufwand empfunden wird und daher Methoden zur Vereinfachung dieses Vorgangs entwickelt werden. Da er seine Vorschläge nicht besonders konkretisiert, genügt eine Kurzdarstellung seiner Theorie. Interessant ist an Norths Akteuren, dass sie Handeln als Aufwand empfinden, einen vereinfachenden Modus des Handelns kennen, sich durch ihre Erfahrungen mit der Welt verändern können und über ihre Erfahrungen kommunizieren.

Siegwart Lindenberg, dessen Handlungstheorie den ersten Teil der Arbeit mit Kapitel 8 abschließt, ist im Vergleich mit den anderen dargestellten Theoretikern am stärksten Soziologe. Er verwendet ein Handlungsmodell, das jenem von Becker verwandt ist, allerdings um eine Bedürfnisebene erweitert und in Bezug auf Bedürfnisse stärker inhaltlich festgelegt wird. Darüber hinaus entwickelt er eine Theorie der situativen Zielauswahl und modelliert Handeln als stochastische Wahl nach dem von ihm verwendeten Diskriminationsmodell.

Der Aufbau der Kapitel 2 bis 8 ist so einheitlich, wie es der jeweilige

1.3 Auswahl der Theoriewelten und Gang der Untersuchung 25

Gegenstand erlaubt, kann also je nach den spezifischen Erfordernissen etwas abweichen. Gemeinsam ist allen Kapiteln eingangs eine skizzenhafte Darstellung der jeweiligen Theoriewelt, die zugleich die Handlungsumgebung des Akteurs charakterisiert. Anschließend stelle ich unter Rückgriff auf diese Grundbegriffe heraus, wie die jeweilige Entscheiderin beschaffen ist, wie der Prozess des Entscheidens bei ihr abläuft und welchen Typs die Entscheidungen sind, die sie normalerweise trifft. Sofern sich die Entscheiderin als wandlungsfähig auszeichnet oder Variationen in ihren Handlungen zugelassen werden, wird dies ein Schwerpunkt meiner Darstellung sein. Es folgt jeweils eine Auseinandersetzung mit dem Akteursmodell, in der ich Probleme und Kritik vorbringe, die zum Teil aus der Sekundärliteratur und zum Teil von mir selbst stammen, sowie die Vorzüge des Handlungskonzepts positiv würdige.

Anschließend werde ich in Kapitel 9 einen systematischen Vergleich zwischen den dargestellten Handlungsmodellen vornehmen, indem ich zunächst die Ergebnisse aus Kapitel 2 bis 8 zusammenfasse und die Akteursmodelle vergleichbar darstelle. Für diesen Schritt werde ich zum einen jedes Handlungsmodell in Form einer selbst entwickelten Grafik darstellen, zum anderen ein Exempel konstruieren, mit dessen Hilfe der Entscheidungsvorgang bei allen vorgestellten Akteuren plastisch und zugleich vergleichbar gemacht wird. In diesem Kapitel werde ich Gemeinsamkeiten und Unterschiede zwischen den behandelten Akteursmodellen herausarbeiten, das ›Verwandtschafts‹-Verhältnis deutlich machen und einen Vorschlag für die Zusammenführung aller zu einem übergreifenden Akteurskonzept vorlegen. Anhand dieser Verallgemeinerung zeigen sich auch Mängel der im ersten Teil dargestellten Akteursmodelle. Schließlich ist ein Fazit zu ziehen, das die Ergebnisse zusammenfasst und hieraus Konsequenzen für die Ökonomik benennt.

Im sich anschließenden Ausblick (Kapitel 10) werde ich vor dem Hintergrund der ausgewerteten ›Klassiker‹ einen Blick auf drei Herausforderungen der aktuellen Diskussion um Handlungsmodellierungen werfen und diese im Hinblick auf die Ergebnisse des ersten Teils auswerten – was zugleich zur Beantwortung der Frage beiträgt, welchen Lauf eine weitere Entwicklung des ökonomischen Handlungsmodells nehmen sollte.

Teil I

Ökonomische Modelle
von Welten und Handlungen

Kapitel 2

›Homo Oeconomicus‹: Die Neoklassik

Anders als die weiteren in dieser Arbeit darzustellenden Theoriekonzepte kann die Neoklassik nicht an einem (auch nicht an einem exemplarischen) Theoretiker festgemacht werden. Der erste, der die – später als Neoklassik bezeichnete – systematische Neuorientierung des ökonomischen Denkens nach der objektiven Wertlehre einleitete, war Hermann Heinrich Gossen (1854). Er wurde von den Zeitgenossen wenig beachtet; erst ab den 70er Jahren des 19. Jahrhunderts erhielt die von ihm entwickelte Idee des subjektiven Nutzens Eingang in die Theoriekonstruktion. Erste neoklassische Ökonomen waren William Stanley Jevons, Léon Walras, Carl Menger und Alfred Marshall. Abraham Wald, Gerard Debreu, Kenneth Arrow und Frank Hahn haben das Walrasianische Totalmodell im 20. Jahrhundert formal präzisiert, inhaltlich erweitert und seine Bedingungen weiter spezifiziert.[1] Heute stellt sich das neoklassische Theoriegebäude als ein Konglomerat von Theoremen unterschiedlicher Ökonomen dar und deckt verschiedene Anwendungsbereiche ab, vor allem die (Nachfrage-)Theorie des Haushalts, die (Produktions-)Theorie des Unternehmens, Theorien des Arbeits- und Kapitalmarkts und die neoklassische Makroökonomik. Dabei sind Annahmen und Herangehensweise nicht immer einheitlich. Es wäre hier unpassend, auf Differenzierungen einzugehen oder die Zugehörigkeit einzelner Vertreter zum neoklassischen Paradigma zu diskutieren. Eine knappe Skizzierung des neoklassischen Gleichgewichtsmodells muss hier genügen.

In diesem kurzen Einführungskapitel möchte ich eine Idee der neoklassischen Modellwelt vermitteln, indem ich einige wichtige Begriffe der Mi-

---

[1] Zur theoriegeschichtlichen Entwicklung des Gleichgewichtsmodells geben Arrow und Hahn (1971) einen Überblick (vgl. S. 1-15).

30   I. Ökonomische Modelle von Welten und Handlungen

krotheorien des Haushalts und des Unternehmens erläutere.[2] Dabei halte ich es in meinem Kontext für unangebracht, dogmenhistorisch vorzugehen und die Beiträge einzelner Ökonomen würdigen zu wollen. Statt dessen greife ich auf die kanonisierte Form der gängigen Lehrbücher zurück.

Nachfolgend werde ich in Abschnitt 2.1 schlaglichtartig einige Annahmen und Begriffe erläutern, die für ein Verständnis der Neoklassik bzw. von Teilen der späteren Kapitel nötig sind. (Leserinnen und Leser, die mit der neoklassischen Mikroökonomik vertraut sind, können diesen Teil überspringen.) Anschließend fasse ich die Anforderungen an das neoklassische Akteursmodell (homo oeconomicus) zusammen, die sich aus der Gleichgewichtsanalyse ergeben (2.2), und nenne kurz einige Kritikpunkte (2.3), die z. T. in späteren Kapiteln noch eine Rolle spielen werden. Ein kurzes Resümee in 2.4 schließt das Kapitel ab.

2.1 Handeln als Markttausch und Budgetmanagement

Charakteristisch für neoklassische Theorien ist u. a. die utilitaristisch geprägte Nutzenanalyse. Nutzen gilt als Konstituens des Werts; er wird als messbar angenommen. Jevons, der Nutzen als die Eignung eines Gutes zur Erzeugung von Glück oder Reduktion von Schmerz definiert, arbeitet im Grunde mit einer Analogie zu physikalischen Energieströmen, die durch physiologische Reize messbar sind (vgl. Hutter 2002, S. 16-22).

Hampicke (1992b) nennt neben der Nutzenanalyse vier weitere Spezifika der Lehrbuch-Neoklassik (vgl. S. 30-33): das individualistische Weltbild, die Rationalitätsannahme, das Austauschparadigma und ein tendenziell harmonistisches Weltbild als Grundlage für Gleichgewichtsbetrachtungen. Vilks (1991) stellt sechs Axiome heraus (vgl. S. 26-41), die den Kern neoklassischer Theorien bilden. Über diese wenigen Prämissen hinaus gibt es einen Kanon substanzieller Annahmen, die für die meisten neoklassischen Modellkonstruktionen notwendig, aber nicht für alle Modelle zwingend sind. In verschiedenen Einführungs- und Grundlagentexten finden sich systematische Auflistungen von Annahmen, die neoklassischen Modellen explizit oder implizit zugrunde liegen (vgl. z. B. Debreu 1976,

---

[2] Weiterführend empfiehlt sich eine Einführung in die Mikroökonomik, beispielsweise Varian (1999) oder Fees (2000). Eine originelle und gut nachvollziehbare Einführung in mikroökonomisches Denken gibt Heyne (1991).

S. 92f, Winter 1986, S. S429, Vilks 1991, S. 47, oder Feess 2000, S. 292). In der folgenden Darstellung von Produktions- und Nachfragetheorie sowie Gleichgewichten werden die meisten dieser Annahmen, insbesondere jene, die für das Entscheiden relevant sind, zum Tragen kommen.

Grundbegriffe: Unternehmens- und Haushaltsgleichgewicht

Die Transformation von Inputfaktoren in Endprodukte wird mit Hilfe von Produktionsfunktionen modelliert, die eingesetzte und ausgebrachte Güter zueinander in Bezug setzen. Wenn ein Faktor durch (einen) andere(n) ersetzt werden kann, heißen die Produktionsfaktoren substitutional. Ein häufig verwendeter Spezialfall substitutionaler Produktionsfunktionen wurde von Charles Cobb und Paul Douglas in empirischen Studien verwendet.[3]

In Abbildung 2.1 ist eine *Cobb-Douglas-Funktion* für zwei[4] Inputfaktoren x_1 und x_2 grafisch dargestellt. Alle Punkte, die auf dieser Kurve (Isoquante) liegen, markieren Faktormengenkombinationen, mit denen die Outputmenge y erzeugt werden kann. (Die zu y' gehörige Kurve markiert eine andere Isoquante mit $y' > y$.) Die entsprechende Gleichung lautet:

$$y = x_1^{\alpha_1} * x_2^{\alpha_2}$$

y : Menge der produzierten Ware
x_1 : eingesetzte Menge des ersten Inputfaktors
x_2 : eingesetzte Menge des zweiten Inputfaktors
α_1, α_2 : Produktionselastizitäten von x_1 und x_2 ($0 < \alpha_1, \alpha_2 < 1$)

α_1 und α_2 geben an, in welchem Maß der Output durch Mengenerhöhung des entsprechenden Inputfaktors wächst.

Wird nicht die ausgebrachte Gütermenge, sondern einer der Inputfaktoren (z. B. x_2) konstant gehalten, so ergibt sich eine Exponentialfunktion mit degressiver Steigung, wie in Abbildung 2.2 skizziert, d. h. y wächst mit

---

[3] Allgemeiner ist die CES-Produktionsfunktion, die sowohl die Cobb-Douglas- als auch die Leontief-Funktion als Spezialfälle approximieren lässt. Vergleiche Schlösser (1992, S. 168-177).
[4] Alle Zusammenhänge dieses Abschnitts lassen sich von zwei auf n Güter verallgemeinern, ohne die entsprechenden Aussagen einzuschränken.

Abbildung 2.1: Cobb-Douglas-Produktionsfunktion, Isoquantenform

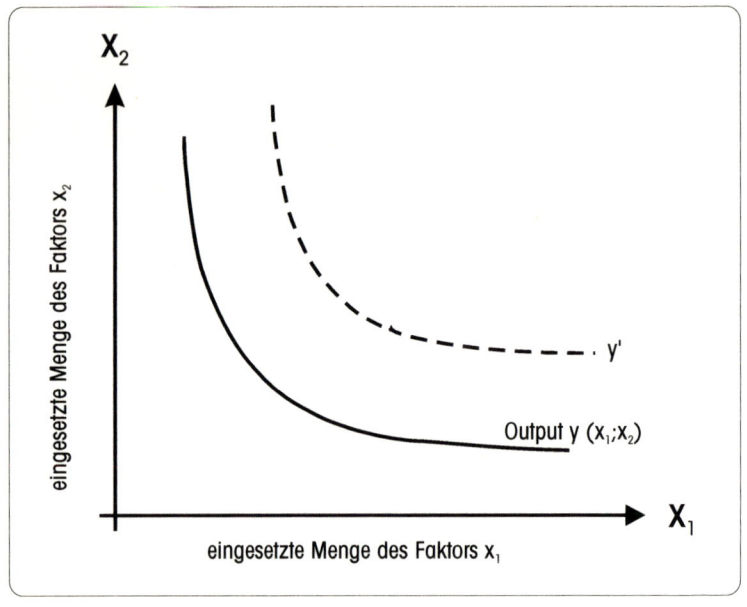

steigendem Einsatz eines Faktors immer langsamer. Für die Steigung der Funktion wird y (partiell) nach x_1 abgeleitet:

$$\frac{\partial y}{\partial x_1} = \alpha_1 x_1^{\alpha_1 - 1} * x_2^{\alpha_2}$$

Dieser Term $\frac{\partial y}{\partial x_1}$ gibt die Outputsteigerung bei marginaler Faktorerhöhung an; er heißt *Grenzproduktivität* von x_1. Sie sinkt mit steigender Faktormenge.

Soll der eine Faktor unter ceteris-paribus-Bedingungen durch den anderen substituiert werden, so muss das Mengenverhältnis bei gleich bleibender Outputmenge ermittelt werden. Dafür wird die Cobb-Douglas-Funktion bei konstantem y nach einer der Inputvariablen aufgelöst und durch Ableitung die Isoquantensteigung ermittelt. Umformung ergibt:

$$\frac{dx_1}{dx_2} = \frac{\frac{\partial y}{\partial x_2}}{\frac{\partial y}{\partial x_1}}$$

Abbildung 2.2: Cobb-Douglas-Produktionsfunktion bei partieller Faktorvariation

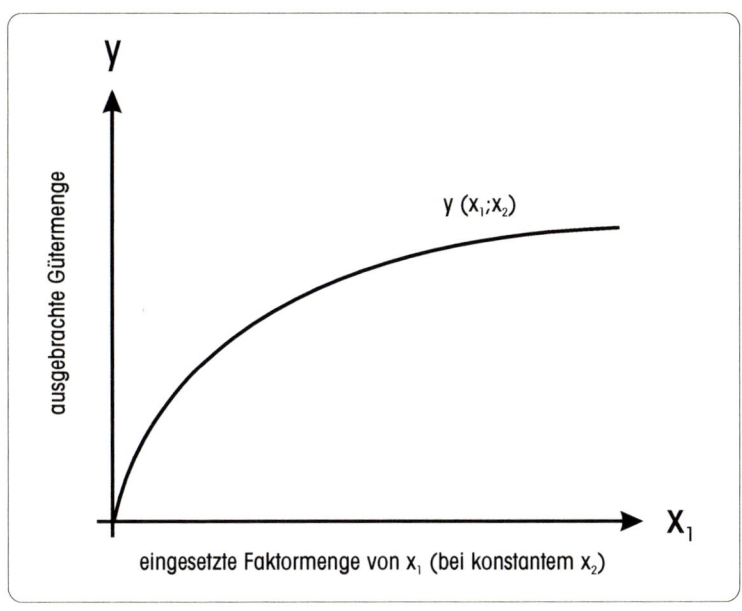

Der Term $\frac{dx_1}{dx_2}$ ist die *Grenzrate der Substitution* (MRS, marginal rate of substitution). Die Gleichung gibt an, dass die MRS zweier Faktoren dem umgekehrten Verhältnis ihrer Grenzproduktivitäten entspricht.

Grundsätzlich minimiert jedes Unternehmen bei gegebenem Output seine Kosten. Welche Faktorkombination optimal ist, hängt von den Preisen der Inputfaktoren ab. Mit Hilfe der Lagrange-Methode[5] lässt sich als Effizienzbedingung ermitteln, dass die Grenzrate der Substitution dem inversen Faktorpreisverhältnis entsprechen muss ($|\frac{dx_1}{dx_2}| = \frac{p_2}{p_1}$). Das Unternehmen substituiert so lange Inputfaktoren gegeneinander, bis das Verhältnis der Grenzproduktivitäten dem Verhältnis der Faktorpreise entspricht.

---

[5] Die Lagrange-Funktion ist die Summe aus der zu minimierenden Zielfunktion und einer Nebenbedingung, die gleich Null sein muss, multipliziert mit einem Lagrange-Multiplikator λ (vgl. ausführlicher Smith 1987, S. 33-37, oder Wiese 2002, S. 72-76).

Dann ist das *Unternehmensgleichgewicht* (die Minimalkostenkombination) erreicht. Auf eine Änderung von Preisgrößen wird das Unternehmen mit Substitution reagieren, bis sich ein neues Gleichgewicht eingestellt hat.

Die anthropologischen Grundlagen der Theorie werden selten ausführlich dargestellt. Gewöhnlich wird in Lehrbüchern der Bedürfnisbegriff eingeführt und Nutzen als Ausmaß der Bedürfnisbefriedigung definiert. Die Verbindung von Gütermengenkombinationen gleichen Nutzens bildet die Indifferenzkurve (vgl. z. B. Herdzina 1999, S. 1, S. 32 und S. 61f). Der Nutzen eines Haushalts ist eine Funktion seiner Güter:

$$U = U(y_1, \ldots, y_n) = U(y)$$

U : Nutzen des Haushalts
y_i : Menge des Gutes i (von 1 bis n)
y : Vektor der nachgefragten Gütermengen

Die Wirtschaftssubjekte wählen generell diejenige Güterkombination, mit der sie den größtmöglichen Nutzen realisieren.

In der ordinalen Nutzentheorie wird ihnen lediglich die Fähigkeit unterstellt, Güterbündel[6] nach *Präferenzen* zu ordnen, an die mehrere axiomatische Forderungen gestellt werden: Die Präferenzordnung ist vollständig, transitiv, stetig und konvex und weist keine Sättigungsgrenze auf.[7] Darüber hinaus geht die kardinale Nutzentheorie von einer (subjektiven) Quantifizierbarkeit des Nutzens aus. Es gelten die sog. *Gossenschen Gesetze*:

1. Der Gesamtnutzen steigt mit jeder Mengenerhöhung eines Gutes an, wobei der Nutzenzuwachs aus einer marginalen Mengenerhöhung des Gutes (der *Grenznutzen*) positiv ist, aber mit steigender Menge abnimmt ($\frac{\partial U}{\partial y_i} > 0$).

2. Die von einem Haushalt nachgefragten Gütermengen werden so bestimmt, dass der mit dem Güterpreis gewichtete Grenznutzen aller Güter gleich ist ($\frac{\frac{\partial U}{\partial y_1}}{p_1} = \frac{\frac{\partial U}{\partial y_2}}{p_2}$).

---

[6] Güter lassen sich annahmegemäß objektiv, quantifizierbar und in messbaren Ausdrücken beschreiben. In der Realität ist dies nicht immer einfach: »[S]hould two apples of different size be considered two units of the same commodity, or two different commodities?« (Geanakoplos 1987, S. 116)

[7] In Kapitel 3 wird eine solche Präferenzaxiomatik ausführlicher dargestellt und diskutiert; hier verzichte ich daher darauf.

2. ›Homo Oeconomicus‹: Die Neoklassik

Abbildung 2.3: Haushaltsgleichgewicht

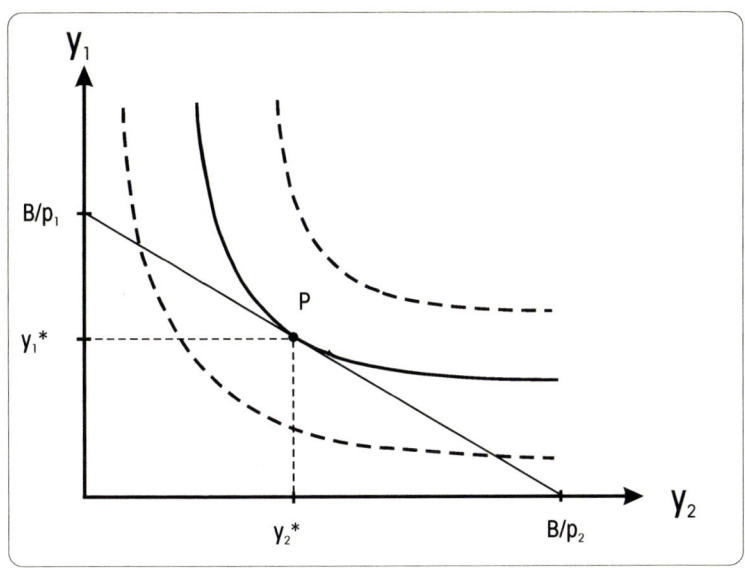

Analog zum Produktionsmodell lässt sich eine Isoquante aller Güterkombinationen ermitteln, aus denen der Haushalt gleichen Nutzen erfährt. Diese Isonutzenkurve gleicht in Aussehen und Eigenschaften der Cobb-Douglas-Funktion für die Produktion (siehe Abb. 2.1; dabei sind die x_i durch y_i sowie y durch U zu ersetzen).[8] Entsprechend verläuft der Nutzen aus einem Gut wie in Abbildung 2.2. Diese auffälligen Gemeinsamkeiten weisen darauf hin, dass es sich bei Produktions- und Konsumverhalten tatsächlich für beide Fälle um das gleiche Modell handelt.[9]

Für die Grenzrate der Substitution gilt analog:

$$\left|\frac{dy_1}{dy_2}\right| = \frac{\frac{\partial U}{\partial y_2}}{\frac{\partial U}{\partial y_1}}$$

---

[8] Eine ausführliche Erläuterung unterschiedlicher Indifferenzkurven für verschiedene Fälle sowie die entsprechenden Kurvenscharen geben Hoyer und Rettig (1983, vgl. S. 31-40).

[9] Das Arrow-Debreu-Modell lässt sich reformulieren, ohne Unternehmen und Nachfragerinnen in ihren Verhaltensannahmen zu trennen (vgl. Vilks 1991, S. 58).

Der Grenznutzen nimmt dieselbe Funktion ein wie oben die Grenzproduktivitäten. Gemäß diesen Bedingungen lässt sich für den Haushalt eine optimale Güterkombination angeben, die sich wie die Faktornachfrage des Unternehmens verhält: Das Preisverhältnis entspricht dem Verhältnis der Grenznutzen ($\frac{p_2}{p_1} = \frac{\frac{\partial U}{\partial y_2}}{\frac{\partial U}{\partial y_1}}$).

Die optimale Güterkombination bei gegebenem Budget kann grafisch ermittelt werden, indem man eine Schar von Isonutzenkurven einzeichnet. Das Budget hat die Form einer Gerade;[10] ihr Tangentialpunkt mit einer Isonutzenkurve ist der maximal erzielbare Nutzenwert, das *Haushaltsgleichgewicht* (in Abb. 2.3: $P(y_1^*; y_2^*)$), das der Haushalt als seinen optimalen Konsumplan verwirklichen wird. Erhöht sich z. B. der Preis für y_1 von p_1 auf $p_1{}'$, so wird die Steigung der Budgetgeraden flacher (siehe Abb. 2.4). Der Haushalt wird nach dieser Preiserhöhung die optimale Güterkombination P' verwirklichen. Er fragt weniger von y_1 nach (nämlich $y_1^* - y_1'$) und mehr von y_2 (nämlich $y_2' - y_2^*$).

Handlungsumgebung in der Neoklassik: Marktgleichgewicht

Aus Angebot und Nachfrage der Akteure eines Gütermarkts können die Produktpreise auf demselben hergeleitet werden.

Zunächst werden für jeden Partialmarkt das Gesamtangebot y^S sowie die gesamte Nachfrage y^D abgeleitet, die durch Aggregation aus Produktionsfunktionen bzw. Nutzenfunktionen ermittelt werden (zur Herleitung vgl. Heine/Herr 1999, S. 35f und 84f). Mit steigenden Preisen erhöht sich das Angebot und sinkt die Nachfrage (siehe Abb. 2.5). Alle Punkte der Nachfragefunktion sind nutzenmaximal, jene der Angebotsfunktion gewinnmaximal, aber nur im Schnittpunkt der beiden Funktionen, wo sich Angebot und Nachfrage entsprechen, sind die Pläne von Haushalten und Unternehmen miteinander vereinbar. Bei dem Preis p^*(der den Grenzkosten ent-

---

[10] Es entspricht der Gleichung $B = p_1 y_1 + p_2 y_2$ bzw. $y_1 = \frac{B}{p_1} - \frac{p_2}{p_1} y_2$ mit p_i als den Güterpreisen.

2. ›Homo Oeconomicus‹: Die Neoklassik

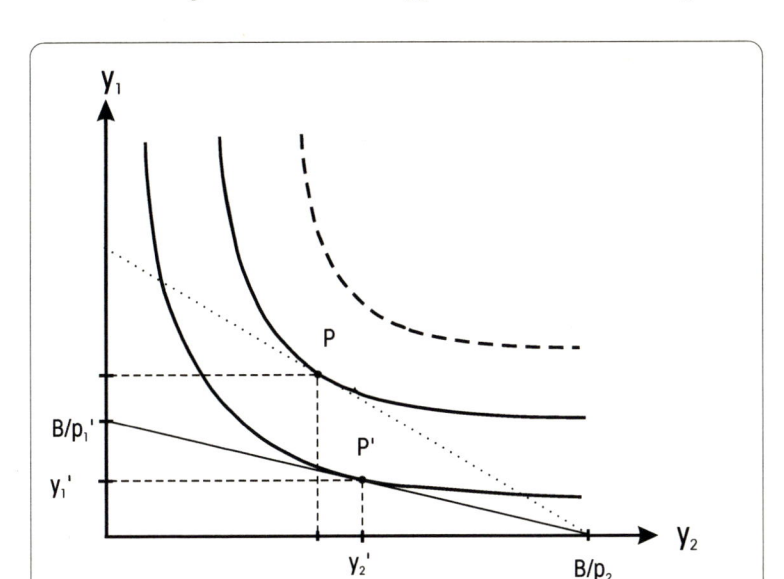

Abbildung 2.4: Substitution aufgrund einer Preiserhöhung

spricht) befindet sich der Partialmarkt im Wettbewerbsgleichgewicht;[11] die Gütermenge y^* wird produziert und markträumend abgesetzt.

Veränderungen auf einem Partialmarkt beeinflussen zwangsläufig die Bedingungen auf anderen Märkten; daher müssen sämtliche Preise und Mengen des ökonomischen Systems als Resultate simultaner Marktprozesse bestimmt werden. Walras (1874) hat die logische Möglichkeit eines simultanen Gleichgewichts auf allen Märkten mathematisch nachgewiesen. Sein Grundmodell zur Totalanalyse vollständiger Konkurrenz wurde mehrfach reformuliert (bedeutend z. B. Arrow/Debreu 1954). Das Prinzip des Walrasianischen Grundmodells besteht darin, ein lineares Gleichungssystem für die Preise und Mengen aller transferierten Güter und Primärfaktoren aufzustellen, das $2n - m$ Unbekannte und $2n - m - 1$ unabhängige

---

[11] Dies gilt nur für Märkte, welche die von der Lehrbuchökonomie vorausgesetzten Eigenschaften aufweisen; der Informationsgütermarkt (vgl. Hutter 2000) funktioniert beispielsweise nicht so und erfordert eine Anpassung der wirtschaftstheoretischen Modelle.

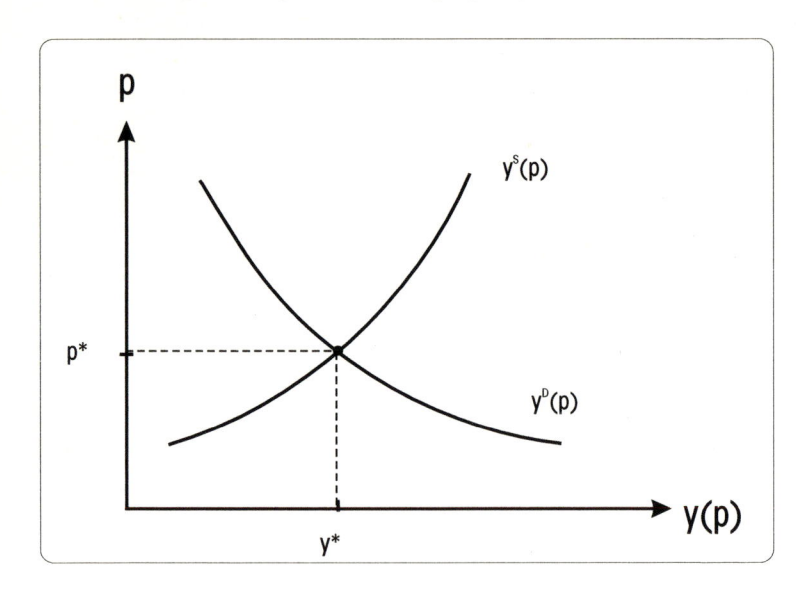

Abbildung 2.5: Angebot und Nachfrage auf einem Gütermarkt

[Diagramm: Angebots- und Nachfragekurven mit Achsen p und $y(p)$, Gleichgewichtspunkt bei p^* und y^*, Kurven $y^S(p)$ und $y^D(p)$]

Gleichungen hat (vgl. Feess 2000, S. 293-303). Dementsprechend lassen sich nicht die absoluten, aber die relativen Preise bestimmen.

Zeitunterschiede (z. B. zwischen Produktion und Nachfrage) werden dabei nicht berücksichtigt. Sie können aber aufgefangen werden, indem der Lieferzeitpunkt als Eigenschaft einer Ware definiert wird, so dass z. b. ein Regenschirm heute in Erfurt ein qualitativ anderes Gut ist als ein Regenschirm an Weihnachten in Cambridge, was sich im Preisunterschied niederschlägt (vgl. Hahn 1984, S. 155). Zukünftiger Nutzen wird analog zum zukünftigen Wert von Investitionen abdiskontiert (vgl. z. B. Henrichsmeyer/Gans/Evers 1991, S. 113-116, und kritisch zur Gegenwartspräferenz Hampicke 1992a), und die Existenz vollständiger Zukunftsmärkte wird angenommen (vgl. kritisch Heine/Herr 1999, S. 153-156).

An die logische Möglichkeit eines simultanen Gleichgewichts auf allen Märkten, die Walras nachgewiesen hat, schließt sich natürlich die Frage an, ob und auf welchem Weg sich diese gleichgewichtigen Mengen und Preise real einstellen. Walras' Lösung besteht darin, dass er eine imaginäre Figur einführt: den *Auktionator*. Dieser schlägt einen Preis vor, befragt alle Marktteilnehmerinnen und -teilnehmer nach den Mengen, die sie zu

Abbildung 2.6: Edgeworth-Box

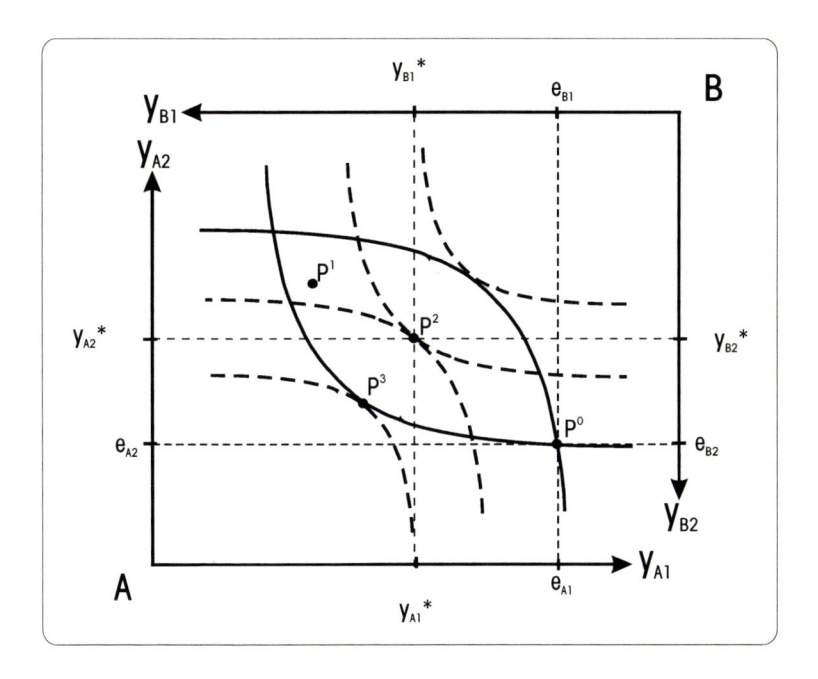

diesem Preis anbieten oder nachfragen möchten, und korrigiert den Preis dann (bei Überangebot nach unten, bei Nachfrageüberhang nach oben). Erst wenn er die Gleichgewichtspreise ermittelt hat, werden alle Transaktionen vollzogen.[12]

Ein effizienter Verteilungszustand ist jener des reinen Tauschgleichgewichts, in dem die relativen Preise durch Austauschinteraktion gebildet werden. Ausführlicher erläutert wird die folgende Überlegung z. B. bei Varian (1999, vgl. S. 480-488) oder bei Böventer (1991, vgl. S. 283-294).

---

[12] Friedrich August von Hayek kritisiert die Statik dieses Gleichgewichtsbegriffs, da implizit ein Fall unterstellt wird, der nie vorkommt: dass nämlich die wirtschaftlichen Prozesse (insbesondere der Wettbewerb) zum Stillstand gekommen sind (vgl. Hayek 1968, S. 255f, und Hayek 1974, S. 312).

Abbildung 2.6 zeigt die Haushalte[13] A und B, beide ausgestattet mit den Gütern y_1 und y_2. Dabei wurden die Ursprünge der Koordinatensysteme gegenüber gelegt, so dass die Koordinaten des Punktes P^0 die Anfangsausstattungen sowohl von A als auch von B anzeigen und sich die Indifferenzkurven linsenförmig schneiden. P^0 legt eine solche Linse fest. Punkte im Inneren der Linse (z. B. P^1) weisen sowohl für Entscheiderin A als auch für Entscheiderin B einen höheren Nutzen auf als der Punkt P^0. Im Tangentialpunkt zweier Isoquanten (z. B. P^2 oder P^3) kann keiner der beiden Haushalte durch Tausch seinen Nutzen erhöhen, ohne dass der andere schlechter gestellt würde (*Pareto-Effizienz*). Wenn sich die beiden Akteure auf P^2 einigen, gibt A die Menge $e_{A1} - y^*_{A1}$ von Gut 1 ab und erhält von B die Menge $y^*_{A2} - e_{A2}$ von Gut 2. Durch das Austauschverhältnis sind somit die relativen Preise bestimmt.[14]

Die Verallgemeinerung dieser Überlegung auf n Haushalte führt zu einem gesellschaftlichen Gleichgewichtszustand bei vollständiger Konkurrenz, der aber nicht normativ, als Gesellschaftsoptimum, zu verstehen ist (vgl. Hahn 1984, S. 157). Das Kriterium der Pareto-Effizienz gibt einen durch Rechtsstruktur und Erstausstattungen vorbestimmten Zustand an. Vor dem Hintergrund einer anderen Einkommens- oder Rechteverteilung wäre dieselbe Güterallokation nicht mehr Pareto-effizient. Dieses Effizienzkriterium wird daher als selektiv und als normativ vorgeprägt kritisiert (vgl. Samuels 1981).

In dieser Welt finden die drei analytischen Schritte des Makro-Mikro-Makro-Schemas gleichzeitig, in einer logischen Sekunde, statt: Preise und Mengen werden durch Aggregation aus individuellen Handlungen bestimmt (der dritte Schritt des Schemas), während sie zugleich das Handlungsumfeld für die Akteure bilden (erster Schritt), und die Entscheiderinnen wählen stets die optimale Kombination (zweiter Schritt).

---

[13] Analog kann eine Pareto-effiziente Ressourcenverteilung zwischen produzierenden Unternehmen ermittelt werden (vgl. Heine/Herr 1999, S. 165-173).

[14] Aus der Tangierung der Cobb-Douglas-Nutzenfunktion von A mit jener von B wird ersichtlich, dass in Pareto-effizienten Punkten die Steigungen, d. h. die Grenzraten der Substitution (und somit auch das Grenznutzenverhältnis) für beide Haushalte übereinstimmen: $|\frac{dy_{A1}}{dy_{A2}}| = |\frac{dy_{B1}}{dy_{B2}}|$, $\quad \frac{\frac{\partial U}{\partial y_{A2}}}{\frac{\partial U}{\partial y_{A1}}} = \frac{\frac{\partial U}{\partial y_{B2}}}{\frac{\partial U}{\partial y_{B1}}}$.

2.2 Rationalität und das Modell der Entscheiderin

Diese mathematische Totalanalyse aller Märkte mit Hilfe der Allgemeinen Gleichgewichtstheorie erfordert einige restriktive Voraussetzungen. Im Folgenden werden die – deutlichen – Vereinfachungen des Operatorenmodells gegenüber realen ökonomischen Entscheidungsträgerinnen benannt. Sie gaben vielfach Anstoß zu (sowohl fundamental ablehnender als auch konstruktiver) Kritik. Mittlerweile werden sie in einigen besseren Einführungswerken erwähnt, aber auch dort nur selten problematisiert.

Der Akteur der neoklassischen Modellwelt, der homo oeconomicus, findet einen Vorläufer bei David Ricardo, der das Bild eines kapitalistischen Börsenspekulanten als ökonomisches Subjekt generalisiert: Dieser legt als Kapitalbesitzer sein Geld stets dort an, wo es ihm als die vorteilhafteste Anlage erscheint (vgl. Biesecker/Kesting 2003, S. 64f). Nach dieser Logik trifft der homo oeconomicus seine Konsumentscheidungen. Fünf Annahmen sind es, die ihn zu dieser Art Rationalität befähigen: das Prinzip der Wahl zwischen Güterbündeln, das Prinzip der Nichtsättigung von Bedürfnissen, das Prinzip der Tauschbereitschaft (wenn die Aussicht auf eine bessere Ausstattung besteht), die Konsistenz seiner Präferenzen und eine mit wachsender Ausstattung abnehmende Substitutionsrate (vgl. Reiß 1992, S. 226-233). Ökonomisch rationales Entscheiden bedeutet, dass sich das Individuum

> »in Entscheidungssituationen eines bestimmten Typs für diejenigen Alternativen entscheidet, deren Folgen es gegenüber den Folgen anderer möglicher Alternativen vorzieht, und wenn die Präferenzordnung der Alternativen den folgenden Bedingungen genügt: [...] Reflexivitätsaxiom, [...] Vollständigkeits- oder Ordnungsaxiom, [...] Transitivitätsaxiom.« (Zundel 1995, S. 31f)

In dem oben vorgeführten Konkurrenzgleichgewicht bestehen die Handlungen ausschließlich in Substitutionsakten, also in Variationen der nachgefragten Warenmengen als Reaktion auf Preisänderungen. (Anbieter(innen) mit Preissetzungsmacht bleiben hier unberücksichtigt.) Die Entscheiderin gibt ihr Budget für die – durch Präferenzen und Preise festgelegte – beste Güterkombination aus.

Der ökonomische Rationalitätsbegriff setzt explizit oder implizit einiges voraus (vgl. zum Folgenden Rubinstein 1998a, S. 8f): Für eine optimale Entscheidung muss der homo oeconomicus zum einen über das Problem und die Optionen informiert sein, d. h. er muss stets alle möglichen erwerb- bzw. tauschbaren Waren, auch ähnliche Produkte konkurrierender Anbieterinnen und Anbieter, kennen und über ihre Eigenschaften und Preise Bescheid wissen. Er muss alle Verwendungsmöglichkeiten und die nutzenstiftenden Eigenschaften aller Güter kennen, d. h. auch alle Substitutionsmöglichkeiten gegen andere Waren. Das Marktgleichgewicht ist nur möglich, wenn diese Informationen den Akteuren vollständig zugänglich sind und keine Kosten oder Zeitverzögerung verursachen. Offenbar haben die Operatoren eine unbegrenzte Speicherkapazität für diese Informationen und ordnen und aktualisieren sie permanent.[15]

Ferner muss die entscheidende Person (zweitens) über die Fähigkeit verfügen, aus den erhobenen Daten fehlerfrei die optimale Handlung zu berechnen, was mitunter komplexe Kalkulationen erfordert.

Drittens ist die Nutzenfunktion des homo oeconomicus exogen vorgegeben, sie ist in der Zeit konstant und weist die folgenden Eigenschaften auf: Die Bedürfnisse sind unbegrenzt, der Grad ihrer Befriedigung steigt in Form einer konkav verlaufenden Funktion an, die Präferenzordnungen sind transitiv, vollständig, stetig und konvex. Der Akteur muss seine Bedürfnisse kennen und den Warenbündeln entsprechend Nutzenbeträge zuordnen können.

Präferenzen sind allerdings nicht empirisch feststellbar. Beobachten lässt sich nur, welches der Güterbündel, die sie sich leisten kann, eine Konsumentin gewählt hat. Diese durch ihre Wahl bekundeten Präferenzen heißen »revealed preferences« (vgl. Samuelson 1938, Richter 1987). Das Prinzip der revealed preferences besagt, dass die Bevorzugung eines Güterbündels X gegenüber einem (ebenfalls erschwinglichen) Güterbündel Y eine Präferenz für X vor Y impliziert (vgl. Varian 1999, S. 111-115).[16]

Schließlich – viertens – muss Indifferenz gegenüber logisch äquivalenten Beschreibungen der Alternativen bestehen, d. h. Formulierungsunterschiede führen nicht zu einer Präferenzänderung (z. B. stiftet das Bündel

---

[15] Hierzu noch einmal Kritik von Hayek (1946, S. 126): »Es kann offensichtlich nicht das Normale sein, dass jede Person, die sich am Markte beteiligt, vollkommene Kenntnis von allem besitzt«.

[16] Samuelson (1953) hat gezeigt, dass sich das Haupttheorem der Konsumtheorie (negative Preiselastizität bei positiver Einkommenselastizität der Nachfrage) aus der revealed-preferences-Theorie herleiten lässt.

2. ›Homo Oeconomicus‹: Die Neoklassik

›zwei Brote und ein Liter Wein‹ gleich viel Nutzen wie ›ein Liter Wein und zwei Brote‹).

Die Entscheidungsfindung hat in der Neoklassik keinen prozesshaften Charakter, sondern findet in einer ›logischen Sekunde‹ statt, als würden die entscheidungsrelevanten Daten in einen Computer eingespeist, der sofort das Ergebnis ausgibt. Genau genommen, kommen Akteure in der Theorie gar nicht vor, denn Handeln wird nicht als Entscheidung einer Person modelliert, die aus Überlegen und Abwägen bestünde, sondern als automatisches Prozessieren, da das bestmögliche Ergebnis durch objektive Marktdaten und gegebene Präferenzen festgelegt ist. Pareto hat diesen Umstand so ausgedrückt: »Das Individuum kann sich entfernen, es muss uns nur die Fotografie seiner Wünsche hinterlassen.«[17] Durch Nutzen und Angebotsstruktur (inklusive Preise) ist seine Entscheidung bereits determiniert.

Wenn die Entscheidung des homo oeconomicus als Prozess dargestellt werden sollte, könnte sie z. B. in folgende Schritte unterteilt werden: Auch wenn dies in der Neoklassik nicht explizit als Aktivität der Handelnden ausgezeichnet wird, geht einer rationalen Entscheidung die gründliche Recherche der Angebotsstruktur voraus. In Kenntnis von Preisen und Budget werden dann alle realisierbaren Güterkombinationen ermittelt und ihnen ein Nutzenindex zugeordnet, der ihre Erwünschtheit angibt. Seine Höhe orientiert sich an den Präferenzen der Entscheiderin. Der Akteur ordnet die realisierbaren Güterkombinationen nach ihrer Erwünschtheit und wählt diejenige aus, die den höchsten Wert erzielt. Sie ist zugleich jene, die den höchstmöglichen (mit Hilfe des Budgets realisierbaren!) Nutzen gewährleistet. Alle erwähnten Vorgänge benötigen keine Bedenkzeit.

Die Nutzenorientierung des homo oeconomicus ist von anderen isoliert und rein egoistisch (vgl. Kirchgässner 1997, S. 11-14). Weise (1989, S. 152) weist auf die Absurdität dieser Handlungslogik hin, wenn sie als Prinzip für jegliches Verhalten vorgestellt wird:

> »Er kalkuliert die entsprechenden Erwartungswerte und entscheidet sich [zum Beispiel auch, DW] rational für oder gegen Unpünktlichkeit, Betrug, Diebstahl, Scheidung, Steuerhinterziehung, Beleidigung, Mord usw.«

---

[17] Dieser berühmte Satz entstammt dem ›Manuale di economica politica‹ von 1906 (Kapitel III, §57); übersetzt findet sich der Primärtext z. B. in Reiß' (1992) historisch fundierter Mikroökonomie-Einführung (dort: S. 214).

Die Entscheidungsobjekte, mit denen der homo oeconomicus konfrontiert ist, sind auf Märkten tauschbar, durch andere Waren substituierbar, haben Preise und erzeugen Nutzen.[18]

2.3 Diskussion

Angesichts der Vielfalt kritischer Literatur zum neoklassischen Menschenbild fasse ich mich in diesem Abschnitt vergleichsweise kurz. Dies liegt u. a. darin begründet, dass die in den nächsten Kapiteln vorgestellten Akteursmodelle vielfach als (konstruktive) Kritik des homo oeconomicus zu lesen sind und deshalb einige problematische Punkte z. T. noch später vertieft werden. Auch allgemeine Voraussetzungen der Neoklassik, wie beispielsweise die Vollständigkeit des Wettbewerbs oder das Fehlen externer Effekte, problematisiere ich hier nicht, sondern verweise stellvertretend auf die gut durchdachten Hinweise in der »Kritischen Würdigung« bei Heine und Herr (1999, vgl. S. 175-179). In diesem Abschnitt soll nur das neoklassische Akteursmodell diskutiert werden. Ich betrachte hier das ›klassische‹, enge ökonomische Verhaltensmodell und folge nicht z. B. Kirchgässner, der einen »modernen«, u. a. zu strategischem Handeln und prozeduraler Rationalität fähigen homo oeconomicus propagiert (vgl. Kirchgässner 2000, Kapitel 2).

---

[18] Eine Übertragung des Modells auf andere Handlungen leisten ökonomische Theorien der Demokratie, z. B. von Anthony Downs (1968). Es werden zwei Maximierungslogiken angenommen: Politikerinnen und Politiker streben nach Ämtererwerb und Macht (-erhalt) durch Maximierung von Stimmen, während Wählende den Nettonutzen in Abhängigkeit von der regierenden Partei maximieren (messbar durch das sog. erwartete Parteiendifferential, vgl. ebenda, S. 38f). Dabei gilt das ›Eigennutz-Axiom‹, das aber auch Altruismus als Variante zulassen soll (vgl. ebenda, S. 26). Voraussetzungen für dieses Modell sind u. a.: Kenntnis der Wählernutzenfunktionen durch die Parteien, sicheres Wissen über vergangene, gegenwärtige und zukünftige Ereignisse sowie Abwesenheit von Informationskosten für die Wählerinnen und Wähler. Im Prinzip konstruiert Downs einen neoklassischen Markt für Parlamentswahlen mit Parteien als Anbietende und Wähler(inne)n als Nachfragende und stellt entsprechend Marginalbetrachtungen an. Als Akteursmodell bemüht er den homo oeconomicus (vgl. auch Schmidt 2000, S. 217).

Einschränkungen

Zunächst lassen sich einige Phänomene anführen, die bei den Entscheidungen realer Menschen eine Rolle spielen, aber in der neoklassischen Entscheidungstheorie nicht vorkommen. Schließlich ist dieses Modell lediglich für Anwendungsfälle geeignet, in denen die neoklassischen Bedingungen erfüllt sind. So beschränkt das Wirtschaftssubjekt seine Entscheidungen generell auf den Austausch seiner Ressourcen gegen Waren bzw. auf den Kauf von Waren mit seinem gegebenen Budget. Handlungen, die über den Gütertausch auf Märkten[19] hinausgehen (sei es etwa der Abschluss einer Wette, das Einleiten eines Gerichtsverfahrens oder schlicht Freundschaft und Entspannungsaktivitäten), sind nicht möglich, zumindest nicht ohne eine Reformulierung von Handlungsmotiven und Aktivitäten in den schwerfälligen Begriffen von Tausch, Kosten und Konsum. Dabei mutet die Auffassung aller zwischenmenschlichen Interaktionen (bei Ramb beispielsweise: eines Rendevous) als wohldurchdachte Austauschakte von Gütern doch vielfach eher plump und unbefriedigend an (vgl. Ramb 1993, S. 23).

Als Motivationsgrößen nicht zugelassen sind Emotionen. Um zu gewährleisten, dass gleiche Problemstellungen bei mehrfacher Wiederholung keine unterschiedlichen Präferenzen erzeugen, müssen leidenschaftliche bzw. voluntaristische Entscheidungen als irrational ausgesondert werden. Die Handlungssituation wird auch nicht durch die Entscheiderin interpretiert (wobei Einstellungen, Überzeugungen, Meinungen etc. eine Rolle spielen würden), sondern so behandelt, als wären die möglichen Handlungsoptionen und ihre Nutzenindices unstrittig und objektiv gegeben (vgl. Priddat 1998b, S. 4f und 37).

Von Normbindung, Wertorientierung oder Rücksicht wird ebenfalls abgesehen, um das Operatorenmodell für die Gleichgewichtsanalyse handhabbar zu halten. Entsprechend können homines oeconomici keine Kollektivgüter erstellen (vgl. Schlösser 1992, S. 109). Auch strategische Entscheidungen können mit diesem Modell nicht erfasst werden, d.h. die Individuen denken bei ihrer Entscheidung nicht darüber nach, wie ggf. andere darauf reagieren werden und welche Konsequenzen sich in Abhängigkeit hiervon wiederum ergeben. Das Verhalten der anderen ist nicht von

---

[19] Dabei sind Märkte allerdings nicht allein über Geld definiert, da auch andere Tauschmittel, z. B. Zigaretten, dessen Funktion übernehmen können (vgl. Kirchgässner 1997, S. 15).

Kontingenzen geprägt, sondern prognostizierbar, was durch die Annahmen vollständiger Zukunftsmärkte und vollständiger Information gewährleistet wird.

Eine weitere Einschränkung des Handlungsrepertoires ergibt sich daraus, dass für den homo oeconomicus sichergestellt sein muss, dass die Konsequenzen mit Sicherheit eintreten, also nichts Unerwartetes geschieht. Bestehen mehrere Möglichkeiten der zukünftigen Entwicklung der Welt, von denen unbekannt ist, welche eintreten wird, so werden die Nutzenzuweisungen des homo oeconomicus hinfällig. Dementsprechend ist sein Handlungsrepertoire auf Situationen mit Sicherheit über die Zukunft eingeschränkt, was auch bedeutet, dass auf der Welt nichts Neuartiges, Unvorhergesehenes geschieht, also Abwesenheit von Innovationen. Winters (1986) Formulierung dafür lautet: »Individual economic actors repeatedly face the same choice situation or a sequence of highly similar choice situations« (S. 429).

Die Zuordnung von Nutzenwerten nimmt zudem implizit auf den Spezialfall Bezug, dass sich die Entscheiderin nur für eine einzige Zielvariable interessiert, die Wünsche der Person also nicht in Konkurrenz zueinander stehen. Sind mehrere Zielvariablen theoretisch relevant, hat die Präferenzordnung keine so simple Form mehr. So ist z. B. die eindeutige Bestimmung von Optima nicht mehr gesichert.

Beim homo oeconomicus handelt es sich für die meisten Ökonomen nicht um ein realistisches Abbild entscheidender Menschen, im Gegenteil:

> »Damit die Marktgesetze rein herausgearbeitet werden können, muss von der *zugegeben irrationalen* Annahme ausgegangen werden, dass sich die Marktteilnehmer verhalten, als ob sie homines oeconomici seien.« (Paulsen 1949, S. 19f, Herv. DW)

So ist der homo oeconomicus ein heuristisches Hilfsmittel. Schlösser (1992) diskutiert den Status des homo oeconomicus nicht als Hypothese (die durch Nichtentsprechung mit der Wirklichkeit falsifiziert wäre), sondern als eine ›Fiktion‹, die aufgrund der Komplexität des Forschungsgebiets nützlich und analytisch produktiv sei (vgl. S. 33-42). Da sie aber »einen Teil der wahren Ursachen in Rechnung zieht« und somit auch empirische Bedeutung hat, gelangt er zu der Kategorisierung als »Semifiktion« (ebenda, S. 41).

Obwohl diese Auffassung bloße Heuristik ist, wird dem homo

oeconomicus vorrangig seine Realitätsferne vorgehalten, wie der folgende Überblick zeigt.

Kritik und Modifikationsvorschläge

Der homo oeconomicus verfügt über gegebene, kurzfristig stabile Präferenzen, erlebt kaum Interaktion mit anderen, hat kein soziales Bewusstsein und lebt in einer preis- und mengengesteuerten Welt. Diese Annahmen haben intensive Debatten über Menschenbilder angeregt.

Vielfach wird er als ideologisches Zerrbild des wirklichen Menschen kritisiert. Schmid (1997) gibt z. B. eine Diskussion um die Aufhebung der Moral in der Ökonomik wieder, wobei auch eine eventuelle Manipulation des Alltagsbewusstseins der Menschen durch die Verwendung eines solchen Modells problematisiert wird. Aus Sicht der normativen Ökonomik kritisieren den homo oeconomicus bzw. den ökonomischen Vernunftbegriff z. B. auch Mittelstrass (1990, S. 27-30) und Ulrich (1990b).

Ferner wird kritisch auf das Fehlen von Handlungsmotiven eines sozialen Bewusstseins hingewiesen. Beispielsweise hat Frank (1987) gezeigt, dass Individuen, die mit einem Gewissen ausgestattet sind, u. U. höhere Auszahlungen erhalten würden als homines oeconomici. Maier (1993) kritisiert das Ausblenden sozialer Bindungen unter dem Aspekt einer maskulinen Konnotation der ökonomischen Subjekte (vgl. S. 554-560). Auch Michalitsch (2000) zeigt auf, dass diejenigen Eigenschaften, die dem homo oeconomicus fehlen, die klassisch ›weiblichen‹ sind (vgl. S. 95-100; vgl. auch Michalitsch 2003, S. 75).

Ein prominenter Kritiker des neoklassischen Akteursmodells ist Amartya Sen (1977), der die postulierte Rationalität durch Sympathie und Verpflichtungen eingeschränkt sieht. Er unterstreicht die Handlungsrelevanz von Kultur und Ethik, da Menschen gesellschaftlich eingebunden seien, und sieht das Fehlen von Moral als Defizit der Theorie. Sen schlägt selbst das Konzept einer Meta-Präferenzordnung vor, die eine Bewertung von Präferenzordnungen in Termini von Präferenzen ermöglicht (vgl. z. B. Sen 1985).

Leibenstein (1976a) kritisiert die Selbstverständlichkeit, mit der Haushalte und Firmen als kohärent handelnde Akteure angenommen werden, was z. B. principal-agent-Probleme[20] oder Konflikte zwischen der Nutzenmaximierung verschiedener Akteure ausblendet. Er konstatiert: »Neither individuals nor firms work as hard or search for information as effectively as they could.« (Leibenstein 1976b, S. 44) In der Lehrbuchökonomik fehle die non-allokative Effizienz über Marktgüterinputs hinaus, insbesondere die Effizienz der Motivation.

Herbert Simon (1986a), wohl der bekannteste Kritiker des homo oeconomicus, stellt drei wesentliche Verhaltensannahmen der Neoklassik als unzureichend heraus (vgl. S. 19): das Postulat universell konsistenen Verhaltens, die Objektivität von Rationalität und die Exogenität der Handlungsziele. Er hält die Annahme für fehlgeleitet, Entscheidungen führten (bei feststehenden Zielen) zum optimalen Ergebnis und der Akteur gäbe sich niemals mit einer Wahl zufrieden, die kein (Haushalts- bzw. Unternehmens-)Gleichgewicht darstellt (vgl. Simon 1978b, S. 2). Die Mikroannahme der perfekten, substanziellen Rationalität widerspreche den Fakten.[21] Während sie für statische, simple Probleme zutreffen mag, gelte sie nicht in nicht-trivialen Situationen, z. B. risikobehaftete Entscheidungen, Entscheidungen unter Informationsdefiziten, oder Unsicherheit sowie unvollständigen Wettbewerb (vgl. Simon 1976). Da das menschliche Kognitionsvermögen nach Simon beschränkt und die verfügbare Aufmerksamkeit knapp ist, werden die Individuen nicht immer alle entscheidungsrelevanten Faktoren einbeziehen bzw. sie häufig nicht vollständig kennen. Zeit und Aufmerksamkeit erklärt Simon für knappe Ressourcen, und deshalb ist ihre Einsparung eine plausible Verhaltensannahme (vgl. Simon 1956, S. 137). Simon plädiert vor diesem Hintergrund wiederholt für die Ablösung des Konzepts substanzieller durch prozedurale Rationalität sowie für die Verbesserung des ökonomischen Handlungsmodells durch empirische Forschung. Selten (2002) stellt einige Arbeiten vor, die zu berücksichtigen sind, um die ökonomische Theorie auf der Basis beschränkter Rationalität neu auszugestalten.

---

[20] Die principal-agent-Literatur beleuchtet das Verhältnis von Agenten, z. B. Beschäftigten, und dem Prinzipal, z. B. einer Arbeitgeberin, die (durch Anreize bzw. Kompensationen) darauf hinwirken will, dass jene möglichst in ihrem Interesse handeln (vgl. dazu Ross 1973, Radner 1981, Grossman/Hart 1983, Stiglitz 1987).

[21] Mit einer empirischen Untersuchung von Entscheidungen innerhalb eines Unternehmens belegt Simon (1976), dass die Leitfrage bei den gewählten Handlungen nicht dem (ergebnisorientierten) Kalkül folgt, die Grenzkosten den Grenzerträgen anzunähern (vgl. S. 137).

Einwände dieser Art sind berechtigt, sofern mit dem Menschenmodell empirische Verhaltensforschung betrieben werden soll. Die Abstraktion des homo oeconomicus beansprucht jedoch keine empirische Gültigkeit, sondern ist notwendig, um den Akteur entscheidungsfähig zu machen. Diese Abstraktion erleichtert es, die Entscheidungen theoretisch nachzuvollziehen.

2.4 Resümee

Das vorgestellte Akteursmodell folgt einer sehr schlichten Logik, die in dem Bemühen besteht, »unter den gegebenen äußeren Umständen das Beste aus seiner Situation zu machen« (Linde 1988, S. 5). Wenn auch provokativ gefragt werden kann, was denn eigentlich zu der Annahme berechtigt, dass die Akteure die beste Alternative wählen – und nicht z. B. jene, die sie schon immer wählen wollten (vgl. Priddat 1998b, S. 11) –, sprechen seine Schlichtheit und einfache Anwendbarkeit für dieses Modell des Handelns.

Die im Abschnitt 2.3 referierte Kritik richtet sich vor allem auf die ›Realitätsnähe‹ der Verhaltensannahmen, die Einschränkungen des Handlungsspektrums gegenüber realen Personen sowie die Unterstellung extrem hoher kognitiver Kapazitäten. Im Allgemeinen kann den Kritikpunkten nicht durch eine simple Modifikation des Handlungsmodells unter Beibehaltung des neoklassischen Gleichgewichtsmodells begegnet werden, da sich die existierenden Gegenentwürfe (vor allem das satisficing-Konzept und die Vorschläge der verhaltenswissenschaftlichen Verbrauchsforschung) nicht in das Gesamtkonzept der Neoklassik einpassen lassen. Insbesondere sind sie nicht geeignet, um die Gesamtnachfrage für ein Gut abzuleiten, den Zusammenhang von Märkten über Preise und Einkommen oder das Angebot von Produktionsfaktoren durch die Haushalte zu erklären (vgl. Schumann 1992, S. 157f). Ein erweitertes Handlungsmodell, das Entscheiden als Prozess untersucht, würde zudem der Fragestellung der neoklassischen Ökonomik nicht gerecht, die nicht an der Analyse der Einzelhandlung interessiert ist, sondern sich mit Entscheidungsergebnissen im Aggregat befasst und Restriktionen als Explanandum benutzt (vgl. Homan/Suchanek 2000, S. 414-428). Trotz und wegen der restriktiven Voraussetzungen kann mit Hilfe dieses Handlungsmodells eine prognosefähige Erklärung von Substitutionsakten auf Märkten geleistet und ferner eine Erklärung für Preisbildung und transferierte Mengen im Gleichgewichtszustand gegeben werden. Weitere Vorschläge, menschliches Verhalten unter Rückgriff auf das Paradigma rationaler Alternativenselektion zu erklären, benötigen mitunter tiefer greifende Veränderungen der Theorie. So entstehen Abwandlungen des homo oeconomicus, die z. T. mehr Unterschiede als Gemeinsamkeiten mit diesem aufweisen und nicht immer selbstverständlich zu optimalen Entscheidungen gelangen. Einige der resultierenden Handlungsmodelle werden in den nächsten Kapiteln vorgestellt. Der homo oeconomicus bildet gewissermaßen die Keimzelle für sie.

Kapitel 3

Entscheiden bei unbekannter Zukunft: Leonard J. Savage

In diesem Kapitel wird ein mathematisch-logischer Ansatz zur Rekonstruktion des Handelns vorgestellt, der für Teile der (vor allem spieltheoretisch argumentierenden) Ökonomik grundlegend ist und dessen Annahmen über Präferenzen zugleich der Neoklassik als Grundlage dienen: die Bayessche Statistische Entscheidungstheorie. Als Vertreter habe ich für dieses Kapitel Leonard J. Savage ausgewählt. In meiner Darstellung wird es nicht um eine mathematische Formulierung der Gesamttheorie gehen, sondern vorrangig um qualitative Aspekte, da das Handlungsmodell herausgestellt werden soll.

Grundgedanke der Bayesschen Entscheidungstheorie ist, dass die Konsequenzen einer Handlung nicht immer sicher sind, sondern ggf. von Umständen abhängen, die vorher nicht bekannt sind. Unter diesen Bedingungen könnte eine Entscheidung zwischen Optionen allein auf der Grundlage der Bewertung ihrer Konsequenzen zunächst nicht getroffen werden. Sofern aber Wahrscheinlichkeiten angegeben werden können, mit der die eine oder andere Konsequenz eintritt, ist es möglich, das zu erwartende Ergebnis statistisch zu berechnen. Das Kernprinzip Bayesscher Konzeptionen, um mit dem Fehlen exakten Wissens über die Konsequenzen umzugehen, ist die Maximierung des *erwarteten Nutzens*, der sich mit Hilfe des Nutzens[1] und der Wahrscheinlichkeit der möglichen Konsequenzen berechnen lässt. Darüber hinaus haben Entscheidungstheorien im Anschluss

---

[1] In diesemKapitel verwende ich den Begriff *Nutzen* nicht synonym mit *Erwartungsnutzen* oder *SEU*. Wie noch deutlich werden wird, gibt der Nutzen (eine numerische Größe, laut Savage vergleichbar mit Einkommen) den Grad der Zufriedenheit eines Akteurs mit einem Zustand an und geht in die Berechnung des *SEU* mit ein.

an Bayes auch den Gedanken der Subjektivität betont. Als subjektiv werden dabei sowohl die Wahrscheinlichkeiten aufgefasst, die vom Individuum aufgrund seiner Erfahrungen mit der Welt abgeschätzt werden, als auch der Nutzen des Individuums. Bei dieser Subjektivitätsannahme ist vor allem die Abgrenzung gegen objektivistische Auffassungen von Nutzen, wie sie in der Wohlfahrtsökonomik und besonders im Begriff des Gemeinwohls zum Ausdruck kommen, zentral.

Namensgeber der Bayesschen Entscheidungstheorie war der Statistiker Thomas Bayes (1702-1761), der u. a. ein mathematisches Verfahren zur Bestimmung der Wahrscheinlichkeit eines Ereignisses aus seiner Eintrittshäufigkeit in der Vergangenheit enwickelte[2] und für seinen Vorschlag zur mathematischen Handhabung bedingter Wahrscheinlichkeiten berühmt wurde (vgl. die anschauliche Erläuterung bei Salop 1987). In der Bayesschen Statistik wurde ein Entscheidungskriterium entwickelt, das sich von dem der Neoklassik grundsätzlich unterscheidet und auch neu gegenüber dem minimax-loss-Prinzip ist,[3] das bis dahin einzige Entscheidungsregel für Situationen ungewissen Ausgangs war (vgl. Savage 1951, S. 61). Es basiert darauf, dass der Nutzen einer Handlungsfolge mit der Wahrscheinlichkeit ihres Eintretens multipliziert wird, um den erwarteten Nutzen (EU, »Bayes expected utility«) zu ermitteln (vgl. Jorion 1992, S. 189).[4] Entsprechend heißen Gleichgewichtslösungen, die auf Wahrscheinlichkeiten basieren, Bayessche Gleichgewichte (vgl. Feess 2000, S. 638f und 658-666), und in der Spieltheorie werden Konstellationen mit unvollständiger Information über die Auszahlungsergebnisse als Bayessche Spiele gehandelt (vgl. Holler/Illing 1996, S. 77f).

Ungefähr zu der Zeit, als die mathematische Statistik entstand und das wissenschaftliche Interesse an Wahrscheinlichkeitsproblemen generell

---

[2] Als Anwendungsfall dient ihm z. B. eine Lotterie, bei der die Entscheiderin nichts über die Gewinnchancen weiß und aus einer Reihe von Ergebnissen mit zunehmender Genauigkeit Wahrscheinlichkeiten iteriert (vgl. Bayes 1736, S. 411-416). Solche Exempel sind heute auch Gegenstand empirischer Forschungen zu den Präferenzaxiomen.

[3] Das minimax-loss-principle oder Maximin-Kriterium führt zur Wahl derjenigen Handlung mit der höchsten Auszahlung im schlechtest möglichen Fall, also mit dem höchsten Sicherheitsniveau (vgl. Luce/Raiffa 1957, S. 278-280).

[4] Exakt: $EU(a) = \int U(z,a) p(z \mid y) dy$
mit a: gewählte Handlung, z: zukünftige Erträge aus a, U: Nutzen, y: Vektor der Beobachtungen, p: Wahrscheinlichkeit (vgl. ebenda).

3. Entscheiden bei unbekannter Zukunft: Leonard J. Savage

hoch war, entwickelte der Mathematiker Daniel Bernoulli die Idee des erwarteten Nutzens. Bernoulli (1954/1738) begriff den (bei ihm noch objektiven) Nutzen als quantifizierbare und messbare Größe. Er führte die Maximierung des erwarteten Nutzens (bei ihm: »emolumentum medium« bzw. »moral expectation«) in die ökonomische Analyse ein und schlug gleichzeitig vor, Nutzenfunktionen nicht als Geraden anzunehmen. (Dies wurde in den ersten ökonomischen Versuchen, nach der Abkehr von der objektiven Wertlehre nun mit subjektiven Werten bzw. Nutzen zu operieren, praktiziert.) Statt dessen ging er von einem logarithmischen Verlauf der Nutzenkurven aus (vgl. ebenda, S. 25-28), die der Idee des abnehmenden Grenznutzens entspricht. Die Begründer der Neoklassik (siehe oben, S. 29) entwickelten Bernoullis Gedanken des abnehmenden Grenznutzens weiter, befassten sich aber nicht weiter mit dem Konzept des erwarteten Nutzens. Das Prinzip der Nutzenmaximierung wurde für Risikoentscheidungen nicht als gültig angesehen und (z. B. von Marshall) explizit zurückgewiesen, da die Annahme abnehmenden Grenznutzens für solche Entscheidungssituationen als unzutreffend erschien.[5] Bernoullis Idee einer Maximierung des erwarteten Nutzens wurde erst im 20. Jahrhundert durch Frank Ramsay (1926) sowie John v. Neumann und Oskar Morgenstern (1961, Original: 1943) wieder aufgegriffen. In der Folge haben Leonard Savage, Jacob Marschak und R. Duncan Luce/Howard Raiffa mathematisch-logisch formalisierte Modelle der Entscheidungstheorie entworfen, die mit dem Konzept des subjektiv erwarteten Nutzens (subjectively expected utility, *SEU*) arbeiten. Savage (1954), der stark von Ramsay beeinflusst war, legte mit »The Foundations of Statistics« die erste vollständige Axiomatik des subjektiv erwarteten Nutzens vor.[6]

Im vorliegenden Kapitel skizziere ich den *SEU*-Akteur Savages, der gegenüber der klassischen Statistik eine neue Auffassung von Wahrscheinlichkeiten, nämlich als subjektive Größen, vertritt. Jene hatte Wahrschein-

---

[5] Bei einem sinkenden Grenznutzen des Geldes erführe der Akteur durch Verlust eines Geldbetrags eine höhere Nutzeneinbuße, als er Nutzenzuwachs aus dem Gewinn derselben Summe hätte. Ein faires Spiel, das ausgewogene Gewinn- und Verlustchancen bietet, würde daher von rationalen Entscheiderinnen gar nicht gespielt (außer wenn sie für ihre Teilnahme bezahlt würden), stellte es unter solchen Bedingungen doch höhere Nutzenverluste als -gewinne in Aussicht.

[6] Dieser Absatz stützt sich u. a. auf Fishburns (1992) historische Bemerkungen (vgl. S. 746) sowie die Einleitung von Friedman und Savage (1948, vgl. S. 279-283).

lichkeiten sequenziell[7] interpretiert, d. h. die Wahrscheinlichkeit eines Ereignisses entspricht der relativen Häufigkeit seines Auftretens in einer Folge von Wiederholungen, seiner objektiven Wahrscheinlichkeit. Vor der klassischen Statistik herrschte ein Verständnis von Wahrscheinlichkeiten als logische Implikationsbeziehung, die zu einem gewissen (Prozent-) Anteil gültig ist. Mit beiden Konzepten ist es laut Savage jedoch nicht möglich, verschiedene Grade der Überzeugtheit von Weltzuständen zu erfassen. Außerdem, so Savage, können Entscheiderinnen auch Wahrscheinlichkeiten für Ereignisse abschätzen, mit denen sie nicht bereits wiederholte Erfahrungen gemacht haben, beispielsweise für Behandlungsmöglichkeiten eines Schlangenbisses (vgl. Savage 1961, S. 176). Auch dies spricht für eine weniger deterministische Auffassung von Wahrscheinlichkeiten. Savage bezeichnet seinen eigenen Wahrscheinlichkeitsbegriff als *personalistisch* und versteht ihn als ›Glaube‹ an ein bestimmtes Funktionieren der Welt, welchen die Individuen durch Lernerfahrungen erwerben bzw. modifizieren. Damit vollzieht er einen entscheidenden Schritt zur Entwicklung einer Konzeption des Handelns von Personen.

Für den Vergleich des Handlungsmodells mit ökonomischen und soziologischen Akteurstheorien ist vorrangig die Frage von Bedeutung, wie Savages Akteure verfahren, wenn sie vor einer Entscheidung stehen. Auf eine fundierte Darstellung der Gesamttheorie möchte ich als Nichtstatistikerin verzichten und beschränke mich bewusst auf eine Skizzierung, verbunden mit dem Hinweis auf erläuternde Literatur. Dies reicht aus, um eine qualitative Darstellung und Problematisierung der Grundannahmen von Savages *SEU*-Konzeption zu leisten, so weit sie für die Rekonstruktion des Handlungsmodells relevant sind. Dafür lege ich zunächst (in 3.1) seine modellhafte Betrachtung der Handlungssituation dar und verdeutliche sie anhand von Beispielen. Dabei werde ich das Modell des Akteurs herausstellen und Savages Postulate referieren. Das so entwickelte Konzept der Entscheiderin soll dann (in 3.2) diskutiert werden, wobei ich mich darum bemühe, einen großen Teil der Diskussion in der Sekundärliteratur wiederzugeben.

---

[7] Savage (1961) selbst benutzt die Bezeichnung ›frequentistisch‹ (vgl. S. 176).

3. Entscheiden bei unbekannter Zukunft: Leonard J. Savage

3.1 Handeln als Wahl zwischen Lotterien

Gegenstand der Bayesschen Entscheidungstheorie sind Situationen ungewissen Ausgangs. Grundsätzlich lassen sich diese in zwei Typen unterteilen, wie sie klassisch Frank Knight (1921) unterschieden hat (vgl. S. 19f; vgl. auch Luce/Raiffa 1957, S. 13):

> »It will appear that a *measurable* uncertainty, or ›risk‹ [...], is [...] far different from an *unmeasurable* one [...]. We shall accordingly restrict the term ›uncertainty‹ to cases of the non-quantitative type.« (Herv. i. O.)

Risiko, der erste Fall, kann mit Hilfe statistischer Methoden bearbeitet werden, indem die eintretenden Ergebnisse mit numerischen Wahrscheinlichkeiten versehen werden. Die klassische Risikosituation, die auch Gegenstand der ersten Beschäftigungen mit statistischer Entscheidungstheorie war, ist das Glücksspiel. Im (zweiten) Fall ›echter‹, nicht quantifizierter *Unsicherheit* ist ein statistischer Zugang zunächst unmöglich, sei es weil die möglichen Weltzustände nicht erschöpfend aufgelistet werden können oder weil keine mehrmalige Wiederholung der Entscheidungssituation stattfindet, so dass relative Häufigkeiten nicht angegeben werden können. Für solche Entscheidungsprobleme, z. B. über den Befehl eines Generals zum Angriff auf eine feindliche Stellung, führen die Individuen die Wiederholungen gewissermaßen im Kopf aus, um mögliche Ausgänge zu durchdenken und so eine subjektive Wahrscheinlichkeitsverteilung zu erlangen (vgl. dazu Krelle 1968, S. 196-205).

Savage selbst differenziert nicht zwischen Unsicherheit und Risiko, sondern behandelt beide Fälle nach derselben Logik.[8] Ich werde hier ›Unwissen‹ als Überbegriff für beide Fälle benutzen. Laut Puppe (1991) hat Savage die Grundlage einer Entscheidungstheorie unter Unsicherheit gelegt, wie es v. Neumann und Morgenstern für den Fall reinen Risikos getan haben (vgl. S. 9).

Handeln wird von Savage im allgemeinen so charakterisiert:

> »Acts have consequences for the actor, and these consequences depend on facts, not all of which are generally known to him. The unknown facts

---

[8] Auf die unterschiedlichen Wirkungen von Risiko und Unsicherheit für Wahrnehmung und Entscheidung hat aber z. B. Ellsberg in seiner Kritik der Savageschen Axiomatik hingewiesen (siehe weiter unten, S. 76f).

will often be referred to as *states of the world*, or simply states.« (Savage 1951, S. 56, Herv. DW)

Die *Welt* ist der Gegenstand, mit dem sich die Entscheiderin befasst (vgl., auch zum Folgenden, Savage 1954, S. 8-13). Ein *Zustand* der Welt ist die erschöpfende Beschreibung eines Teilaspekts derselben. Die Welt kann nach Savages Auffassung vollständig beschrieben werden, indem alle potenziellen Weltzustände aufgelistet werden. Ein *Ereignis* wird als Menge definiert, in der mehrere mögliche Weltzustände zusammengefasst werden (z. B. alle Außentemperaturen, die über 15 °C liegen, oder diejenigen Wetterzustände, in denen keine Niederschläge fallen). Die Summe aller (hypothetischen) Beschreibungen von Weltausschnitten lässt sich mit den Möglichkeiten der formal-logischen Sprache erschöpfend erfassen, so dass eine *grand situation* oder *grand world* mit allen Aspekten des Lebens und Handelns (re-)konstruiert werden kann (vgl. ebenda, S. 83). Dagegen ist eine *small world* ein Ausschnitt der komplexen Welt, der die für die Analyse relevanten Daten enthält: Ereignisse, mögliche Handlungen, Konsequenzen und Wahrscheinlichkeiten. Small worlds werden von Savage als Ensemble der situativ bedeutenden Informationen und Umstände eingefordert, aus denen Unwichtiges weggelassen wurde, »leaving no relevant aspect undiscribed« (ebenda, S. 9).

Risikoentscheidungen sind dadurch gekennzeichnet, dass lediglich in Wahrscheinlichkeitsausdrücken angegeben werden kann, ob ein bestimmtes Ereignis eintreten wird oder nicht. Die Menge der Alternativen enthält alle zur Verfügung stehenden Handlungsoptionen, die wohlunterschieden sind und sich wechselseitig ausschließen. Eine *Handlung*, die Wahl zwischen den Alternativen, führt in verschiedenen Weltzuständen zu verschiedenen Konsequenzen. Die Handlung ist also eine Funktion, durch die eine gewählte Option in Abhängigkeit von Weltzuständen auf ihre Konsequenzen abgebildet wird. Zur formal-logischen Darstellung kann die Handlung mit ihren Konsequenzen identifiziert werden (vgl. Savage 1954, S. 14). Die handelnden Subjekte bezeichnet Savage als Personen.

Um die Bedeutung dieser Begriffe zu veranschaulichen, soll exemplarisch die small world einer Entscheidung über das Mitnehmen eines Regenschirms aufgezeigt werden. Savage (1951) benutzte dieses Beispiel selbst zur einführenden Darstellung (vgl. S. 56-59); seitdem wird es häufig zur Veranschaulichung der Entscheidungstheorie herangezogen. Dabei sind zwei mögliche Ereignisse, Regen oder Sonnenschein, zu unterschei-

3. Entscheiden bei unbekannter Zukunft: Leonard J. Savage

Abbildung 3.1: Beispiel für eine Konsequenzenmatrix nach Savage

		Ereignisse	
		Regen	Sonnenschein
Alternativen	Schirm zuhause lassen	nass werden	trocken bleiben
	Schirm mitnehmen	trocken bleiben	trocken bleiben und einen Regenschirm herumtragen

den. Für die Handlung bestehen ebenfalls zwei Möglichkeiten, den Schirm mitzunehmen oder ihn zu Hause zu lassen.

Aus der Kombination beider Elemente ergeben sich vier verschiedene Konsequenzen, wie sie in der Konsequenzenmatrix in Abbildung 3.1 dargestellt sind.[9]

Gegen Savages Auffassung, dass eine vollständige Beschreibung der möglichen Weltzustände als small world grundsätzlich immer möglich sei, könnten Einwände vorgebracht werden, dass eine Person zum Zeitpunkt möglicherweise über die Konsequenzen nicht Bescheid wissen konnte oder ihr erst nach und nach weitere Konsequenzen auffallen, die anfänglich

---

[9] Eine zweite, ausführlich diskutierte small world ist die Entscheidung, wie mit einem Ei umzugehen ist, das eventuell faul sein könnte. Die beiden möglichen Weltzustände lauten: gut oder faul. Der Akteur hat bereits fünf Eier in eine Schüssel aufgeschlagen und kann das sechste **a)** in die Schüssel aufschlagen, **b)** in eine Tasse aufschlagen oder **c)** wegwerfen (vgl. Savage 1954, S. 13-15). Jede Handlung führt zu zwei möglichen Konsequenzen: **a)** 6-Eier-Omelette *oder* alle Eier verdorben, **b)** 6-Eier-Omelette *oder* 5-Eier-Omelette, jeweils noch eine Tasse abzuwaschen, **c)** 5-Eier-Omelette und ein gutes Ei weggeworfen *oder* 5-Eier-Omelette und ein faules Ei weggeworfen.
In dieser knappen Darstellung der Situation (zwei Alternativen, drei Weltzustände und sechs Konsequenzen) sind alle für die Entscheidung bedeutenden Informationen enthalten.

nicht mit bedacht wurden (etwa das Problem eines Ersatzes für das Frühstück). Ist dies der Fall, so müsste die Situationsbeschreibung abgewandelt werden. Eine neue Zuordnung von Handlungen und Konsequenzen wäre erforderlich, damit dennoch alles Entscheidungsrelevante erfasst ist (vgl. Savage 1954, S. 16f). Savage geht allgemein davon aus, dass die Person vor ihrer Entscheidung ausreichend über die Konsequenzen nachgedacht hat und sich in komplizierteren Fällen zwischen ganzen Handlungsplänen oder -strategien entscheidet, in denen alle Konsequenzen und auch wiederum deren Folgen enthalten sind. (Allgemeine Kriterien dafür, wie die adäquate begriffliche Beschreibung der Handlungen, Konsequenzen und relevanten Ereignisse aussieht, kann er nicht angeben. Sowohl Handelnde als auch Theoretiker(innen) verfügen über Erfahrung mit praktischen Entscheidungen, auf deren Grundlage sie die jeweilige small world spezifizieren.)

Mit diesem Prinzip, das er selbst als »Look before you leap-principle« bezeichnet, fordert Savage ein, dass die Entscheiderin vor jeder Wahl die Konsequenzen bis ins Detail kennt und sich zwischen ganzen Handlungsplänen entscheidet, die sie vorher weit genug durchdacht hat, um alle möglichen Konsequenzen und wiederum deren Konsequenzen zu kennen und bewerten zu können (vgl. ebenda, S. 15-17). Er gesteht ein, dass diese Annahme in Extremfällen lächerlich ist: Bereits ein Schachspiel ließe sich aufgrund der Vielzahl von Möglichkeiten der Züge und Reaktionen nicht mit dieser Annahme bearbeiten. Savages Antwort auf diese Schwierigkeit besteht darin zu postulieren, dass die jeweilige small world klein genug definiert werden muss, um das ›Look before you leap‹-Prinzip noch anwendbar erscheinen zu lassen, zugleich aber groß genug, um alles Relevante zu erfassen.

Um entscheiden zu können, muss nach der Beschreibung der Konsequenzen der nächste Schritt erfolgen:[10] Sie sind nach ihrer Erwünschtheit zu ordnen, was durch eine Nutzen- oder Wünschbarkeitsfunktion geschieht, die jeder möglichen Konsequenz einen Zahlenwert zuordnet. Je höher die Zahl, desto erwünschter ist die entsprechende Konsequenz. Savage selbst bezeichnet die Konsequenzen als eine Form von »Einkommen« in einem erweiterten Wortsinn (vgl. Savage 1954, S. 14), da sie

---

[10] Dieser und die beiden folgenden Absätze orientieren sich an Nida-Rümelin und Schmidt (2000, S. 13-33), die eine nachvollziehbare sowie formal und begrifflich klare Einführung in die an Bayes orientierte Entscheidungstheorie geben.

3. Entscheiden bei unbekannter Zukunft: Leonard J. Savage

Abbildung 3.2: Beispiel für eine Nutzenmatrix nach Savage

	Regen	Sonnenschein
Schirm zuhause lassen	-14	0
Schirm mitnehmen	0	-5

das Wohlfahrtsniveau, den Nutzen, um jeweils verschiedene Beträge verändern. Die *Nutzenmatrix* stellt die Nutzenbeträge aller Konsequenzen im Überblick dar; Abbildung 3.2 zeigt ein Beispiel (vgl. Savage 1951, S. 57).[11]

Ferner exisiert annahmegemäß eine Wahrscheinlichkeitsfunktion, in der festgelegt ist, für wie wahrscheinlich die Entscheidungsträgerin das Eintreten des jeweiligen Weltzustands hält. Wie oben schon ausgeführt, sind die Wahrscheinlichkeiten keine Naturkonstanten, sondern subjektiv geschätzte Größen, die persönliches Wissen und Erfahrungen mit der Welt widerspiegeln (vgl. Savage 1987, S. 245). Auch verschiedene Grade der Überzeugtheit von Weltzuständen können berücksichtigt werden (vgl. Savage 1961, insbesondere S. 175-177).

Durch Multiplikation des Nutzens mit der Wahrscheinlichkeit ergibt sich der Erwartungswert E des Nutzens als Summe der mit den jeweiligen Wahrscheinlichkeiten gewichteten Nutzenwerte der möglichen Konsequenzen einer Handlung. (In anderen Spielarten von Rational-Choice-

---

[11] Beispiele aus dem Alltag werden von Savage, der sich um allgemeine Verständlichkeit bemüht, häufiger herangezogen. Da die Quantifizierung von Nutzenbeträgen und Wahrscheinlichkeiten dabei nicht vorgegeben ist und keinem objektiven Kriterium folgt, werden diese jeweils mit Bezug auf die vorliegende Situation spezifiziert. Entsprechend eignen sich solche Anwendungsfälle m. E. gut zur Veranschaulichung, nicht aber zur verlässlichen Verhaltensprognose.

Theorien ist die Bezeichnung als subjective expected utility, *SEU*, üblich, womit derselbe Begriff gemeint ist und ebenfalls auf die nachfolgende Formel Bezug genommen wird). Rational nach Bayes ist es nun, den Nutzenerwartungswert zu maximieren, der nach der folgenden Formel ermittelt wird (vgl. Savage 1954, S. 264):

$$E(x) = \sum_{i=1}^{n} x_i P(x(s) = x_i)$$

$E(x)$: Nutzenerwartungswert der Handlung x
n : Zahl der möglichen Weltzustände
x_i : Nutzen aus der Handlung x im Weltzustand i
P : Wahrscheinlichkeit
x : Handlungsoption
$x(s)$: erzielter Nutzen im eintreffenden Weltzustand s

Wenn die Entscheiderin die Konsequenzen wie in Abbildung 3.2 bewertet und die Regenwahrscheinlichkeit z. B. auf 40% schätzt, so hätte sie ohne Schirm (Handlung x) einen Nutzen von $E(x) = (-14) * 0,4 + 0 * 0,6 = -5,6$ zu erwarten, während der Nutzenerwartungswert aus der Handlung y (Schirm mitnehmen) $E(y) = 0 * 0,4 + (-5) * 0,6 = -3$ beträgt. Unter diesen Umständen ist die bessere Entscheidung nach dem Bayes-Kriterium also, den Regenschirm mitzunehmen.

Es gibt reale Anwendungsfälle mit berechenbarem Risiko, bei denen tatsächlich ein solches Instrumentarium verwendet wird, um zu entscheiden. Beispielsweise sind der Umgang mit Hurricans, Weltraummissionen, die Entscheidung über den Bau von Atomkraftwerken oder medizinische Probleme.[12]

Grundsätzlich modelliert Savage alle Entscheidungsprobleme als *Lotterien*. Eine Lotterie in diesem Sinn ist ein »Zufallsmechanismus, bei dem jede mögliche Konsequenz k_i mit einer bestimmten Wahrscheinlichkeit p_i (die natürlich 0 sein kann) auftritt«, formal darstellbar als $(p_i k_i, ..., p_m k_m)$

---

[12] So werden etwa verschiedene Therapiemethoden gegen Kehlkopfkrebs hinsichtlich Behandlungsrisiko und zu erwartendem Ertrag, gemessen in Lebensjahren, beurteilt (vgl. Slovic 1990, S. 93-97). Hoffmann (2001) stellt ein detailliertes Modell zur Behandlung von Riesenzellenarteriitis vor.

(Nida-Rümelin/Schmidt 2000, S. 39). Dazu gehört auch die Vergleichbarkeit der verschiedenen Konsequenzen hinsichtlich ihrer Vorteilhaftigkeit. Savages Modell stellt dies durch die Annahme sicher, dass Nutzenbewertungen numerische Gestalt haben. Bei Alltagsentscheidungen wie dem Aufschlagen eines Eis oder der Mitnahme eines Schirms mag die Zuordnung numerischer Nutzenbeträge allerdings mitunter etwas befremden; dies wird weiter unten noch problematisiert.

Unmittelbar überzeugend ist das Bayes-Kriterium für Fälle, in denen die Konsequenzen selbst schon numerischen Charakter haben, z. B. die in Aussicht stehende Anzahl von Lebensjahren oder eine zu gewinnende Geldsumme. Wird eine solche Größe maximiert bzw. mit dem Nutzen gleichgesetzt, so kann die *SEU*-Regel unmittelbar angewendet werden. Glücksspiele und Versicherungen sind laut Savage die prominentesten risikoabhängigen Wahlsituationen. Aber auch der Kauf von Wertpapieren, unternehmerische Aktivitäten oder die Entscheidung für die Berufswahl in einer bestimmten Branche sind seiner Ansicht nach Wahlakte, die Menschen – ob bewusst oder unbewusst – nach einer ebensolchen Logik treffen (vgl. Friedman/Savage 1948, S. 279).

3.1.1 Savage-Entscheiderin und Handlungswahl

Savage modelliert die Handlungswahl nicht explizit als Prozess und widmet auch den Entscheidungsträgern wenig Aufmerksamkeit. In der Diskussion der Präferenzen und ihrer Eigenschaften spielt der Begriff des Akteurs kaum eine Rolle, und die Frage, welche Aktivitäten die Entscheiderin im einzelnen anstellt, um ihre Wahl zu vollziehen, wird nicht beleuchtet. Dennoch legt Savage mit seiner Entscheidungstheorie, deren Begriffe sich in einer logischen Abfolge zueinander rekonstruieren lassen, zumindest implizit ein Modell von Akteuren vor. Eine kurze Zusammenfassung seines Entscheidungsmodells – im Anschluss an Bernoulli formuliert – lautet:

> »[I]ndividuals choose in such circumstances [choices involving risk, DW] as if they were seeking to maximize the expected value of some quantity. The hypothetical quantity thus defined has, especially recently, been called ›utility‹.« (Friedman/Savage 1952, S. 463)

In dieser Verhaltenshypothese sind alle Begriffe enthalten, die für das Modell des Entscheidens von Bedeutung sind, nämlich: Wahl, Maximierung,

Nutzen und Erwartungswert. Diese Hypothese soll nicht Abbild realer Entscheidungen sein, daher wird die Formulierung »as if« gebraucht.

Um das Handeln bei Savage zu rekonstruieren, lässt sich eine Reihenfolge angeben, in der die entscheidungsrelevanten Größen bestimmt werden müssen. Seine Ausgangsbasis ist der Grad der Erwünschtheit, also der (subjektive) Wert jeder Konsequenz, die sich aus Alternativenwahl und eintretenden Ereignissen ergibt. Wie zitiert, verfahren die Akteure, als ob sie ihren Nutzen maximierten, der – nicht zwingend, nur aus Gründen der Konvention – als messbar angenommen wird wie eine physikalische Größe, etwa Länge oder Temperatur (vgl. ebenda, S. 472).[13]

Um entscheiden zu können, muss der Akteur Nutzenwerte mit den Handlungskonsequenzen assoziieren. Der Zusammenhang von Einkommen (in Geld oder Gütern) und Nutzen verläuft auch bei Savage streng monoton steigend, weshalb es nicht falsch ist, beide näherungsweise gleichzusetzen. Anders als in der Neoklassik muss der marginale Nutzengewinn für Savage nicht zwingend mit steigendem Einkommen sinken. Statt dessen schlagen Friedman und Savage (1948) eine Nutzenfunktion vor, die streng monoton ansteigt und zunächst rechts-, dann links- und schließlich wieder rechtsgekrümmt verläuft (vgl. S. 297). Da die Gestalt der Nutzenfunktion für Savage aber nicht zentral ist und die Argumentation in dem entsprechenden Text unvollständig und wenig überzeugend ist, widme ich diesem Gedanken keine weitere Aufmerksamkeit (vgl. zur Problematisierung auch Puppe 1991, S. 82-87). Festzuhalten ist nur die Tatsache, dass Savage von der Existenz einer Nutzenfunktion ausgeht, die den Handlungskonsequenzen Zahlenwerte zuweist.

Im Regenschirm- oder Omelettebeispiel liegen die Konsequenzen nicht in Termini von ›mehr‹ oder ›weniger‹ vor, sondern unterscheiden sich zunächst lediglich qualitativ. Entsprechend muss der Nutzen, sollen quantitative Aussagen getroffen werden, durch die intuitive (und damit willkürliche) Zuweisung kardinaler Werte erfolgen. Durch Kombination der Nutzenwerte mit den geschätzten Wahrscheinlichkeiten werden die Nutzenerwartungswerte berechnet. Savage widmet auch der Ermittlung von Wahrscheinlichkeiten wenig Aufmerksamkeit und verweist auf das Erlernen von Wahrscheinlichkeitseinschätzungen aus Erfahrung, sofern sie nicht wie bei Glücksspielen objektiv gegeben sind.

---

[13] Da ohne Messbarkeit des Nutzens keine quantitativen Aussagen möglich wären, ist diese Annahme jedoch nicht so randständig, wie die Autoren suggerieren.

Bevor ich die Handlung bei Savage in einzelne Komponenten unterteile, gebe ich ein Beispiel für eine moderne soziologische Handlungstheorie, in der die Entscheidung in mehrere Schritte unterteilt wird (vgl. Esser 1999b): Alternativen werden zuerst spezifiziert und dann auf ihre Konsequenzen abgebildet, die – je nach Weltzustand – zu erwarten sind. Diese werden (drittens) mit Bewertungen in Form von Nutzenzuschreibungen der Akteure versehen; aus ihnen lässt sich die Nutzenfunktion ermitteln. Als viertes kommen die Erwartungen über den Zusammenhang von Alternativen und Konsequenzen zum Tragen, also das (Alltags-) Wissen über die Eintrittswahrscheinlichkeit der Weltzustände, von denen die Konsequenzen abhängen. Sind alle diese Größen spezifiziert, so schließt sich im fünften Schritt die Evaluation durch Berechnung der Erwartungsnutzengewichte nach der Formel $EU(A_i) = \sum (p_{ij} * U_j)$[14] an. Nach erfolgter Evaluation nimmt der Akteur bei Esser schließlich die Selektion vor: Er wählt diejenige Alternative mit dem höchsten EU-Wert.

Auch bei Savage lässt sich m. E. ein ähnliches Procedere implizit finden, da in Savages Handlungstheorie alle Bestimmungsgrößen der Entscheidung dicht zusammengedrängt auftauchen, wen sie auch noch nciht als aufeinander folgende Schritte ausgezeichnet werden. Insofern bildet Savages Entscheidungstheorie gewissermaßen den Vorläufer oder den Nukleus einer Handlungstheorie.

Für eine Analyse in Savages Sinn sind zunächst Unterscheidung und genaue Beschreibung der Alternativen nötig, um sie dann auf ihre Konsequenzen abzubilden, so dass eine small world entsteht. Diese beiden Schritte, die Savage zur analytischen Rekonstruktion der Entscheidung vollzieht, muss auch der Akteur real vornehmen, wenn er diese Entscheidungsmethode anzuwenden will. Damit transformiert er die reale Situation in die Form einer Lotterie. Um zu Präferenzen für jede einzelne Alternative zu gelangen, muss der Modellakteur einerseits die Konsequenzen in Nutzenausdrücken bewerten. Andererseits muss er (erfahrungsbasiert) zu einer Einschätzung von Wahrscheinlichkeiten für das Eintreten jeder Konsequenz gelangen. Aus Nutzen und Wahrscheinlichkeiten berechnet er SEU-Werte und ordnet die Alternativen danach; die Präferenzen werden insofern durch die Nutzenfunktion gesteuert (vgl. Friedman/Savage 1952, S. 469-473). Diejenige Alternative mit der höchsten Präferenz verspricht statistisch den

---

[14] Essers Variablenbezeichnungen sind nicht identisch mit Savages. i bezeichnet die Alternative, j die möglichen Konsequenzen, U gibt den jeweiligen Nutzen an.

größten Nutzen und wird daher gewählt. Wenn in einer Situation vollständiges Wissen über die Präferenzen eines Akteurs vorläge, wäre die Vorhersage seiner Handlungen sowie die Berechnung seines Nutzens möglich (vgl. Friedman/Savage 1948, S. 292).

Laut Friedman und Savage (1952) wäre es sinnvoll, die zu maximierende Größe mit einem anderen Begriff zu bezeichnen als Nutzen, um eine Verwechslung mit wohlfahrtsökonomischen bzw. utilitaristischen Konzepten zu vermeiden, die normativ ausgelegt sind und Empfehlungen zur Steigerung des (dort nicht als subjektiv verstandenen!) Nutzens einer größeren Anzahl von Akteuren abgeben (vgl. S. 464). Um sich dagegen abzugrenzen, benutzt Savage teilweise den Begriff Einkommen statt Nutzen, was jedoch verwirrend ist, da Einkommensgrößen die Quelle dessen sind, was als Nutzen bezeichnet wird.

Der Nutzen wird nicht als empirisch erhebbar eingefordert, sondern nur als fiktive Größe zu Analysezwecken eingeführt.[15] Die Adäquatheit der Theorie hängt laut Savage nicht von der Frage ab, ob empirische Entscheidungssubjekte nach der Nutzenhypothese verfahren; empirischer Gehalt und Prognosekraft der Nutzenerwartungswert-Hypothese hängen nicht davon ab, ob reale Akteure wirklich nach einem solchen oder ähnlichen Kalkül entscheiden.[16] Friedman und Savage (1948) argumentieren diesbezüglich in Analogie zu den physikalischen Gesetzen, denen eine Billardkugel gehorcht. Eine Billardspielerin muss ebensowenig wie die Bayessche Entscheiderin die Formeln kennen und durchkalkulieren, mit deren Hilfe die Bewegung der Kugel nachvollzogen und erklärt wird, sondern kann auch intuitiv verfahren. Dennoch wird sie, wenn sie Profi ist, so handeln, ›als ob‹ sie die Bewegungen der Kugeln berechnet hätte.

Die Entscheiderin erscheint also insgesamt als Instanz, die bestehende Handlungsmöglichkeiten spezifiziert und aufgrund ihrer Folgen bewertet, wobei sie die korrekte Einschätzung der Wahrscheinlichkeiten aus Erfahrung lernt. Ihre Präferenzen sind konsistent in dem SInne, dass sie die folgenden Rationalitätsanforderungen erfüllen.

---

[15] Die Tragweite der empirischen Interpretation von Savages Axiomatik wird weiter unten problematisiert; siehe S. 78.
[16] Mit empirischen Widersprüchen, wie ich sie unter 3.2.1 wiedergeben werde, setzt sich Savage nur am Rande auseinander.

3.1.2 Savages Postulate über Präferenzen

Savage setzt das Präferenzprinzip als gültig voraus: Die Entscheidung für eine bestimmte Handlung folgt kausal aus einer Präferenz für dieselbe. Savages (1954) Axiomatik beruht auf einigen Postulaten über Präferenzen, die für rationale Personen gelten (vgl. zum Folgenden auch Shafer 1988, S. 200-203, sowie Schmidt 1995, S. 40-51). Sie können als »Anforderungskatalog an rationale Entscheidungspräferenzen« verstanden werden (Klose 1994, S. 25).

Schmidt ordnet die Bayessche Entscheidungstheorie unter Bezug auf Hurley als *begriffszentralistisch* ein (vgl. ebenda, S. 15f). Damit ist gemeint, dass nicht – wie in begriffskohärentistischen Theorien – die wesentlichen Termini in ihrer Bedeutung interdependent sind und wechselseitig auseinander hervorgehen. Vielmehr ist ein zentraler Begriff den anderen konzeptionell vorgeordnet: die individuelle Präferenz.[17]

Savage beginnt mit der Unterscheidung möglicher Weltzustände s, die als small world Ausschnitte der komplexen Wirklichkeit darstellen. Deren Beschreibung enthält die entscheidungsrelevanten Aspekte Handlung, Konsequenz und Wahrscheinlichkeit. Mengentheoretisch bilden die small worlds Elemente der umfassenderen Zustandsmenge S. Ereignisse (formal bezeichnet als A, B, C ...) sind Mengen von Weltzuständen, fassen also mehrere s_i zusammen ($A \subset S$). Handlungen (auf S. 60 noch mit x abgekürzt) tragen die Bezeichnung f, f', g, g' und h; die Menge aller verfügbaren Handlungen ist F. Jede Handlung liefert für jeden Weltzustand eine Konsequenz, für die ich den Buchstaben c verwende: $c_1, c_2,... \in C$. Die ersten vier Rationalitätsaxiome stelle ich hier vor:

1. Die erste Annahme ist das *Vollständigkeitsaxiom* (vgl. Savage 1954, S. 18-21). Es besagt, dass allen möglichen Handlungsalternativen Präferenzen zugewiesen werden können und sie sich somit in eine Rangordnung bringen lassen. Das heißt, jedes rationale Individuum wird entweder eine von zwei Handlungen gegenüber der anderen vorziehen oder indifferent zwischen beiden sein. Die Relation ›$f \leq g$‹ bedeutet, dass die Person eine schwache Präferenz für die Alternative g gegenüber f hat, d. h. f wird

---

[17] Dass die Präferenzen wiederum kausal aus der Berechnung von *SEU*-Werten resultieren, ist kein Widerspruch zu ihrer konzeptionell zentralen Rolle. Eine kausale Rückführung der Präferenzen auf Nutzengrößen findet im Moment der Aufstellung der folgenden Axiomatik nicht statt.

gegenüber g nicht vorgezogen.[18] Eine starke Präferenz (›$f < g$‹) bedeutet, dass g gegenüber f vorgezogen wird. Zu beachten ist, dass der Präferenzbegriff im Grunde auf Handlungen und nicht auf die Konsequenzen von Handlungen bezogen ist (siehe aber Fußnote 18). Indifferenz zwischen zwei Alternativen wird formal als ›$f \doteq g$‹ ausgedrückt.[19] Für alle Elemente von F gilt ›$f \doteq f$‹. Innerhalb der Handlungsmenge F können die Elemente zu sich selbst in Beziehung gesetzt werden (›$f \doteq f$‹, ›$f \leq f$‹), d. h. die Präferenzrelationen sind *reflexiv*. Die Präferenzrelation ›$\leq$‹ ist zudem *transitiv*, d. h. wenn $f \leq g$ und $g \leq h$ ist, muss auch $f \leq h$ gelten, was der Idee der vollständigen Ordnung entspricht.

Kurz gefasst, kann Savages erstes Axiom auch so formuliert werden, dass die Präferenzen eine *Ordnung* bilden, wobei der Ordnungsbegriff wie folgt definiert wird: »An ordering (also called a complete preordering or a weak ordering) is a binary relation which is reflexive, transitive and complete« (Blackorby 1987, S. 754).

2. Das in der Literatur meistdiskutierte Savagesche Axiom ist das *Unabhängigkeitsaxiom* (vgl. Savage 1954, S. 21-25; Luce/Raiffa 1957, S. 290-292). Zum großen Teil wird es mit dem *sure-thing-Principle* (STP) gleichgesetzt, welches eine frühere, intuitive und weniger präzise Formulierung von Savage ist, die sich auf die Beurteilung von Konsequenzen statt auf Präferenzen zwischen Handlungen bezieht. Shafer (1988) stellt dies ausführlich dar (vgl. S. 218f). Das Unabhängigkeitspostulat gilt für den Fall, dass zwei Handlungen f und g unter bestimmten Umständen (bei Eintreten des Ereignisses $\neg B$[20]) zu derselben Konsequenz führen; tritt hingegen das Ereignis B ein, unterscheiden sie sich in Konsequenzen und Bewertung der Konsequenzen. Es gilt also $f_{\neg B}(s) = g_{\neg B}(s)$ und – beispielsweise –

---

[18] Die Präferenzen zwischen den Handlungen entstehen, wie erwähnt, durch eine Nutzenfunktion U und deren erwartete Werte (EU). Eine Präferenzrelation $f \leq g$ ist daher letztlich gleichbedeutend – wenn auch nicht terminologisch identisch – mit dem quantitativen Verhältnis der Nutzenerwartungswerte $EU(f) \leq EU(g)$ (vgl. Friedman/Savage 1952, S. 469-473).

[19] Allerdings gibt es zwei verschiedene Bedeutungen von Indifferenz: Im einen Fall hat die Entscheiderin keine Idee, welche Alternative sie bevorzugt (z. B. weil die Wahrscheinlichkeiten nicht abschätzbar sind), und kann sich daher nicht entscheiden, im anderen Fall misst sie zwei Lotterien den gleichen Wert zu und ist daher unentschieden zwischen ihnen (vgl. Wright 1987, S. 944). Hier ist nur der zweite Fall gemeint, der erste wird ausgeschlossen.

[20] Hier weiche ich von Savages Notation ab, der $\sim$ statt $\neg$ verwendet.

3. Entscheiden bei unbekannter Zukunft: Leonard J. Savage

$f_B(s) \leq g_B(s)$. Inhalt des zweiten Postulats ist, dass die Präferenzrelation zwischen f und g insgesamt unabhängig von den – identischen und daher irrelevanten – Konsequenzen ist, die bei Ereignis $\neg B$ eintreten. Daher (und eingedenk der Transitivitätsannahme) kann im genannten Fall die schwache Präferenz für g auf alle Weltzustände verallgemeinert werden.[21]

Zum Beispiel wird die Wahl zwischen zwei Lotterien, die bei einem bestimmten Ausgang zur gleichen Auszahlung führen, lediglich von den anderen möglichen Ergebnissen bestimmt, in denen unterschiedliche Auszahlungen resultieren. (Auf Seite 74ff stelle ich Beispiele und Auszahlungsmatrizen für solche Wahlsituationen dar.) Savage veranschaulicht dieses Postulat anhand der Entscheidung eines Arztes für das Verordnen von Bettruhe, was bei den verschiedenen Diagnosen, zwischen denen er sich unsicher ist, die richtige Therapie ist (vgl. Friedman/Savage 1952, S. 468).

Laut Machina (1982) ist das Unabhängigkeitsaxiom eine »restriction on the functional form of the preference function« (S. 278). Während die anderen Axiome darauf zielen, die Existenz einer vollständigen und kontinuierlichen Präferenzfunktion sicher zu stellen, wird mit dem Unabhängigkeitsaxiom eine gehaltvolle Aussage über Präferenzen gemacht.

3. Sofern $f_B \leq f'_B$ und $f_{\neg B} = f'_{\neg B}$ (s.o.), wird der Akteur die Handlung f, die in B zur Konsequenz c[22] führt, gegenüber der Handlung f', die in B zu c' führt, schwach vorziehen. Seine Präferenz für die Handlung korrespondiert mit seiner Präferenz für die Handlungskonsequenzen. Also: $f_B \leq f'_B \iff c \leq c'$ (vgl. Savage 1954, S. 26). Das bedeutet, dass die Bewertung der Konsequenzen c und c' unabhängig davon ist, ob der Akteur glaubt, er befinde sich einem Weltzustand des Ereignisses B oder des Ereignisses $\neg B$. Wert und Überzeugung über die Welt erscheinen voneinander entkoppelt. Dieses dritte Axiom ist notwendig, um die Möglichkeit einer Präferenzumkehr durch das Wissen über das Eintreten bestimmter Umstände logisch auszuschließen. Präferenzen wären sonst abhängig von Überzeugungen und könnten somit nicht mehr den (fixen) Ausgangspunkt der Analyse bilden.

---

[21] »Haben zwei Alternativen für bestimmte Umweltzustände identische Konsequenzen, so dürfen diese Umweltzustände keinen Einfluss auf die Präferenz der Handlungsalternativen haben.« (Klose 1994, S. 25)
[22] Hier weiche ich wiederum von Savages Notation ab: Ich bezeichne die Konsequenzen mit c, statt wie Savage für Handlung und Konsequenz den gleichen Buchstaben zu verwenden. (Er unterscheidet sie durch Fett- bzw. Kursivdruck.)

4. Überzeugungen über den Zustand der Welt lassen sich bei gegebenen Präferenzen, die ein Akteur zwischen zwei Handlungen hat, durch Rückschluss aus seiner Entscheidung ermitteln (vgl. Savage 1954, S. 30f): Die Handlung $f_A(s)$ habe im Zustand A die Folge c und im Zustand $\neg A$ die Folge c', während die Handlung $f_B(s)$ im Weltzustand B das Ergebnis c' bringt und bei $\neg B$ zu c führt. Ist nun bekannt, dass $c \geq c'$ und dass der Akteur die Handlung $f_A(s)$ gegenüber $f_B(s)$ schwach präferiert, so lässt sich daraus schließen, dass er das Eintreffen des Ereignisses A für wahrscheinlicher hält als jenes von B. (Umgekehrt gilt $f_A(s) \leq f_B(s)$, wenn er A für unwahrscheinlicher als B erachtet.)

Dieses Axiom ist gewissermaßen eine Umkehrung des dritten Axioms: Wurde dort konstatiert, dass Werte nicht durch Überzeugungen variieren, wird nun angenommen, dass sich eine Präferenz, die von Überzeugungen abhängt, nicht mit Wertschwankungen ändert. Wenn ein Akteur also die Gewinnchancen einer Lotterie für höher hält als die einer anderen, so wird er sie aus diesem Grund auch spielen und nicht bei einer Wertänderung umdisponieren; somit wird in diesem Fall auch eine Änderung des Einsatzes seine Entscheidung nicht umstoßen.[23]

Diese vier Axiome grenzen die Menge der zulässigen Präferenzordnungen ein.[24]

Eine Diskussion dieser Axiome soll hier nicht erfolgen. Interessant ist vielmehr ihr Verhältnis zur Empirie als Hypothesen, um diese zu erklären. Die Aufgabe einer solchen Hypothese ist es, Prognosen bzw. falsifizierbare Aussagen zu liefern (vgl. Friedman/Savage 1952, S. 465). Entsprechend wird kein Anspruch auf ›Wahrheit‹ der Hypothesen erhoben, sie

---

[23] »[O]n which of two events the person will choose to stake a given prize does not depend on the prize itself« (Savage 1954, S. 31).

[24] Drei weitere Axiome betreffen strukturelle Aspekte der Entscheidung und erweitern lediglich den Formalismus (vgl. Diedrich 1999, S. 20): 5. Die Bedingung der *Nichttrivialität* besagt, dass in F wenigstens ein Paar von Konsequenzen existieren muss, die sich unterscheiden, so dass $c' < c$ (vgl. Savage 1954, S. 31f). 6. Es sei $g < h$, und eine von beiden Funktionen werde für eine abgeschlossene Teilmenge von Weltzuständen (eine Partition von S) lokal verändert, so dass sie für alle s denselben Wert annimmt, der bislang einer einzelnen Konsequenz aus diesem Bereich zugeordnet war. Dadurch wird sich die Präferenzrelation zwischen g und h nicht ändern (vgl. ebenda, S. 39f). 7. Ist im Weltzustand B $f \leq g(s)$ und stammt c aus B, so ist $f_B \leq g_B$. Durch diese Annahme wird eine Beschränkung auf eine endliche Konsequenzenmenge überflüssig (vgl. ebenda, S. 76-82).

haben keine empirische Bedeutung. Ein Abgleich mit der Empirie kann lediglich dadurch stattfinden, dass reales Entscheidungsverhalten beobachtet und daraus auf die Präferenzen rückgeschlossen wird; die introspektive Befragung[25] der Akteure nach ihren Vorlieben lehnt Savage (1954) ab (vgl. S. 17). Die experimentelle Ermittlung von Präferenzen, indem Menschen nach ihrer Entscheidung in einer hypothetischen Situation befragt werden, hält Savage durchaus für aufschlussreich. Um sie systematisch zu überprüfen, empfiehlt Savage Tests, die Personen vor die Wahl zwischen realen (oder quasirealen) Handlungen stellen. Ein Problem dabei bildet lediglich die Möglichkeit der Indifferenz zwischen Handlungen, die aber durch eine leichte Modifikation der beiden Alternativen ausfindig gemacht werden kann (vgl. ebenda). Seine Auffassung, dass Präferenzen nur im Rückschluss aus tatsächlichen Handlungen gewonnen werden können, entspricht der in der Ökonomik üblichen Auffassung von Präferenzen als ›revealed preferences‹ (siehe oben, S. 42).

Für die Interpretation der Axiome gibt es zwei Möglichkeiten (vgl. Savage 1954, S. 19-21): Sie können als empirische Theorie, d.h. als Verhaltensvorhersage für reale Personen, oder normativ, als Konsistenzkriterium für Entscheidungen gelesen werden. Beide Interpretationen sind für Savage diskussionswürdig, er zieht allerdings die zweite vor. Seine formallogisch-axiomatische Herangehensweise kann seiner Auffassung nach als empirische psychologische Theorie angesehen werden,[26] die sich, wenn sie auch recht grob sei, durch gute Handhabbarkeit auszeichne. Ihr größter praktischer Wert bestehe darin, Abweichungen von der Rationalität (d.h. Inkonsistenzen der Präferenzverteilung) ausfindig zu machen und als Fehlentscheidungen zu begreifen. Ohne die empirische Gültigkeit direkt einzufordern, nimmt Savage dennoch an, dass die Menschen in ihren realen Entscheidungen tendenziell versuchen, Verletzungen der Postulate zu vermeiden (vgl. auch Friedman/Savage 1952, S. 469).

---

[25] Savage fragt diesbezüglich, was ein verbaler Bericht mit dem tatsächlichen Entscheidungsverhalten zu tun habe: falls nichts, ist er ohnehin irrelevant, falls aber beide identisch sind, ist ein Test des Verhaltens ebenso aufschlussreich wie der verbale Bericht (vgl. Savage 1954, S. 27f).

[26] Dafür spricht laut Savage z. B., dass es zu den Prinzipien des alltäglichen Umgangs mit anderen gehört, dass eine Person, die von gewissen Vorannahmen überzeugt ist, auch von deren Konsequenzen überzeugt ist.

3.2 Diskussion

Von den oben dargestellten Axiomen wurden insbesondere die ersten beiden (Vollständigkeit und Transitivität sowie Unabhängigkeit) durch zahlreiche empirische Feldstudien in Frage gestellt. Dabei kamen systematische Widersprüche zwischen der formalen Theorie und dem Entscheidungsverhalten realer Personen zum Vorschein. Diese Experimente sowie auch erfahrungsbasierte Plausibilitätsüberlegungen bilden eine Form der Kritik, die ich als empirisch motiviert bezeichne. Ihre wichtigsten Ergebnisse und Argumente werde ich im folgenden Abschnitt darstellen. Dabei erhebe ich angesichts der Fülle experimenteller Studien keinen Anspruch auf Vollständigkeit, sondern stelle einige zentrale Ergebnisse dar. Anschließend (in 3.2.2) gehe ich auf begrifflich-theoretische Probleme von Savages Konzeption des Entscheidens ein. Immanente Kritik von Savages Theorie werde ich als Nichtstatistikerin nicht leisten, sondern beschränke mich hier auf das Verhältnis von Axiomen und Wirklichkeit.

3.2.1 Empirische Einwände und Plausibilitätserwägungen

Vollständigkeit und Transitivität

An das Vollständigkeitsaxiom wurde eine Reihe von Zweifeln herangetragen. So wurde schon früh die Frage aufgeworfen, warum die Präferenzordnung einer Person keine Lücken aufweisen sollte. Anscombe (1956) unterscheidet z. B. zwei Typen von Situationen der statistischen Analyse (vgl. S. 658f): In der ersten ist es sinnvoll, eine simple (durch Parameter bezeichnete) Hypothesenklasse anzunehmen, die die Wahrheit enthält, während es in der zweiten gar nicht möglich ist, alle bestehenden Optionen aufzulisten. Entsprechend gibt es eine Klasse von Situationen, in denen Bayessche Methoden nicht anwendbar sind, und die Vollständigkeit der Bewertung ist daher keine sinnvolle Annahme.

Auch Wolfowitz (1962) spricht den Axiomen – ihm zufolge allenfalls handlungsleitende Regeln für rationale Statistiker (vgl. S. 470f) – die vermeintliche Unstrittigkeit ab. Seiner Ansicht nach sind Savages Axiome nicht so plausibel wie von Savage unterstellt. Er hält die Forderung nach einer Präferenzordnung über alle möglichen Alternativen nicht für sinnvoll und gibt dafür ein überzeugendes Beispiel:

3. Entscheiden bei unbekannter Zukunft: Leonard J. Savage

»When a man marries he presumably chooses, from among possible women, that one whom he likes best. Need he necessarily be able also to order the others in order of preference?« (Wolfowitz 1962, S. 476)

Aumann (1962) argumentiert ähnlich und konstatiert, dass das Vollständigkeitsaxiom (wie auch die anderen Axiome) weder eine zutreffende Beschreibung des wirklichen Lebens bietet noch normativ akzeptabel ist. Von den Individuen könne in realen Entscheidungssituationen nicht gefordert werden, sie sollten sie im Kopf in spielbare Lotterien umwandeln, diese vergleichen und zu eindeutigen und irreversiblen Präferenzen kommen (vgl. ewbenda, S. 446). Insbesondere in extrem hypothetischen oder komplexen Situationen sei diese Annahme zweifelhaft.[27] Ausgehend von der Überzeugung, dass die Nutzentheorie bei Eliminierung des Vollständigkeitsaxioms größtenteils intakt bleibt, schlägt Aumann eine Verallgemeinerung vor: In seiner Modifikation der Theorie nehmen die Akteure nur unidirektionale Nutzenvergleiche vor (›besser als‹), es wird aber nicht davon ausgegangen, dass damit auch die umgekehrte Relation (›schlechter als‹) impliziert ist (vgl. auch Aumann 1964). Samuelson (1952) konstatiert zu den Savage-Axiomen, es sei purer Zufall, wenn ein Individuum eine vollständige Ordnung von Indifferenzkurven hat und diese bekannt ist (vgl. S. 678).

Dieser Haupteinwand, von realen Akteuren könne kein vollständiges Ordnen aller Handlungen in Präferenzausdrücken erwartet werden, wird auch noch mit anderen Argumenten plausibilisiert: So erachtet Wright (1987) Vollständigkeit bzw. Verbundenheit als zu starke Annahmen, da gewisse Alternativen miteinander unvergleichbar sind, was eine Eingrenzung des Alternativenspektrums nötig macht (vgl. S. 943). Shafer (1988) argumentiert, dass Ordnen Aufwand bedeutet und deswegen von Akteuren mit begrenzten Kapazitäten nicht bis zur kompletten Bewertung aller Optionen vollzogen wird (vgl. S. 203-205). Fischhoff, Slovic und Lichtenstein (1980) geben unter Bezug auf experimentelle Studien psychologische Zustände an, in denen Individuen nicht wissen, was sie wollen (vgl. S. 118-120). Vollständigkeit ist als adäquate Basis der Theorie auch deshalb anzuzweifeln, weil Präferenzen nicht immer präzise und fix und insbesondere

---

[27] Aumann weist außerdem auf die Unfähigkeit hin, den Umschlagpunkt einer Präferenzrelation zwischen zwei Lotterien bei diskret veränderten Wahrscheinlichkeiten anzugeben.

nicht unabhängig von sprachlicher Beschreibung sind (vgl. Anand 1987, S. 190-199).

Während die Annahme der Vollständigkeit in erster Linie durch plausibilitätsbezogene Einwände in Frage gestellt wird, lässt sich das Transitivitätsaxiom in empirischen Studien überprüfen. Eine Reihe von Ergebnissen der experimentellen Ökonomik bzw. Psychologie gibt Anlass zu ernsthaftem Zweifel an der Transitivität von Präferenzen.

So ermittelte Tversky (1969) in einer empirischen Untersuchung systematische Verletzungen der Transitivität, indem er den Testpersonen Lotterien mit nur geringfügig unterschiedlichen Auszahlungen und Gewinnwahrscheinlichkeiten im paarweisen Vergleich präsentierte: In fünf Stufen steigt die Gewinnwahrscheinlichkeit in seiner Untersuchung von $\frac{7}{24}$ auf $\frac{11}{24}$ an, während die Auszahlungen zugleich von 5,00 auf 4,00 sinken. Die von ihm ermittelte Präferenzrelation ist in den meisten Fällen $a > b, b > c, c > d, d > e, e > a$, d. h. die Testpersonen wählten bei geringen Wahrscheinlichkeitsunterschieden die Alternative mit der höheren Auszahlung, bei stärkeren dagegen die mit der größeren Wahrscheinlichkeit (die auch nach Savages Rationalitätskriterium vorzuziehen ist).[28]

Sofern der Nutzen einer Handlung oder eines Gutes von verschiedenen Aspekten abhängt, können auch Informationsunvollständigkeiten über bestimmte Nutzenaspekte eine Ursache von Intransitivitäten sein (vgl. Anand 1987, S. 204-206). Über fehlende Informationen hinaus untersuchten Kahneman und Tversky in zahlreichen Experimenten den Einfluss der Darstellung auf die Entscheidungen. Präferenzumkehr kann nach ihren Ergebnissen allein durch eine andere sprachliche Präsentation derselben Entscheidungssituation verursacht werden. Ihre Ergebnisse sind als Verletzungen des Transitivitätsaxioms aufzufassen.

Tversky und Kahneman stießen auf systematische Verzerrungen bezüglich des ersten Postulats, den *Reflexionseffekt* und den *Isolationseffekt*. Der Reflexionseffekt besteht darin, dass sich die Präferenzen bei Vorzeichenwechsel der Auszahlung umkehren. So erhielten Probandinnen und Probanden z. B. die Wahl zwischen einem Gewinn von 3.000 mit der Wahrscheinlichkeit $p = 0,9$ und 6.000 mit der Wahrscheinlichkeit $p = 0,45$

---

[28] Ein verblüffendes Beispiel für zyklische Präferenzen sind Packards Würfel, von denen der erste statistisch den zweiten, der zweite den dritten und der dritte den ersten schlägt (vgl. Packard 1982, S. 415).

(zwei Optionen mit gleichem *SEU*) und entschieden sich für die erste Option. Zugleich wählten sie jedoch lieber einen Verlust von 6.000 mit der Wahrscheinlichkeit von $p = 0,45$ als einen Verlust von 3.000 mit $p = 0,9$ (vgl. Kahneman/Tversky 1979, S. 268; vgl. auch Tversky 1975, S. 164-166). Daraus folgern die Autoren, dass die Personen bei Gewinnen risikoaverser sind als bei Verlusten.

Der Isolationseffekt besteht darin, dass Optionen miteinander im Hinblick auf ähnliche Merkmale verglichen werden, sofern diese in der Darstellung deutlich werden. Beispielsweise wurde den Testpersonen dieselbe Lotterie einmal einstufig präsentiert: ›x: Gewinn von 30\$ mit $p = 0,25$, y: Gewinn von 45\$ mit $p = 0,2$‹ und einmal zweistufig: ›25% Chance zum Eintritt in das Spiel, dann x': sicherer Gewinn von 30\$, y': Gewinn von 45\$ mit $p = 0,8$‹. Die Identität von x mit x' und von y mit y' springt nicht ins Auge, und die Präferenzen der Befragten kehrten sich im Experiment um[29] (vgl. Tversky/Kahneman 1988, S. 181-184).

Ein weiterer Verstoß gegen die Transitivitätsannahme wird durch den Antwortmodus auf die Bewertungsfrage induziert: Eine einzelne Bewertung von Optionen, z. B. durch ein Preisgebot, fällt – bei entsprechender Gestalt der Alternativen – möglicherweise anders aus als die Wahl zwischen denselben. Lichtenstein und Slovic (1971) ermittelten diese Form der Präferenzumkehr erstmals durch hypothetische Experimente und bestätigten ihre Ergebnisse später real in einem Spielcasino in Las Vegas (vgl. Lichtenstein/Slovic 1973). Mehrere Folgeuntersuchungen wurden durchgeführt, meist in der Absicht, das Phänomen zu eliminieren oder zu minimieren.[30] Nach Tversky, Sattath und Slovic (1988) gilt – als Verallgemeinerung von Glücksspielen auf ein weites Feld von Entscheidungsproblemen –, dass bei Wahl, also ordinaler Ordnung der Optionen, qualitative Aspekte mehr Relevanz erhalten als Preise (vgl. S. 382-384).

Grether und Plott (1979) bieten 13 Erklärungsmöglichkeiten für die experimentell beobachteten Intransitivitäten an und geben nach einer eigenen Untersuchung zu, dass diese entweder zurückzuweisen sind oder nicht zufrieden stellen. Bei kleinen Wahrscheinlichkeiten und hohen Auszahlungen

---

[29] Der *SEU* von x und x' beträgt 7,5, der von y und y' 9. In der zweiten Problemstellung bevorzugen die Probandinnen und Probanden diejenige Lotterie mit dem niereigeren *SEU* (x'), in der die Auszahlung von 30\$ sicherer erscheint.

[30] Siehe dazu Machina (1987), der auch einen Überblick zu Verletzungen der Transitivitätsannahme durch Präferenzumkehr gibt (vgl. S. 136-138).

finden ebenfalls systematische Verstöße gegen das Erwartungsnutzentheorem statt, die neben den bis hierher referierten Studien eine eigene Klasse von Paradoxien darstellen (vgl. Frey 1990, S. 70, und Kahneman/Tversky 1979, S. 267). Die beobachteten Phänomene trotzen nicht nur hartnäckig allen Versuchen einer Ausräumung, sondern sind zudem Elemente einer ganzen Klasse von Ergebnissen »that demonstrate violations of preference models due to the strong dependence of choice and preference« (Slovic/Lichtenstein 1983, S. 597).

Um diesen unbestreitbaren und vielfältigen Verletzungen der *SEU*-Regel zu begegnen, entwickeln Kahneman und Tversky die *prospect theory*. Sie wird anschließend in Kapitel 4 kurz dargestellt.

Savage, der Fragen der Empirie in seinem Grundlagenwerk gar nicht reflektiert, widmet sich dem Problem der Unvollständigkeit von Präferenzordnungen auch später nicht wirklich. In einem Aufsatz erwähnt er die Möglichkeit einer Unkenntnis der eigenen Präferenzen und die temporale Instabilität der Präferenzen einer Person, zieht aber keine Konsequenzen daraus (vgl. Savage 1971, S. 785). Seine Axiome begreift er als Idealisierungen und interessiert sich offenbar nicht für Abweichungen der Realität von denselben.

Unabhängigkeit

Das Unabhängigkeitspostulat ist das empirisch am meisten getestete Axiom. Es wurde zuerst von Maurice Allais und wenig später von Daniel Ellsberg in einschlägigen Untersuchungen überprüft. Seit den siebziger Jahren folgte eine Reihe experimenteller Studien von Kahneman und Tversky.

Allais konstruierte ein Wahlproblem zwischen zweimal zwei Glücksspielen, deren Auszahlungsmatrizen in Abbildung 3.3 dargestellt sind (vgl. auch Grandmont 1989, S. 23-25). Zu entscheiden ist gleichzeitig sowohl zwischen den Spielen 1 und 2 als auch zwischen 3 und 4. Nach dem Savageschen Unabhängigkeitsaxiom müsste die Präferenz $1 > 2$ gleichzeitig auch $3 > 4$ bedeuten und umgekehrt ($2 > 1 \iff 4 > 3$), da die dritte Spalte jeweils für zwei Spiele übereinstimmt, also eine sichere und somit entscheidungsirrelevante Alternative ist. Allais vermutete jedoch, dass ein großer Teil von Testpersonen die Spiele 1 und 4 präferieren würde.

3. Entscheiden bei unbekannter Zukunft: Leonard J. Savage   75

Abbildung 3.3: Entscheidungsproblem nach Allais

	p=1%	p=10%	p=89%
Spiel 1	1.000.000	1.000.000	1.000.000
Spiel 2	0	5.000.000	1.000.000
Spiel 3	1.000.000	1.000.000	0
Spiel 4	0	5.000.000	0

Abbildung 3.4: Entscheidungsproblem nach Ellsberg

| | rot | schwarz | gelb |
	30 Kugeln	zusammen 60 Kugeln	
rot	100	0	0
schwarz	0	100	0
rot oder gelb	100	0	100
schwarz oder gelb	0	100	100

Er versandte im Jahr 1952 Fragebogen an 150 Personen (von deren Rationalität und Aufrichtigkeit er überzeugt war) und erhielt Ergebnisse, die »all in all« seine Einschätzung bestätigten und »as soon as possible« publiziert werden sollten (Allais 1952, S. 138, FN 94). Der Aufwand der Auswertung hielt ihn angesichts anderer Forschungen jedoch davon ab, so dass die Ergebnisse 1979 noch unveröffentlicht waren (vgl. Allais 1979, S. 448), als empirische Überprüfungen längst durch andere vorgenommen worden waren. Ähnliche empirische Untersuchungen wurden schon 1953 und 1954 durchgeführt und deckten z. T. Intransitivitäten auf (vgl. Edwards 1954, S. 403-405).

Ellsberg (1961) weist mit einem strukturähnlichen Entscheidungsproblem auf die Bedeutung des Unterschieds zwischen Risiko und Unsicherheit hin. Er zeigt experimentell, dass sich reale Personen, wenn es sich um Entscheidungen unter Unsicherheit handelt, nicht gemäß Savages Postulaten verhalten.

Ellsberg ließ die Versuchspersonen auf die Farbe einer Kugel wetten, die aus einer Urne gezogen wird, mit einer Gewinnaussicht von 100. In der Urne sind dreißig rote Kugeln sowie sechzig schwarze und gelbe in unbekanntem Verhältnis; die Probandinnen und Probanden sollten zwischen Spiel 1 und 2 sowie zwischen Spiel 3 und 4 wählen (siehe Abb. 3.4). In der Entscheidung zwischen rot und schwarz zeigen die meisten Personen eine Präferenz für rot, während sie sich bei der Wahl zwischen ›rot oder gelb‹ und ›schwarz oder gelb‹ tendenziell für ›schwarz oder gelb‹ entscheiden. Trotz unveränderter Kugelanzahl setzen sie beim ersten Problem also lieber auf rot als auf schwarz und beim zweiten lieber gegen rot als gegen schwarz. Offenbar ist die exakte Wahrscheinlichkeitsangabe für rot ($p = \frac{1}{3}$) attraktiver als die ungenaue für schwarz (›p liegt zwischen 0 und $\frac{2}{3}$‹) und die exakte für schwarz oder gelb ($p = \frac{2}{3}$) attraktiver als die ungenaue für schwarz oder rot (›p liegt zwischen $\frac{1}{3}$ und 1‹). Daraus lässt sich auf eine Präferenz für das weniger unsichere Ereignis schließen.

Entscheidungssituationen völliger Unsicherheit, so könnte argumentiert werden, sind im Alltagsleben jedoch eher selten. Ellsberg hält dem entgegen, dass es eine große Zahl von Informationszuständen gibt, die von kalkulierbaren Wahrscheinlichkeiten weit entfernt sind. Diese bilden eine eigene Klasse von Entscheidungsproblemen, in denen die Postulate des Ramsay-Savage-Ansatzes nicht gelten (vgl. Ellsberg 1961, S. 660 und 668f).

MacCrimmon (1968) hat das sure-thing-Principle ebenfalls einem empirischen Test unterzogen, wobei es in ca. 40% der Fälle durch die Probandinnen und Probanden verletzt wurde. Allerdings rückten diese nach einer anschließenden Diskussion mit den Durchführenden größtenteils von ihren intuitiven Entscheidungen ab und erachteten statt dessen die Savage-getreue Präferenzverteilung für richtig, was MacCrimmon als Bestätigung der Savageschen Entscheidungsregel betrachtet (vgl. auch MacCrimmon/Larsson 1979). Slovic und Tversky (1974) misstrauten der von MacCrimmon angenommenen Überzeugungskraft der entscheidungstheoretischen Argumente und haben für eine Folgeuntersuchung ein anderes Design gewählt: Die Testpersonen erhielten zwei Entscheidungsprobleme, deren Auszahlungsmatrizen den Abbildungen 3.3 und 3.4 entsprechen. Sie wurden nach einer ersten intuitiven Entscheidung mit einer wissenschaftlich-seriös formulierten Argumentation (entweder der von Savage oder jener von Allais) konfrontiert, die ihrer Entscheidung entgegen gerichtet war. Nach Abwägung des erhaltenen Arguments hatten sie die Chance, ihre Entscheidung zu revidieren. Die Ergebnisse bestätigten MacCrimmon (und somit Savage) keineswegs: Für Problem 1 entschieden z. B. 17 von 29 Personen nicht Savage-getreu; nur eine Person änderte ihre Wahl (gegenüber drei Änderungen in die Gegenrichtung). In einer zweiten Durchführungsphase wurde den Probandinnen und Probanden zuerst das sure-thing-Principle erklärt, um sie anschließend vor die Entscheidungsprobleme zu stellen. Auch hier wurde Savages Prinzip in den meisten Fällen nicht angewendet und somit sogar in vollem Bewusstsein verletzt.

Kahneman und Tversky (1979) bezeichnen die von Allais aufgedeckten Verletzungen des Unabhängigkeitsaxioms als *Sicherheitseffekt* und haben diesen in eigenen Untersuchungen experimentell nachgewiesen (vgl. S. 265-267). Er äußert sich so:

> »[H]uman preferences are subject to a major bias, the certainty effect, according to which the utility (or disutility) of an outcome looms larger when it is certain than when it is uncertain. [...] It leads to risk-aversion for positive outcomes and risk-seeking for negative outcomes.« (Tversky 1977, S. 212).

Dieser Sicherheitseffekt spielt nicht nur bei monetären Auszahlungen eine Rolle, sondern tritt beispielsweise auch bei der Entscheidung zwischen medizinischen Behandlungsmethoden auf (vgl. etwa Tversky/Kahneman 1988, S. 182f).

Angesichts dieser nicht ausräumbaren Widersprüche lässt sich das Problem der Divergenz von Theorie und Empirie nicht einfach ignorieren. Die auftretenden Anomalien sind auch nicht zufällig verteilt, so dass sie sich im Aggregat ausglichen und so eliminierten (vgl. Frey/Eichenberger 1989, S. 105, Frey 1990, S. 73). Auch die Zusatzannahme eines Extra-Nutzengewinns aus der Freude am Spielen (vgl. Friedman/Savage 1948, S. 293) kann nicht herangezogen werden, um den Anomalien zu begegnen (was die Autoren allerdings auch nicht empfehlen).[31] Die absurde Folgerung lautet, dass die Menschen Savages Entscheidungsregeln nur dann einhalten, wenn sie ihnen antrainiert werden: »We do not have to teach people what comes naturally. But as it is, we need to do a lot of teaching« (Raiffa 1961, S. 691).

Wie dieser Abschnitt gezeigt hat, finden real zu viele Verletzungen der Axiome statt, um Savages Rationalitätsauffassung als empirische Entscheidungstheorie zu verstehen. Aufgrund der Ergebnisse kann schwerlich postuliert werden, dass menschliche Präferenzen generell oder auch nur näherungsweise Savages Rationalitätsanforderungen genügen. Mit der wachsenden Zahl gegenteiliger Studienergebnisse wurde eine empirische Interpretation der Theorie mehr und mehr verlassen[32] und eine stärker normative angelegt. Aus normativer Sicht, die Savage schließlich selbst bevorzugt, stellen die Postulate ein Modell von Rationalität dar, beschreiben also das Verhalten einer imaginären Person, die sich ideal rational verhält. So können sie als Standard für das Handeln realer Personen dienen, um Präferenzfehler zu erkennen und zu revidieren. Savage verdeutlicht dies an folgendem Beispiel:

> »A man buying a car for $2,134.56 is tempted to order it with a radio installed, which will bring the total price to $2,228.41, feeling that the difference is trifling. But when he reflects that, if he already had the car, he certainly would not spend $93.85 for a radio for it, he realizes that he has made an error.« (Savage 1954, S. 103)

---

[31] Sie erklärt u. a. nicht die Darstellungsabhängigkeit der Präferenzen.
[32] Marschak (1950) z. B. schwächt den deskriptiven Gehalt Bayesscher Axiomatiken so weit ab, dass er darin nurmehr eine Näherung an lebende Menschen sieht, »who [...] cannot be all fools at the time« (S. 111). In dieser Bescheidenheit ist der Forderung sicher zuzustimmen; jedoch leitet sich daraus keine Berechtigung für eine Entscheidungstheorie im Stil Savages ab.

3. Entscheiden bei unbekannter Zukunft: Leonard J. Savage

Auch Savage gehörte zu den Personen, an die Allais seinen Fragebogen versendet hatte, und entschied sich interessanterweise selbst intuitiv gegen seine eigene Axiomatik. Daraufhin verwarf er diese nicht etwa, sondern änderte seine Entscheidung ab, als er auf die Inkonsistenz aufmerksam wurde, und dies erschien ihm als Fehlerkorrektur (vgl. ebenda). Seiner Auffassung nach sollten sich alle Personen so zu der Axiomatik verhalten wie er selbst und die Theorie benutzen, um Inkonsistenzen zu erkennen und zu berichtigen. Gleichzeitig gibt sie an, welche Präferenzverteilung rational ist, so dass sich lernwillige Individuen hieran orientieren und ihre Präferenzen entsprechend revidieren können. Diese Einstellung veranlasst ihn auch zu der Empfehlung, die Menschen – am besten von früher Kindheit an – systematisch in Meinungsstärke und Risikoabschätzung zu trainieren (vgl. Savage 1971, S. 800). Auch Marschak (1979) hofft auf die Entwicklung von Methoden für das Einüben rationalen Entscheidens.

Savage (1954) selbst gibt an, sich mit inkonsistenten Präferenzen nicht wohl zu fühlen, was er auch für andere Menschen vermutet (vgl. S. 21). Nach seiner Auffassung versuchen die Menschen im allgemeinen, Verletzungen der Postulate zu vermeiden, und verstoßen nur dann gegen sie, wenn sie über ihre Entscheidung nicht ausreichend nachgedacht haben. Diese Sicht suggeriert, dass Savages Annahmen die ›eigentlich‹ richtigen Entscheidungsregeln repräsentieren und Abweichungen durch Unachtsamkeit zustande kommen. Eine solche Auffassung, hinter der vielleicht Savages heimliche Neigung steht, die Theorie doch empirisch zu verstehen, ist aber spätestens seit Slovic und Tversky (1974) obsolet geworden.

Gegen eine normative Lesart der Präferenzaxiome ist nichts einzuwenden. Sie können durchaus als Maßstab zur Überprüfung der Rationalität von Entscheidungen dienen, sofern die Person, die Savages theoretischen Rat sucht, gewillt ist, nach einem Bayesschen Rationalitätskriterium zu handeln. In diesem Fall können Savages Annahmen als Orientierungspunkte für Entscheidungen dienen, die unter Berechnung von Einsätzen und Wahrscheinlichkeiten getroffen werden, neben Energiepolitik und Krebstherapie (s. o.) etwa reale Glücksspiele oder Markthandlungen von Unternehmen. Jedoch ist zu bedenken, dass dieses Rationalitätskriterium nicht zwingend gewählt werden muss und andere, etwa die Minimierung des Kalkulationsaufwands, nicht weniger berechtigt sind.

3.2.2 Probleme der Interpretation

Laut Tversky (1975) treffen empirische Einwände, wie ich sie dargestellt habe, gar nicht den Kern, da sie auf eine enge Lesart der Nutzentheorie mit eindimensionalen Entscheidungsgrößen ausgelegt sind (vgl. S. 170-172). Dass die Interpretation der Konsequenzen (darunter fällt auch die Rechtfertigung der Präferenzen bzw. des Selektionskriteriums) ausgespart wird, betrachtet er als das Hauptproblem. In der Bayesschen Entscheidungstheorie wird der kognitiven Operation, die Alternativen wahrzunehmen, keine Aufmerksamkeit geschenkt. Diese ist aber von Bedeutung, da die Welt unscharf strukturiert ist und die Alternativen nicht in der von Savage vorausgesetzten Form vorliegen, sondern zunächst wahrgenommen und mit Bedeutung versehen werden müssen (vgl. Priddat 1998b, S. 4, FN 7).

Im Folgenden problematisiere ich zunächst die Reduktion der Welt auf Nutzen- und Wahrscheinlichkeitsausdrücke im Modell und weiter unten die adäquate Beschreibung der Konsequenzen.

Simplifizierende Weltbeschreibung

Für die Anwendung der Savageschen Entscheidungslogik muss gewährleistet sein, dass den Konsequenzen numerische Werte zugeordnet sind, die sich in die *SEU*-Formel einsetzen lassen. Handelt es sich bei den Konsequenzen um Geldbeträge, Lebensjahre oder in ähnlicher Art um variierende Mengen eines Gutes, so können diese Nutzenbeträge aus einer Nutzenfunktion abgeleitet werden. Die Bezugsetzung der Begriffe mit der Realität ist jedoch schwieriger, wenn das Entscheidungsproblem nicht die Form einer Lotterie mit monetär quantifizierbaren Auszahlungen hat. Hier lässt sich kein theoretisch-mathematischer Algorithmus angeben, der die Konsequenzen in Nutzenbeträge umwandelt. Bei der exemplarischen Entscheidung, ob der Regenschirm mitzunehmen oder zu Hause zu lassen ist, wurden die numerischen Werte einfach willkürlich gesetzt, sie sind also kontingent.

Im Gegensatz zu Nutzen sind Präferenzen besser empirisch messbar bzw. erforschbar, nämlich durch Feststellen der Vorlieben, die eine Person durch die Aussage »ist mir {etwas/viel/sehr viel} lieber als« ausdrückt. Ein solches Vorgehen läuft aber Savages Anspruch zuwider, will dieser doch Präferenzen nicht durch Befragung ermittelt wissen. Abgesehen davon stieße dies auch an Grenzen, da nicht alle Situationen und Güter so

3. Entscheiden bei unbekannter Zukunft: Leonard J. Savage

einfach miteinander verglichen werden können: Wright (1987) weist darauf hin, dass es zwar normalerweise einfach sei, den Geschmack eines Pfirsichs mit dem Geschmack anderer Obstsorten in Präferenzausdrücken zu vergleichen oder eine Vorliebe zwischen verschiedenen Musikrichtungen anzugeben; der Vergleich zwischen Beethoven-Musik und dem Geschmack eines Pfirsichs sei dagegen schwierig bis unmöglich (vgl. S. 943).

Das Problem der Nutzenbestimmung und -messung ist also weder durch Algorithmen noch auf empirischem Weg gelöst. Die dahinter stehende Frage (»Aus welchen Umständen und Bedingungen erwächst einem Menschen Wohlbefinden?«) ist anthropologisch und überschreitet den Horizont der Bayesschen Entscheidungstheorie, die nicht mehr als ein Entscheidungsprinzip anbietet, das auf klar strukturierte Fälle anwendbar ist.

Savage rechtfertigt seine geringe Aufmerksamkeit für das Interpretationsproblem, indem er idealisierend annimmt, Konsequenzen, die nicht die Form von Geldeinsätzen und -auszahlungen haben, seien durch Geldbeträge ersetzbar:

> »There is reason to postulate that an ideally coherent person has a rate of substitution $P(A)$ for money contingent to the event A.« (Savage 1971, S. 784)

Um dies zu plausibilisieren, nennt er einen Hausbrand oder das Ergebnis eines Wettkampfs: Ereignisse, für die (durch Wettbüros oder Versicherungsagenturen) auch real Geldäquivalente gehandelt werden und die tatsächlich durch Geldausdrücke ersetzbar sind. Die These, für alle Handlungsfolgen (zu denken wäre z. B. auch an die Zerrüttung einer Sozialbeziehung) könnten Geldäquivalente angegeben werden, ist in dieser Allgemeinheit doch sehr gewagt. Sie kollidiert m. E. auch mit den breit gestreuten Beispielen, die Savage bei der Einführung seines Konsequenzenbegriffs nennt: Geld, Leben, Gesundheitszustand, soziale Anerkennung, Wohlbefinden anderer, den Willen Gottes »or anything at all about which the person could possibly be concerned« (Savage 1954, S. 14). Diese Aufzählung beschränkt sich nicht auf messbare oder gar auf Geldgrößen, und ich halte die Frage keineswegs für trivial, wie Leben oder soziale Anerkennung in monetäre Beträge oder auch nur in kardinale, eindimensionale Nutzenbeträge umgerechnet werden sollten. Schließlich folgen reale Entscheidungen nicht nur einem eindimensionalen Kalkül des ›mehr‹ oder ›weniger‹. Um ein Beispiel von Savage aufzugreifen: Für den Nutzen, der einem Menschen durch eine Berufsentscheidung zukommen kann, spielt keineswegs nur das potenziell erzielbare Einkommen eine Rolle, sondern auch die Möglichkeiten der Selbstverwirklichung, das in der Branche zu erwartende soziokulturelle Umfeld, das Ausmaß der Arbeitsbelastung und eine Reihe ähnlicher Faktoren, die nicht in Form quantifizierbarer Größen gegeben und vergleichbar sind.[33]

Da das Modell auf Nutzenmessung und -vergleich angewiesen ist, müssen für seine Anwendung die vieldimensionalen Nutzenaspekte der komplexen Realität auf eindimensionale Ausdrücke reduziert werden. Dabei verliert die Situationsbeschreibung an Gehalt und wird möglicherweise unzutreffend. So argumentiert Samuelson (1952), wenn er die ausschließliche Betrachtung von »single-event money prizes« als unzulässige Einschränkung bezeichnet, da doch auch Gütervektoren, »gaming and suspense feelings«, »stationary plateaus of money or of good vectors« sowie variable Zeitprofile von Gütern zu betrachten wären (S. 676). Eine ähnliche Kritik formuliert Sen (1977), der die Reduzierung aller Handlungsdeterminanten auf Präferenzen als eine unzulässige Verkürzung herausstellt und das Fehlen z. B. ethischer Handlungsmotive bemängelt. Er kritisiert, dass eine eindimensionale Präferenzordnung den komplexen Handlungsmotiven von Menschen nicht Rechnung tragen kann. Seiner Auffassung nach werden dem Präferenzbegriff zu viele Funktionen zugeschrieben:

> »A person is given *one* preference ordering, and as and when the need arises this is supposed to reflect his interests, represent his welfare, summarize his idea of what should be done, and describe his actual choices and behavior. Can one preference ordering do all these things?« (ebenda, S. 336f)

Wenn Savage seine These selbst als Idealisierung kennzeichnet und ihr keinen empirischen Gehalt zuspricht, bleibt wiederum die normative Interpretation: Eine Person, die unsicher ist, wie viel Nutzen ihr aus welchen Konstellationen entsteht, könnte sich fragen, welche Geldbeträge sie für

---

[33] Außerdem übersieht Savage bei diesem Beispiel, dass eine Berufsentscheidung sehr weit in die Zukunft reicht, in der zudem viele unbekannte Ereignisse liegen. Insofern kann der Akteur – wie auch bei vielen anderen zukunftsorientierten Entscheidungen – kaum alle Pfade der Entwicklung durchdenken und alle Konsequenzen ermitteln. Auch das »Look before you leap«-Prinzip ist daher eine zu starke Simplifizierung.

jede der Konsequenzen zu zahlen bereit wäre, um Savages Entscheidungsprinzip anzuwenden. Eine Rationalitätsprüfung auf diesem Weg kann lediglich durch die Entscheiderin selbst erfolgen und nicht von außen, z. B. experimentell.

Bezüglich der Weltbeschreibung weist das Modell – das in sich elegant und stimmig ist – Mängel auf. Umstände und Vorgänge des Entscheidens sind gegenüber der wirklichen Welt stark reduziert und können nicht als Abbild der Welt proklamiert werden. Zumindest fehlt die Interpretationsleistung, die bei Savage implizit stattfindet. Berechtigt ist Savages Modell der Handlungswahl unter der Bedingung, dass sich die entscheidungsrelevanten Daten auf zwei Aspekte, die Wahrscheinlichkeit und den (analog zu Geldausdrücken verstandenen) Nutzen, reduzieren lassen.

Definition der Konsequenzen

Ein anderes Interpretationsproblem ist die (von Savage nur kurz behandelte) Problematik, die small world für jeden Anwendungsfall angemessen zu beschreiben.

Deutlich wird das Problem anhand eines Beispiels, das Savage (1954) konstruiert, um sein drittes Postulat gegen einen möglichen Einwand zu verteidigen (vgl. S. 25): Ein Mann, dessen Budget ausreicht, um entweder einen Tennisschläger oder eine Badehose zu kaufen, zieht den Tennisschläger schwach vor. Wüsste er jedoch, dass das für denselben Tag geplante Picknick mit Freundinnen und Freunden an einem See stattfinden wird, so wäre ihm Badehose lieber. Mit dem dritten Axiom sollte dies ausgeschlossen werden und sichergestellt werden, dass sich die Präferenz für Badehose oder Tennisschläger nicht durch sein Wissen bzw. seine Überzeugung über den Picknickort umkehrt.

Savage begegnet dieser selbst formulierten Provokation, indem er die Situationsbeschreibung für unzureichend erklärt und eine andere empfiehlt: Nicht der Kaufakt ist als Handlung und der Besitz des gekauften Guts als Konsequenz der Handlung zu betrachten. Vielmehr ist der Besitz der Badehose bzw. des Tennisschlägers als Handlung zu definieren, und die Konsequenzen lauten: Teilnahme am gemeinsamen Schwimmen oder Ausschluss vom gemeinsamen Schwimmen (vgl. ebenda). Indem die Handlung so umdefiniert wird, sind die Präferenzen (für Schwimmen oder nicht

Schwimmen) wieder unabhängig von Überzeugungen. Diese Neudefinition der Konsequenzen wird nötig, um die inhaltliche Ausbuchstabierung der small world an die Entscheidungssituation anzupassen. Mit der Beschreibung ›Badehose oder Tennisschläger‹, wie man sie wohl intuitiv festlegen würde, sind die Konsequenzen nicht adäquat wiedergegeben. Analog muss die Situationsbeschreibung auch bei anderen Entscheidungsproblemen den Erfordernissen angepasst werden. Wie oben schon erwähnt, gesteht Savage ein, dass er keine exakten Kriterien für die begriffliche Spezifizierung der relevanten Umstände anzugeben vermag, und überlässt dies der Urteilsfähigkeit der Beteiligten.

Hierzu mahnt Shafer (1988) jedoch an, die Beschreibung der möglichen Weltzustände sei unzureichend, denn auch die Temperatur beeinflusse den Spaß am Schwimmen als relevanter Faktor, ebenso wie z. B. die Frage, welche Freunde und Freundinnen anwesend sein werden (vgl. S. 212f). Wird eine entsprechende Modifikation der Weltzustandsbeschreibung vorgenommen, so wird aber zwangsläufig eine Ausdifferenzierung der Konsequenzenmenge nötig, denn an die Stelle der Konsequenz ›Schwimmen‹ oder ›nicht Schwimmen‹ müsste eine Reihe verschiedener Abstufungen von Spaß am Schwimmen treten. Diese wechselseitige Abhängigkeit von Weltzuständen und Konsequenzen führt laut Shafer in einen infiniten Regress, da beide in Abhängigkeit voneinander weiter ausdifferenziert werden müssten, wodurch die small world immer komplexer würde. Der Punkt, an dem wirklich und unter Garantie alles Bedenkenswerte erfasst wird, ist erst dann erreicht, wenn die Beschreibung die Dimension der grand world angenommen hat (vgl. ebenda). So lässt sich aus Shafers Sicht nicht an der Behauptung festhalten, jede Entscheidungssituation lasse sich mit allen relevanten Aspekten als small world erfassen. Zugleich werde bei einer solchen Ausdifferenzierung des Möglichkeitenraums die Annahme fraglich, dass die Präferenzen von der Überzeugung, welcher der möglichen Weltzustände zutrifft, unabhängig sein sollen.

Aufgrund der Unmöglichkeit, die für die small world relevanten Situationsaspekte durch eindeutige Kriterien festzulegen, kann die Theorie unbemerkt an die Erfordernisse der jeweils zu erklärenden Situation angepasst werden. So kann eine Situation, in der die Axiome scheinbar verletzt werden, immer rational uminterpretiert werden, indem man Konsequenzen, die dem Anschein nach übereinstimmen, mit verschiedenem Sinn versieht und in verschiedene Fälle unterscheidet. Die Widersprüche der Experimente lassen sich etwa durch Umdeutung und abgewandelte Situationsbeschreibung aus dem Weg räumen. Die Null in der linken Spalte von Spiel 2 (siehe Abb. 3.3) könnte z. B. anders interpretiert werden als die entsprechende in Spiel 4, da in Spiel 2 das Bedauern über den entgangenen sicheren Gewinn des nicht gewählten Spiels 1 hinzukommt, während Spiel 3 keine sichere Alternative anbietet.[34] Mit dieser Neuinterpretation würde die Theorie wieder gültig, und Paradoxien würden umgangen. Wie Samuelson (1952) einwendet, wird die Theorie aber durch das Ausweichen auf eine jeweils nächsthöhere Dimension nicht nur unwiderlegbar, sondern zugleich bedeutungslos gemacht (vgl. S. 677). Ihr harter Kern büßt durch das Anpassen der Konsequenzeninterpretation an Härte ein; die Erklärungsleistung sinkt.

Eine sinnvolle Möglichkeit, dies zu vermeiden, besteht darin, den Interpretationsspielraum möglichst gering zu halten und dafür den Anwendungsbereich auf Situationen einzuschränken, in denen die Theorie ohne ad-hoc-Anpassungen oder Modifikationen anwendbar ist. Dies wären Entscheidungsprobleme mit eindimensional messbaren, am besten in Geldausdrücken gegebenen Bewertungen, in denen zudem keine weiteren Faktoren (z. B. Bedauern) relevant sind. Eine solche Maßgabe bedeutete zunächst, alle Fälle empirisch auftretender Anomalien zu ignorieren oder explizit auszuschließen, wie dies in weiten Teilen der Ökonomik bis heute ohnehin Praxis ist. Angesichts der Vielfalt von Handlungsmotiven und Situationsbeschreibungen in der realen Welt mag dies als extreme Vereinfachung erscheinen; dafür ist die Theorie innerhalb eines solchermaßen eingeschränkten Anwendungsbereichs leistungsfähig. Der Anspruch, alle Entscheidungssituationen des Alltags modellieren zu können, muss dann aufgegeben werden. Meines Erachtens ist das kein großer Verlust, da jene, die nicht in der Form ›Eintrittswahrscheinlichkeit und objektiv messbare Auszahlung‹ vorliegen, durch die Beschreibung in Nutzen- und Wahrscheinlichkeitsausdrücken ohnehin willkürlich und z. T. bis zur Unkenntlichkeit vereinfacht werden. Diese von mir vorgeschlagene Einschränkung des Geltungsbereichs wird auch von Savage implizit praktiziert. Könnten tatsächlich alle Konsequenzen in Geldausdrücken bewertet werden, so wäre das Problem gelöst, aber diese Möglichkeit wird von Savage lediglich behauptet und auch nicht weiter verfolgt.

---

[34] Tversky schlägt die Aufnahme von Bedauern in die Situationsbeschreibung vor und kritisiert sowohl Allais als auch Savage für ihre ausschließliche Betrachtung von Geldbeträgen (vgl. Tversky 1975, S. 171, und Tversky 1977, S. 218).

3.2.3 Anforderungen an den Akteur

Ruft man sich das homo-oeconomicus-Modell der Neoklassik noch einmal ins Bewusstsein, so trägt der Savage-Akteur schon etwas stärker die Züge einer Person. Schießlich macht er Erfahrungen mit der Welt und kommt vor diesem Hintergrund zu einer subjektiven Einschätzung, welche Weltzustände sich einstellen werden. Weiterhin lässt sich der Entscheidungsakt, auch wenn Savage keine entsprechende Untergliederung vornimmt, in einzelne Schritte aufteilen. Dadurch erhält er stärker den Charakter eines Nachdenkprozesses und bleibt nicht der Automatismus, der dem homo oeconomicus seine Ähnlichkeit mit einer Rechenmaschine verleiht.

Savages eindimensionaler Nutzenbegriff ist im Vergleich zum letzten Kapitel kein neues Phänomen. Auch die Neoklassik (ich beziehe mich auf die im letzten Kapitel vorgestellte Theoriewelt als ›enge‹ Definition) arbeitet mit einem eindimensionalen Nutzenbegriff. Da sie aber lediglich Warenaustausch zum Gegenstand hat, ist durch die Marktpreise – auch wenn Marktgüter ebenfalls multidimensionale Nutzenaspekte aufweisen – eine eindimensionale Bewertungseinheit der Handlungsoptionen gegeben, so dass Vergleichbarkeit der Alternativen gewährleistet ist. Savages Anspruch ist allerdings höher, da er auch Handlungen wie die Omelettezubereitung und letztlich alles menschliche Tun erklären will und seine Exempel auch aus marktfernen Lebensbereichen wählt.

Ebenso wie die Neoklassik problematisiert Savage weder Informiertheit noch Datenverarbeitungskapazitäten seiner Akteure. Die Recherche dürfte bei der Entscheidung nach dem Savage-Modell ebenfalls aufwändig sein, da die Entscheiderin einen Überblick über alle möglichen Weltzustände und Konsequenzen (die ggf. wiederum Konsequenzen nach sich ziehen) haben muss. Bereits dies ist eine Überforderung für einen meschlichen Akteur, dessen Kapazitäten hierfür nicht ausreichen.[35] Auf die Recherche folgen die Bewertung in Nutzenausdrücken und die Zuordnung von Wahrscheinlichkeiten. Der Aufwand hierfür kommt in Savages Beispielen allerdings nicht zum Ausdruck, da die Zahl der zu erwägenden Alternativen (small world!) gering ist und Nutzen sowie Wahrscheinlichkeiten

---

[35] »The brain is not naturally adapted to solve all sequential move problems by reducing them to a single strategy vector as in a highly structurated game.« (Smith 2003, S. 498)

jeweils in Zahlenausdrücken vorliegen. In Handlungssituationen des Alltags muss jedoch erst eine Transformation in die Form einer Lotterie vorgenommen werden (Alternativensuche und -eingrenzung, Konsequenzenzuordnung, Wahrscheinlichkeitsabschätzung und Bewertung). Insgesamt wird den Entscheiderinnen viel – zu viel – abverlangt. Die Übereinstimmung mit realen Entscheidungsabläufen dürfte kaum höher sein als beim homo oeconomicus.

Da der Nutzenbegriff nicht auf Marktgüter beschränkt ist, spräche prinzipiell nichts dagegen, Entscheidungsmotive wie ein soziales Gewissen – die zentrale Kritik der normativen Ökonomik – bei der Spezifizierung der Nutzenbeträge mit zu berücksichtigen, zumal für diese ohnehin keine objektiven Kriterien existieren. Einem Weltzustand, in dem der Akteur ein gutes Gewissen hat, könnte so z. B. ein höherer Nutzenwert zugewiesen werden als einem anderen, in dem er materiell besser gestellt ist und ein schlechtes Gewissen hat. Allerdings sind ethische Motive kein eigenständiger Beweggrund, sondern ›können‹ (wie fast alles) in die Entscheidung mit einbezogen werden, da die Nutzenbeträge ohnehin ad hoc festgelegt werden. Nicht vorgesehen ist es, für eine einzelne Handlung, sei es die Teilnahme an einer Demonstration oder das Werben um eine Partnerin oder einen Partner, kausale Ursachen anzugeben, also eine Begründung für den Nutzen zu liefern. Es wird kein Bedürfnisbegriff eingeführt, der angäbe, warum die Akteure bestimmte Handlungen überhaupt als nutzenstiftend empfinden.[36]

Gegenüber dem reinen ›U‹-Modell der neoklassischen Ökonomik (Nutzenbeträge, die objektiv gegeben sind und mit Sicherheit ausgezahlt werden, geben den Ausschlag für die Entscheidung) ist der *SEU*-Entscheidungsmodus um die beiden Aspekte der Subjektivität und der unsicheren Erwartungen erweitert. Die Nutzenfunktion folgt nicht mehr der Cobb-Douglas-Verlaufsform. Allerdings wird die verallgemeinerte Nutzenfunktion nur als Hypothese eingeführt und nicht operationalisierbar gemacht.

Bei solchen Einwänden ist natürlich zu bedenken, dass Savage nicht behauptet, reale Personen vollzögen diese Schritte, sondern ihrem Verhal-

---

[36] Auch die empirische Kritik aus 3.2.1 weist auf die Divergenz zwischen Modell und dem Entscheidungsverhalten realer Menschen hin. Sie betrifft das homooeconomicus-Modell, dessen Präferenzen denselben Prinzipien der Rationalität folgen, ebenso.

ten ein Modell gegenüber gestellt wird, *als ob* sie es täten. Dabei stimmt das Modell mit der alltagssprachlichen Auffassung von Rationalität (die Wahl optimaler Mittel, um das gewünschte Ziel zu erreichen), überein und ist eine Formalisierung des normalsprachlichen Grundprinzips von Rational Choice (vgl. Nida-Rümelin/Schmidt 2000, S. 28). Also ist sein Modell von realem Entscheiden abgeleitet und knüpft bei den Möglichkeiten realer Personen an. Beim Nutzenbegriff und in den Details wird jedoch keine Übereinstimmung mit der Realität beansprucht.

Alltagsentscheidungen müssen für die Anwendung des Modells erst in Lotterieform umgewandelt werden. Sie können umso schlechter erfasst werden, je schwieriger sie in solche transformierbar sind. Savages Anwendungsfälle (Badehosenkauf, Omelette) dienen lediglich der Illustration. Zu ungenau muss die Spezifikation von Nutzen und Wahrscheinlichkeit ausfallen; für die Beschreibung der Konsequenzen in allen relevanten Aspekten gibt es zu viele Möglichkeiten (zwischen denen allzu leicht ad hoc gewechselt werden kann), als dass hier eine wirkliche Erklärung mit Prognosekraft gegeben würde. Um (zu treffende oder getroffene) Entscheidungen auf klare Begriffe zu bringen, kann das terminologische Instrumentarium Savages dagegen hilfreich sein.

Vorhersagekraft hat Savages Theorie, sofern die numerischen Größen gegeben sind. Hier stellt sich allerdings das Problem der Fehlprognosen, dem Savage selbst nicht durch eine Modifikation der Theorie (entweder durch Zusatzannahmen oder durch eine allgemeinere Formulierung des Kerns) begegnet, sondern sie schlichtweg ignoriert bzw. sich auf die normative Interpretation seiner Theorie zurückzieht. Dieses Ignorieren empirischer Entscheidungsanomalien ist seit Allais und Ellsberg Tradition in der Ökonomik und heute noch eine gängige Reaktion darauf (vgl. als Überblick Frey 1990, S. 72-75). Versuche einer Modellerweiterung werden erst seit Kahneman und Tversky unternommen und finden vorwiegend auf dem Gebiet der Psychologie statt. Den Vorschlag von Tversky und Kahneman stelle ich in Kapitel 4 dar.

Kapitel 4

Systematische Fehleinschätzungen: Kahneman und Tversky

Im vorhergehenden Kapitel haben sich die Rationalitätsannahmen der *SEU*-Theorie teilweise als empirisch unberechtigt erwiesen. Dort wurden experimentelle Studien zum Entscheidungsverhalten wiedergegeben, hauptsächlich jene von Amos Tversky und Daniel Kahneman, die dem Grenzbereich von Ökonomik und Psychologie entstammen. Diese Autoren haben das Handlungsmodell nicht nur kritisiert, sondern auch einen Versuch unternommen, die festgestellten Anomalien über Hilfsannahmen aufzufangen.

Kahneman und Tversky fassen die Anomalien, auf die sie experimentell gestoßen sind (dargestellt unter 3.2.1), dahingehend zusammen, dass die Annahme der Beschreibungsinvarianz bei der Handlungswahl unangemessen ist. Um die Theorie zu verbessern, muss ihrer Ansicht nach der Wahrnehmungs- und Kategorisierungsprozess der Entscheiderin explizit behandelt werden (vgl. Tversky/Slovic/Kahneman 1990, S. 215). Sie bezeichnen ihren Vorschlag als *prospect theory*[1] und teilen die Entscheidung in zwei Phasen ein, die nicht nur analytisch getrennt, sondern tatsächlich konsekutiv sind: Zunächst *editiert* der Akteur die Situation, d. h. er perzipiert mögliche Alternativen und bildet sie auf ihre Konsequenzen ab. In der Editierungsphase findet das Framing statt, d. h. die Wahrnehmung orientiert sich an vorgegebenen Mustern, sie erfolgt sozusagen durch eine Brille. Im zweiten Schritt erst *bewertet* er die Ergebnisse – ein Vorgang, der nicht unabhängig von der Editierungs- bzw. Framing-Phase abläuft, sondern durch sie wesentlich beeinflusst wird (vgl. Tversky/Kahneman 1987,

---

[1] »Prospects are alternatives or ›options‹ that may involve some risk, that is, they are the kind of alternatives to which expected utility theory applies.« (Lindenberg 1989a, S. 183)

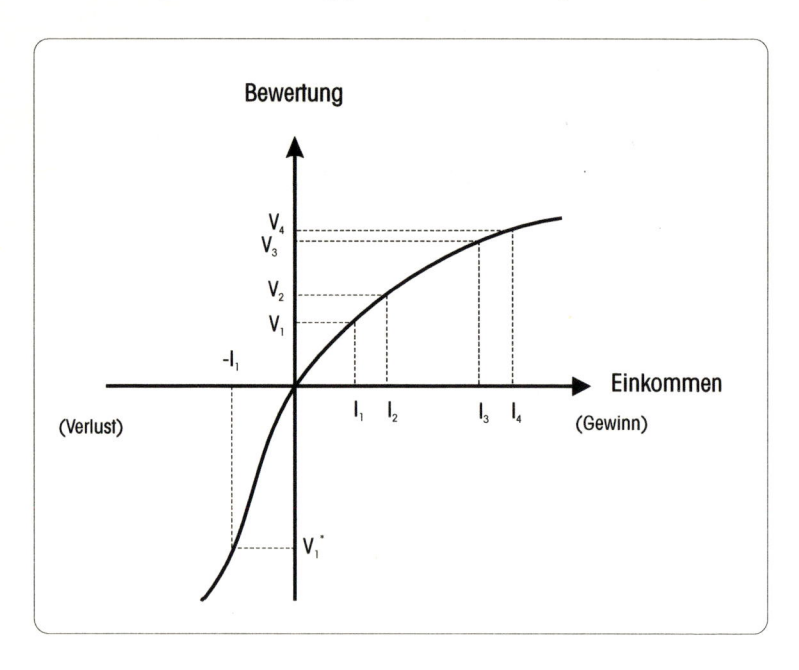

90 I. Ökonomische Modelle von Welten und Handlungen

Abbildung 4.1: Bewertungsfunktion nach Tversky und Kahneman

[Diagramm: Bewertungsfunktion mit Achsen "Bewertung" (vertikal) und "Einkommen" (horizontal). Positive Einkommensachse beschriftet mit (Gewinn), negative mit (Verlust). Werte I_1, I_2, I_3, I_4 auf der positiven Achse, $-I_1$ auf der negativen Achse. Zugehörige Bewertungen V_1, V_2, V_3, V_4 im positiven Bereich, V_1^* im negativen Bereich.]

S. 73). Die Bewertung ändert sich nämlich mit wechselnden Situationswahrnehmungen, induziert durch verschiedene Formulierungen der Entscheidungssituation:

> »The evaluation of outcomes is susceptible to formulation because of the nonlinearity of the value function and the tendency of people to evaluate options in relation to the reference point that is suggested or implied by the statement of the problem.« (Kahneman/Tversky 1984, S. 346)

Die Problemformulierung kann also den Bezugspunkt beeinflussen, an dem sich die Bewertung orientiert. Beim *Framing* übersetzt die Entscheiderin die objektiven Gegebenheiten in eine Gewinn-Verlust-Sprache[2] und

---

[2] Kahneman und Tversky beschäftigen sich ohnehin (wie Savage) ausschließlich mit Entscheidungsproblemen, die in Form von Wahrscheinlichkeiten und monetären bzw. quantifizierbaren Auszahlungsgrößen vorliegen; dies ist schließlich die Form der von ihnen durchgeführten Experimente.

4. Systematische Fehleinschätzungen: Kahneman und Tversky

bewertet sie nach einer spezifischen Bewertungsfunktion, die Kahneman und Tversky neu einführen. Sie hat eine S-förmige Gestalt, wie Abbildung 4.1 zeigt. Die Annahme eines solchen Verlaufs der Bewertungsfunktion ist nicht aus der Luft gegriffen, sondern basiert auf empirischen Untersuchungen: In Experimenten wurden Probandinnen und Probanden systematisch befragt, welche Zustände sie gegenüber anderen Zuständen vorziehen würden. Die Ergebnisse wurden in Form eines Auszahlungs-Bewertungs-Diagramms festgehalten, so dass hieraus eine verallgemeinerte Bewertungsfunktion grafisch ermittelt werden kann (vgl. etwa Tversky 1967, S. 31, und Tversky 1977, S. 213f für solche Darstellungen experimenteller Ergebnisse).

Wie in Abbildung 4.1 zu erkennen ist, werden Verluste nach dieser Bewertungsfunktion mit betragsmäßig höheren Werten versehen als Gewinne derselben Größenordnung (vgl. Tversky/Kahneman 1987, S. 75). Anders ausgedrückt: $|V(-I_1)| > |V(I_1)|$. Demzufolge kann dasselbe Ereignis, wenn es einmal als Gewinn und ein anderes Mal als Verlust dargestellt wird, einer anderen Bewertung unterliegen: Beispielsweise wird es nicht als identisch angesehen, ob man in einem Glücksspiel mit 50% Wahrscheinlichkeit einen Geldbetrag gewinnen kann oder ob man denselben Geldbetrag geschenkt erhält und die Möglichkeit hat, ihn mit 50% Wahrscheinlichkeit wieder zu verlieren. Das Endergebnis ist de facto dasselbe, die Wahrscheinlichkeiten unterscheiden sich nicht. Trotzdem führt die erste Darstellung zu einer Wahrnehmung des Spiels als Chance auf einen Gewinn, während das Ergebnis nach der zweiten als potenzieller Verlust erscheint. Insofern entscheidet der imaginierte Anfangspunkt einer Problemstellung darüber, ob Gewinne oder Verluste perzipiert werden.

Diese Bewertungsfunktion trifft nicht nur auf monetäre Auszahlungen zu, sondern z. B. auch für Menschenleben, sei es in der Medizin oder der Verkehrsunfallstatistik. Wenn Maßnahmen zur Bekämpfung einer Seuche zur Wahl gestellt werden, gibt ebenfalls die Problemformulierung den Ausschlag: Werden die potenziell sterbenden Menschen als faktisch tot angesehen, so wird der Gewinn durch ihre Rettung relativ niedriger bewertet, als wenn dagegen die gesamte Population als lebend betrachtet wird und alle jene, die sterben müssten, als Verluste gelten (vgl. Tversky/Kahneman 1988, S. 170f). Auch hier scheinen die Testpersonen Verluste mehr zu fürchten, als sie sich über Gewinne freuen.

Eine zweite Besonderheit der Kurve ist das Abflachen im Bereich höherer Gewinnwerte. Es trägt der empirischen Erkenntnis Rechnung, dass

Nutzen- oder Preisdifferenzen bei kleineren Werten stärker ins Gewicht fallen als bei größeren. So wird der Unterschied zwischen 100 und 200 z. B. als höher bewertet als jener zwischen 1100 und 1200 (in Abbildung 4.1: $V_2 - V_1 > V_4 - V_3$, obwohl $I_2 - I_1 = I_4 - I_3$). Bewertet werden mit dieser Funktion nicht Zustände, sondern Veränderungen der Situation, wobei der Referenzpunkt, der Ursprung des Koordinatenkreuzes, jeweils in den aktuellen Zustand verlegt wird.

Kahneman und Tversky formulieren zwei Zusatzannahmen zur *SEU*-Theorie. Sie führen eine *Verlusthypothese* ein, mit der sie erklären, dass die Akteure wesentlich mehr Engagement zeigen, um Verluste zu vermeiden, als sie es tun, um Gewinne zu erzielen. Offenbar besteht eine wichtige Orientierung menschlichen Handelns darin, zu verhindern, dass sich eine Ausgabe im Nachhinein als sinnlos erweist oder dass aus einer Investition keinerlei Erträge entspringen. Dies geht damit einher, dass Verluste, wie in Abbildung 4.1 dargestellt, besonders stark ins Gewicht fallen und die Vermeidung von Verlusten dementsprechend viel einbringt. Der Aufwand für Verlustvermeidung kann sogar die Erträge dieser Aktivitäten übersteigen. Wie eine empirische Untersuchung zeigt, wird beispielsweise das Urteil über die Gerechtigkeit von Firmenentscheidungen durch die Verlusthypothese beeinflusst: Eine Lohnkürzung, die Einbußen gegenüber dem bisherigen Referenzeinkommen vermeiden soll, wird überwiegend als gerechtfertigt angesehen, wohingegen eine Lohnkürzung (oder auch das Einbehalten von Gewinnen) mit dem Ziel, den Profit zu erhöhen, als unfair eingeschätzt wird (vgl. Kahneman/Knetsch/Thaler 1986, insbesondere S. 732-736). Dem Unternehmen wird also in stärkerem Maß zugestanden, Verluste zu kompensieren, als Profite zu machen.[3]

Neben dieser Verlusthypothese wird als zweites die Hypothese eingeführt, dass die Akteure Wahrscheinlichkeiten systematisch falsch einschätzen. Tversky und Kahneman führen hierzu eine Größe ein, die sie als Entscheidungsgewicht (decision weight) π bezeichnen und die angibt, wie groß die Abweichungen zwischen objektiven und subjektiv wahrgenommenen Wahrscheinlichkeiten sind (siehe Abb. 4.2) (vgl. Tversky/

---

[3] Allerdings hat Kitch (1990) bei einem Vergleich zwischen Gebühren auf Kreditkartenzahlung und Rabatten bei Barzahlung keine Relevanz der Verlusthypothese feststellen können. Seine Schlussfolgerung, Framing spiele für Marktverhalten gar keine Rolle, ist jedoch voreilig.

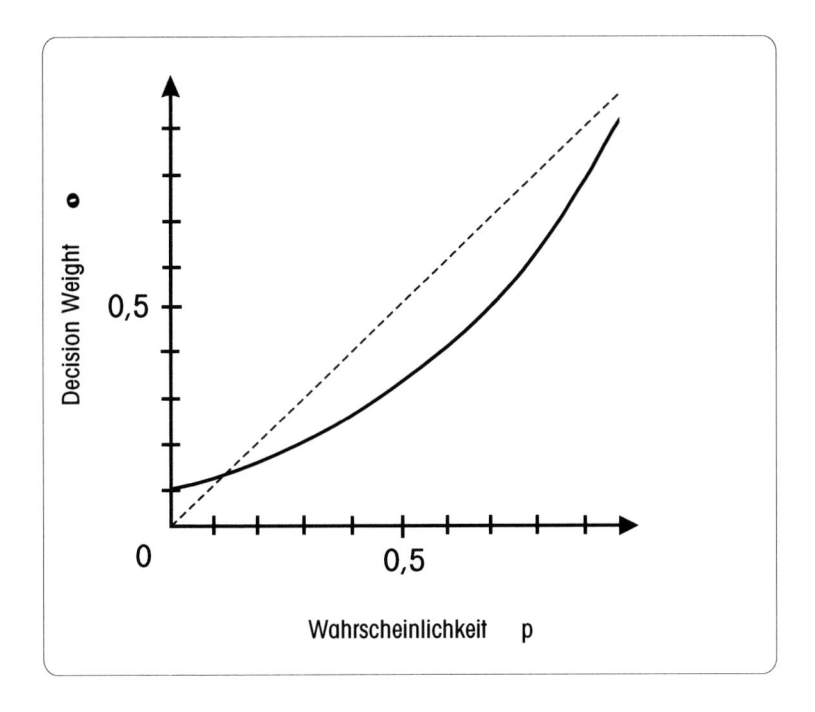

4. Systematische Fehleinschätzungen: Kahneman und Tversky 93

Abbildung 4.2: Entscheidungsgewicht (π) nach Tversky und Kahneman

[Diagramm: Decision Weight (vertikale Achse, mit Markierung 0,5) gegen Wahrscheinlichkeit p (horizontale Achse, mit Markierung 0,5). Die gestrichelte Linie ist die Diagonale; die durchgezogene Kurve liegt bei niedrigen Wahrscheinlichkeiten oberhalb und bei mittleren Wahrscheinlichkeiten unterhalb der Diagonale.]

Kahneman 1988, S. 178). Auch dieser Verlauf von π im Vergleich zur objektiven Wahrscheinlichkeit wird nicht willkürlich angenommen, sondern aus experimentellen Studien hergeleitet (vgl. die Ergebnisse von Tversky 1967, S. 31-35). Wie der Kurvenverlauf veranschaulicht, neigen die Individuen dazu, niedrige Wahrscheinlichkeiten zu überschätzen und etwas größere (ungefähr ab $p = 0,125$) zu unterschätzen, wobei sich die Einschätzung bei höheren Wahrscheinlichkeiten (ungefähr ab $p = 0,9$) wieder dem objektiven Wert annähert. Mit dem Entscheidungsgewicht wird begründet, warum sich die Akteure in Bezug auf relativ unwahrscheinliche Gewinnoptionen risikofreudiger verhalten, als sie es bei aussichtsreicheren tun (vgl. Kahneman/Tversky 1984, S. 341).

Nicht modelliert wird der Prozess der Wahl eines Frame, und auch die Frames selber werden nicht als eigene Theoriebestandteile eingeführt und definiert. Dass Gewinn und Verlust die beiden möglichen Frames sind und Framing offenbar die Übersetzung der objektiven Situation in Gewinn- und

Verlustsprache bezeichnet, habe ich aus den Texten herausgelesen, ohne dass die Autoren diese Aussagen selbst explizit gemacht hätten.

Die prospect theory ist ein erster Versuch, den empirisch festgestellten Anomalien in der ökonomischen Theorie gerecht zu werden, statt sie – wie es bis dato geschah – für irrelevant zu erklären oder die Theorie gegen sie zu immunisieren. Tversky und Kahneman haben keine formale Theorie des Framing vorgelegt, sondern nur grundlegende Framing-Regeln identifiziert, die in eine deskriptive Theorie zu integrieren sind (vgl. Tversky/Kahneman 1987, S. 89). Es handelt sich bei den neu eingeführten Theoremen um Vorschläge, um die beobachteten Anomalien nachträglich mit der Theorie in Einklang zu bringen. Das Akteursmodell der prospect theory ist eine Abwandlung des Savage-Operators, der lediglich um das Framing ergänzt ist und dessen Wahrscheinlichkeitsfunktion systematische Abweichungen von der objektiven Wahrscheinlichkeit berücksichtigt.

Kahneman und Tversky führen eine Hilfskonstruktion zur Anpassung der Theorie an die Empirie ein. Dabei erhält sie einen stärker deskriptiven Charakter, was Kahneman und Tversky beabsichtigen. Ihrer Ansicht nach kann es keine zugleich normativ und deskriptiv angemessene Wahltheorie geben. Schließlich ist die Invarianzannahme zwar normativ unumgänglich, aber leider deskriptiv inkorrekt (vgl. Tversky/Slovic/Kahneman 1990, S. 215). Entscheidungen zu prognostizieren, ist mit der prospect theory im begrenzten Rahmen möglich, vor allem in Situationen, die den experimentell vorgelegten Problemen ähneln. Für die Anwendung auf alltägliche Entscheidungen bedeutet die prospect theory jedoch den Verzicht auf Prognosefähigkeit: Schließlich kann nicht immer vorhergesagt werden, welche Situationswahrnehmung aktiviert werden wird (schon deshalb, weil die Möglichkeit besteht, dass ein Akteur z. B. gerade eine Banknote auf der Straße gefunden hat und deshalb ein anderes Framing vornimmt).

Trotzdem ist die prospect theory gegenüber Savages Entscheidungsmodell in gewisser Hinsicht ein Fortschritt. Immerhin ist sie weniger empirisch unzutreffend und gibt mit der deskriptiven Ausrichtung einen Anspruch auf, den Savages Modell zu Unrecht erhebt. Erreicht haben die Autoren dieses Ergebnis nicht durch Verbleib innerhalb der (bisherigen) Grenzen des ökonomische Terrains, sondern durch Rückgriff auf Methoden und Erkenntnisse der experimentellen Psychologie.

Kapitel 5

Alltagshandeln als Produktion und Investition: Gary S. Becker

Gary S. Becker schlägt mit seiner Theorie der Haushaltsproduktion eine Erweiterung des ökonomischen Ansatzes über den Bereich des Warentauschs hinaus vor. Dabei vertritt er die These der Exogenität von Präferenzen und legt dar, dass eine erklärungskräftige Sozialtheorie seiner Auffassung nach mit ihr arbeiten muss. Er plädiert dafür, den ›ökonomischen Ansatz‹ nicht länger an einen Anwendungsbereich zu binden (vgl. Becker/ Michael 1973, S. 145-149). Durch die Beschränkung auf monetäre Preise und Einkommen könnten bislang lediglich die Transaktionen auf dem Marktsektor erfasst werden, worin er eine überflüssige Selbstbeschränkung der Theorie sieht. Er schlägt dem gegenüber eine Erweiterung des Anwendungsspektrums vor.

Als Definition und Abgrenzungskriterium der Ökonomik gegenüber anderen Disziplinen wählt Becker allein die Methodik; darunter versteht er die Prämissen und Folgerungen, mit denen die Neoklassik arbeitet, insbesondere die Annahmen »nutzenmaximierenden Verhaltens, des Marktgleichgewichts und der Präferenzstabilität« (Becker 1982, S. 4). Ausgehend von diesem Kern und den daraus abgeleiteten Theoremen erhebt Becker den Anspruch, jegliches menschliche Verhalten erklären zu können. Seine Schriften führen eine Fülle von Anwendungsbeispielen vor, in denen gewöhnliche Alltagsentscheidungen mit der ökonomischen Methode erklärt werden. Allerdings übernimmt er das Konzept der Kostenminimierung durch Substitution nicht unverändert aus der neoklassischen Haushaltstheorie, sondern wandelt es ab und leistet zugleich einen kategorialen Umbau des Ansatzes, so dass ein neuartiger Theorieentwurf entsteht. Seine Theorie der Allokation der Zeit ist eine Weiterentwicklung des Einkommen-Freizeit-Modells, so dass die Haushaltsproduktion nicht mehr in den Indifferenzkurven verborgen gehalten, sondern explizit modelliert wird (vgl. Lorenz 1986, S. 745). Beckers Modell ermöglicht einen besseren Einbezug der Haushaltsaktivitäten in die ökonomische Analyse.[1]

Im Grunde leistet Becker damit eine Neudefinition der Ökonomie. Im Jahr 1992 wurde ihm für seine Leistung, den Kopmpetenzbereich der Ökonomik über originär ökonomische Entscheidungen hinaus zu erweitern, der Nobelpreis verliehen.

Der Hauptteil dieses Kapitels (5.2) ist – nach einer allgemeinen Einführung in Beckers Theorie der Haushaltsproduktion – dem Präferenzbegriff und seiner Bedeutung für ökonomische Erklärungen gewidmet. Da Becker in seinen späten Werken Überlegungen zur Endogenisierung von Präferenzen angestellt hat, die seiner Auffassung der Haushaltsproduktionstheorie m. E. diametral entgegen stehen, enthält dieses Kapitel einen Exkurs, in dem ich kurz auf diese späten Texte eingehe (5.3). Ich werde nicht versuchen, eine Integration mit seiner Theorie der Haushaltsproduktion zu leisten, sondern mich im weiteren Verlauf der Arbeit auf sein ursprüngliches Konzept beschränken und die späten Schriften außer Acht lassen.

5.1 Handeln als Produktion von Zielgütern

Analytischer Ausgangspunkt von Beckers Theorie sind Akteure, d. h. zunächst Individuen. Allerdings betrachtet er sie nur selten als Einzelsubjekte, sondern stellt sich in der Regel Haushalte als kleinste Handlungseinheit vor. Haushaltsgründung und -auflösung, aber z. B. auch Drogenkonsum modelliert er nach individuellem Kalkül, während er innerhalb eines bestehenden Haushalts von einer einheitlichen Nutzenfunktion ausgeht, die von den beteiligten Individuen gemeinsam maximiert wird. Da es sich bei einem Haushalt genau genommen um das Aggregat mehrerer Individuen handelt, führt Becker die Hypothese ein, dass die Mitglieder eines Haushalts innerhalb dieser Sphäre nicht egoistisch entscheiden, sondern sich altruistisch am Nutzen des gesamten Haushalts orientieren. So maximieren alle Haushaltsmitglieder das Einkommen des Haushalts (vgl. Becker 1981d, S. 192). Im Gegensatz zu anderen ökonomischen Theorien (als Beispiel führt er Samuelson an) versucht Becker damit eine Rechtfertigung für

---

[1] Sie geht auch historisch mit der Herausbildung einer typischen Arbeitsteilung zwischen Mann und Frau einher (vgl. Brown 1984, S. 99f).

5. Alltagshandeln als Produktion und Investition: Gary S. Becker

das Arbeiten mit Haushalten als Wirtschaftssubjekten zu geben. Seine Altruismustheorie werde ich in diesem Kapitel noch näher erläutern (siehe weiter unten, S. 115f).

Haushalte als Unternehmen

Becker setzt alle Handlungen, die er zu erklären versucht, analog zu Produktions- und Investitionsvorgängen, wie sie in Unternehmen praktiziert werden, und benutzt Begriffe aus den der Ökonomik bereits erschlossenen wirtschaftlichen Anwendungsbereichen. Er versucht, Produktion und Konsum zu integrieren, indem er Haushalte als »small factories« betrachtet (Becker/Becker 1990b, S. 127; vgl. auch Becker 1965, S. 101). Aus Beckers Sicht bestehen die Handlungen der Wirtschaftssubjekte[2] in der Entscheidung zwischen gegebenen Optionen, die von ihnen bewertet werden. Er nimmt an, die Akteure produzierten Güter, die er als Zielgüter oder elementare Güter bezeichnet (vgl. Becker 1965, S. 100), und setzten diese zur Steigerung ihres Nutzens ein. Für die Produktion verwenden die Haushalte aus seiner Sicht Ressourcen, deren rechnerische Vergleichbarkeit dadurch gewährleistet wird, dass sich alle aufgewendeten Faktoren durch Preise quantifizieren lassen.

Neben Marktgütern können – als Ressource oder auch als Produktionsergebnis – auch ›Güter‹ auftauchen, die nicht auf Märkten gehandelt werden, also zunächst keinen Preis haben. In diesem Fall wird ihnen ein nichtmonetärer Preis beigemessen, der *Schattenpreis*. Dieser entspricht zum einen dem Einsatz von Marktgütern, zum anderen dem für ihre Produktion erforderlichen Zeitaufwand (vgl. etwa Stigler/Becker 1977, S. 53, oder Becker/Michael 1973, S. 151). Ein Beispiel für ein Zielgut ist ein Kind: Neben dem Einsatz käuflicher Güter (wie Schulbücher) erfordert seine Produktion auch Zeit, die in Erziehung investiert wird. Auch Euphorie, herstellbar durch Genussmittel, ist ein Exempel für ein nichtverkäufliches Zielgut, ebenso wie Prestige oder Liebe. Der Schattenpreis des Zeitaufwands entspricht dem Geldbetrag, den der Akteur in dem entsprechenden Zeitintervall durch Erwerbsarbeit hätte verdienen können (vgl. Stigler/Becker 1977, S. 53).

---

[2] Ich verwende den Begriff Akteur oder Wirtschaftssubjekt als Überbegriff sowohl für individuelle als auch für kollektive (Haushalts-) Akteure.

Mit den produzierten Mengeneinheiten eines Zielgutes steigt sein Schattenpreis linear an. In manchen Fällen ist (alternativ) auch eine Qualitätsverbesserung des Zielguts möglich, wodurch der Schattenpreis ebenfalls zunimmt. Becker und Lewis (1973) diskutieren das Verhältnis von Qualität und Quantität am Beispiel von Kindern als Zielgüter, wobei ›Qualität‹ in ihrer Ausbildung und Gesundheit besteht.[3]

Die Modellierung von Wirtschaftssubjekten als Nachbildung eines Unternehmens mag befremdlich erscheinen. Becker vertritt diese Analogsetzung offensiv und bezeichnet sein Programm als ›ökonomischen Imperialismus‹ – eine ursprünglich kritische Bezeichnung dieses Ansatzes, die seine Vertreter aber inzwischen selbst zur Charakterisierung ihrer eigenen Position verwenden (vgl. Homann/Suchanek 1989, S. 70-72).[4] Er legt dar, Individuen und Haushalte verhielten sich tatsächlich wie Unternehmen, indem sie Investitionsgüter, Rohstoffe und Arbeit produktiv einsetzten und nützliche Güter produzierten (vgl. Becker 1965, S. 101). Dabei wählten sie die jeweils effizienteste Kombination von Marktgütern und Zeit. Die Investitionen eines Haushalts belaufen sich auf Anlagevermögen (Ersparnisse) und Kapitalausstattung, die aus dauerhaften Gütern und Humankapital besteht (vgl. Becker/Michael 1973, S. 157).

Humankapital

Menschliche Akteure, die wie Unternehmen agieren, können ihre Produktionseffizienz durch Investitionen in menschliches ›Kapital‹ beeinflussen. Unter diesem Humankapital versteht Becker Eigenschaften des Menschen, die für die Zielgüterproduktion vorteilhaft sind:

> »Der Begriff des Humankapitals umfasst für mich Wissen und Fertigkeiten der Menschen, ihren Gesundheitszustand und die Qualität ihrer Arbeitsgewohnheiten.« (Becker 1993c, S. 220)

---

[3] Zur Erklärung der Fertilität führt Becker die Zusatzannahme ein, dass Eltern nach einer Einkommenserhöhung – also einer relativen Verbilligung des Zielgutes Kind – verstärkt in die Qualität ihrer Kinder investieren (vgl. Becker 1985, S. 104f). So kann er der Paradoxie begegnen, dass in den industrialisierten Ländern die Kinderzahlen sinken, obwohl eine Einkommenserhöhung nach seiner Theorie doch zur Erhöhung der Nachfrage nach Kindern führen müsste.

[4] Soziologinnen und Soziologen wehren sich mitunter noch gegen die Auffassung der ökonomischen Methode als allumfassende Sozialtheorie (vgl. z. B. Aretz 1997).

5. Alltagshandeln als Produktion und Investition: Gary S. Becker

Als konkrete Formen von Humankapital nennt Becker (1967) Erziehung, Ausbildung in Schule und Universität, Berufsausbildung sowie informelles Lernen oder Eigenqualifizierung (vgl. S. 9 und 26), die das Arbeitseinkommen erhöhen. Der Akteur investiert in Form von Zeit, Lehrpersonal und Büchern (vgl. ebenda, S. 6) in seine Qualifizierung, wodurch seine Arbeitseffizienz steigt und er ein höheres Einkommen erzielen kann. Berufsbezogene Humankapitalinvestitionen werden von Firmen, Universitäten oder der Armee angeboten. Schulbildung erhöht ebenfalls Fähigkeiten und somit Verdienstmöglichkeiten. Auch physische Gesundheit und Kraft sind Formen von Humankapital, in die sowohl Individuen (z. B. durch Erholung) als auch Firmen (z. B. durch Pausen oder Unfallschutz) investieren (vgl. Becker 1964, S. 9-33).

Durch Humankapitalverbesserung erzielen die Akteure den gleichen Effekt wie Unternehmen, die ihre Produktionstechnologie durch eine effizientere ersetzen. Dies modelliert Becker ebenfalls in Analogie zur neoklsiischen Unternehmenstheorie und führt eine Umweltvariable E ein, von der die Produktionsfunktion mit bestimmt wird (vgl. Becker/Michael 1973, S. 149f). E enthält u. a. Fertigkeiten und Wissen (»gleichgültig, ob es tatsächlich oder nur in der Einbildung besteht«), also auch subjektive Momente (Stigler/Becker 1977, S. 77). Wie in der neoklassischen Preistheorie modelliert Becker die individuelle Nachfragekurve nach Humankapital als monoton fallend, weil der Grenzertrag zusätzlicher Investitionen immer weiter sinkt. Die Angebotskurve für Humankapitel ist dagegen eine monoton steigende Funktion, weil die Kosten des Humankapitals für jede weitere Einheit zunehmen: Die ersten Einheiten werden gratis, etwa von der Regierung oder den Eltern, zur Verfügung gestellt; subventionierte Darlehen kosten mehr, der Einsatz eigener Ressourcen verursacht dem Akteur noch höhere (Opportunitäts-) Kosten, und schließlich müssen Kredite aufgenommen werden, was sehr kostspielig ist (vgl. Becker 1967, S. 2-12).

Entscheidungskalkül

Wie laufen die Handlungen der Individuen und Haushalte nun ab und welchem Kalkül folgen sie? Um die Produktion der Zielgüter quantitativ zu erklären, führt Becker den Begriff des *realen Gesamteinkommens* (bestehend aus monetären und nichtmonetären Anteilen) ein. Dieses setzt sich aus monetärem Lohn- und Vermögenseinkommen und den Schattenpreisen der verfügbaren Zeitbudgets zusammen. Da der Schattenpreis der Zeit von der Höhe des Lohns abhängt, den die Entscheiderin in einer Zeiteinheit hätte verdienen können, hat Zeit für die Individuen unterschiedlich hohen Wert. Beispielsweise führen Becker und Michael (1973) die Neigung von Studierenden zu zeitintensiven Freizeitaktivitäten darauf zurück, dass Zeit für Studierende einen relativ geringen Wert hat, Marktgüter dagegen aufgrund des niedrigen Budgets einen hohen (vgl. S. 159). Aus demselben Grund erscheint es auch rational, dass innerhalb der Familie eine geschlechtsspezifische Arbeitsteilung etabliert wird (vgl. Becker 1985, S. 108f): Der Mann spezialisiert sich auf Erwerbstätigkeit und die Frau auf Kindererziehung, weil seine Arbeitszeit einen höheren Marktwert hat als ihre. Somit erhält die Familie ein höheres monetäres Einkommen, wenn er arbeitet und sie sich auf häusliche Tätigkeit spezialisiert, als im umgekehrten Fall. Besonders hoch sind die Wohlfahrtsgewinne aus Spezialisierung, wenn junge Kinder im Haushalt leben. Da diese intensiver Betreuung bedürfen, ist die Zeitverwendung im Haushalt äußerst produktiv (vgl. Ott 1993, S. 126). Hinzu kommen Humankapitalverbesserungen im Lauf der familiären Arbeitsteilung, d. h. sowohl der Mann als auch die Frau vergrößern ihr Humankapital weiter durch Praxis (learning by doing).[5]

Das reale Gesamteinkommen dient nun zur Bestimmung der insgesamt produzierbaren Gütermenge. Hierfür wird eine Budgetgleichung eingeführt, in der Zeit wie Marktgüter als monetär quantifizierbar auftaucht. Da die Zeit über Schattenpreise in Geld umgerechnet werden kann, ist sie mit dem Geldeinkommen vergleichbar und auch substituierbar. Die produzierbare Menge an Gütern ist durch folgende Budgetgleichung festgelegt (vgl. Becker 1965, S. 102, Formel 9):

$$\sum p_i x_i + \sum T_i \varpi = V + T \varpi$$

p_i : Preis des eingesetzten Marktgutes i
x_i : Menge des eingesetzten Marktgutes i
T_i : zur Produktion von i aufgewendete Zeit
ϖ : Arbeitslohn
V : Vermögens- bzw. Nichtlohneinkommen
T : insgesamt verfügbare Zeit

---

[5] Dass sich daraus Nachteile für die Frau und eine Machtasymmetrie innerhalb der Ehe ergeben, reflektiert Becker nicht (vgl. dazu Ott 1993, S. 122-126).

5. Alltagshandeln als Produktion und Investition: Gary S. Becker

Auf der rechten Seite dieser Gleichung steht das potenzielle monetäre Gesamteinkommen, das volle Einkommen: die Summe aus Vermögenseinkommen (oder anderweitigen Nichtlohneinkommen) des Akteurs und dem maximal erzielbaren Arbeitseinkommen, wenn der Akteur seine gesamte verfügbare Zeit für Lohnarbeit verwenden würde.[6] Der Akteur wendet – auf der linken Seite der Gleichung notiert – eine Summe verschiedener Marktgüter und eine Summe von Zeiteinheiten zur Produktion von Zielgütern auf, die, mit dem Arbeitslohn multipliziert, die Kosten (den Schattenpreis) der eingesetzten Zeit wiedergeben.

In der Regel bestehen verschiedene Möglichkeiten zur Herstellung desselben Zielgutes unter Verwendung unterschiedlicher Quanta von Marktgütern und Zeit. Beispielsweise[7] kann ein Akteur, um eine Wohnung zu renovieren, Tapete, Kleister, Wohnraumfarbe und Zeit einsetzen. Es besteht aber auch die Möglichkeit, einen Maler oder eine Malerin zu beauftragen, was keinen Zeit-, aber um so höheren Geldaufwand erfordert. Je nach der Höhe des erzielbaren Einkommens können die Gesamtkosten der zweiten Produktionsmethode höher oder niedriger sein als die der ersten. Die Entscheidung des Akteurs wird für die preiswertere ausfallen.

Der Einwand, es handle sich in diesem Beispiel bei beiden Produktionsarten nicht wirklich um dasselbe Zielgut, ist nicht unberechtigt. So könnte etwa behauptet werden, eine selbst renovierte Wohnung bringe dem Akteur aufgrund ihrer Qualität mehr Nutzen als eine professionelle Renovierung. Darüber hinaus bringt das eigenständige Renovieren z. B. Freude an der eigenen Kreativität oder physisches Training. Diese zusätzlichen Nutzenaspekte sind aber *nicht* eigene Zielgüter, die simultan mit dem gewünschten Zielgut produziert würden. Dies bedeutete Kuppelproduktion, die aber in der Haushaltsproduktionstheorie nicht modellierbar ist (vgl. Pollak/Wachter 1975). Vielmehr müsste genau genommen ausdifferenziert werden, dass es sich um zwei verschiedene Zielgüter handelt.[8]

---

[6] »Das Volle Einkommen ist das maximale Geldeinkommen, das ein Haushalt durch entsprechende Allokation seiner Zeit und anderer Ressourcen erzielen könnte.« (Stigler/Becker 1977, S. 53, FN 3)

[7] Mit Erläuterungen anhand von Beispielen ist Becker sehr sparsam. Exemplarische Ausführungen stammen ab hier, so weit nicht anders angegeben, von mir selbst.

[8] Ein Weiterspinnen dieses Gedankens würde zu einer immer stärkeren Ausdifferenzierung der Zielgüter führen. Letztendlich würde jeder Produktionsprozess zu einem anderen Zielgut führen, so dass keine Substitution von Produktionsinputs möglich wäre, ohne zu anderen Outputs zu gelangen. Dies entspricht jedoch nicht Beckers

Um den Gesamtpreis einer Zielguteinheit zu bestimmen, gibt Becker (1965) die folgende Formel an (vgl. S. 103):

$$\pi_i = p_i b_i + t_i \varpi$$

π_i : Gesamtpreis der Zielguteinheit
p_i : Preis der notwendigen Inputs
b_i : Vektor der notwendigen Inputs
t_i : Vektor der zur Erzeugung einer Zielguteinheit notwendigen Zeit
ϖ : Arbeitslohn

Dabei ist b_i ein Vektor, der alle zur Produktion einer Einheit notwendigen Inputs enthält. $p_i b_i$ gibt also die benötigte Geldsumme pro Einheit des Zielguts Z an. t_i ist der Vektor der zur Erzeugung einer Zielguteinheit nötigen Zeit. Er wird mit dem Geldwert der Zeit mulitpliziert, um den Zeitaufwand in einen Schattenpreis umzurechnen, der zum ersten Summanden addiert werden kann. Somit ist auch die Summe der herstellbaren Zielgüter durch die Budgetrestriktion beschränkt (vgl. ebenda, Formel 10).

Aus den individuellen Entscheidungen der Haushalte leitet sich die Marktnachfrage her, die von den Werten und Preisen der Marktgüter abhängt (vgl. Becker/Michael 1973, S. 149). Auf Preisänderungen reagiert sie, weil die (preisabhängigen) Verwendungsmöglichkeiten der verfügbaren Zeitbudgets und Einkommen attraktiver oder unattraktiver werden. Allerdings befasst sich Becker nicht näher mit der Aggregation individueller Entscheidungen zu Makrogrößen wie Gesamtnachfrage oder Gleichgewichtspreisen, sondern legt eine Mikrotheorie vor, in der er nur isolierte Handlungen erklärt. Sie trägt fragmentarischen Charakter und ist kein gesamtes Theoriegebäude (vgl. auch Ott 1992, S. 73).

Kurz gefasst verläuft die Handlung folgendermaßen: Gegeben ist die Ausstattung des Haushalts, die aus Zeitkontingenten und (Konsum-) Gütern mit Marktpreisen besteht. Der Haushalt setzt diese Faktoren gemäß seinen Produktionsfunktionen ein, um damit Zielgüter herzustellen, die – seinen Präferenzen entsprechend – Nutzen erbringen. Dabei substituiert er Inputfaktoren gegeneinander, um die Kosten zu minimieren. Außerdem kann er in Humankapital investieren, um seine Produktionsfunktionen zu

---

theoretischem Anliegen, die Entscheidungen als Faktorsubstitutionsakte zu rekonstruieren. Eine nur grobe Differenzierung zwischen den Zielgütern bei Vernachlässigung qualitativer Abweichungen kommt Beckers Intention näher.

5. Alltagshandeln als Produktion und Investition: Gary S. Becker

verbessern und die Effizienz der Zielgüterproduktion zu späteren Zeitpunkten zu erhöhen.

Anwendungsfelder

Abschließend demonstriere ich anhand einiger Exempel, welche Phänomene Becker mit seinen Begriffen bearbeitet. Beckers (1965) Hauptthema ist die einkommensabhängige Zeitverwendung der Haushalte. Eine Erhöhung des Verdienstes hebt den Schattenpreis der privaten (Konsum-)Zeit, weshalb die Akteure zeit- durch geldintensive Produktionen substituieren und zugleich Freizeit zugunsten von mehr Arbeitszeit verringern (vgl. ebenda, S. 124).[9] Sinkt dagegen der Verdienst (z. B. durch eine Einkommensteuer), so nimmt die Nachfrage nach Arbeit dementsprechend ab. Ein weiterer Grund für die Substitution von Arbeits- durch Freizeit kann ein Produktivitätsanstieg der privaten Konsumzeit sein (z. B. durch Elektrorasierer oder Telefone), wodurch der relative Wert der Konsumzeit erhöht wird.

Die rückläufigen Geburtenzahlen in den industrialisierten Ländern, die zunächst im Widerspruch zu seinen Annahmen stehen, erklärt Becker durch die Einführung einer Zusatzhypothese, mit der er die Kostenstruktur des Zielgutes ›Kind‹ ausdifferenziert (vgl. Becker/Lewis 1985, S. 104-106): Die Einkommenselastizität bezüglich der Qualität von Kindern übersteige jene hinsichtlich der Quantität, so dass bei höherem Budget die Nachfrage nach Kindern besserer Qualität zunehme. So erklärt er den Geburtenrückgang in den Industrieländern.[10] Um dem Widerspruch zwischen Empirie und der Prognose seiner Theorie zu begegnen, hat Becker also Zusatzannahmen eingeführt und nimmt dadurch eine Modellerweiterung (model stretching) vor. Er versäumt es jedoch, allgemein anzugeben, bei welchen Gütern und unter welchen Umständen dieses Prinzip greift und unter welchen Umständen die Einkommenserhöhung zur Steigerung der quantitativen Nachfrage führt.

---

[9] Bei einem Vermögensanstieg wird der Marktwert der Zeit dagegen nicht betroffen; der Akteur wird nicht mehr, sondern weniger arbeiten wollen (vgl. ebenda, S. 118).
[10] Unter Berücksichtigung der drei Funktionen (Konsumgut, Arbeitskraft und Altersvorsorge), die Becker Kindern zuspricht, befriedigt diese Argumentation nicht. Mögen Eltern aus Kindern höherer Qualität zwar einen größeren Nutzen als Konsumgüter ziehen, so könnten sie Arbeitskraft und Altersvorsorge dennoch besser durch eine Quantitätserhöhung erzeugen (vgl. Ott 1992, S. 79).

Auch Eheschließung modelliert Becker (1975) nach ökonomisch rationalem Kalkül: Als Hauptmotiv sieht er den Wunsch nach – eigenen – Kindern, den er den Akteuren unterstellt. Hinzu kommen Kosteneinsparungen, einerseits durch sinkenden Aufwand der Kontaktierung und andererseits durch gegenseitige Ergänzung der Produktionsfaktoren. Mit der Summe der Kapitaleinheiten beider Personen kann ein mehr als doppelt so hoher Gewinn erreicht werden, als es einer einzelnen Person möglich wäre. Auf dem Heiratsmarkt finden sich eine Frau und ein Mann laut Becker so zusammen, dass sie eine optimale Konstellation bilden.[11] Dabei ist die Übereinstimmung von Eigenschaften wie Alter und Religion vorteilhaft. Bezüglich der Humankapitalausstattung empfiehlt sich wegen der Spezialisierungsgewinne eine komplementäre Zusammensetzung der Paare. Dabei wird der Durchschnittsgewinn über alle Haushalte maximiert (vgl. ebenda, S. 239). Die Anteile an der späteren Produktion des Haushalts entsprechen ›Preisen‹. (Da spätere Umverteilungen innerhalb des Haushalts jedoch nicht ausgeschlossen werden können, sind diese ›Preise‹ variabel, so dass ein Optimum nicht gewährleistet werden kann (vgl. Ott 1992, S. 74).)

Rassistische Diskriminierung erklärt Becker (1971) aus einer besseren Kapitalausstattung der diskriminierenden Gruppe (konkret: Weiße) gegenüber der benachteiligten (Nichtweiße) in Verbindung mit beschränktem Faktoraustausch zwischen den Gruppen aufgrund rassistischer Vorurteile. Die Arbeitserträge der Nichtweißen sinken, weil ihre Arbeit von den weißen Kapitalbesitzerinnen und -besitzern weniger nachgefragt wird, aber dies tun – in geringerem Umfang – die Kapitalerträge der Weißen ebenfalls, da deren Kapital aufgrund der Segregation nicht optimal eingesetzt wird. Die Arbeitseinkommen der Nichtweißen wären auch bei Abwesenheit von Diskriminierung niedriger als jene der Weißen. Bei Beendigung der Marktdiskriminierung würden sie in den USA nach Beckers Schätzung um 16% steigen (vgl. ebenda, S. 24).

Einige weitere Anwendungen: Durch Investitionen können die Individuen ihre Gesundheit erhöhen und so ein längeres Leben produzieren (vgl.

---

[11] Zugespitzt lässt sich diese Auffassung so formulieren, dass nicht die beiden Personen über die Partnerwahl entscheiden, sondern der Haushalt für seine Zusammensetzung Sorge trägt und die Kapitalausstattungen so kombiniert, dass er einen optimalen Produktionsoutput erzielen kann. Da Becker gewöhnlich Haushalte als Basiseinheit wählt, ist dies die m. E. konsistente Lesart und nur Ausdruck dessen, dass er trotz der – normalerweise mit Individuen verbundenen – Rationalitätsannahme nicht konsequent Individuen zum Ausgangspunkt der Analyse wählt.

Becker 1982, S. 9f), bei der Wahl ihres Wohnortes minimieren sie die Summe von Transport- und Wohnflächenkosten (vgl. ausführlicher Becker 1965, S. 120-122). Auch Engagement in Wissenschaft oder Kunst gehorcht laut Becker (1982) dem Kalkül von – geistigen sowie materiellen – Arbeitserträgen im Vergleich mit anderen Tätigkeiten (vgl. S. 11f). Kriminalität erklärt Becker (1974a, 1993b) aus der rationalen Abwägung von Strafe und Erträgen der kriminellen Tätigkeit (vgl. Becker 1993b, S. 289-392). In der Verbrechensbekämpfung sind Strafhärte und Kriminalitätsverfolgung seiner Ansicht nach substituierbar.

5.2 Präferenzen als Bestimmungsgrößen für Handlungen

Becker nimmt die Entscheiderinnen in ihren Eigenschaften als konstant an und zeigt, dass Erklärungen allein durch äußere, objektiv gegebene Faktoren möglich sind. Handlungen können in der Produktion von Zielgütern oder in der Investition in Produktionsmittel bestehen. Dabei gelten die Präferenzen als exogen, interne Wandlungsprozesse der Akteure sind nicht vorgesehen.

5.2.1 Stellenwert und Definition des Präferenzbegriffs

In meiner bisherigen Darstellung der Haushaltsproduktionstheorie wurde der Präferenzbegriff lediglich gestreift; der Nachvollzug von Beckers Theorie ist offenbar möglich, ohne diesen Begriff systematisch zu entwickeln.

An mehreren Stellen plädiert Becker für die Exogenität und Invarianz von Präferenzen in der Ökonomik (vgl. z. B. Becker 1976, S. 317). Er argumentiert explizit und vehement gegen ›Erklärungen‹, die Präferenzwandel zulassen, wie die Neue Theorie des Konsumentenverhaltens, die Nachfrageänderungen gleichermaßen auf Veränderungen von Einkommen, Preisen und Präferenzen zurückführen (vgl. Becker/Michael 1973, S. 145-149).[12]
Nachfrage, Einkommen und Preise sind objektiv beobachtbar, Präferenzen

---

[12] Für die ›Neue Theorie des Konsumentenverhaltens‹ nennt Becker keine Vertreterinnen und Vertreter, so dass nicht deutlich wird, welche Forschungsrichtung er damit bezeichnet. Wie aus seinen Äußerungen deutlich wird, muss allerdings eine enge Verwandtschaft zur Neoklassik vorliegen.

jedoch nicht. Daher werden letztere als Restgröße herangezogen, um alle diejenigen Phänomene zu bearbeiten, die durch die anderen Variablen nicht erfasst werden können. Durch das Fehlen einer Präferenztheorie, die verbindliche Aussagen über die Gestalt der Präferenzen erzwingen würde und Prognosekraft hätte, wird der Theoretiker oder die Theoretikerin dazu verleitet, immer dann, wenn er oder sie keine andere Idee mehr hat, auf einen Wandel der Präferenzen zu verweisen. Becker (1974a) bezeichnet solche Konstruktionen als »Adhocerien« (S. 309). Die fehlende Präferenztheorie ist Nachteil und Vorteil zugleich, da Adhocerien ermöglicht werden, es gleichzeitig aber nicht auffällt, wenn dieser Fehler gemacht wird – schließlich ist keine andere Methode zur Bestimmung der Präferenzen vorgesehen, gegen die verstoßen würde. Die »Erklärungseffizienz« einer Theorie, die Adhocerien enthält, ist gering (Becker/Michael 1973, S. 149). (Dies ist auch ein beliebter Einwand gegen Rational-Choice-Konzepte im allgemeinen: Präferenzen würden jeweils ex post so angenommen, dass sie mit der real gewählten Handlung übereinstimmen.)

Becker, der diesen Fehler aufgedeckt hat, entwickelt nicht selbst eine Präferenztheorie, schließt aber die ad-hoc-Annahme des Präferenzwandels aus, indem er verbindliche Annahmen über Präferenzen trifft und an diversen Beispielen demonstriert, dass die Theorie mit diesen an Erklärungskraft gewinnt. Er bezieht nur ›harte‹, leicht zu beobachtende Argumente, also i. d. R. Kosten, in die Nutzenfunktion ein und greift möglichst wenig auf ›weiche‹ zurück (vgl. Braun 1992, S. 151).[13]

Er sagt über Präferenzen aus, dass sie hyperbelförmig entlang den Koordinatenachsen verlaufen wie die neoklassischen Isonutzenkurven (siehe vorn, Abb. 2.1) (vgl. Becker 1962, S. 169). Tatsächlich leistet Becker z. T. keine Unterscheidung des Präferenzbegriffs vom Nutzen, sondern setzt beides gleich. Das heißt also, die Präferenzfunktion gibt – wie die Nutzenfunktion – an, wieviel Nutzen aus dem jeweiligen Zielgut zu gewinnen ist. Die Präferenzen weisen nach Beckers Auffassung die bereits bekannten Eigenschaften auf: Sie sind vollständig, unabhängig und transitiv (vgl. ebenda, S. 169).

Präferenzen bleiben laut Becker nicht nur langfristig konstant, sondern unterscheiden sich auch zwischen den Akteuren nicht bzw. nicht wesent-

---

[13] Bei genauerem Hinsehen spielen, wie sich weiter unten noch zeigen wird, weiche Daten (›unobservables‹) allerdings eine wichtigere Rolle für seine Theoriekonstruktion, als es seiner eigentlichen Intention entspricht.

5. Alltagshandeln als Produktion und Investition: Gary S. Becker

lich (vgl. Stigler/Becker 1977, S. 50). Sie unterliegen keiner willentlichen Kontrolle, sie wechseln nicht mit zunehmendem Lebensalter und unterscheiden sich nicht zwischen den Geschlechtern, zwischen Reichen und Armen oder den Angehörigen verschiedener Gesellschaften und Kulturen (vgl. Becker 1982, S. 3).

Becker zeichnet die Konstanz und Invarianz der Präferenzen als pragmatische Hilfsannahmen aus. Sein Vorgehen besteht im Grunde in ceteris-paribus-Untersuchungen, die eine Änderung der Präferenzen nicht ausschließen, sie aber aus dem Bereich des zu erklärenden Gegenstands hinaus verweisen. Die Untersuchung der Entstehung von Präferenzen sieht Becker nicht als Aufgabe der Ökonomik an und spricht sich dafür aus, dies anderen Disziplinen zu überlassen (vgl. ebenda, S. 15). Dass die Ökonomik meist auf essentialistische Annahmen über die menschliche Natur zurückgreift, dient Becker als Rechtfertigung, ebenso vorzugehen (Becker 1976, S. 318).

Repertoire an Zielgütern

Wenn Präferenzen und Nutzen, wie oben behauptet, gleichzusetzen sind, könnte Becker auf den Präferenzbegriff komplett verzichten und als Entscheidungskriterium für das Handeln seiner Akteure allein die Nutzenquanta heranziehen, die ihnen aus den jeweiligen Optionen zukommen. Teilweise liegt eine solche Lesart nahe, zumal es Stellen gibt, an denen er den Präferenzbegriff gar nicht benutzt. Entgegen seiner eigenen Definition ist seinen Beispielen eine andere Bedeutung implizit:

Seine Akteure verfügen über eine Sammlung von Grundbedürfnissen abstrakten Charakters, die er auch als Zielgüter bezeichnet. Er unterscheidet nicht zwischen dem Bedürfnis nach diesen Zielgütern und den Zielgütern selbst. Wenn Präferenzen Bedürfnisse sind, haben sie qualitativen, nicht quantitativen Charakter. Für die Höhe des Nutzens ist dann der Grad der Befriedigung dieser Grundbedürfnisse entscheidend. Becker (1982, S. 4) gibt Anlass für eine solche Lesart:

»Die als stabil vorausgesetzten Präferenzen beziehen sich nicht auf Güter und Dienstleistungen wie Orangen, Autos oder Gesundheitsdienste, sondern auf grundlegende Wahlobjekte, die jeder Haushalt herstellt, indem er Marktgüter und -leistungen, eigene Zeit und andere Faktoren einsetzt. Diese tiefer liegenden Präferenzen beziehen sich auf grundlegende

Aspekte des Lebens wie Gesundheit, Prestige, Sinnenfreude, Wohlwollen oder Neid, die nicht immer in einer festen Relation zu Marktgütern und -leistungen stehen.«

Es gibt nicht viele Auflistungen von Präferenzen in Beckers Werk, und in den wenigen kommen mitunter eigentümliche ›Zielgüter‹ vor. So ist beispielsweise schwer vorzustellen, dass der Akteur Ressourcen und Zeit für einen Produktionsprozess einsetzt, dessen Ziel die Erstellung von Neid ist. Außerdem besteht in diesem Zitat offenbar kein Anspruch auf Vollständigkeit; auch an anderen Stellen finden sich keine erschöpfenden Aufzählungen, sondern nur verstreute Beispiele. Somit bestätigt dieses Zitat zunächst, dass Becker über Definition und Stellenwert des Präferenzbegriffs wenig reflektiert und keine Notwendigkeit einer vollständigen Bestandsaufnahme dessen unternimmt, was er unter menschlichen Bedürfnissen versteht.

An anderer Stelle listet Becker haushaltsspezifische Zielgüter auf, die eine Familie produziert:

»Zu den zahlreichen im Haushalt produzierten Gütern gehören etwa die Qualität der Mahlzeiten, die Qualität und Quantität der Kinder, Prestige, Erholung, Kameradschaft, Liebe[14] und Gesundheit.« (Becker 1975, S. 228)

Schließlich finden sich noch einige verstreute Stellen, an denen er Bedürfnisse aufzählt. Dabei nennt er als Zielgüter Theaterbesuch, Schlaf, Reinigung, Ernährung, Fortpflanzung (vgl. Becker 1965, S. 100f), Neid, Prestige, physische und psychische Gesundheit (vgl. Becker 1975, S. 166) sowie Achtung und auch Altruismus (vgl. Becker 1981b, S. 7f). Diese Präferenzen benennt Becker explizit.

Um sein Akteursmodell möglichst vollständig zu rekonstruieren, zähle ich nun auch diejenigen Präferenzen auf, die seinen – oben z. T. erwähnten – Betrachtungen implizit zugrunde liegen. Folgende Bedürfnisse lassen sich eruieren: Aus der Analyse der Freizeitaktivitäten ergibt sich eine

---

[14] Zu Liebe als Zielgut ist allerdings anzumerken, dass diese nicht mit den Mitteln der ökonomomischen Theorie zu erfassen ist, da es sich dabei nicht um eine knappe Ressource handelt (vgl. Ott 1992, S. 65). ›Transaktionen‹ emotionaler Art müssen daher als Erklärungsgrößen zugunsten materieller Ressourcen aus der Theorie wegfallen. Somit wird u. a. die affektive Bindung als Heiratsgrund nicht erfasst und die beanspruchte Allgemeingültigkeit eingeschränkt (vgl. Ott 1991, S. 393).

5. Alltagshandeln als Produktion und Investition: Gary S. Becker

Abbildung 5.1: Überblick über Handlungsziele bei Becker

Grundbe-dürfnisse	sozial-emotionales Wohlbefinden	physisches Wohlergehen	kulturell-zivilisatorische
Ziel-güter	Kameradschaft Prestige Kinder Achtung Liebe Altruismus Wohlwollen Neid	Alterssicherung Schlaf Langes Leben Reinigung Ernährung Gesundheit Entspannung	Sinnenfreude Euphorie Musik Theater Nahrungsgenuss Kultur Hygiene

Präferenz für Erholung. Durch Nahrungsmittelkonsum werden Präferenzen für Ernährung und zugleich für Genuss bedient. Musikkonsum dient der Befriedigung eines Kulturbedürfnisses oder ist eine Freizeitaktivität zur Entspannung. Außerdem müssen die Akteure eine Präferenz für Gesundheit bzw. ein möglichst langes Leben haben, da sie Investitionen in ihre Fitness vornehmen. In der Theorie der rationalen Sucht geht Becker von einer Präferenz für Euphorie bzw. Wohlbefinden aus. Des Weiteren haben die Akteure ein Bedürfnis nach sozialem Ansehen sowie nach eigenen Kindern, da er darin den maßgeblichen Grund für die Bildung von Haushalten durch heterosexuelle Eheschließung sieht.[15]

Nicht alle Handlungen bedienen unmittelbar ein Grundbedürfnis: Investitionen in Humankapital sind nur ein Mittel zum Zweck der Effizienzsteigerung für die Zielgüterproduktion (z. B. Bildung). In gleicher Weise ist Pendeln bzw. Nähe zum Arbeitsplatz kein Zielgut, sondern eine Investition, die unter Effizienzaspekten betrachtet werden kann, um die Produktion anderer Zielgüter zu verbessern. Auch Verbrechen oder Rassismus finden sich nicht in den Präferenzen wieder, sondern kennzeichnen Wege oder Bedingungen, unter denen Zielgüter produziert werden.

---

[15] Beckers Umgang mit dem Präferenzbegriff ist nicht völlig konsequent: Nicht immer fasst er die produzierten Zielgüter, wie von ihm eingefordert, als abstrakte Bedürfnisse. Ein Beispiel liefert er, wenn er Brot und nicht seinem Anspruch gemäß Ernährung als Zielgut auffasst (vgl. Becker 1965, S. 127). Eine mehrstufige Ziel-Mittel-Verkettung gibt es bei ihm noch nicht.

110   I. Ökonomische Modelle von Welten und Handlungen

Aus den bisher aufgeführten Zielgutproduktionen lässt sich ein Menschenbild rekonstruieren, in dem drei Arten von Bedürfnissen Platz finden, die Becker selbst nennt: sozial-emotionale (z. B. Liebe, Altruismus), physische (z. B. Schlaf, Ernährung), und kulturell-zivilisatorische (z. B. Theaterbesuch, Musik- und Nahrungsgenuss). Diese sind in Abbildung 5.1 festgehalten; dort finden sich alle Bedürfnisse, die Becker an verschiedenen Stellen erwähnt oder benutzt.

5.2.2 Exogenität und Invarianz von Präferenzen

Beckers bedeutendste Annahme über Präferenzen ist deren Unveränderlichkeit, so dass Handlungsvariationen ausschließlich über wechselnde Ausstattung und Kostenstrukturen zu erklären sind. Bei völlig identischen Budgets und Kostenstrukturen müssen zwei Wirtschaftssubjekte also zu derselben Entscheidung kommen. Unzulässig ist die Zurückführung von Abweichungen auf Präferenzunterschiede. Aussagen wie »Der eine Akteur hat eben andere Präferenzen ausgebildet als ein anderer« oder »Vorlieben ändern sich mit der Zeit« sind Adhocerien und bringen aus Beckers Sicht keinen Erkenntnisfortschritt.

Mit seiner Theorie der rationalen Sucht behandelt Becker ein provokatives Beispiel, da hier die Annahme konstanter Präferenzen völlig kontraintuitiv ist. Seine Suchttheorie beruht auf dem Begriff des *Konsumkapitals*. Suchtgüter zeichnen sich dadurch aus, dass sich durch ihren Konsum der Kapitalstock ändert, den die Akteure anhäufen. In diesem Kapitalstock akkumulieren sich die Effekte aus dem Konsum des Gutes im Zeitablauf (vgl. Becker/Murphy 1988, S. 676). Alkohol ist für eine Alkoholikerin ein Suchtgut: Sie benötigt mit steigendem Konsum mehr davon, um dieselbe Menge an Euphorie zu produzieren. Gleiches gilt für andere Drogen. Sport ist dagegen ein Suchtgut, bei dem sich die bereits konsumierten Einheiten positiv auf den Ressourceneinsatz auswirken: Bessere Leistungen werden mit geringerem Aufwand erreichbar. Gleiches gilt für die Lektüre wissenschaftlicher Texte und für das Humankapital zur Ausübung beruflicher Tätigkeiten (vgl. Stigler/Becker 1977, S. 55).

Die Veränderungen des Konsumkapitals werden folgendermaßen formalisiert (vgl. Becker/Murphy 1988, S. 677, Formel 2):

$$\dot{S}(t) = c(t) - \delta S(t) - hD(t)$$

5. Alltagshandeln als Produktion und Investition: Gary S. Becker

$\dot{S}(t)$: marginale Änderung des Kapitalstocks
$c(t)$: Menge des konsumierten Suchtgutes
δ : Entwertung des Konsumkapitals als Anteil an $S(t)$, mit $0 < \delta < 1$
$S(t)$: Konsumkapitalstock
h : Effizienz der Investitionen als Anteil an $D(t)$
$D(t)$: Investitionen zur Verminderung des Kapitalstocks

Die Bruttoinvestition $c(t)$ wird durch die (exogene) Entwertungsrate δ, in der sich der Schwund der physischen und mentalen Effekte des vergangenen Konsums niederschlägt, gemindert. (Dies entspricht der Erfahrung, dass ein Zuwachs an Suchtkapital wieder zurückgeht, wenn genug Zeit verstreicht.) Wird vor dem Konsum der nächsten Einheit so lange gewartet, dass sich die Wirkung der letzten investierten Einheit wieder komplett abgebaut hat ($\delta S(t) = c(t)$), handelt es sich faktisch um kein Suchtgut. Neben Konsum kann der Akteur den Wert seines Suchtkapitals auch durch bewusste Handlungen beeinflussen: Investitionen in die Verminderung des Konsumkapitals, $D(t)$, sind mit einer Konstanten h zu gewichten, die die Effizienz dieser Investitionen angibt. Das Tragen eines Nikotinpflasters ist ein Beispiel für die Investition in eine Reduzierung des Konsumkapitals.[16]

Becker unterscheidet zwischen nützlicher und schädlicher Sucht. Bei schädlichen Suchtgütern sinkt der spätere Nutzen durch Erhöhung des Kapitalstocks infolge vorangegangenen Konsums, bei nützlichen erhöht Suchtkapital den späteren Nutzen (vgl. Becker/Grossman/Murphy 1991, S. 237).[17] *Nützliche Suchtgüter* sind z. B. Berufstätigkeit, Musikgenuss, Sport oder Religion (vgl. Stigler/Becker 1977, S. 53-61). Beckers Behandlung beschränkt sich auf schädliche Suchtgüter. Er führt noch die Gegenwartspräferenz σ ein. Je höher sie ist, desto weniger Bedeutung misst die Konsumentin Nachteilen, die in der Zukunft anfallen und ihren Nutzen schmälern werden, im Vergleich zu ihrem aktuellen Wohlbefinden zu. Die

---

[16] Wie oben gezeigt, werden alle Größen als quasi-monetär erfasst, d. h. ein gemeinsamer Maßstab, nach dem so verschiedene Dinge wie Zigarettenkonsum, Kapitalzuwachs und Investitionen durch ein Nikotinpflaster verglichen werden können, ist prinzipiell gewährleistet.

[17] Stigler und Becker (1977) verwenden noch ein anderes Kriterium, nämlich Zuwachs oder Abnahme des Konsumkapitals, um schädliche und nützliche Sucht zu unterscheiden (vgl. S. 54 und 59). Dies impliziert, dass sich größere Mengen an Konsumkapital immer positiv auf die Nutzenproduktion auswirken. Die hier verwendete Definition ist dagegen allgemeiner und erlaubt auch die Annahme einer umgekehrten Korrelation.

Selbstverstärkungstendenz eines Konsums von c wird durch σ und δ bestimmt, die personen- und gutabhängig sind.

Diese knappe Erläuterung lässt viele Fragen und Kritikpunkte unbehandelt. So erscheint der Suchtbegriff verkürzt, außerdem leuchtet nicht unmittelbar ein, wieso die Wirkungsmechanismen bei allen Suchtgütern vergleichbar sein sollen, ebenso wie der Bezug auf konkrete Güter und ihre Spezifika fehlt (empirische Anwendungen haben auch hier nur illustrierenden Charakter). Meine Skizze zeigt ausreichend, dass es Becker mit der Annahme konstanter Präferenzen ernst meint. Anhand des Beispiels hat sich gezeigt, dass Becker das neoklassische Modell auf die von ihm gewählten Anwendungsbereiche überträgt und die wesentlichen Annahmen beibehält (gegebene Erstausstattungen und Informationen, keine Transaktionskosten, potenziell unendliche Bedürfnisse, Budgetrestriktion, homogene und investitionsabhängige Produktionsfunktionen etc.).

In dem einschlägigen und provokativen Aufsatz *De Gustibus Non Est Disputandum* radikalisiert und ontologisiert Becker gemeinsam mit George Stigler (1977) dieses theoretische Herangehen. Hier fordern sie empirisch ein, dass sämtliche Unterschiede und Veränderungen im Agieren verschiedener Wirtschaftssubjekte allein durch Einkommen und Preisstruktur bedingt seien. Sie demonstrieren dies anhand von Sucht, Sitten bzw. Traditionen, Werbung und Moden vor dem Hintergrund, dass Präferenzen von der Entscheiderin ebensowenig beeinflusst werden können wie die Rocky Mountains: »[E]s gibt sie, es wird sie auch im nächsten Jahr geben, und sie sind für alle Menschen gleich.« (ebenda, S. 50)

Sitten und Traditionen erklären sie als rationale Handlungsroutinen, die Kosten für Informationssuche und -anwendung auf neue Situationen einsparen helfen.[18] Gewohnheiten entwickeln sich, so beispielsweise das Verhalten, über längere Zeit hinweg bei den gleichen Quellen einzukaufen und nur in größeren Abständen Preisinformationen zu erheben (vgl. ebenda, S. 62). Werbung transportiert Wissen über die Eigenschaften von (Markt-)Gütern und über Möglichkeiten der Zielgüterproduktion und senkt so den Schattenpreis von Zielgütern, da Informationskosten in die Produktionsfunktion eingehen (vgl. ebenda, S. 66). Durch Moden ändert sich der Wert von Marktgütern für die Produktion gesellschaftlichen Ansehens, das von der Wertschätzung der sozialen Bezugsgruppe abhängt (vgl. ebenda,

---

[18] Hier verlassen sie punktuell die neoklassische Sicht der vollständigen Information.

S. 73f). Ein Einkommenszuwachs erhöht die Nachfrage nach gesellschaftlichem Ansehen.

Rationalität und Objektivität

Neben diesen expliziten Annahmen über die Entscheiderin macht Becker einige implizite Annahmen. Beispielsweise geht er davon aus, dass ihm als Theoretiker die Präferenzen bekannt sind. Nur so kann der Nutzen, der aus der Produktion möglicher Zielgüter entsteht, von ihm quantifiziert werden. Ein Nachvollzug der Entscheidung von außen wäre nicht möglich, ohne dass die relevanten Größen objektiv bekannt wären. Dazu gehört hier auch die vollständige Kenntnis der Bedürfnisstruktur, um Handlungen zu prognostizieren oder zu erklären.

Ebenso müssen sich die weiteren Bestimmungsgrößen, die für eine rationale Wahlentscheidung nötig sind, aus der Außenperspektive errechnen lassen: Kosten in Form von Markt- und Schattenpreisen sowie die qualitative und quantitative Zusammensetzung der notwendigen Inputfaktoren sind für Becker exogene Daten. Sie werden weder durch subjektive Einschätzungen noch durch Befindlichkeiten des Akteurs beeinflusst und sind für alle Akteure gleich. Somit impliziert das Konzept der objektiven Rationalität, dass zwei Akteure, deren Ausstattung identisch ist, auch in jeder denkbaren Situation gleiche Handlungen wählen müssen.

Hinzu kommt Beckers Annahme, dass die Akteure stets über alle notwendigen Informationen verfügen, da er davon ausgeht, sie würden immer die optimale Verwendung der Ressourcen kennen. Das Vorliegen aller entscheidungsrelevanten Daten wie Preise, Gütereigenschaften und -verwendungsmöglichkeiten, Alternativangebote, substituierbare Produktionsweisen etc. gilt für ihn als Normalfall. Stellenweise lässt er diese Annahme fallen, wenn er die Kosten für die Informationserhebung erwähnt; im Grunde legt er diese neoklassische Prämisse aber nicht ab. Würden er Informiertheit und Wahrnehmung der Akteure konsequent einbezogen, so stellte dies sein objektives Rationalitätskonzept in Frage. Transaktionskosten wird ebenso wenig Rechnung getragen wie in der Lehrbuch-Neoklassik.

An dieser Stelle ist noch Beckers Auffassung über Irrationalität zu erwähnen: Generell ist er der Ansicht, irrationales Verhalten trete statistisch verstreut auf und gleiche sich im Aggregat aus. Auch wenn dies nicht der Fall wäre, können die Wirkungen von Irrationalität aber vernachlässigt werden, da auch Irrationalitäten (die er in Form von Trägheit und Impulsivität behandelt) der Logik von Kostenminimierung folgen. Auch bei Trägheit oder Impulsivität verliefen die aggregierten Nachfragekurven (der Haushalte wie der Unternehmen) auf der Makroebene aber nicht anders (vgl. Becker 1962).

5.2.3 Verhaltensvariationen

Beckers Akteure verfügen also über exogene und unwandelbare Bedürfnisse, sie besitzen ein beschränktes Budget, fragen Ressourcen nach, wählen aus allen Produktionsweisen die effizienteste aus und substituieren entsprechend. Interessant sind nun Fälle, in denen die Bedürfnisstruktur scheinbar nicht konstant bleibt. Einige Beispiele wurden bereits erläutert. Ich fasse nun diejenigen Faktoren zusammen, die bei Becker auftauchen, um Variationen zu erklären.

Humankapital (Erziehung und Bildung) modifiziert die Entscheidungen des Akteurs, aber nicht durch Veränderungen der Präferenzen, sondern der Ausstattung und Produktionsbedingungen (vgl. Becker/Michael 1973, S. 163). Daraus erklärt sich, dass andere Inputs zur Zielgüterproduktion verwendet werden. Humankapitalunterschiede erklären die geschlechtsspezifische Arbeitsteilung in der Ehe, den niedrigeren Verdienst nichtweißer, weiblicher und ländlicher College-Absolventinnen und -Absolventen (vgl. Becker 1964, S. 94-103).[19] In die gleiche Kategorie fällt die Erhöhung des Konsumkapitals bei Suchtgütern. Dadurch wandelt sich nicht die Präferenz für Euphorie, sondern der notwendige Input.

Eine zweite Möglichkeit, die nur am Rande erwähnt wird, ist, dass sich Bedürfnisse intensivieren können, wenn sich die Möglichkeit ihrer Befriedigung verbessert bzw. neue Möglichkeiten der Zielgüterproduktion in erreichbare Nähe rücken. So steigt z. B. mit einem Einkommenszuwachs die Nachfrage nach gesellschaftlichem Ansehen (vgl. Stigler/Becker 1977,

---

[19] Die indirekten Investitionen dieser Gruppen in die College-Ausbildung (sowie z. T. auch die direkten Kosten des Studiums) sind geringer, weil die Arbeitseinkommen, auf die sie während der Zeit des Studiums verzichten, geringer sind. Folglich sind die Humankapitalinvestitionen dieser Personengruppen niedriger und bringen nach Abschluss der Ausbildung entsprechend kleinere Erträge.

5. Alltagshandeln als Produktion und Investition: Gary S. Becker

S. 74). Allgemein scheint Becker gesellschaftliches Ansehen, insbesondere solches durch Moden, als Luxusgut zu sehen, das eine relativ hohe Einkommenselastizität der Nachfrage aufweist (vgl. ebenda).

Ferner gehört auch Altruismus zum Handlungsrepertoire von Individuen. Altruismus ist für Becker ein eigener Handlungsmodus, der auf den Bereich der Familie beschränkt bleibt. Ein Altruist wird dadurch definiert, dass seine Nutzenfunktion positiv vom Wohlbefinden einer anderen Person abhängt. Bilden die beiden gemeinsam einen Haushalt, so unternimmt der Altruist Transfers zur Egoistin und erfährt hieraus Nutzen. Da sich folglich die (egoistische) Nutznießerin durch Maximierung des Familieneinkommens selbst besser stellt, wird sie ihre Handlungen darauf ausrichten, das Einkommen des gesamten Haushalts zu vermehren. De facto agiert sie, als wäre auch sie altruistisch gegenüber ihrem Wohltäter (vgl. Becker 1981d, S. 173-179). Dieses »rotten-kid-theorem« (vgl. Becker 1974b, S. 1080f) behält seine Gültigkeit auch für Haushalte mit mehr als zwei Personen; als Voraussetzung genügt ein altruistisches Familienoberhaupt (das nicht einmal ein Diktator sein muss). Innerhalb der Familie führt die Altruismustheorie dazu, dass alle Individuen ihre Entscheidungen freiwillig auf das Wohl des gesamten Haushalts ausrichten. So kann dieser als Akteur auftreten, der eine einzige Nutzenfunktion maximiert und widerspruchsfrei agiert.

Im Grunde führt Becker (1981d, 1981e) Altruismus zum Teil auf egoistisches Kalkül zurück, weil quasi-altruistisches Verhalten rational ist. Er begründet auch, warum Altruismus in der Familie, Egoismus dagegen auf Märkten dominant ist (vgl. Becker 1981d, S. 194-198): Sie sind jeweils kontextspezifisch die effizientere Verhaltensweise.[20] So entscheiden Marktteilnehmende, als ob sie egoistisch wären, ebenso wie Familienmitglieder handeln, als ob sie altruistisch wären.

Schwierigkeiten bereiten an dieser Argumentation mehrere Punkte, zunächst die Notwendigkeit, den Nutzen der anderen zu kennen bzw. ehrliche Auskünfte darüber zu erhalten (vgl. Bolle 1987, S. 96).[21] Was Becker nicht ausreichend deutlich macht, ist seine implizite Voraussetzung ausreichend hoher Macht des Familienoberhaupts. Dies ist aber empirisch nicht in allen

---

[20] Altruismus wäre auf Märkten (z. B. Absatz zu niedrigeren Preisen) ein ineffizienter Weg, Nutzen zu produzieren, besser eignen sich z. B. Geldspenden.

[21] Was ist, wenn »my perception of how you value (or should value) your goods does not at all accord with your perception«? (Collard 1978, S. 8)

Fällen von Altruismus gegeben (vgl. S. 118f). Coats (1987) gibt zu bedenken, dass Becker nie den Fall einer Familie mit zwei Oberhäuptern behandelt, für die das rotten-kid-Theorem grundsätzlich ungültig ist und kein effizientes Handeln zustande kommt (vgl. S. 86). Berk und Berk (1983) problematisieren die Möglichkeit von Konflikten zwischen den Nutzenfunktionen verschiedener Individuen (vgl. S. 386). Außerdem liegt dem Modell, wie Manser und Brown (1980) zeigen, eine spezielle bargaining-Regel zugrunde, nach der alle Ressourcen zusammengelegt werden und eine gemeinsame Haushaltsnutzenfuktion maximiert wird. Als alternative Möglichkeiten erläutern sie diktatorische, symmetrische und interdependente Nutzenfunktionen der Haushaltsmitglieder (vgl. ebenda, S. 36-41).

Trotz dieser Schwachstellen und Probleme ist zu bemerken, dass neoklassische Theorien so gut wie immer die Familie als Handlungseinheit mit einer einzigen Nutzenfunktion voraussetzen, ohne eine Rechtfertigung dafür zu geben. So gesehen, ist Beckers Altruismustheorie zumindest noch der Versuch einer Fundierung dieser Annahme und mithin die beste von allen vorgelegten (vgl. Berk 1987, S. 676).

5.3 Exkurs: Präferenzen in Beckers Spätwerk

Auch wenn er auf den dargelegten Annahmen besteht, sieht sich Becker in seinen späten Texten offenbar doch gehalten, Entwicklung und Veränderung von Präferenzen zu thematisieren. In den 1970er Jahren finden sich bei ihm nur randständige Äußerungen über die Entstehung von Präferenzen: Langfristig entwickelten sich Präferenzen durch evolutionäre Auslese der genetisch überlegenen Individuen weiter und optimierten sich so, im Lauf eines individuellen Lebens blieben sie jedoch stabil (vgl. Becker/Michael 1973, S. 162f, FN 28, Becker 1976, S. 332, FN 16). Diese evolutionstheoretischen Bemerkungen gehen aber von vereinzelten Akteuren mit feststehenden Präferenzen aus; Rückwirkungen sozialer Faktoren (Kultur, Institutionen, Kommunikation) auf die Präferenzen sind nicht vorgesehen.

In den 1990er Jahren widmet sich Becker dem Thema Präferenzwandel ausgiebiger und greift dabei Diskussionen aus der Soziologie auf, die nicht seinem Vorgehen in der Theorie der Haushaltsproduktion entsprechen. Er sieht die Notwendigkeit, Normgebundenheit, Kultur und Erziehung zu be-

5. Alltagshandeln als Produktion und Investition: Gary S. Becker

rücksichtigen, und modelliert diese als Entwicklung, Genese oder Manipulation der Präferenzen. Becker (1992) erläutert, wie sich eine bestimmte Präferenzstruktur u. a. durch Erfahrungen und Erziehung herausbildet (vgl. S. 86-89). Nun erscheinen die Präferenzen als veränderbar und als interindividuell verschieden. Kultur, Institutionen oder soziale Verpflichtungen gehen in die Präferenzbildung ein. Wenn die Frage, wie dies geschieht, auch nur angerissen und nicht ausbuchstabiert wird – Becker selbst gesteht dies ein (vgl. ebenda, S. 92) –, macht er damit doch qualitativ andere Annahmen.[22]

In *Accounting for Tastes* greift Becker (1996b) aktuelle Diskussionsstränge der akteurszentrierten Soziologie auf und stellt Konzepte wie Sozialkapital, mentale Modelle, multiple Persönlichkeiten, Informationsknappheiten und Metapräferenzen vor. In der Einleitung legt er dar, dass sich die genannten Phänomene auf die Handlungsdispositionen der Menschen auswirken und dass von kulturell und biografisch geprägten Präferenzstrukturen auszugehen ist (vgl. ebenda, S. 4). Gewohnheiten, Gruppendruck, Werbung, affektive Bindungen und das politische Umfeld sind seiner Ansicht nach ausschlaggebend für Bedürfnisse. Auch die Eltern treten als Manipulierende der Präferenzen ihrer Kinder auf, um Verantwortungsgefühl und Sorge um das Familienwohl (also auch um ihr eigenes) in ihnen zu verankern (vgl. Becker 1992, S. 86-89).

Um seine früheren Schriften nicht in offenem Widerspruch zu diesen Ausführungen stehen zu lassen, schlägt Becker zwei Ebenen von Präferenzen mit einem hierarchischen Verhältnis vor: Bei der übergeordneten Präferenzebene handelt es sich um eine erweiterte Nutzenfunktion, in welche die Kapitalbestände als zusätzliche Variablen zu integrieren sind. Sie wird als identisch und invariant angenommen (vgl. Becker 1996d, S. 6). Die untergeordnete Präferenzebene bestimmt die Subnutzenfunktion und ist von Erfahrung und Kultur geprägt, also Wandlungen unterworfen und von Akteur zu Akteur verschieden. Sie wird einerseits durch ›persönliches‹ und zum anderen durch ›soziales Kapital‹ bestimmt und wechselt mit den Beständen an beiden Kapitalarten. Persönliches Kapital ist Human- und Suchtkapital

---

[22] So taucht etwa in seiner Darstellung der Kriminalitätstheorie in seiner Nobelpreisrede plötzlich Moral als Handlungsbeschränkung auf: Bei einigen Leuten führe Moral dazu, dass sie auch in Abwesenheit von Bestrafungen nicht stehlen (vgl. Becker 1993b, S. 390). Dies widerspricht Beckers früherer Auffassung grundsätzlich, erachtete er dort doch nur die Kostenstruktur und Knappheiten als ausschlaggebend.

und hängt vom Investitions- und Konsumverhalten des Akteurs ab. Soziales Kapital, das Becker an dieser Stelle neu einführt, entsteht innerhalb sozialer Gruppen, wird also maßgeblich vom Umfeld des Akteurs produziert. Es besteht beispielsweise in Vertrauen oder Verpflichtungen, entspricht also dem Konzept des Sozialkapitals von James S. Coleman (siehe weiter unten, S. 143ff).[23]

Normbefolgung ist Teil des persönlichen bzw. sozialen Kapitals und preisabhängig; sie lohnt sich beispielsweise für Untergebene, die von Mächtigeren eine ausreichende Entschädigung dafür erhalten, dass sie auf gewisse Handlungen verzichten (vgl. Becker 1996c). Auch Kognition, die mögliche Ablehnung der eigenen Präferenzen und Manipulationen werden erwähnt (vgl. Becker 1996d, S. 10).

Mit den genannten Phänomene greift Becker zentrale Punkte der soziologischen Diskussion auf, aber er benennt sie lediglich und integriert sie nicht mit der Theorie der Haushaltsproduktion zu einem konsistenten Ganzen (das diese ohnehin schon nicht darstellt). Wie Swann (1999) aufzeigt, lässt sich soziales Kapital nicht gut in Beckers ökonomische Theorie integrieren und lassen sich sozial induzierte Handlungsänderungen viel besser mittels bewährter soziologischer Konzepte erklären (vgl. S. 290f).

Becker bemerkt 1992, er habe früher in seinem de-gustibus-Artikel eigentlich nicht Präferenzen, sondern Metapräferenzen gemeint (vgl. S. 92), und versucht, die Aussage des früheren Textes nachträglich etwas abzuschwächen. Angesichts des deutlichen Unterschieds zwischen beiden Konzepten erscheint dies jedoch etwas übereilt.

Als Schlussfolgerung ergibt sich, dass Becker im Lauf seiner Forschung – inspiriert durch die Weiterentwicklung sozialwissenschaftlicher Rational-Choice-Konzepte – seine Vorstellung von Präferenzen selbst als unbefriedigend erkannt hat. Die Integration dieses neuen Akteurskonzepts mit dem schlichteren Operatorenmodell, das seinen früheren Aufsätzen zugrunde liegt, ist nicht möglich. Vielmehr verlässt Becker den Rahmen seiner Haushaltsproduktionstheorie und nähert sich einer Betrachtung, wie sie die akteurszentrierte Soziologie anlegt. Dabei gesteht er nicht offen ein, dass er seine Theorie der Haushaltsproduktion im Grunde revidieren müsste, wollte er konsequent sein. Letztlich sind diese Überlegungen zu Präfe-

---

[23] Becker und Murphy (2000) legen ein Buch zum soziologischen Themenfeld Sozialkapital und Normen vor, in dem sie Coleman explizit als Impulsgeber benennen, an dem sie sich mit ihrer Bearbeitung des Themas orientieren (vgl. S. 5).

renzen ein Nachtrag, der für seine ökonomische Theorie konsequenzenlos bleibt und deshalb hier vernachlässigt wird.

5.4 Diskussion

Bevor ich auf grundsätzliche Defizite und Probleme der Beckerschen Handlungstheorie eingehe, scheint mir eine andere Art von Kritik angebracht: Becker benutzt teilweise Begriffe inkonsequent, erklärt Phänomene nur scheinbar oder verstößt gegen seine eigenen methodischen Anforderungen. Da er anderen Theorien genau dies zum Vorwurf macht, verdient diese Tatsache umso mehr Aufmerksamkeit.

5.4.1 Ungenauigkeiten und Defizite der Modellierung

Obwohl es sich um einen Schlüsselbegriff seiner Theorie handelt, verwendet Becker den Präferenzbegriff anders, als es seiner expliziten Definition entspricht. Definitionsgemäß meint er damit das Nutzenmaß aus einer Zielgutproduktion, faktisch aber benutzt er Präferenzen als Bezeichnung für die von ihm eingeführten Grundbedürfnisse. Auch leistet er über die punktuellen, exemplarischen Aufzählungen hinaus keine vollständige Zusammenstellung der Bedürfnisse (oder Präferenzen). Vielmehr steigt Becker in die Analyse eines Anwendungsexempels ein und überlegt sich anhand dessen, welches Bedürfnis für die aktuelle Untersuchung angenommen werden sollte. Mit Bezug auf den Anwendungsfall konstruiert er jeweils ein Zielgut. Um eine Auflistung aller Präferenzen für Abbildung 5.1 zu erhalten, musste ich sie aus mehreren verstreuten Textpassagen und impliziten Annahmen zusammentragen. Auch über eine Kategorisierung der Bedürfnisse hat Becker nicht selbst nachgedacht.

Durch das Fehlen eines fest umgrenzten Bedürfniskatalogs unterliegt er selbst der Gefahr, Zielgüter ad hoc zu bestimmen: Grundlage seiner Theorie ist schließlich nicht ein situationsunabhängig definierter Akteur mit einem festgeschriebenen Ensemble von Präferenzen. In der ad-hoc-Bestimmung von Bedürfnissen liegt – wenn auch auf abstrakterer Ebene – derselbe Fehler, den Becker anderen im Umgang mit Präferenzen (die gewöhnlich aber tastes, Vorlieben zwischen substituierbaren Ressourcen, bedeuten) vorwirft. Außerdem vergibt er sich eine Chance zur Erklärung von

Handlungen: Wenn er die Frage, warum eine bestimmte Handlung (z. B. Investitionen in die Gesundheit) überhaupt stattfindet, mit der Einführung einer Präferenz beantwortet (z. B. der Präferenz für ein möglichst langes Leben), führt er sie im Grunde tautologisch auf sich selbst zurück, indem er die Handlung lediglich auf der nächsthöheren Abstraktionsebene paraphrasiert.

Der Fehler, selbst in Adhocerien zu verfallen, unterläuft Becker auch auf der Ebene der Restriktionen. Der Versuch, die geringeren Erträge aus Humankapitalinvestitionen diskriminierter Menschen zu erklären (siehe oben, Seite 114), ist z. B. eine ad-hoc-Benennung von Kostenvariablen, um nicht mit der Annahme in Konflikt zu geraten, dass gleiche Investitionen eigentlich zu gleich hohen Erträgen führen müssten. Das Explanandum, die geringere Entlohnung der benachteiligten Menschen, wird tautologisch für seine Erklärung bereits vorausgesetzt. Derselbe Fehler unterläuft ihm, wenn er rassistische Vorurteile, die ja Ausdruck von Diskriminierung sind, für seine Erklärung von Rassismus voraussetzt.

Einen zweiten Fehler, den er anderen vorwirft, macht Becker in Teilen selbst: Mit seiner Altruismuskonzeption führt er Handlungsvariationen auf eine Transformation von Präferenzen im sozialen Raum Familie zurück, nicht auf harte Daten. Damit erklärt er im Grunde genommen selbst Verhaltensänderungen durch Präferenzen. (Auch, wenn das altruistische Verhalten der Familienmitglieder über das rotten-kid-Theorem auf Eigennutz rückführbar ist, muss doch der Altruismus des Familienoberhaupts per Setzung eingeführt werden.) Wollte er seinen eigenen Anforderungen gerecht werden, müsste er für die Erklärung eines solchen Wechsels zwischen zwei Handlungslogiken auf externe Anreize zurückgreifen, die z. B. im institutionellen Umfeld der Verträge gesucht werden könnten (vgl. Ott 1992, S. 80). So aber weicht er seinen Egoismusbegriff auf und fällt hinter den von ihm selbst erhobenen Anspruch an eine Erklärung zurück.

Ähnliches gilt für seine Umweltvariable E (siehe oben, S. 99), die so weit gefasst ist, dass sie auch subjektive Persönlichkeitsmerkmale mit umfasst. Somit gibt Becker der Versuchung nach, subjektiv divergierende Persönlichkeitsmerkmale anzunehmen, ohne dies jedoch offen zu legen (vgl. Vanberg 1992, S. 145).

Methodisch interessant ist weiterhin, dass Beckers Modell des Heiratsmarkts von der Annahme ausgeht, es stelle sich ein effizientes Ergebnis auf der Makroebene ein. So werden die optimalen Paarkonstellationen nach einem objektiven Effizienzkriterium festgelegt. Genau genommen, folgen

5. Alltagshandeln als Produktion und Investition: Gary S. Becker

seine Annahmen über Haushaltsbildung einer holistischen Betrachtung. Abgesehen davon, dass Becker an anderer Stelle (z. B. bei der Rassismusanalyse) mit dem Fortbestehen ineffizienter Makrozustände kein Problem verbindet, bleibt ungeklärt, warum und wie die Akteure bei ihrer individuellen Partnerinnenwahl einem makroökonomischen Kalkül folgen sollen (oder ob gar eine Übereinstimmung zwischen individueller und kollektiver Rationalität postuliert wird).

Ferner ist die Korrektur der Fehlprognose, die das Modell bezüglich der Kinderzahl liefert, eine nachträgliche Modifikation (vgl. Penz 1992, S. 607). Im Grunde nimmt Becker an dieser Stelle eine Zielgutdifferenzierung von ›Kinder‹ auf ›Qualität der Kinder‹ und ›Quantität der Kinder‹ vor. Diese Zusatzannahmen werden ad hoc getroffen und dienen zur Rettung der Theorie angesichts widersprechender empirischer Fakten. Damit nimmt Becker eine Immunisierung seiner Theorie bzw. die post-hoc-Rationalisierung eines unerklärlichen Phänomens vor. Er gibt damit eine zwar denkmögliche, aber keineswegs zwingende oder alternativlose Erklärung.

Resümierend kann bis hierher der Vorwurf festgehalten werden, Becker bleibe seinen methodologischen Ansprüchen nicht immer treu. Darüber hinaus lassen sich aber auch Bereiche aufzeigen, in denen seine Theorie aus anderen Gründen keine zufriedenstellende Erklärung leistet.

Nicht nur die Bildung, auch das Fortbestehen von Haushalten ist nicht trivial: Aus individueller Sicht gibt es Anreize, die Kooperationsverträge innerhalb des Haushalts zu brechen (vgl. Ott 1993, S. 120-126 und 139). Schließlich geht die Person, die sich auf Hausarbeit spezialisiert, ein höheres Risiko ein und erleidet mehr Wohlfahrtsverluste als die erwerbstätige, die auch im Trennungsfall ihre Fähigkeiten weiterhin einsetzen und Defizite durch Marktsubstitution kompensieren kann. Ott (1991) hat auch die resultierende Machtverteilung in der Ehe empirisch quantifiziert (vgl. S. 388-391). Da die Mechanismen zur Vertragsdurchsetzung nur schwach ausgeprägt sind, kann im Rahmen von Beckers Theorie die Aufrechterhaltung von Haushalten nicht plausibilisiert werden.

Eine weitere, relativ beliebte, aber wenig auffällige Verkürzung Beckers ist die implizite Reduktion eines Problems auf einen Teilaspekt. Sucht reduziert Becker beispielsweise auf sinkende Produktivität bei der Euphorieproduktion und lässt dabei die Abhängigkeit außer Acht, die normalerweise mit ihr verbunden ist. Hieraus kann sich eine widersprüchliche Konstellation entwickeln, in der eine Süchtige den Konsum eigentlich beenden will, ihn aber erhöht, um (temporär) ihr Wohlbefinden zu steigern. Die Gleichzeitigkeit des Wunschs, aufzuhören, mit dem Unvermögen, das zu tun, ist ein Phänomen von anderer Qualität als Beckers rationaler Suchtgutkonsum. Ohne Abhängigkeit könnten die Akteure, wenn die Beeinträchtigung ihrer Gesundheit den Nutzengewinn aus dem Suchtgut übersteigt, einfach den Konsum einstellen. Gegenüber der komplizierten Problematik Sucht erscheint Beckers Sicht doch eine recht plumpe Modellierung. Auch wird den unterschiedlichen Eigenschaften von z. B. Zigaretten, Heroin, Religion oder Sport nicht Rechnung getragen, und es bleibt ungeklärt, warum manche Individuen nach bestimmten Gütern süchtig werden und andere nicht.[24]

In Beckers Rassismusanalyse findet sich eine ähnliche Verkürzung: Er reduziert das Problem auf ungünstigere Faktorentlohnungen für die diskriminierte Gruppe. Diese begründet er mit den Vorurteilen zweier Menschengruppen gegeneinander, die er wiederum nur in ihren Auswirkungen diskutiert. Er macht sich weder um das Zustandekommen von Rassismus Gedanken noch darüber, dass die als Begründung eingeführten Vorurteile im Widerspruch zur ökonomischen Rationalität stehen. Schließlich würde ein rein ökonomischer Kostenvergleich dazu führen, dass Produktionsfaktoren von Weißen wie Nichtweißen nach Effizienzkriterien und nicht nach Hautfarbe nachgefragt würden. Becker, der Austauschbarrieren, Transaktionskosten und Marktunvollkommenheiten normalerweise nicht zum Teil seiner Theorie macht, führt hier mit ideologischer Fehlwahrnehmung ein neues Element ein. Er müsste sich damit auseinandersetzen, wie die Vorurteile entstehen und warum ihre Existenz rational ist, will er dieser theoretischen Innovation nicht ebenfalls den Status einer ad-hoc-Annahme verleihen. Stat dessen konzentriert er sich auf die ökonomischen Auswirkungen von Diskriminierung und vernachlässigt die erwähnten Fragenkomplexe.

Auch Traditionen und Sitten behandelt Becker nur dem Anschein nach und reformuliert sie, genau genommen, als ›Gewohnheiten‹. So reduziert

---

[24] Individuell verschiedene σ-Werte könnten die allgemeine, nicht aber die güterspezifische Suchtneigung eines Individuums erklären und würden zudem Abweichungen zwischen den Individuen einführen. Gleiches gilt für die Hypothese, die Euphoriepräferenz Süchtiger sei stärker als die anderer Menschen. Sie widerspricht nicht nur der Invarianz, sondern auch der temporalen Identität der Präferenzen, da Sucht im Lauf eines Lebens erst entsteht.

5. Alltagshandeln als Produktion und Investition: Gary S. Becker

er eine überindividuelle Kategorie des institutionellen Handlungsumfeldes auf das individuelle Phänomen, dass Akteure nicht immer kalkulieren, sondern Routinen ausbilden. Partnerschaft reduziert er auf die häusliche Produktionsgemeinschaft und spart z. B. Verliebtheit aus. Weitere Beispiele ließen sich anführen.

Generell benutzt Becker zu viele ›unobservables‹ (z. B. Präferenzen, Haushaltstechnologie bzw. Effizienz, Preise von Kindern oder genetische Ausstattungen) (vgl. auch Ben-Porath 1982, S. 59, und Hannan 1982, S. 71). Die empirische Relevanz ist aufgrund von Variablenfehlern und Modellfehlspezifikationen äußerst unklar (vgl. Berk 1987, S. 677). Umgekehrt lassen sich diese Leerstellen instrumentalisieren, um eine ›kreative‹ Anwendung der Theorie zu rechtfertigen bzw. Erklärungslücken mit ihnen zu entschuldigen. Die »scheinbar unerschöpflichen Zusatzannahmen« sind ein weiteres Problem (Blättel-Mink 1997, S. 387). Das Fehlen von Transaktionskosten und Institutionen habe ich hier – wie schon in der Neoklassik – nicht problematisiert (vgl. z. B. Krüsselberg 1987).

Wie dieser Abschnitt gezeigt hat, könnte Beckers Entwurf an manchen Stellen präzisiert und verbessert werden, sei es weil er selbst Größen ad hoc einführt, Begriffe nicht eindeutig definiert oder Phänomene unter der Hand auf einen leichter zu bearbeitenden Teilaspekt ihrer selbst reduziert. Dass einige dieser Defizite ggf. durch Präzisierungen, Modifikationen und Anschlusstheorien theorieimmanent behoben werden könnten, ist hier nicht von Belang, da sich mein Interesse auf das Akteurskonzept richtet. Daher belasse ich es hier beim bloßen Hinweis auf sie. Über die hier angesprochenen Mängel werde ich im Folgenden hinwegsehen und mich der grundsätzlicheren Frage widmen, ob die Übertragung des Modells eines Unternehmens auf handelnde Personen generell zulässig ist und wo sie an Grenzen stößt.

5.4.2 Unternehmen als Vorlage für ein Handlungsmodell?

Becker ist der erste Theoretiker meiner Arbeit, der mit seinem Akteursmodell ernsthaft versucht, eine breite Vielfalt alltäglichen menschlichen Entscheidens theoretisch zu erfassen. Die hier folgende Kritik soll nicht den Eindruck erwecken, als seien die bisherigen Handlungsmodelle leistungsfähiger als Beckers, erheben diese doch einen so weit gehenden Anspruch überhaupt nicht.

Da viele Parallelen mit einem neoklassischen Unternehmen bestehen, scheinen die Verhaltensannahmen v. a. in den Bereichen, wo sich Menschen und Unternehmen nicht gleichen, inadäquat. So ist es bei einem Unternehmen unproblematisch, davon auszugehen, dass die optimale Handlungsalternative objektiv vorgegeben ist. Schließlich ist das Ziel, Profit zu erwirtschaften, der objektiv messbar ist (in Geldbeträgen). Für die Erreichung des Ziels legt der Markt die Bedingungen objektiv fest, und die sich bietenden Gelegenheiten lassen sich rechnerisch nachvollziehen.

Dass die Motivationsstruktur realer Personen nicht so trivial ist, hat Becker zwar erkannt und führt mehrere verschiedene Bedürfnisse ein. Dennoch verfährt er, als wäre eine Auswahl zwischen Zielen nicht nötig, hält also methodisch an der Annahme nur eines Handlungsziels fest. Bei Menschen beschränken sich die Handlungsmotive allerdings nicht auf nur ein Ziel. So kann zum einen ein Konflikt zwischen verschiedenen Präferenzen entstehen. Darüber hinaus stellt die simultane Verfolgung mehrerer Ziele, eine Form von Kuppelproduktion, ein Problem dar. Wie Pollak und Wachter (1975) gezeigt haben, ist Kuppelproduktion in der Theorie der Haushaltsproduktion (und allgemein in neoklassischen Modellen der Familie) effektiv ausgeschlossen. Der Einbezug von Kuppelproduktion würde zusätzliche Daten nötig machen, etwa über die Einkommenselastizitäten jedes der Einzelprodukte, die sicherlich nicht empirisch erhoben werden können. Becker schenkt diesem Problem nur ein einziges Mal Aufmerksamkeit, nämlich in einem Nebensatz in einer Fußnote (vgl. Becker 1981a, S. 8, FN 5).

Ist es sinnvoll, die Theorie auf Fälle zu beschränken, in denen Kuppelproduktion nicht vorkommt? Berk und Berk (1983) weisen darauf hin, dass jegliche Tätigkeit im Haushalt auch psychische Konsequenzen hat (vgl. S. 388f), also automatisch mehr als ein Ziel damit verfolgt wird. Pollak und Wachter (1975) argumentieren, dass die Produktionsprozesse niemals unabhängig sein können, sobald Zeit als Inputfaktor auftaucht, nicht einmal dann, wenn verschiedene Tätigkeiten nicht simultan, sondern nur nacheinander ausgeführt werden (vgl. S. 266-271). Sie schlussfolgern:

> »We conclude that the household production function model provides a satisfactory account of the allocation of time only for households which are indifferent among alternative allocations of their time.« (ebenda, S. 271)

Ein weiteres Problem von Akteuren mit multidimensionaler Zielstruktur ist die Gewichtung der unterschiedlichen Präferenzen gegeneinander. Sie müsste dann vorgenommen werden, wenn der Akteur vor der Alternative steht, mit seinen knappen Ressourcen nur ein Bedürfnis befriedigen zu können, also eines auswählen muss. Diese Entscheidung kann einerseits von der Effizienz der zur Wahl stehenden Produktionsmethoden abhängen (was Becker wohl modellieren könnte), aber auch von der Intensität des jeweiligen Bedürfnisses selbst. Letztere wird jedoch nicht als Bestandteil seiner Theorie entwickelt, taucht allerdings am Rande auf, wenn die Möglichkeit der Intensivierung von Bedürfnissen erwähnt wird (vgl. z. B. Stigler/Becker 1977, S. 73f). Sie müsste ausführlicher behandelt werden, um das Verhältnis verschiedener Bedürfnisse zueinander auszuleuchten.

Auch der Ablauf der Entscheidung entspricht dem homo oeconomicus, d. h. die unter 2.3 referierte Kritik gilt im Wesentlichen auch für den Becker-Akteur: Die Entscheiderin wird als vollständig informiert und kohärent agierend angenommen und durchläuft bei ihren Handlungen keinen Prozess der Abwägung. Sie erscheint als Automat, der ohne Aufwand von Zeit oder Kosten nachvollzieht, was ihm in Form von Präferenzen einprogrammiert und durch äußere Bedingungen (Kostenstruktur) vorgegeben ist. Das Bewerten stellt keinen eigenen Bestandteil der Handlung dar und scheint vortheoretisch klar zu sein. Wiederum setzt das Modell die Abwesenheit von Unsicherheit über die Zukunft voraus,[25] z. B. wären sonst die Erträge von (Human-)Kapitalinvestitionen nicht im Voraus berechenbar.

Bewertungen sind bei Becker unabhängig von Kultur, Einstellung oder Sozialisation. Auch dies ist bei der Anwendung auf Unternehmen ein geringeres Problem, da in diesem Fall Marktpreise die Werte festlegen. Für Menschen kann die Bewertung von Zielgütern dagegen durch soziale Interdependenzen beeinflusst werden: Wie hoch die Präferenz für Erholung und Freizeit ist, hängt beispielsweise nicht nur von den individuellen Dispositionen des Akteurs selbst ab, sondern auch von situativen Stressfaktoren und Belastungen oder von der kulturellen Bedeutung von Freizeit. (Ist es z. B. verpönt, untätig zu sein, oder gar angesehen, es sich leisten zu können?)

Becker gewinnt die Bedürfnisse essentialistisch und endet bei der Zurückführung auf Eigenschaften, die den Menschen implementiert werden.

---

[25] In der Kriminalitätstheorie, wo ein solcher Aspekt einmal vorkommt, behandelt Becker kalkulierbares Risiko, nicht Unsicherheit.

Dadurch wird die Argumentation zirkulär.[26] Besonders häufig wird der Essentialismus bei der ›Erklärung‹ heterosexueller Haushaltsbildung kritisiert. Sie wird auf eine biologistische Setzung, nämlich das Bedürfnis nach genetisch eigenen Kindern, zurückgeführt. Die Begründung der haushaltsinternen Arbeitsteilung durch »intrinsic differences between the sexes« gibt zu feministischer Kritik Anlass (Becker 1981c, S. 21). Brown (1994) weist z. B. darauf hin, dass der Hinweis auf die Effizienzvorteile völlig ausgereicht hätte, Becker aber darüber hinaus den Geschlechtsunterschied bemüht, um die traditionelle Arbeitsteilung sowie Rollenerziehung zu begründen (vgl. S. 101). Mit seinem Konzept lässt sich zudem die Existenz homosexueller, kinderloser und nicht-familialer Lebensgemeinschaften nicht erklären. Eheschließung und Geburtenraten unabhängig von Kultur und Institutionen zu erklären, scheint kein sonderlich erkenntnisförderndes Vorhaben zu sein. Wie intuitiv einleuchtet, kann ein Kind je nach politischem, gesellschaftlichem und ideologischem Umfeld der Eltern recht verschieden hohen Nutzen einbringen.

Gegen Beckers Art der Ausweitung des ökonomischen Programms auf außerökonomische Lebensbereiche formulieren Hutter und Teubner (1994, S. 127) einen wichtigen, grundsätzlichen Einwand:

> »Die Identifikation von ›Nutzen‹ und ›Kosten‹ ist eine wirtschaftsspezifische Leistung, die sich keineswegs selbstverständlich bewerkstelligen und sich nicht ohne weiteres auf andere gesellschaftliche Bereiche übertragen lässt. Erst das Medium des Geldes ermöglicht quantifizierte Relationen.«

Dem entsprechend ist es für die Autoren nur zulässig, das Modell auf markt- und geldgesteuerte Interaktion anzuwenden, da dieser Kontext Kosten-Nutzen-Kalkulationen fordert, was in anderen nicht möglich, nicht gefordert und bisweilen sogar verpönt ist (vgl. ebenda, S. 128). Das Handlungssystem Familie ist meiner Auffassung nach ein solcher Kontext, indem keine ökonomischen Wertvergleiche vollzogen werden und für den Beckers Theorie daher besonders ungeeignet ist. Von einer Anwendung der ökonomischen Handlungslogik auf dieses Feld sollte er dem zufolge besser die Finger lassen.

---

[26] Warum z. B. kauft die Entscheiderin Luxusgüter? Weil sie Prestige herstellen möchte. Warum braucht sie dafür Luxusgüter? Weil die Produktionsfunktion so definiert ist. Warum ist sie so definiert? Weil sie sonst keine Luxusgüter kaufen würde.

5. Alltagshandeln als Produktion und Investition: Gary S. Becker

Verbleiben wir also noch einen Augenblick im zwischenmenschlich-familiären Bereich: Hier sind Beckers Begriffe – wie gezeigt, nicht zufällig – besonders plump und erfordern zudem ein hohes Maß an Kreativität in der Anwendung. Angesichts der Herkunft des Becker-Akteurs, der einst ein neoklassisches Unternehmen war, verwundert es kaum, dass er sich für die Modellierung des Themenfeldes Familie und Liebe eher schlecht eignet. (Ich erinnere nur an das Aussparen der Verliebtheit bei der Partnerinnenfindung.) Transaktionskostentheoretische und bargaining-Modelle des Haushalts ermöglichen eine Berücksichtigung der Interessen der Haushaltsmitglieder, die Beckers simples, harmonistisches Bild nicht leistet. Sie seien hier nur als Illustration dessen benannt, welche Vorgänge innerhalb eines Haushalts stattfinden, die mit Beckers Theorie komplett unsichtbar bleiben (vgl. den Überblick bei Pollak 1985, S. 589-603). Ben-Porath (1982) hält die Übertragung von Hypothesen über Unternehmen auf Familien ebenfalls nicht für besonders überzeugend und fügt – gestützt auf den Social Sciences Citation Index – hinzu, Beckers Berühmtheit entstamme weniger seinen Schriften zum Thema Familie als jenen über die Allokation von Zeit und Humankapital (vgl. S. 58).

Ein Faktor, der in Beckers Modell schwerlich berücksichtigt werden kann, ist Moral. Sie stellt eine Beschränkung des Optionenraums dar, die dazu führt, dass die gemäß Kostenstruktur und Budget effizienteste Option zugunsten einer suboptimalen zurückgewiesen wird. Ein Versuch, Moral im Rahmen des Becker-Modells einzubeziehen, könnte die Einführung eines neuen Zielguts, des ›guten Gewissens‹, sein. Diese Größe ist allerdings nicht objektiv überprüfbar und durch harte Daten erfassbar, sondern eine neue Restgröße, die für die Überbrückung von Divergenzen zwischen Theorie und Empirie herhalten müsste und ad hoc eingesetzt werden könnte. Eine zweite Variante wäre, Moral als interne Sanktion aufzufassen, also als Kosten, die sich das Individuum für tabuisierte Handlungen selbst auferlegt. Moral wäre somit eine Art Humankapital. Schramm (1996) ist der Ansicht, ein solcher Einbezug von Moral sei sinnvoll (vgl. S. 240). Allerdings würde dieses moralische Humankapital – im Gegensatz zu anderem – aufgrund der erhöhten Kosten die Effizienz nicht steigern, sondern mindern. Rationale Akteure müssten dementsprechend darauf hinarbeiten, möglichst wenig moralisches Humankapital zu akkumulieren. So erscheint die Existenz von Moral mehr als unerklärbares Paradoxon denn als Ergebnis rationalen Handelns.

In der Tat ist Moral ein Persönlichkeitsmerkmal, in dem sich die Akteure auch voneinander unterscheiden. Obwohl Becker bewusst keine Theorie der Person entwirft und subjektive Persönlichkeitsmerkmale eigentlich aus der Erklärung ausschließt, gibt es dennoch einen Weg, auf dem er individuelle Unterschiede in seine Erklärung hineinnimmt: Die Umgebungsvariable E, die einerseits externe Faktoren enthält, darüber hinaus aber auch Produktionstechnologie (vgl. auch Vanberg 1988, S. 12). Während E bei Unternehmen den Charakter objektiven Wissens hat, sind Ausstattungen und Fähigkeiten der menschlichen Akteure allerdings subjektive Faktoren. Zu ihnen muss laut Vanberg (1992) auch Moral als Teil der subjektiven Theorien, die sich Menschen über die Welt machen, gerechnet werden (vgl. S. 12). In dieser Betrachtung werden Normen aus zwei Gründen befolgt: um Kosten der Entscheidungsfindung zu senken und um Reputation zu erlangen, also das eigene Humankapital zu erhöhen. Dies wird dann plausibel, wenn ein Konzept längerfristiger Rationalität an die Stelle der »case-by-case-Maximierung« in Einzelfallentscheidungen tritt (vgl. Vanberg 1992, S. 142). Wird Moral auf diesem Weg als Teil der subjektiven Handlungsdispositionen eingeführt, so ist die resultierende subjektive Variable nicht mehr von Präferenzen trennbar. Präferenzen werden also des Status enthoben, den Becker ihnen beimisst. Wie unschwer zu erkennen ist, geht eine solche Lesart weit über Becker hinaus, nimmt sie doch imperfekte Agenten an und bedeutet eine grundsätzliche Revision des Beckerschen Konzepts. Der Grundgedanke, dass Moral Präferenzen beeinflusst und diese so letztendlich nicht exogen sind, klingt aber, wie gezeigt, bei Becker an.

Ebenfalls bei Unternehmen weniger bedeutend sind ideologische Weltbilder, mit deren Hilfe die Akteure die Welt interpretieren. Sie fehlen in Beckers Theorie der Haushaltsproduktion und lassen sich nicht einfach integrieren. Religion wird von Becker zwar erwähnt, allerdings als konsumierbares Suchtgut (wobei übrigens ungeklärt bleibt, wie ein solcher Konsum funktioniert). Innerhalb der Haushaltsproduktionstheorie auf Ideologie zurückzugreifen, bedeutete wiederum die Einführung einer Restgröße, auf die alles Unerklärbare zurückgeführt würde.

Auch bezüglich Innovationen gibt es die Auffassung, sie würden den Rahmen des Becker-Modells, das nur den Preisvergleich bestehender Alternativen und die entsprechende Substitution suboptimaler durch bekannte optimale Produktionsmethoden kennt, prinzipiell sprengen. Da der Nutzen aus unbekannten Optionen jedoch unbekannt ist, scheitert der Ansatz hier; auch eine informationsökonomische Behandlung von Innovationen ist nicht möglich (vgl. Penz 1992, S. 608).

Schließlich sei noch darauf hingewiesen, dass die Annahme konstanter Skalenerträge für Haushaltshandeln nicht besonders nahe liegt. Berk (1987) führt als Beispiel an, dass die Verdoppelung der Nahrungsmenge bei Unterernährung einen sehr hohen Nutzenertrag bringt, für gut ernährte Individuen aber (je nach Nahrungsart) sogar gesundheitsbeeinträchtigend sein kann (vgl. S. 676f).

Die hier angeführten Beispiele sind nur einige Illustrationen dessen, dass Beckers Modell bei Weitem nicht alle real vollzogenen Handlungen erklärt und (insbesondere in marktfernen Lebensbereichen) manche Annahmen verkürzt scheinen. Die Modellierung von Menschen in Analogie zu Unternehmen bringt einige Leerstellen mit sich. Je weniger eine Entscheidung mit dem Kauf von Waren gemein hat (am wenigsten wohl Familienleben und affektive Beziehungen), desto unbefriedigender bleibt das Handlungsmodell und umso mehr Kreativität ist bei der Reformulierung der realen Welt in Termini der Theorie gefordert. Zielgüter und Ressourcen müssen dann z. T. recht mühevoll konstruiert werden, der Erklärungswert ist gering, wenn nicht nur die tautologische Vorwegnahme des gewünschten Ergebnisses erfolgt. Zugleich sind Beckers Entwürfe aber eine Herausforderung an die ökonomische Handlungstheorie,[27] führen sie doch zu der Frage, ob und wie weit sich diese Defizite auffangen lassen.

5.4.3 Gesamteinschätzung

Auch wenn unklar bleibt, auf wen Beckers Seitenhiebe gegen die Neue Theorie des Konsumentenverhaltens zielen, ist es von Vorteil, mit harten Größen zu arbeiten. Er versucht, die meisten Faktoren zu exogenisieren und möglichst wenig mit unbestimmbaren Restgrößen zu arbeiten. Dafür zahlt Becker allerdings den Preis, eine Reihe von sozialwissenschaftlich relevanten Phänomenen nicht erklären zu können.

Becker wird dem Anspruch, menschliche Akteure in ihrer Motivationsvielfalt abzubilden, eher gerecht als Savage und ist der erste der von mir

---

[27] Noch einmal Ben-Porath: Die Provokation besteht in der Behauptung: »[A]nything you can do in the market, I can do in the nonmarket« (1982, S. 61).

behandelten Theoretiker, dessen Anwendungsbereich nicht auf Güterkauf oder Lottospielen beschränkt bleibt. Durch die Einführung des Schattenpreises wird die Anwendbarkeit auf marktferne Kontexte möglich. Er lässt als erster eine Vielfalt menschlicher Bedürfnisstrukturen zu – wenn er auch nur eines für jede seiner Analysen benutzt und insofern trotzdem eindimensional bleibt.

Das Konzept ist geeignet, bei Kenntnis aller Produktions- und Substitutionsmöglichkeiten Prognosen für das Verhalten der Akteure (als Reaktion auf Kostenänderungen) zu treffen. Allerdings führt es zu Fehlprognosen, z. B. im Fall der Nachfrage nach Kindern, so dass Becker auf Modellerweiterungen durch Hilfsannahmen angewiesen ist und mit ›unobservables‹ arbeitet; sie machen die Theorie »of dubious relevance for most households« (Berk 1987, S. 677). So ist die Theorie nicht empirisch prüfbar und tautologisch, sofern die Vorannahme, es würde immer der effizienteste Produktionsweg gewählt, zugleich das Ergebnis ist. Präferenzen werden nicht (vor-)theoretisch bestimmt, da Becker sie durch Setzungen einführt, deren Willkür nicht von der Hand zu weisen ist. Zugespitzt lässt sich zusammenfassen:

> »Beckers ›ökonomischer Ansatz‹ ist ein universeller Rahmen, mit dem er alles und nichts erklären kann. Empirische Größen lassen sich zwar schätzen, doch stehen wir immer noch vor der unvermeidlichen Frage, wie die Ergebnisse zu interpretieren sind.« (Brown 1994, S. 103)

Trotz der diskutierten Defizite vollzieht Becker einen wichtigen Schritt: Er weist auf die engen Grenzen bzw. die inhaltliche Leere des neoklassischen Bedürfnisbegriffs hin und meldet Bedarf nach einem Konzept an, mit dem sämtliche Tätigkeiten eines Akteurs erfasst werden sollen. Insofern konzipiert Becker als erster überhaupt ein Modell der Entscheiderin, das über einen Rechenautomaten hinaus geht. So begründet sich auch der längere Kritik-Teil dieses Kapitels: Während sich die Tatsache, dass zwischen Entscheidungsmodell und realen Personen deutliche Abweichungen bestehen, bei den bislang diskutierten Rechenmaschinen in einem Satz fassen lässt, sind bei einem weiter entwickelten Handlungsmodell wie dem Beckerschen mehr und detailliertere Aussagen über Verkürzungen und Defizite zu machen.

Auch für Becker sind Einschränkungen des Geltungsbereichs nicht zu umgehen, da z. B. ›Produktion‹ und ›Austausch‹ von Emotionen mit einem auf Knappheiten basierenden Modell nicht zu erfassen sind oder bei

5. Alltagshandeln als Produktion und Investition: Gary S. Becker

nicht quantifizierbaren Kosten keine Prognosen möglich sind. Entsprechend muss der Gegenstandsbereich auf Situationen mit austauschbaren Gütern und spezifizierbaren Kosten- sowie Anreizstrukturen beschränkt werden (vgl. auch Schramm 1996, S. 244). Gegenüber den zuvor vorgestellten Handlungsmodellen weist Beckers Ansatz jedoch eine weitaus größere Allgemeingültigkeit auf.

Noch ein Nachtrag: Beckers Konzept ist noch weit davon entfernt, eine Theorie der Person zu bieten. Eine Person definiere ich, Priddat (1998a) folgend, als Individuum mit der Fähigkeit, Einstellungen zu seinen Präferenzen zu haben (vgl. S. 124). Diese Einstellungen sind einerseits durch moralische Urteile, andererseits durch persönliche Werturteile geprägt und konstituieren die Identität der Person (person-generative Prozessualität) (vgl. auch Priddat 1997). Der Identitätsentwurf ist Teil eines persönlichen Lebensprojekts und Ausdruck der Geschichte der Person. Diesem Aspekt Rechnung zu tragen, ist in Beckers Konzept nicht möglich.

Soll der von Becker eingeschlagene Weg fortgesetzt werden, dem Modell der Entscheiderin mehr empirischen Gehalt zu verleihen und sein Handlungsspektrum weiter auszudifferenzieren, so wird das Akteursmodell – wie sich in den nächsten Kapiteln zeigen wird – tendenziell komplizierter, während zugleich die Anzahl möglicher Einwände steigt.

Kapitel 6

Tausch von Verfügungsrechten: James S. Coleman

Seit den 1970er Jahren setzt sich das Konzept des Methodologischen Individualismus in der Soziologie und Politikwissenschaft stärker durch, um das Verhalten sozialer Aggregate unter Bezug auf das Verhalten von Akteuren auf der Mikroebene zu erklären. Ein einschlägiger Vertreter dieser Heuristik in den Sozialwissenschaften ist James S. Coleman, der ausgehend von wenigen Begriffen ein allgemeines Modell mit breitem Anwendungsbereich entwickelt hat. Dabei zeigt er auch Grenzen der Theorie auf und spezifiziert viele Anwendungsgebiete, die er größtenteils selbst empirisch untersucht hat. Coleman (1966) fordert ein, dass sozialwissenschaftliche Erkenntnisse relevant und verwendbar für gesellschaftliche Entwicklungsprozesse sein sollten (vgl. S. 487). Mit diesem anspruchsvollen Theorieprojekt wird er zum Klassiker der Akteurstheorie in der Soziologie (vgl. etwa Berger 1998, S. 64); nicht zufällig habe ich sein Erklärungsschema bereits in der Einleitung zu Erläuterung des akteurstheoretischen Erklärungsprinzips herangezogen.

Bisweilen werden Colemans *Grundlagen der Sozialtheorie* als Enzyklopädie der Handlungstheorie aufgefasst (vgl. etwa White 1990, S. 783) oder wird ihnen Lehrbuchcharakter zugesprochen (vgl. Voss 1993, S. 367). Er selbst wehrt sich gegen eine Klassifizierung seiner Grundlagen als Enzyklopädie.[1] Nach seinem eigenen Anspruch hat er kein enzyklopädisches Werk, sondern lediglich allgemeine Grundlagen vorgelegt, auf denen aufbauend sich weitere soziologische Themen (darunter übrigens auch Dis-

---

[1] Gleichermaßen wehrt er sich gegen den Vorwurf, er analysiere die gesellschaftliche Realität nicht erschöpfend, weil er einzelne Aspekte – wie das Geschlechterverhältnis – nicht behandelt (vgl. Stinchcombe 1992, S. 188-190).

kriminierung, also potenziell auch das Geschlechterverhältnis) modellhaft rekonstruieren lassen (vgl. Coleman 1992b, S. 266).

Im Folgenden werde ich zunächst in die Theorie Colemans einführen (6.1), um anschließend sein Akteurskonzept im allgemeinen (6.2.1) darzustellen und unter 6.2.2 Möglichkeiten des Wandels von Interessen oder Handlungsdispositionen aufzuzeigen. Danach fasse ich in 6.3 Stärken und Schwächen des Colemanschen Akteurskonzepts zusammen.

6.1 Handeln als Transaktion von Kontrollrechten

Coleman modelliert Probleme der Soziologie von dem Grundgedanken aus, dass Verfügungsrechte über begehrte Objekte gehandelt werden. Dabei begreift er die Akteure zunächst als voneinander unabhängige Individuen. Er verbleibt jedoch nicht dauerhaft bei diesem vereinfachenden individualistischen Ausgangspunkt, sondern rekonstruiert auch die Entstehung von Bindungen und Abhängigkeiten unter den Akteuren, welche aus seiner Sicht durch Tauschinteraktionen entstehen. Soziale Systeme entstehen durch Abschluss von Verträgen über den Austausch von Verfügungsrechten; insofern ist Coleman letztlich Vertragstheoretiker (vgl. Alexander 1992, S. 204, Vanberg 1979, S. 99). Mit der akteurszentrierten Vorgehensweise setzt er der früheren, funktionalistisch orientierten Methodik der Soziologie eine neue, erklärende Methodik entgegen (vgl. Esser 1992, S. 131-134).

Die Struktur seiner formalen Modelle ist, wie sich im Folgenden zeigen wird, aus der Ökonomik übernommen und weist offensichtliche Parallelen zur oben dargestellten Neoklassik auf. So arbeitet er mit der Exogenität von Interessen und Ausstattung und legt ein allgemeines Gleichgewichtsmodell zu Grunde. Soziologe ist er dementsprechend nicht aufgrund seiner Methodologie, sondern wegen der von ihm behandelten Anwendungsfelder – anders herum als wie Becker, der sich drei Jahrzehnte früher aufgrund seiner Methode selbst als Ökonom klassifiziert. Ebenso wie Becker wendet er eine ökonomische Methodik an und bearbeitet damit genuin soziologische Themengebiete.

Colemans Vorgehen folgt der Makro-Mikro-Makro-Heuristik (siehe Abb. 1.1), die in der Einleitung bereits erläutert wurde (vgl. zur Erläuterung bei ihm selbst: Coleman 1986a, S. 346-352); er ist der erste Theoretiker im Verlauf meiner Arbeit, der das Schema in dieser Form explizit für seine

6. Tausch von Verfügungsrechten: James S. Coleman

Theoriebildung benutzt. Das Hauptdefizit der Sozialwissenschaften sieht er im mangelhaft modellierten Übergang von der Akteurs- zur Systemebene, d. h. von P_2 zu P_3. Die schwache Verbindung mikro- und makroökonomischer Theorie in der Volkswirtschaftslehre deutet er als Ausdruck hiervon (vgl. Coleman 1995a, S. 7).[2] Der Übergang von der Mikro- zur Makroebene geschieht in der Ökonomik durch die Verallgemeinerung eines (repräsentativen) Alteurs zu einem Set vollständig informierter und unabhängig handelnder Akteure auf einem neoklassischen Markt (vgl. Coleman 1984, S. 86-88).

Coleman hingegen widmet dem dritten Erklärungsschritt die nötige Aufmerksamkeit und behandelt das Aggregationsproblem systematisch (vgl. Friedrichs/Kühnel 1994, S. 279). Er verbindet Mikro- und Makroebene zu einer »Modellierung der Dynamik sozialer Beziehungsformen mit ihren emergenten Struktureffekten als Folge strukturvermittelten Handelns«, wie es Müller und Schmid (1998b) prägnant zusammenfassen (S. 11).[3] Er nennt sechs Möglichkeiten der interaktiven Aggregation: externe Effekte, Markt- oder auch bilateralen Austausch, kollektive Entscheidungen (etwa durch Abstimmung), die Bildung kollektiver Akteure und die Generierung von Normen[4] und Rechten (vgl. Coleman 1995a, S. 25f, und Coleman 1986a, S. 360-363). Als siebte Möglichkeit sind Threshold-Modelle zu nennen, wenn z. B. die Teilnahme an einer gemeinsamen Aktion in Abhängigkeit von dem Ausmaß der Beteiligung anderer für das Individuum attraktiver wird.[5] Durch diese Aggregation von Handlungen wird eine in-

---

[2] Dieser Vorwurf lässt sich gleichermaßen gegenüber Beckers fragmentarischer Mikrotheorie erheben, deren Versatzstücke nicht zu einer kohärenten Gesellschaftstheorie auf der Makroebene integrierbar sind.

[3] Damit ist eine methodologische Vermittlung zwischen kollektivistischen Erklärungen, die Systemgrößen als primär setzen, und psychologistischen Erklärungen, die alles Soziale auf Vorgänge innerhalb des Akteurs zurückführen, möglich. Agassi (1975) nennt diesen Mittelweg *institutional individualism*.

[4] Normen werden so individuell rekonstruierbar. Dass bloße Benennungen noch keine gute Erklärung gewährleisten, führt z. B. Heerig (1989) vor Augen: »Die Einführung des Arguments ›soziale Normen‹ in eine individuelle Nutzenfunktion liefert sicher ebenso wenig eine vernünftige Theorie sozialer Normen, wie die Implementation von Geld in die Nutzenfunktion eine schlüssige Geldtheorie konstituiert.« (S. 147)

[5] Unter der Annahme, dass sich bestimmte Handlungen mit steigender Zahl der Beteiligten zunehmend ›lohnen‹, wird in Threshold-Modellen ein Schwellenwert eingeführt, ab dem dies der Fall ist. Werden die (individuell unterschiedlichen) Schwellenwerte nach und nach überschritten, so schließen sich immer mehr Individuen den

dividualistische Erklärung von Genese und Struktur von Institutionen und Organisationen möglich.

Im Mittelpunkt meines Forschungsprogramms steht jedoch die Selektion einer Handlung. Coleman rekonstruiert diese mittels dreier Basiskategorien (vgl. dazu Coleman 1995a, S. 33-46): Akteure, Interessen und jene Objekte, die von den Akteuren kontrolliert werden. Bei letzteren kann es sich um materielle Ressourcen handeln (z. B. private teilbare Güter), um Ereignisse (z. B. die Beendigung eines Beschäftigungsverhältnisses oder den Ausgang einer Abstimmung), um Informationen oder auch um die Handlungen anderer. Das Recht, die Handlungen anderer Personen zu kontrollieren, kann z. B. die Form einer Vormundschaft, einer Vertrauensbeziehung oder eines Arbeitsvertrags haben – Sozialbeziehungen, in denen es einer Entscheiderin gestattet ist, über die Handlungen einer anderen ganz oder teilweise (mit-)zu entscheiden.[6] In der Regel bezeichnet Coleman die zu kontrollierenden Objekte als Ressourcen, wodurch zum Ausdruck kommt, dass sie von den Akteuren eingesetzt werden, um ihre Ziele bzw. Interessen zu verfolgen.[7]

Das Wesen von Handlungen besteht nach Coleman in der Transaktion von Kontrollrechten, wodurch jeder Akteur die eigene Situation zu verbessern strebt. Solche Handlungen werden dann stattfinden, wenn sich die Interessen eines Akteurs auf Ressourcen oder Ereignisse richten, die aktuell von einem oder mehreren anderen Akteuren kontrolliert werden. Durch diese Konstellation zeichnet sich nach Coleman ein soziales System aus.

Transaktionen können in der einseitigen Übertragung von Kontroll- bzw. Verfügungsrechten, im bi- oder multilateralen Handel mit ihnen, in

---

Handelnden an, was als Bandwaggon-Effekt bezeichnet wird. Anwendungsbereiche sind u. a. Randale, Streik, die Übernahme von Innovationen oder das Glauben von Gerüchten (vgl. Granovetter 1978, S. 1422-1424). Granovetter und Soong (1983, 1986) analysieren Bandwaggon- und Preiseffekte für Kaufhandlungen; Lüdemann (1995) entwirft ein Threshold-Modell für die Altglasentsorgung im Container und unterzieht es einem empirischen Test (vgl. auch Lüdemann 1997, S. 100-108).

[6] Kontrolle über die Handlungsrechte anderer innezuhaben, bedeutet nicht zwingend, dass der kontrollierende Akteur sich dessen bewusst ist und die Kontrolle aktiv ausübt, weshalb bei Coleman z. B. auch ein Baby Kontrolle über die Handlungen Erziehender ausüben kann, wenn diese in seinem Interesse agieren.

[7] Zur Unterstreichung der Adäquatheit seiner Begriffe weist Coleman (1979b) darauf hin, dass die Rechtskunde auf der Grundlage der Begriffe Person, Handlung, Ereignis, Ressource, Interesse, Recht und Pflicht arbeitet (vgl. S. 2).

Bestechung, Drohungen oder Versprechen bestehen (vgl. Coleman 1995a, S. 36). Dadurch ändert sich die Verteilung der Kontrollrechte innerhalb des sozialen Systems. (Natürlich ist es auch möglich zu handeln, ohne dass sich die Kontrollverteilung auf Systemebene ändert: indem die Entscheiderin die Kontrolle, die ihr zusteht, ausübt, z. B. indem sie das Gut konsumiert oder benutzt (vgl. Coleman 1995a, S. 35), ohne dass andere davon betroffen wären. Dies ist jedoch ein idiosynkratischer Akt und für eine Gesellschaftstheorie von geringem Interesse.)

Beispielsweise entsteht eine Fluchtpanik dadurch, dass alle Akteure das Ziel verfolgen, ihr Leben zu retten. Üben sie dabei selbst die Kontrolle über ihre Handlungen aus, so werden sie versuchen, schneller als die anderen zu laufen. Übertragen sie dagegen die Kontrolle über ihre Handlungen an die Gruppe, so werden sie durch langsames Gehen einen Beitrag zu dem Kollektivgut einer geordneten und erfolgreichen Flucht leisten. Generell ist die Einhaltung einer Norm eine Kontrollübertragung an die Gruppe.

Colemans Handlungstheorie basiert auf lediglich zwei axiomatischen Voraussetzungen, Rationalität und Nutzenmaximierung. Rationalität einer Handlung bedeutet bei ihm nicht mehr als die Orientierung auf ein Ziel und ist eine Minimalannahme (vgl. Coleman 1995a, S. 17). Nutzenmaximierung ist dagegen eine speziellere Annahme, sie ist nur für die quantitativen Aspekte seiner Theorie nötig, nicht für eine qualitative Rekonstruktion sozialer Handlungen. Ziel (purpose) allen Handelns ist es, die eigenen Interessen besser verfolgen zu können. Das kann durch die unmittelbare Verfolgung von Zielen (goals) geschehen oder durch den Abbau von Restriktionen, wodurch sich Pfade verändern und die Verwirklichung bestimmter anderer Ziele erleichtert wird (vgl. Stinchcombe 1992, S. 185). Dementsprechend kann auch eine vordergründig uninteressante Ressource relevant sein, wenn sich mit ihrer Hilfe ein interessantes Ereignis herbeiführen lässt.

Neben diesen Mikrobegriffen führt Coleman die Makrobegriffe Wert und Macht ein, die sich daraus ableiten lassen: Gemäß der Verteilung der Interessen unter den Akteuren bestimmt sich der *Wert* der Ressourcen – er ist um so höher, je größer die Summe der aggregierten Interessen ist, die sich innerhalb des Systems auf die Ressource richten. Der Wert bildet das entscheidende Motivationskriterium für die Entscheidung zwischen möglichen Handlungsergebnissen (vgl. Tuomela 1993, S. 13). Ist der Wert aller Ressourcen quantifiziert, so lässt sich aus dem Gesamtwert jener Ressourcen, die ein Akteur besitzt, seine relative *Macht* innerhalb des Systems bestimmen. Die Macht der Akteure dient zur Gewichtung der Interessen: Je mächtiger eine Entscheiderin ist, desto schwerer wiegt ihr Interesse an einer bestimmten Ressource. Entsprechend konstituieren sich Macht und Wert letztendlich in einem zirkulären Verhältnis wechselseitig (vgl. Coleman 1979a, S. 79, Coleman 1995a, S. 173). Macht charakterisiert im Unterschied zur gewöhnlichen Auffassung nicht eine Beziehung zwischen zwei oder mehreren Personen, sondern wird als Eigenschaft des einzelnen Akteurs aufgefasst.

Soll über die begrifflich-qualitative Rekonstruktion hinaus eine quantitative Analyse geleistet werden, so bedarf es eines formalisierten Modells der Nutzenmaximierung. Coleman (1995c) legt erst im dritten Band seiner ›Foundations‹ ein solches vor,[8] nachdem er bereits sämtliche interessanten Phänomene mittels einer qualitativen Analyse untersucht hat, und greift dafür auf das neoklassische Nutzenfunktionskonzept zurück, um Macht und Wert quantitativ herzuleiten (vgl. insbesondere S. 3-45). Wieviel Nutzen der Akteur aus einem Gut zieht, hängt von der kontrollierten Menge ab.

$$U_i = U_i(c_{i1}, c_{i2}, ..., c_{im})$$

U_i : Nutzen des Akteurs i
c_{ij} : von Akteur i kontrollierte Menge der Ressource j

Aus Budget und Nutzenfunktion wird die optimale (Pareto-effiziente) Ressourcen- bzw. Rechteallokation ermittelt. Mathematisch formalisiert, ergibt sich als Handlungskriterium für die Entscheiderin (vgl. Coleman 1995c, S. 22):

$$max\, U(c_{i1}, c_{i2}, ..., c_{im})$$

unter der Bedingung

$$r_i = \sum_{j=1}^{m} c_{ij} v_{ij}$$

r_i : gesamte Ressourcenausstattung des Akteurs i
m : Zahl der existierenden Güter
v_{ij} : Wert des Gutes j für den Akteur i
c_{ij} : von i kontrollierte Menge des Gutes j

---

[8] Gelegentlich werde ich daher zwischen ›qualitativem‹ und ›quantitativem‹ Coleman-Akteur unterscheiden.

6. Tausch von Verfügungsrechten: James S. Coleman

Maßeinheiten für die Größen werden nicht eingeführt, sie werden in bloßen Zahlenwerten angegeben. Die Summe aller Interessen eines Akteurs wird auf 1 normiert (vgl. Coleman 1995c, S. 21).

Diese Kurzfassung von Colemans mathematischer Formalisierung lässt eine stärkere Orientierung an Marktzusammenhängen erkennen.[9] Ressourcenwerte innerhalb des sozialen Systems nehmen die Funktion der Preise auf dem Markt ein, die Interessen an einer Ressource repräsentieren die Nachfrage nach dem Gut, tauschbare Ressourcenmengen entsprechen dem Güterangebot. Colemans Untersuchungsgegenstand, das durch Austauschakte konstituierte soziale System, ist also in Anlehnung an den neoklassischen Polypolmarkt entwickelt.

Ein idealtypisches Interaktionssystem Colemans ist das ›vollkommene soziale System‹, in dem keine Transaktionskosten anfallen und keine Abhängigkeiten zwischen Handlungen bestehen, die strategisches Handeln vorteilhaft erscheinen ließen; auch Konflikte und Normüberschreitungen treten dementsprechend nicht auf (vgl. dazu Coleman 1995c, S. 70-73). Dieses vollkommene soziale System ist eine Übertragung des neoklassischen Marktmodells auf andere gesellschaftliche Anwendungsbereiche (vgl. Coleman 1992a, S. 121) und gleicht einem perfekten Polypolmarkt in einer Coase-Welt. Die obigen Formeln implizieren die Abwesenheit von Transaktionskosten, Institutionen und externen Effekten. (Die neoklassische Annahme der unendlichen Teilbarkeit der Güter ist hier allerdings nicht nötig, da Kontrollrechte auch dann geteilt werden können, wenn die Ressource oder das Ereignis unteilbar ist.)

Ein Beispiel für ein System sozialen Austauschs ist die Vergabe von Schulnoten (vgl. Coleman 1995a, S. 175-185): Die Schülerinnen und Schüler haben ein (mehr oder weniger starkes) Interesse an guten Noten und verfügen v. a. über die Ressource Zeit bzw. Fleiß, die sie dafür aufwenden können.[10] Die Lehrerin hat ein Interesse daran, dass die Klasse Zeit mit Hausaufgaben und Lernen verbringt. Sie kontrolliert die begehrten Schulnoten und gibt sie im Tausch gegen den Zeitaufwand der Schülerinnen und

---

[9] »Es handelt sich um ein lineares Modell für einen Markt, auf dem rationale Akteure Kontrolle über Ereignisse, an denen sie weniger interessiert sind, tauschen können gegen Kontrolle über wichtigere Ereignisse.« (Voss 1993, S. 367)

[10] Sie setzen die Zeit allerdings nicht etwa wie bei Becker zur Produktion guter Noten ein; es gibt in Colemans Theorie nur die Übertragung von Kontrollrechten.

Schüler ab. Für dieses Exempel quantifiziert Coleman auch Interessen und Werte (vgl. Coleman 1995c, S. 58f).

In sozialen Systemen muss keine prinzipielle Reziprozität der Tauschbeziehungen bestehen wie auf ökonomischen Märkten. Es können auch einseitige Übertragungsakte vorkommen, von denen sich ein Akteur Nutzen erwartet. Er kann Kontrollrechte an eine andere Person übertragen, wenn er erwartet, dass diese mit ihrer Hilfe zur Erreichung seiner eigenen Ziele beitragen wird, z. B. ein charismatischer Führer oder eine charismatische Führerin (vgl. Coleman 1995a, S. 211f).

Tauschvorgänge auf Märkten sind wegen der fehlenden Konvertierbarkeitshemmnisse sehr einfach: Gütermengen können in Geld und somit in Mengen jedes beliebigen anderen Gutes umgerechnet und umgewandelt werden. In sozialen Systemen erschweren dagegen institutionelle Tauschhemmnisse den Austausch. Es ist kein allgemeines Tauschmittel vorhanden, das es möglich macht, Güter oder Ressourcen beliebig zu tauschen. Geld hat diese Funktion hier nicht inne. Seine Fungibilität wird hier beabsichtigtermaßen eingeschränkt, z. B. wird der Austausch von Wahlstimmen (Stimmenkauf), Sexualität (Prostitution) oder Entscheidungsbefugnissen gegen Geld (Bestechung) zu verhindern versucht (vgl. Coleman 1995c, S. 83).

Ausgehend von seinem Modell der Handlung als Transaktion, greift Coleman traditionelle Themen der Soziologie auf und modelliert sie vor einem Paradigma, das stark an der Ökonomik orientiert ist und eine Einordnung als ›neoklassischer Soziologe‹ rechtfertigen könnte. Laut Esser (1999a) lassen sich mit diesem Modell soziologische Überlegungen von Norbert Elias, Jeffrey Alexander, Anthony Giddens, Jürgen Habermas und Niklas Luhmann integrieren (vgl. S. 600-617). In der Soziologie wird er trotzdem überwiegend skeptisch rezipiert (vgl. weiter unten), in der Ökonomik dagegen findet er kaum Beachtung.

Zentrale Begriffe und Anwendungsfelder

Um Colemans Erklärung soziologischer Phänomene plastischer zu machen, soll sein Paradigma nun anhand einiger von ihm selbst behandelter Gegenstände demonstriert werden.

Coleman gesteht dem Normbegriff eine zentrale Rolle zu und leitet ihn aus dem Rechtsbegriff her, womit er sich entscheidend gegenüber der

Rational-Choice-Tradition absetzt (vgl. Baurmann 1993, S. 38). Die Genese von *Normen* erklärt er in einem zweistufigen Prozess:

Zuerst muss Bedarf nach einer Norm aufkommen. Dieser ergibt sich aus externen Effekten, d. h. Rückwirkungen von Handlungen auf andere Akteure. Normen dienen dazu, negative externe Effekte zu reduzieren. *Konjunkte* Normen sind solche, deren Nutznießerinnen zugleich auch Adressatinnen der Norm sind (z. B. das Einhalten einer Redeliste); bei *disjunkten* Normen sind die Zielakteure, die die Norm einhalten sollen, andere als jene, die von der Normeinhaltung profitieren (z. B. ein Rauchverbot) (vgl. Coleman 1995a, S. 318-321).

Normen werden (zweitens) real geschaffen, indem sie durch Sanktionen unterstützt werden. Hierzu müssen Akteure vorhanden sein, die das Interesse und zugleich ausreichende Ressourcen haben, um eine wirksame Sanktion gegen die Norm Überschreitende zu verüben. Sofern das Ausüben einer Sanktion mit Kosten verbunden ist, stellt sie ein Kollektivgutproblem zweiter Ordnung dar (vgl. Coleman 1995a, S. 148).[11] Die Sanktion wird nicht ›automatisch‹ erfolgen (wie eine Aesop-Fabel zeigt, in der zunächst keine der Mäuse bereit ist, der Katze wie beschlossen eine Glocke umzuhängen) (vgl. Coleman 1995a, S. 351).[12] Hat keiner der Akteure mit hinreichender Ausstattung ein Interesse daran, Sanktionen vorzunehmen, wird die Sanktion ausbleiben. Die unzureichende Sanktionierung von Geschwindigkeitsbegrenzungen in der BRD (vgl. Berger 1998, S. 71f) ist insofern kein Widerspruch zu Coleman (vgl. zu diesem Thema auch Lüdemann 2000, S. 97).

Auch die Einhaltung von Normen folgt einem rationalen Kalkül, erfährt der Akteur doch einen höheren Nutzen, wenn er die Sanktion vermeidet. Außerdem können Akteure die Norm aus Interesse an ihrer langfristigen Weiterexistenz einhalten. Für die Herleitung der Rationalität von Normbe-

---

[11] Olson (1968), der das Problem kollektiven Handelns in die Rational-Choice-Debatte einbrachte, vergisst bei seiner Diskussion ›selektiver Anreize‹ diesen Aufwand einer Sanktionierung (vgl. S. 59-64; vgl. auch Willems 1996, S. 137-139). Würde dieser berücksichtigt, so wäre die empirische Tatsache, dass kollektives Handeln stattfindet, noch weniger nachvollziehbar, als es aus der Sicht seiner Theorie ohnehin schon der Fall ist.

[12] Dabei ist jedoch zu bedenken, dass die Katze weniger ein handelnder Akteur des Systems ist als ein öffentliches Ungut, weshalb die Verwendung des Sanktionsbegriffs hier nicht exakt ist.

folgung knüpft Coleman (1986b) bei Robert Axelrod an (vgl. S. 55 und 58-67).[13]

Vertrauen wird ebenfalls auf rationales Kalkül zurückgeführt: Bei Unwissen über das Eintreffen von Handlungsfolgen sind die Handelnden gezwungen, Wahrscheinlichkeiten zu benutzen. Die Entscheidung, jemandem zu vertrauen, modelliert Coleman in Bayesscher Manier als Lotterie,[14] an der dann teilzunehmen ist, wenn:

$$\frac{L}{G} > \frac{p}{1-p}$$

L : Einsatz (Verlust)
G : Gewinn
p : Gewinnwahrscheinlichkeit
$1 - p$: Verlustwahrscheinlichkeit

Beispiele für Vertrauen sind etwa die Vergabe eines Kredits oder die Entscheidung einer Frau, sich von einem flüchtigen Bekannten auf einer dunklen Wegstrecke nach Hause begleiten zu lassen oder nicht (vgl. Coleman 1984, S. 279f). Dieser Vertrauensbegriff wird von zwei Seiten kritisiert: Einerseits ist er zu weit gefasst, weil auch noch Situationen darunter fallen, die treffender als Glück zu bezeichnen wären (vgl. Junge 1988, S. 50f). Zum anderen wird die Realität sozialer Beziehungen sehr verkürzt, wenn Vertrauensentscheidungen allein auf Kosten-Nutzen-Erwägungen basieren (vgl. White 1990, S. 784).

Bei unvollständiger Information müssen die Gewinnwahrscheinlichkeit p^* oder das Verlust-Gewinn-Verhältnis $(\frac{L}{G})^*$ auf Basis vergangener Erfahrungen abgeschätzt werden (vgl. Coleman 1995a, S. 132-134). Coleman führt in diesem Zusammenhang die Zusatzannahme ein, dass p^* bei sehr großem $\frac{L}{G}$-Verhältnis tendenziell zu niedrig und bei sehr kleinem zu hoch

---

[13] Axelrod (2000) hat mittels spieltheoretischer Computersimulation ermittelt, dass kooperative Handlungen auf lange Sicht für alle Beteiligten den größten Vorteil erbringen, kommt für seine Erklärung also ohne den Begriff der Norm aus – Kooperation zahlt sich aus. Coleman (1990) führt zwei Simulationen durch und kommt im Gegensatz zu Axelrod zu dem Schluss, es seien geschlossene soziale Netzwerke nötig, um die Entstehung von Kooperationsnormen zu gewährleisten; die Ausweitung auf völlig frei interagierende Individuen ist unberechtigt (vgl. S. 108f).

[14] Der Bezug Colemans auf die Erwartungsnutzentheorie ist jedoch punktuell, nicht durchgängig. Wenn Esser (1992) eine solche Behauptung aufstellt (vgl. S. 136), nimmt er eine Überinterpretation in seinem eigenen Sinn vor.

eingeschätzt wird. Informationssuche wird nur so lange betrieben, wie sie gewinnversprechend ist (vgl. ebenda, S. 131f). Lernprozesse (z. B. durch Feuerlöschübungen) können zu einer veränderten Einschätzung von Wirkungen und Wahrscheinlichkeiten führen (vgl. Coleman 1995c, S. 325f).[15]

Aus dem Vertrauensbegriff leitet Coleman das Vertrauenssystem ab. Es entsteht durch wiederholte Vertrauensvergabe und nimmt klassisch die Form einer Freundschaftsbeziehung an. Durch Stabilität und Zuverlässigkeit ihrer Beziehung steigt der Nutzen aller Beteiligter, die somit auf die Unterstützung der anderen Akteure zurückgreifen können und dadurch ihre Ziele besser verfolgen können. Existiert ein Vertrauenssystem als geschlossenes Netzwerk, entsteht *Sozialkapital* (vgl. Coleman 1988). Es besteht aus Erwartungen und Verpflichtungen, die Vertrauenswürdigkeit erzeugen, und findet sich – anders als Beckers Humankapital – innerhalb sozialer Beziehungen. Es steht als Kollektivgut allen Mitgliedern des Vertrauenssystems zur Verfügung. Es erleichtert den Informationsfluss und verhindert Vertragsbrüche, senkt also die Transaktionenskosten. Gleichzeitig stabilisiert Sozialkapital die soziale Ordnung, indem es als »Kitt« fungiert (Diekmann 1993, S. 26). Mit der Entwicklung zu einer neuen, technologiegestützten Form gesellschaftlicher Organisation erodiert das soziale Kapital der ursprünglichen Organisationsformen (vgl. Coleman 1993c, S. 9f).[16]

Eine andere wichtige Sozialbeziehung ist die Herrschaftsbeziehung, die im Innehaben von Kontrolle über die Handlungen einer anderen Entscheiderin besteht. Sie kann durch Austausch der Kontrollrechte gegen eine Kompensation (etwa im Rahmen eines Arbeitsvertrags) entstehen. Der Akteur, der die Handlungen anderer kontrolliert, ist der Prinzipal, die Kontrollierten sind die Agenten. In *konjunkten* Herrschaftsbeziehungen stimmen die Interessen beider Parteien überein; in *disjunkten* Herrschaftsbeziehungen weichen die Eigeninteresen der Agenten von jenen des Prinzipals ab.

---

[15] Er versucht mit dieser Annahme einem Phänomen Rechnung zu tragen, das auch in den experimentellen Studien (siehe 3.2.1) beobachtet wurde. Allerdings ist seine ›Lösung‹ nur eine Zusatzannahme, die in Analogie zu Beckers Behandlung der Anomalie der Kindernachfrage als ›model stretching‹ bezeichnet werden könnte. Für diese systematische Fehleinschätzung der Wahrscheinlichkeit liefert Coleman keine Begründung, sondern verweist nur auf ihre Plausibilität.

[16] Für die USA der letzten drei Jahrzehnte zeigt Coleman (1995d) in einer eigenen Untersuchung auf, dass eine Erosion sozialen Kapitals für Jugendliche stattgefunden hat, und leuchtet Gründe dafür aus.

144 I. Ökonomische Modelle von Welten und Handlungen

Hier richtet sich die Motivation der Agenten vorrangig auf die Kompensation.[17]

Kollektive Akteure sind Geflechte mehrerer verknüpfter Herrschaftsbeziehungen, eine Form des Herrschaftssystems (vgl. Coleman 1979b, S. 1-19), innerhalb dessen mehrere Individuen gemeinsam Ziele verfolgen (vgl. Coleman 1979a, S. 80-86). Tuomela (1993) resümiert Colemans Begriff des kollektiven Akteurs so:

> »[F]or Coleman a corporate actor is a social collective which [...] must have social positions with related rights and duties and with some collective control over those rights and obligations. Furthermore, a corporate actor has or can have purposes and can act so as to satisfy them.« (S. 12)

Handlungsfähigkeit erlangt der kollektive Akteur dadurch, dass ihm die Individuen einen Teil der Kontrolle über ihre Handlungsrechte und Ressourcen übertragen. Die Interessen des kollektiven Akteurs entstehen durch Aggregation der Interessen seiner Mitglieder nach jeweils spezifischen Regeln (insbesondere die Gewichtung betreffend).

Mit seinem Konzept des kollektiven Akteurs als Zusammenlegung von Ressourcen zur gemeinsamen Nutzung hat Coleman einen neuen Ansatz zur Auffassung sozialer Verbände gegenüber der herkömmlichen Auffassung als Netzwerk vorgelegt (vgl. Vanberg 1979, S. 98).

6.2 Entwürfe zu einem komplexen Konzept der Entscheiderin

In ihren Grundzügen habe ich Colemans Handlungstheorie bereits bei der Skizzierung seines Kontrollrechte-Paradigmas dargelegt: Die Akteure, ausgestattet mit Kontrollrechten über Ressourcen und Ereignisse, transferieren Kontrollrechte, um ihre Ziele zu verfolgen und ihren Nutzen zu maximieren. Dennoch bleibt die Frage, wie die Entscheiderin genau arbeitet, noch zu klären: Woraus erhält sie Befriedigung, woher kommen ihre Ziele und worin bestehen ihre Präferenzen (die bei Coleman wie in der Neoklassik als tastes verstanden werden)? Nachdem ich dies nochmals im Detail

---

[17] Solche Kontrollprobleme werden als Prinzipal-Agent-Probleme diskutiert (siehe FN 20, S. 48). Lösungen können in Überwachungssystemen gesucht werden, wodurch Kontrollkosten entstehen, oder, wie weiter unten ausgeführt wird, in der Manipulation der Interessen der Agenten.

nachvollzogen habe, widme ich Colemans Überlegungen zum Wandel der Entscheiderin Aufmerksamkeit. Obwohl Colemans Entwürfe zu beidem ziemlich fragmentarisch sind, lohnt es sich, einen genaueren Blick hierauf zu werfen.

6.2.1 Das Selbst

Coleman widmet der Konstitution und Entwicklung des Selbst ein eigenes – sein »weakest« und »one of the most disturbing« – Kapitel der *Grundlagen* (Sica 1992, S. 247 und 260). Darin legt er dar, dass seine Akteure aus zwei Komponenten bestehen, einem *Rezeptor* und einem *Aktivator* (vgl. Coleman 1995b, S. 234). Diese Aufteilung ist funktional und trennt das Verändern der Umwelt vom Erfahren von Wirkungen der Umwelt (vgl. ebenda, S. 239).[18] Der Rezeptor ist die Komponente des Selbst, die Signale der Umwelt aufnimmt und Umweltsignale mit Handlungen abgleicht (dafür ist Intelligenz erforderlich, die durch Lernerfahrungen gefördert wird) (vgl. ebenda, S. 234). Die Konsequenzen der Handlung erfährt also der Rezeptor, der die Kontrolle über den Aktivator ausübt und die aufgenommenen Informationen an den Aktivator überträgt, welcher verändernd auf die Umwelt einwirkt. Ist dieses interne Kontrollsystem nicht intakt, versagt der Akteur (vgl. ebenda).

Während der Rezeptor *Bedürfnisse* hat, wirkt der Aktivator normalerweise unter seiner Kontrolle darauf hin, die Umwelt so zu gestalten, dass sie mit der Bedürfnisstruktur des Rezeptors im Rahmen der gegebenen Möglichkeiten weitestgehend übereinstimmt. Die Bedürfnisse des Rezeptors zu befriedigen, ist das handlungsleitende Motiv (vgl. Coleman 1995b, S. 239), für welches Ressourcen erworben und eingesetzt werden. Das Ausmaß der Befriedigung ist der *Nutzen* (vgl. Coleman 1995c, S. 200), der – im Gegensatz zu Bedürfnissen und Präferenzen – als kardinal quantifizierbar gedacht wird. Wie in der Neoklassik weist er den Verlauf ei-

---

[18] Colemans Akteursmodell ist sowohl auf Individuen als auch auf kollektive Akteure anwendbar. Handelt es sich um einen kollektiven Akteur, so sind Aktivator und Rezeptor nicht nur funktional, sondern auch personell voneinander unterschieden. Der Aktivator besteht dann aus einem oder mehreren Agenten, wohingegen der Prinzipal den Rezeptor bildet.

ner Cobb-Douglas-Funktion auf.[19] Wie Coleman einmal erwähnt, soll die Befriedigung dem Logarithmus des Nutzens entsprechen. Genau genommen, ist die Befriedigung bei Coleman also der Logarithmus einer Cobb-Douglas-Funktion, die ihrerseits konkav ansteigt – eine unnötige Doppelkonstruktion. Da er diese Annahme weder begründet noch erläutert und Belegstellen zudem rar sind, würde man ihm Unrecht tun, sie allzu wörtlich zu nehmen. Vielmehr scheinen abnehmender Grenznutzen und logarithmisch ansteigende Befriedigung zwei Wege zu sein, auf denen Coleman das Gleiche ausdrücken will, nämlich dass die Zufriedenheit des Akteurs mit steigender Ressourcenmenge langsamer zunimmt. Meines Erachtens könnte einer der beiden Begriffe Nutzen oder Befriedigung aus der Theorie wegfallen oder Befriedigung nur qualitativ bestimmt sein, während Nutzen deren kardinale Messgröße ist.

Auf welche Weise der Nutzen entsteht, führt Coleman nicht aus. Nutzen wird nicht etwa produziert. Vielfach entsteht der Eindruck, als zögen die Akteure unmittelbar Nutzen daraus, die Ressourcen (in Übereinstimmung mit ihrer Bedürfnisstruktur) zu kontrollieren. Der Nutzen ist individuell unterschiedlich und wird nicht interpersonal verglichen. Allerdings hält Coleman durch Konstruktionen wie Rawls' Schleier der Unwissenheit eine Art interpersonellen Nutzenvergleichs für möglich, der über den Umweg des intrapersonalen Vergleichs vollzogen wird (vgl. Coleman 1995c, S. 140-143). Auch auf dem Markt geschehe ein de-facto-Nutzenvergleich: Aus einem abgegebenen Gut konnte der Akteur offenbar weniger Nutzen erhalten als aus jenem, das er im Austausch dagegen erhält.

Eine weitere relevante Kategorie ist der Bedürfnisbegriff, der sich im Gegensatz zum Nutzen nicht auf die Ressourcen selbst bezieht. Was sich Coleman inhaltlich unter Bedürfnissen vorstellt (Wohlstand? Liebe? physisches Wohlbefinden?), bleibt der Spekulation überlassen, da der Begriff nicht mit Beispielen illustriert wird. Als übergeordnetes Bedürfnis (›ob-

---

[19] Cobb-Douglas-Funktionen haben eigentlich nur im Walrasianischen Gleichungssystem Berechtigung. Mit ihnen wird die Einkommenselastizität der Nachfrage auf den Wert 1 beschränkt. Angesichts der Existenz einer Reihe von Multiakteurs- und Multigüter-Gleichgewichtsmodellen (vgl. Frank 1992, S. 166) sowie der Möglichkeit, eine allgemeinere (CES-)Nutzenfunktion mit dem Modell zu vereinbaren (vgl. Voss 1993, S. 368), wäre die Einschränkung der Allgemeinheit des Modells durch die Cobb-Douglas-Funktion nicht nötig.

jektives Interesse‹) nennt er jenes zu überleben,[20] Unternehmen erlangen Überlebensfähigkeit durch Maximierung des Gewinns, gemessen in Werten. Der Wert der Endprodukte (der von der Intensität der Interessen an ihnen abhängt) muss höher sein als jener der verbrauchten Ressourcen. Mit der Gewinnmaximierung erhöht das Unternehmen zugleich seine Überlebensfähigkeit (vgl. Coleman 1995c, S. 349f). Auch Individuen streben nach Überlebensfähigkeit und reproduzieren sich, indem sie wie Unternehmen auf Märkten Ressourcen erwerben und tauschen.[21] Coleman zieht die Analogie mit Unternehmen jedoch nicht so weit, dass er auch bei Individuen einen Produktionsakt für die Nutzengewinnung annimmt. Das hat den Vorteil, dass er sich nicht die Probleme einhandelt, die sich bei Becker gezeigt haben; zugleich fehlen somit aber die Verbindung zwischen Ressourcen bzw. Werten und Nutzen sowie eine Konkretisierung des Grundbedürfnisses nach Überlebensfähigkeit.

Weitere, untergeordnete Bedürfnisse werden eingeführt, bleiben jedoch abstrakt und werden nicht exemplifiziert. Allgemein hat der Bedürfnisbegriff die Bedeutung ›oberster Ziele‹, nach denen sich der Akteur ausrichtet (vgl. Coleman 1982, S. 288) – also dessen, was Becker unter Präferenzen fassen würde. Dies lässt schließen, dass es noch untergeordnete Ziele gibt. Auch der Begriff des Ziels wird bei Coleman (1995a) nicht theoretisch eingeführt (vgl. S. 19-27); Beispiele für Ziele lassen sich nur mit Mühe herauslesen.

Bei jeder Handlung scheint ein Bedürfnis eine Rolle zu spielen. Um Colemans Erklärung zu komplettieren, setze ich in einige Beispiele, die er modelliert, Bedürfnisse ein: Er erwähnt z. B. die Entscheidung zwischen Squashspielen und Theaterbesuch (vgl. Coleman 1995c, S. 4); diese wird m. E. vom Bedürfnis nach Erholung bzw. Entspannung gesteuert. Hinter dem Tausch von Football- und Baseballsammelbildern zwischen Kindern – ein Anwendungsfall, auf den Coleman (1995c) im gesamten dritten Band der *Grundlagen* immer wieder zurückkommt – könnte das Bedürfnis nach

---

[20] »Es kann behauptet werden, dass das letztendliche objektive Interesse jedes Akteurs darin besteht, seine Existenzfähigkeit, d. h. seine Überlebenschancen zu maximieren.« (Coleman 1995c, S. 349) – Wenn Coleman hier den Terminus Interesse benutzt, entspricht dies nicht seiner eigenen Definition des Begriffs. Da sich Interessen bei ihm auf konkrete Güter richten, wäre es konsequent, hier vom ›objektiven Bedürfnis‹ zu sprechen.

[21] Wie Unternehmen sind sie als »Wirtschaftspersonen« gedacht (vgl. Hutten 1989, S. 91f).

sozialem Ansehen vermutet werden (wenn eine peer group existiert, die Sammelbilder als Statussymbol anerkennt). Die Tauschsituation zwischen den Jungen erweitert Coleman schließlich um das Interesse am Telefonieren mit der Freundin; dem liegt das Bedürfnis nach Liebe oder Sex zugrunde. Auch sind Apfel und Orange bei Coleman (1995c) substituierbar (vgl. S. 132); dahinter muss das Bedürfnis nach gesunder Ernährung stehen. Wenn nun – nach der von mir angelegten Lesart Colemans – Erholung, Ansehen und (gesunde) Ernährung als Bedürfnisse gelten, so könnten auch die Beckerschen Präferenzen für Kultur, Schlaf oder Kinder ergänzt werden, die auf derselben Abstraktionsebene liegen. Ebenso wie Becker gibt Coleman vor Beginn seiner Untersuchung keinen Katalog der angenommenen Bedürfnisse an. Bei ihm sind jedoch nicht die Bedürfnisse unmittelbar erklärend für die Handlungen, sondern zwischen Bedürfnis und Handlung wird das Zwischenziel eingeführt.

Weitere Begriffe, die in der Abbildung nicht vorkommen, sind Interessen und Präferenzen. Colemans Präferenzbegriff ist deskriptiv ausgelegt und bezeichnet das Vorziehen einer bestimmten Option gegenüber einer substituierbaren. Die Aussage: »A hat eine Präferenz für Footballbilder« bedeutet, dass A Footballbilder gegenüber anderen verfügbaren Gütern (in Colemans Beispiel gegenüber Baseballbildern) vorzieht. Auch den Wunsch nach Apfel oder Orange, nach Squash oder Theater behandelt Coleman als Präferenzen, ebenso wie er die Entscheidung zwischen verschiedenen Kandidaten in einer politischen Wahl auf eine Präferenzordnung zurückführt (vgl. Coleman 1995b, S. 102) und den Vorzug für einen bestimmten Arbeitsplatz oder für die Einstellung einer bestimmten Person als Ausdruck von Präferenzen versteht (vgl. Coleman 1995c, S. 62). Präferenzen sind also Vorlieben zwischen substituierbaren Ressourcen, die sich aus dem erwarteten Befriedigungsmaß (dem zu erwartenden Nutzen) ergeben. Sie werden nicht theoretisch hergeleitet, sondern empirisch, also rückwirkend ermittelt, wie es der revealed-preferences-Auffassung entspricht: An der Handlung des Akteurs (Stimmabgabe, Freizeitgestaltung oder Obstkauf) lässt sich seine Präferenz ablesen; sie werden im Wahlakt aufgedeckt (vgl. Coleman 1995b, S. 22; siehe oben, S. 42). Präferenzen sind nicht quantifizierbar, sondern können nur ordinal skaliert werden.

Interessen richten sich (ebenso wie Präferenzen und im Gegensatz zu Bedürfnissen) auf konkrete Ressourcen und Ereignisse. Sie sind »mit Merkmalen des Individuums verknüpft und [können] durch sie erklärt wer-

6. Tausch von Verfügungsrechten: James S. Coleman

den« (Coleman 1995a, S. 182; vgl. auch Coleman 1995c, S. 68). Auch sie werden als situativ feststehend und normalerweise als exogen betrachtet:

> »Die durch sein Handeln ausgedrückten Interessen oder Nutzenwerte des Akteurs werden als gegeben vorausgesetzt, so lange sie Konsistenz aufweisen.« (Coleman 1995c, S. 347)

Interessen sind in ihrer Intensität messbar, können intrapersonal verglichen werden und haben die Eigenschaften reeller Zahlen (vgl. ebenda, S. 144). Ermitteln kann man sie nur durch Experimente, Befragungen oder im Rückschluss aus dem beobachteten Verhalten (vgl. ebenda, S. 19 und S. 137). Auf der Basis bekannter Systemgrößen (Preisbildung, getauschte Gütermengen) ist die Abschätzung von Interessen möglich, wie sie Coleman selbst demonstriert (vgl. ebenda, S. 67-69).

Über Interessen sagt Coleman ebenfalls aus, sie verliefen gemäß einer Cobb-Douglas-Funktion. Das lässt darauf schließen, dass Interessen die Funktion des Nutzens haben und dabei eine zentrale Stellung innerhalb der Theorie einnehmen. Den Nutzenbegriff benutzt Coleman mit einiger Selbstverständlichkeit, während er den Interessenbegriff, der bedeutender für seine Theorie ist, als Handlungsauslöser neu einführt und mehr erläutert. Die zweifache Funktion der Interessen (vgl. Coleman 1995c, S. 199f) liegt darin, dass sie sowohl im Vorfeld der Handlung Auskunft über den Nutzen geben und so als Entscheidungshilfe dienen als auch das Kriterium bilden, nach dem das Befriedigungsniveau des Akteurs mit den Handlungskonsequenzen bemessen wird.

Gesteuert werden die Interessen einerseits durch den Wert der Ressource: Je begehrter sie im System ist, desto besser wird sie sich normalerweise für die Verfolgung der eigenen Ziele eignen. Das Interesse wächst also tendenziell mit dem Tauschwert der Ressource. Andererseits richten sich die Interessen nach der Bedürfnis- und Zielstruktur aus, aus der sich die spezifische Nützlichkeit der Ressource für die Entscheiderin ergibt.

Colemans Akteure können mit demselben Ereignis verschiedene Interessen verbinden oder unterschiedlich hohen Nutzen aus einer Ressource ziehen. Allerdings sind solche Heterogenitäten nicht willkürlich in die Theorie einzuführen, sondern entstammen zum einen unterschiedlichen Restriktionen (was an Becker erinnert), zum anderen kultureller Prägung (vgl. Coleman 1986a, S. 351).

Da Colemans Rationalitätsbegriff vom Egoismusbegriff entkoppelt ist (vgl. Schmid 1996, S. 129), gehört auch Altruismus zum Handlungsrepertoire; es erscheint nicht als Inkonsistenz, Nutzen daraus zu ziehen, wenn die Interessen anderer Akteure verwirklicht werden. Altruistischen Handlungsdispositionen geht eine Umorientierung der inneren Struktur der Entscheiderin voraus, wie sie im nächsten Unterabschnitt Gegenstand sein wird.

Ein Handlungsmodus, der nur am Rande erwähnt wird, ist strategisches Handeln: In Situationen doppelter Abhängigkeit muss der Akteur antizipieren, wie (und mit welcher Wahrscheinlichkeit) die Reaktionen auf seine Handlung ausfallen werden, wie sich dadurch zukünftige Optionen ändern und welcher Gesamtnutzen über mehrere Runden des Spiels entstehen wird. Der Algorithmus zur Berechnung einer optimalen Strategie ist bereits beim wiederholten Spiel zweier Akteure mit nur zwei Wahloptionen äußerst komplex (vgl. Coleman 1995c, S. 311 und S. 317). Auch die Aggregation wird zu komplex und wäre von zu vielen Kontingenzen bestimmt, um noch erklärungskräftig zu sein. Coleman behandelt daher nur strukturelle Interdependenz, d. h. er setzt die anderen Akteure als unbeeinflussbare Faktoren, und unterlässt die Modellierung strategischer Interdependenz über spieltheoretische Modelle erfolgen müsste (vgl. Junge 1988, S. 54-60, und Büschges 1994, S. 275).

6.2.2 Interessenwandel und -genese

Im Grunde sind Colemans Akteure konstant; Interessen sind feste Eigenschaften der Akteure und nicht modifizierbar (vgl. Coleman 1995a, S. 201), so dass Handeln, wie in der Ökonomik üblich, »durchgängig auf feststehenden Interessen« basiert (Müller/Schmidt 1998b, S. 18). Es gibt jedoch auch Möglichkeiten des Wandels.

Da Interessen innerhalb eines sozialen Systems definiert sind, induziert eine (exogene) Änderung von Systemgrößen die Neuordnung der Interessen. Mit den Ressourcenverteilungen innerhalb des Systems variieren auch die mit ihnen verbundenen Interessen bezüglich ihrer Verteilung auf verschiedene Ressourcen oder ihrer Intensität.[22] Dadurch werden die Werte – und damit Macht – neu bestimmt, was wiederum auf die Interessen

---

[22] Dies muss schon deshalb der Fall sein, weil die Interessen eines Akteurs in der Summe auf 1 normiert sind. Wenn dem System beispielsweise eine neue Ressource hinzugefügt wird, an der er auch nur ein sehr geringes Interesse entwickelt, werden sich seine Interessen verschieben.

zurückwirken wird. Diese Möglichkeit eines Interessenwandels wird von Coleman nicht explizit formuliert, lässt sich aber bei ihm wiederfinden. Sie ergibt sich zwingend aus der Definition der Interessen in Abhängigkeit von den Konstellationen und Möglichkeiten innerhalb des Systems. Coleman benennt in Übereinstimmung damit das Hinzukommen neuer Akteure oder Ressourcen als Auslöser für einen Interessenwandel, der zu einem neuen Gleichgewicht führt (vgl. Coleman 1995c, S. 291-294). Auch durch Besteuerung – ebenfalls eine Änderung von Systemgrößen (Preisen) – kann ihm zufolge eine Neubewertung der Optionen erfolgen, was sich ebenfalls auf die Interessen auswirkt (vgl. Coleman 1995a, S. 208). Einschränkend (jedoch ohne dem weitere Aufmerksamkeit zu widmen) fügt er hinzu, die Wandlungsfähigkeit von Interessen sei nicht unbegrenzt und beliebig, sondern »physiologisch« restringiert (vgl. ebenda) – was das auch konkret bedeuten mag.

Ein zweiter Interessenwandel erfolgt durch Änderung von Überzeugungen: Neue Informationen (etwa über die Schädlichkeit passiven Rauchens) erzeugen ein verändertes Bewusstsein für Nutzen bzw. für Bedingungen der Befriedigung und lassen die Akteure gegebenenfalls das Interesse an bestimmten Ereignissen (wie Rauchverbot) verspüren. In der Konsequenz kann eine Änderung der Rechteverteilung durchgesetzt werden. Recht wird bei Coleman durch geteilte Überzeugung der relevanten Akteure konstituiert.[23] Der Überzeugungsbegriff bezieht sich dabei auf die wahrgenommene Verknüpfung von Ereignissen und Folgen, also auf den Informationsstand der Entscheiderin über die Welt, mit dessen Änderung auch ihre Interessen variieren können.

Verfassungsbildung

Darüber hinaus behandelt Coleman auch Interessenvariationen, die auf einen Wandel des Selbst zurückzuführen sind: Im Zuge von Sozialisationsprozessen werden Interessen anderer internalisiert. Sozialisationsagenten (z. B. Eltern oder Vorgesetzte) wirken bewusst darauf hin, dass andere

---

[23] Der Ausdruck ›relevante Akteure‹ bezeichnet die Gruppe derjenigen, die zusammen über ausreichende Macht verfügen, um Ereignisse, die in ihrem gemeinsamen Interesse liegen, herbeizuführen. Wird z. B. eine schwächere Partei stärker und widerspricht diesem bestehenden Konsens, dann kann das bisher akzeptierte Recht von einem neuen abgelöst werden (vgl. hierzu Coleman 1993b).

(z. B. Kinder oder Angestellte) in ihrem Interesse handeln. So lange sie sich sich selbst im Präsenzbereich des Kindes befinden, können sie dies durch Androhen bzw. Ausüben von Sanktionen erreichen. Um Kontrollkosten zu sparen, wirken sie auch auf interessenkonformes Verhalten seitens des Kindes (z. B. die Unterlassung von Diebstahl) hin, wenn es sich außerhalb ihrer Reichweite befindet (vgl. Coleman 1995c, S. 304-306). Der sozialisierte Akteur verändert seinen Rezeptor, indem er ein Gewissen als inneres Sanktionssystem entwickelt. Warum er dies tut, problematisiert Coleman kaum.[24] Die Wirkung ist vergleichbar mit jener einer sanktionsgestützten sozialen Norm: Der Akteur erfährt einen geringeren Nettonutzen, da die Sanktion den Nutzen aus der Handlung mindert. Der Unterschied liegt darin, dass die Sanktion vom sozialisierten Akteur selbst vorgenommen wird und mit Gewissheit erfolgt, sogar in Abwesenheit der Sozialisationsagenten. Daher ist die Selbstsanktionierung über das Gewissen wirkungsvoller und unaufwändiger. Allerdings ist die Annahme, dass Eltern lediglich auf die Berücksichtigung ihrer spezifischen Interessen hinwirken, als Erklärung für Erziehungsbemühungen sehr verkürzt (vgl. Berger 1998, S. 73f). Beispielsweise müssten Eltern dann darauf hinarbeiten, dass das Kind nur sie nicht bestiehlt, andere aber gegebenenfalls doch. Treffender wäre es zu berücksichtigen, dass sie das Kind auch in dessen eigenem Interesse sozialisieren, damit es die Normen der Gesellschaft kennt und befolgt. Das Motiv der Eltern ist in diesem Fall ein altruistisches: Sie möchten dem Kind die Interaktion im Rahmen der gesellschaftlich anerkannten Normen erleichtern.

Ebenso, wie das Interesse einer einzelnen anderen Person internalisiert wird, kann dies auch mit Normen geschehen, die gewissermaßen die Interessen des »verallgemeinerten Anderen« widerspiegeln (Coleman 1995a, S. 321).

Durch Internalisierung strukturieren die Akteure ihren Rezeptor um. Dieser Vorgang findet statt, wenn er Nutzen bringt, ist also selbst eine rationale Handlung. Modifizieren die Akteure ihre ursprünglichen Interessen, so werden Sanktionen für die Erklärung normkonformen Handelns nicht

---

[24] Entweder ist es eine bewusste Handlung, wie später noch ausgeführt wird, oder aber ein psychologischer Automatismus, durch den der Akteur, wenn er sich an die Ausübung einer Sanktion gegen ihn gewöhnt hat, darauf konditioniert wird, sie schließlich selbst vorzunehmen.

mehr benötigt. Der Akteur erfährt nun einen höheren Nutzen aus normgeleiteten Entscheidungen. Diese Erklärung der Normbefolgung unterscheidet sich grundlegend von jener, die ich weiter oben wiedergegeben habe. Sanktionen treten nicht mehr als Kostenfaktor auf, die Prinzipale üben die Kontrolle nicht mehr aktiv aus, und die Normeinhaltung steht den Interessen der Entscheiderin nicht mehr entgegen. Der Normbefolgung liegt kein Kosten-Nutzen-Kalkül zu Grunde; vielmehr haben sich Bedürfnisse und Interessen der Akteure auf die Normbefolgung ausgerichtet. Entscheidungen im Interesse anderer werden als rationale, nutzenbringende Handlungen nachvollziehbar.

Nicht nur Eltern sind es, die auf Rezeptorumstrukturierungen anderer Akteure durch Internalisierung hinwirken. Auch Prinzipale in disjunkten Herrschaftssystemen können dies gewinnbringend einsetzen (vgl. Coleman 1995b, S. 241). Unternehmen greifen auf Effizienzlöhne oder Prämien zurück, um den Beschäftigten – deren Interessen dem Unternehmensziel der Profitmaximierung zunächst entgegen gerichtet sind – bei Unternehmenserfolg höhere Auszahlungen zu verschaffen.[25] Somit wird es für jene rational, die Interessen des Unternehmens zu verfolgen, was auf längere Sicht zur Internalisierung derselben führt.

Für den Internalisierungsprozess leistet Coleman eine interessante kontrakttheoretische Reformulierung: Ein Akteur, der Nutzen aus Handlungen zieht, die im Interesse anderer liegen, hat diesen faktisch einen Teil der Kontrolle über seine Handlungen übertragen. (Kontrolle muss, wie oben erwähnt, nicht grundsätzlich aktiv ausgeübt werden). Die verschiedenen Komponenten des Selbst verfügen über Teilkontrollrechte über die Handlungen des Akteurs und treten – in Fortsetzung der Analogie zu kollektiven Akteuren – sogar in Austauschbeziehungen zueinander, weshalb von einer »Pikoökonomie« im Inneren des Akteurs die Rede ist (Coleman 1995b, S. 262). Als entscheidungsbefugte Kontrollinstanz hat der Akteur andere quasi zu einer Komponente seiner selbst gemacht und seinen Rezeptor virtuell um diese anderen Personen erweitert, so dass die Interessen der umgebenden Akteure in ihm – gewichtet nach deren Macht sowie Inte-

---

[25] Bei Unternehmen erscheint die Senkung von Kontrollkosten als plausibles Motiv, Internalisierungsprozesse der Beschäftigten zu forcieren. Wie schon bei der Einführung des Grundbedürfnisses nach Überlebensfähigkeit, passen die Begriffe auch hier besser auf Unternehmen als auf individuelle Akteure.

resse an einer Internalisierung – Berücksichtigung finden. Diesen Vorgang bezeichnet Coleman als die Ausbildung einer internen Verfassung.

Im Grunde besteht der Rezeptor einer sozialisierten Entscheiderin also aus einer Anzahl kleinerer (Sub-)›Akteure‹, die Abbilder anderer Mitglieder des sozialen Systems sind (vgl. Coleman 1995b, S. 262-264). Die Interessen der Entscheiderin entstehen aus diesem Blickwinkel durch Aggregation der Interessen der verschiedenen Subakteure.[26] So betrachtet, sind kollektive Akteure und Individuen strukturgleich, denn die Interessen eines kollektiven Akteurs entstehen ebenfalls durch Aggregation der Interessen der Basisakteure, aus denen er gebildet wird. Wie bei einem kollektiven Akteur ist es auch für eine individuelle Entscheiderin möglich, dass einzelne Interessen ihrer Subakteure gegeneinander stehen – dann muss sie sich ggf. über ihre eigenen Interessen erst klar werden. Dies kann Zielkonflikte erklären, z. B. zwischen Marihuana rauchen mit der gleichaltrigen Bezugsgruppe und es den Eltern zuliebe unterlassen.[27] Das Bild der Entscheiderin ist nun nicht mehr einheitlich, sondern in Einzelteile fragmentiert. Coleman formuliert an einer Stelle auch, es stünden verschiedene Rezeptoren zur Auswahl, die von der Entscheiderin situativ aktiviert werden könnten (vgl. Coleman 1995b, S. 235). Diese Hypothese wird jedoch nicht mit einer Metatheorie über die Auswahl versehen und bleibt als bloße Idee stehen.

Wie Coleman anmerkt, wird die Berücksichtigung der Interessen anderer Akteure im Laufe eines Lebens immer stärker. So entscheiden junge Menschen relativ eigennützig, wohingegen ältere in stärkerem Maß Fremdinteressen berücksichtigen (vgl. ebenda, S. 252). Der Rezeptor bildet eine Art »Lagerstätte« für Werte und Erfahrungen, die eine Person im Lauf ihres Lebens macht (vgl. Frank 1992, S. 166).

---

[26] Dabei müsste m. E. auch ein Subakteur vorhanden sein, der diejenigen Interessen verkörpert, die sich aus den eigenen Bedürfnissen des Akteurs ergeben. Je stärker dieser Subakteur bei der Aggregation gewichtet wird, desto egoistischer wird der Akteur entscheiden. Dieser Argumentationsschritt wird von Coleman, der das Modell nur sehr grob skizziert, ausgelassen.

[27] Dieses Beispiel, das Coleman selbst unter der Fragestellung diskutiert, wem der Akteur vertrauen soll (vgl. Coleman 1995a, S. 317), ist m. E. mit seinem eigenen Instrumentarium besser als Konflikt zwischen gegensätzlichen internalisierten Fremdinteressen zu erfassen. Dadurch erscheint die letztlich getroffene Entscheidung auf jeden Fall als Resultat der Interessen des Akteurs und nicht als Abweichung von diesen.

Altruismus

Eine so ausführliche Behandlung der Colemanschen Verfassungsbildung, die doch nicht mehr als ein unfertiger Rohentwurf ist, rechtfertigt sich aus der Möglichkeit, über diese Konstruktion altruistisches Handeln zu erklären – eine Neuorientierung gegenüber bisher erläuterten Rational-Choice-Konzepten. Coleman (1995b) führt vier Möglichkeiten an, um Handeln, das mit Fremdinteressen konform ist und den Eigeninteressen scheinbar entgegenläuft, nachvollziehbar zu machen (vgl. S. 252-256): Zunächst kann die Altruistin Nutzen erfahren, indem sie sich aus dem Gewinn, den ein anderer Akteur durch die Handlung erhält, eine Steigerung ihres eigenen Nutzens verspricht. Beispiele sind Hilfsleistungen, von denen zu erwarten ist, dass sie bei späterer Gelegenheit erwidert werden, oder Investitionen in ein Unternehmen, das in der Zukunft Erträge erwarten lässt. Genau genommen, sind solche ›altruistischen‹ Handlungen auf die Verwirklichung von Eigeninteressen ausgerichtet. Die drei weiteren Motive liegen in der Identifikation mit anderen Akteuren: Empathie bzw. das Gefühl von Nähe (im Sinne klassischer Konditionierung) kann durch gemeinsam erlebte Teile der Biographie entstehen, z. B. gemeinsame Kriegserfahrungen ehemaliger Soldaten. Ein weiterer Grund für Identifikation liegt in der Abhängigkeit von einer anderen Person (z. B. von Eltern oder Aufseherinnen) bzw. in der bereits vollzogenen Kontrollübertragung an einen anderen Akteur.

Diese drei Konstellationen führen zur Erweiterung des Rezeptors um bestimmte Akteure, aus deren Interessenbefriedigung die Entscheiderin dann Nutzen gewinnt. Coleman erläutert, wie der Befriedigungsgrad durch Identifikation mit engen Verwandten, mit dem Staat, mit der Arbeitgeberin, mit einem mächtigen Sieger oder mit einer Gemeinschaft gesteigert wird; auch kollektive Akteure können sich mit einem anderen kollektiven Akteur identifzieren (vgl. Coleman 1995a, S. 204-207).[28]

---

[28] Wird die Möglichkeit der Identifikation mit anderen ernst genommen, so liegt eine Konsequenz nahe, die absurd scheint: Da der sich identifizierende Akteur am Nutzen des anderen Anteil hat, könnten sich schlichtweg alle Akteure mit Erfolgreichen identifizieren und in deren Interesse handeln, um an ihrem Nutzen zu partizipieren. Coleman wirft dieses Problem auf, gibt aber selbst keine Antwort außer der Spekulation, dass es wenig befriedigend wäre, in einer Traumwelt zu leben (vgl. Coleman 1995b, S. 254). Er warnt auch davor, Identifikation mit anderen »nur zur Rettung der Theorie herbei[zu]ziehen« (ebenda, S. 253).

Altruismus wird ebenso wie Normbefolgung nach zwei verschiedenen Logiken modelliert. Die erste besteht in schlichtem egoistischen Nutzenkalkül, während die zweite von einer Umformung des Rezeptors ausgeht und die Logik der reinen Nutzenkalkulation überschreitet.

Die Berücksichtigung von Fremdinteressen findet in besonders hohem Maß in Vertrauenssystemen statt, innerhalb derer Akteure stärker dazu neigen, die Interessen der anderen zu internalisieren – sei es unmittelbar oder in Form von Normen. Dieses Vertrauen dient als Ressource, die allen Mitgliedern des Vertrauenssystems die Verfolgung ihrer Ziele erleichtert (vgl. Coleman 1995b, S. 228).

Durch Erweiterung des Rezeptors lässt sich evtl. auch die Entstehung einer Norm gegen Abtreibung erklären, die – wie Berger (1998) richtig bemerkt – nicht aus der Vermeidung negativer externer Effekte erklärbar ist (vgl. S. 70). Unter Berücksichtigung von Verfassungsbildungsprozessen besteht die Begründung für das Abtreibungstabu m. E. in der Annahme, dass einige Akteure die Interessen, die sie für jene eines Fötus halten, internalisiert haben. Sie erfahren Befriedigung daraus, sich für deren Berücksichtigung einzusetzen.[29]

Anpassung an Umstände

Mit der Rezeptorerweiterung um Fremdinteressen behandelt Coleman nur eine Ursache für Genese und Wandel von Interessenstrukturen. Es ist auch ein Wandlungsprozess des Rezeptors als Anpassung an die vorliegenden Wahloptionen und Auszahlungen möglich:

> »Im Grunde kann man sich dies als Krieg zwischen zwei Welten vorstellen – der äußeren Welt der Ereignisse [...] und einer Welt im Innern des Akteurs. Veränderungen in der ersten dieser Welten stellen ein System beobachtbaren Handelns dar, in dem Akteure um die Kontrolle über [...] Ereignisse oder Ressourcen ringen [...]. Veränderungen in der zweiten, inneren Welt treten nicht als beobachtbare Handlungen in Erscheinung [...]. Es handelt sich dabei um psychische Veränderungen,

---

[29] Um hierfür wiederum eine tragfähige Begründung zu liefern, müsste m. E. die Bildung von Überzeugungen (durch Religion oder Ethik) eingeführt werden. Dafür sind jedoch innergesellschaftliche Diskurse einzubeziehen, die eine kommunikative Tradierung gemeinsamer Überzeugungen gewährleisten, Elemente, die bei Coleman allerdings nicht auftauchen. Hier stößt das Modell an eine Grenze.

6. Tausch von Verfügungsrechten: James S. Coleman

[...] in denen der Akteur Befriedigung erlangt, indem er nicht Handlungen ergreift, um die Welt zu verändern, sondern indem er sich selbst verändert und danach mit der Welt zufrieden ist.« (Coleman 1995b, S. 252)

Statt die Situation in ihren äußeren Beschaffenheiten gemäß ihren Interessen umzugestalten, nimmt die Entscheiderin umgekehrt eine Anpassung ihrer Bedürfnisstruktur an die Umstände vor. Dies ist ebenfalls ein Weg, Übereinstimmung zwischen der Außenwelt und ihren Interessen herzustellen und somit maximale Befriedigung zu erlangen. Er mag besonders dann gewählt werden, wenn für eine Umgestaltung der äußeren Welt die nötigen Ressourcen fehlen oder der Aufwand sehr hoch wäre.

Unter Bezugnahme auf eine weitere Aesop-Fabel kann die Rezeptorumstrukturierung als ›Saure-Trauben-Verhalten‹ bezeichnet werden, wobei diese Bezeichnung nicht von Coleman, sondern von Elster (1983) stammt: Der Fuchs, der die Weintrauben an dem zu hohen Ast nicht erreichen kann, gibt seine Versuche schließlich auf und überlegt sich im Nachhinein, dass er sie eigentlich sowieso nicht essen wollte, weil sie ihm (vermutlich) zu sauer sind. Mit dieser Konstruktion kann z. B. die Tendenz zur Herausbildung systemkonformer Bedürfnisse bei Menschen, die vormals dem politischen und ökonomischen System ihres Landes ablehnend gegenüber standen, erklärt werden.

Interessenanpassung an die Umwelt findet in weitaus größerem Umfang bei Unternehmen statt: Da der Output der Nachfrage und Bewertung entsprechen muss, werden die Interessen so umorientiert, dass sich die Outputproduktion den Werten im System annähert. Bei kollektiven Akteuren kennt Coleman einen weiteren Weg der Interessenmodifikation des Rezeptors, der an die Rezeptorerweiterung bei Individuen anknüpft. Da die Interessen eines kollektiven Akteurs aus jenen der Basisakteure aggregiert werden, ändern sie sich mit seiner personellen Zusammensetzung. Werden daher (etwa in Aufsichtsräten) gezielt Basisakteure inkorporiert, die bestimmte Interessen (etwa von Anwohnerinnen) verkörpern, so werden sie sich auch in der Interessenstruktur des kollektiven Akteurs niederschlagen, der diese Interessen internalisiert (vgl. Coleman 1995b, S. 317-325).

Durch die Einführung von Internalisierungs-, Anpassungs- und Lernprozessen (für das Abschätzen von Wahrscheinlichkeiten) sind Colemans Akteure insgesamt einem steten Wandel unterworfen.

Zu erwähnen ist noch Selbstbindung, d. h. die Entscheiderin verpflichtet sich im Voraus zu einer Handlung, die sie unter anderen Umständen nicht wählen würde, um später mehr oder bessere Möglichkeiten zu haben (vgl. Coleman 1995c, S. 327). Coleman betont jedoch, dass Selbstbindung nicht Resultat von Willensschwäche ist,[30] sondern aus dem Auseinanderklaffen von kurz- und langfristigen Zielen entspringt.

6.3 Diskussion

Das von Coleman verwendete Akteursmodell ist aus soziologischer Sicht sehr schlicht: Er setzt Rationalität (Verfolgung von Zielen) voraus, geht von Existenzfähigkeit als einzigem Grundbedürfnis aus und nimmt an, dass die Akteure Präferenzen haben, denen gemäß sie einen Optionenraum strukturieren. Präferenzen, Interessen und Ziele werden empirisch gewonnen. Im Vergleich mit ökonomischen Ansätzen ist diese Schlichtheit des Akteurs keineswegs ungewöhnlich. Aus Sicht der nicht-akteurstheoretischen Soziologie wird es dagegen für zu primitiv befunden (vgl. die im Folgenden zitierte Sekundärliteratur).

Wie deutlich wurde, ist das Akteurskonzept bei Coleman unterbelichtet, so dass Informationen über das Funktionieren der Akteure für die Darlegung des Handlungsmodells erst mühsam zusammentragen werden mussten. Die Behandlung des Akteursselbst inklusive Rezeptorwandel bleibt skizzenhaft und weist mit seiner restlichen Theorie keine Verbindung auf, so dass die analytische Basis der Theorie sehr dürftig ist.[31]

Ein Beispiel für die Schlichtheit des Handlungsmodells ist das Aussparen der Wahrnehmung von Alternativen und Konsequenzen.[32] Coleman unterstellt diesen Schritt als unproblematisch. Dies ist allerdings zu voreilig:

---

[30] In der Soziologie wird sie z. B. von Elster (1979) so eingeführt. Nach diesem Verständnis ist Selbstbindung das bewusste Einwirken auf die eigenen Präferenzen oder die Erhöhung der (Alternativ-) Kosten einer Handlung, um sich selbst dazu zu bringen, eine Handlung zu unterlassen, obwohl der Akteur daraus – kurzfristig – Nutzen ziehen würde (z. B. das Rauchen, vgl. auch Weise et al. 1993, S. 174f).

[31] »[T]hese early armchair notions are not an adequate basis for *Foundations*« (White 1990, S. 785).

[32] Lindenberg (1993b) kritisiert das Fehlen kognitiver Situationsrahmungen (»Frames«), nach denen den Situationen Ziele zugeordnet werden: »[T]he link Coleman has in mind can become only fruitful if he abandons his strategy of keeping the theory of action cognitively ›primitive‹. We need some kind of framing theory, some theory of kinds of frames and some theory on how frames are systematically produced in society.« (S. 239)

6. Tausch von Verfügungsrechten: James S. Coleman

Dasselbe Gut kann mehrere Verwendungsmöglichkeiten aufweisen, und dann muss der Akteur diese erst spezifizieren oder gar entdecken. Ebenso kann dieselbe Handlung je nach sozialem Kontext entweder Anerkennung oder Missbilligung bzw. Sanktionen nach sich ziehen. Dies sind soziale Sinnkonstrukte, die kommunikativ vermittelt werden. Coleman arbeitet sie nicht ein, obwohl er sich als Sozialtheoretiker versteht. Ohne die Einordnung wahrgenommener Situationen in Bedeutungszusammenhänge ist z. B. auch keine Erklärung für Kahneman-Tversky-Anomalien oder sunkcosts-Verhalten möglich.

Dass Aspekte individueller bzw. gesellschaftlicher Sinnkonstruktion ausgespart werden, gibt Anlass zu einer Reihe von Einwänden aus der Soziologie. Bemängelt wird insbesondere das Fehlen eines Identitätskonzepts (vgl. Haller 1999, S. 403), der Orientierung der Wahrnehmung an Symbolsystemen (vgl. White 1990, S. 786), gemeinsamer Sinnzuschreibungen (»shared meaning«) (vgl. etwa Rawls 1992, S. 228-234) oder Kultur (vgl. z. B. Smelser 1990, S. 780). Wenn Esser (1992) auch nachweist, dass die Kategorie ›Sinn‹ in Colemans Theorie vorkommt (vgl. S. 135f), ist dennoch festzuhalten, dass seine Transaktionsakte losgelöst von Sinnfragen stattfinden, da sich der Kontrollrechteaustausch an kardinal messbaren Werten ausrichtet, deren Maßstab keinerlei Symbolsysteme und Sinnzuschreibungen bedarf. Hier gibt er sich als genuiner Ökonom zu erkennen. Kommunikation, von Coleman ausgespart, ist v. a. für das Bedürfnis nach Normen sowie den Prozess der Normengenerierung von Bedeutung. Geteilte Überzeugungen und (Welt-)Anschauungen müssten berücksichtigt werden (vgl. Tuomela 1993, S. 15).

Im Makro-Mikro-Makro-Schema reformuliert, lassen sich die genannten Kritikpunkte derart zusammenfassen, der Übergang von der Makro- zur Mikroebene komme bei Coleman zu kurz. Er lege auf den ersten Schritt der Erklärung zu wenig Wert und konzentriere sich in zu starkem Maß auf den dritten (vgl. dazu Blau 1993). Diesem Einwand gibt Coleman (1993a, S. 63) statt: Würde er *Foundations* noch einmal schreiben, so hielte er es für richtig »[to] give considerably more attention to this macro-microrelation«. Des weiteren nennt er selbst als einen der größten Mängel seiner Theorie, dass Präferenzen nicht endogen bestimmbar sind, und sieht in diesem Punkt noch Erweiterungsbedarf (vgl. Coleman 1992a, S. 120). Auch das liefe darauf hinaus, der Bestimmung von Bedürfnissen und Vorlieben durch Einflussgrößen der Makroebene Rechnung zu tragen.

Auch Interdependenz zwischen den Akteuren bleibt unterbelichtet. Sie kommt nur als strukturelle, nicht als verhaltensbezogene Interdependenz vor. Das Verhalten der anderen Personen erscheint als unbeeinflussbarer Faktor, wodurch das interaktive Zusammenspiel von Menschen quasi auf eine Wette gegen die Natur reduziert wird. Insbesondere ist das langsame und kleinschrittige Aufbauen von Vertrauen in einer Beziehung nicht erfassbar, Colemans Akteure würden also weniger vertrauen als reale Menschen. Wie Voss (1993) bemerkt, ist der Walrasianische Gleichgewichtsrahmen, der Colemans quantitativen Theorieteilen zugrunde liegt, für die Modellierung strategischer Interdependenz nicht geeignet (vgl. S. 368). Für Situationen strategischer Interdependenz müssten daher die Verhaltensannahmen neu spezifiziert werden.

Ebenso ist die Einführung von Normen nicht zufrieden stellend gelöst: Wie schon deutlich wurde, verwendet Coleman zwei Logiken der Normbefolgung, die nicht kommensurabel sind. Einmal scheint sich bei normgeleiteten Handlungen aufgrund von Sanktionen die Auszahlungsstruktur zu ändern, d.h. der Akteur verhält sich opportunistisch, da er sich vom Einhalten der Norm einen höheren Nutzenwert erwartet. Andererseits wird die Norm, wenn der Akteur eine interne Verfassungsbildung vornimmt, zu einem Teil seines Rezeptors und formt seine Bedürfnisse und Interessen um. Er wird die Norm unter diesen Umständen auch dann einhalten wollen, wenn externe Handlungsanreize ihre Überschreitung nahe legen, weil seine individuelle Auszahlungsstruktur einen höheren Nutzen aus der Normeinhaltung gewährleistet. Im zweiten Fall arbeitet Coleman also mit der Annahme, durch die Norm ändere sich der Akteur, während im ersten Fall die Akteure konstant bleiben und die Entscheidungsparameter variieren, d.h. die Restriktionen ändern sich. Beide Logiken scheinen – je nach theoretischem Bedarf – wahlweise aktivierbar zu sein. Frank (1992) bringt diese Problematik auf den Punkt, wenn er formuliert, dass mit dem Einbezug innerer, psychologischer Motive das Rational-Choice-Modell verlassen wird, während es andererseits überstrapaziert wird, wenn allein externe Belohnungen als Handlungsmotive zugelassen werden (vgl. S. 150f).

In der Folge dieses Problems ist auch das Akteurskonzept nicht einheitlich: Während Akteure nach der ersten Logik (die auch der Normbildung zugrunde liegt) als einheitlich gedacht sind, erscheint das Selbst bei den Internalisierungsvorgängen als in komplexe Systeme fragmentiert (vgl. White 1990, S. 785). Damit verlässt Coleman die etablierte Leitvorstellung unitarischer Akteure und lässt sie teilweise egoistisch, teilweise altruistisch und teilweise normgeleitet handeln (vgl. Coleman 1995c, S. 357f). Zudem ist zu beachten, dass die Internalisierungslogik nicht dem ökonomischen (Nutzen-)Kalkül der Wahl zwischen bestehenden Optionen folgt, sondern im Grunde einen Paradigmenwechsel bedeutet. Er nähert sich einer strukturfunktionalistischen Methodologie, wenn die Komponenten, um die der Akteur seinen Rezeptor erweitert, als »Reflex der Außenwelt« bezeichnet werden (Coleman 1995b, S. 246). In dieser Formulierung klingt ein Automatismus an, den Coleman so wohl nicht meint, wenn er diese Lesart auch nicht ausschließt.[33] Auch in einer schwächeren Lesart führt diese Widerspiegelung allerdings zu der Schwierigkeit, dass letztlich z. T. das Handeln aller aus dem Handeln aller hergeleitet wird. Über eine empirische Ermittlung von Zielen und Präferenzen kann auch nicht zwischen Eigeninteressen und internalisierten Fremdinteressen differenziert werden.

Verfassungsbildung verlässt die Annahme konstanter Akteure, die zwischen Optionen wählen, und löst das Eigeninteresse auf. Weiß (1994) bezeichnet Colemans Vorgehen als Einbezug der »zwar nicht notwendigerweise irrationalen [...], gewiss aber nicht wahl-rationalen Voraussetzungen der rationalen Wahl«, mithin als »Selbsteinwände« der Theorie (S. 287). Die Wahl einer Verfassung kann nicht im Rahmen eines Modells nachvollzogen werden, in dem Entscheidungen einzelfallorientiert und an Kausalfolgen ausgerichtet getroffen werden (vgl. Berger 1998, S. 76f).

Durch das Konzept der Verfassungsbildung wird die Möglichkeit einer ad-hoc-Modifikation geschaffen: Sooft kein Ziel erkennbar ist, dessen Verfolgung die Handlungen des Akteurs als rational erscheinen ließe, kann auf die Annahme zurückgegriffen werden, der Akteur verfolge die Interessen einer anderen Person. Der beliebte Tautologievorwurf gegen Rational-Choice-Theorien, »dass letztlich jede tatsächliche Handlung eines Individuums seinen Nutzen maximiert haben muss, denn das Individuum hätte anderenfalls diese Aktion [...] nicht gewählt« (Kubon-Gilke 1997b, S. 278), würde so nur bestätigt. Dass Coleman zudem die interne Verfassungsbildung nicht in Theoriekonzept und Anwendungen integriert, leistet

---

[33] Der Versuch einer kontrakttheoretischen Reformulierung des Innenlebens des Akteurs ist zu skizzenhaft, um die ökonomische Methode angesichts eines fragmentierten Selbst zu reetablieren: Dazu müssten Nutzenbeträge spezifiziert werden, die von den ›Akteuren‹ im Inneren des Akteurs ausgetauscht werden, was aber jeglicher Ausarbeitung, Plausibilität und Operationalisierung für eine Erklärung sozialen Handelns entbehrt.

einer solchen ad-hoc-Verwendung weiter Vorschub. Auch Bedürfnisanpassung an die Außenwelt ist wenig erklärungskräftig. Unbeantwortet bleibt die Frage, unter welchen Bedingungen die Entscheiderin ihren Rezeptor in welcher Form wandelt und wann sie die Umgestaltung der Außenwelt bevorzugt. Der Nutzen beider Optionen müsste ermittelt und vergleichbar gemacht werden, um anzugeben, wann die Entscheiderin die eine oder die andere Möglichkeit wählt.

Angesichts dieser Unwägbarkeiten tut Coleman gut daran, sich selbst an seine Warnung (siehe oben, FN 28, S. 155) zu halten und Modifikationen des Akteursselbst normalerweise nicht als Erklärung für Systemverhalten heranzuziehen.

Eine stimmige Interpretation lautet also, dass die Interessen der Coleman-Entscheiderin für die konkrete Analyse gegeben sind und vorab spezifiziert werden sollten. Soll die Ausprägung der Interessen nun ihrerseits erklärt werden, so ist die konkrete Analyse zu verlassen und die Handlungseinheit in ihrer Struktur zu rekonstruieren. Hierfür ist Verfassungsbildung ein guter Vorschlag, der die Geschichte des Akteurs berücksichtigt und auch die Möglichkeit altruistischer Orientierung offen lässt. Zur Vermeidung von Adhocerien schlägt Frank (1992) vor, Internalisierungsprozesse nicht individualistisch zu untersuchen, sondern vorrangig Wirkungen von Makrophänomenen (wie Kriegsdrohung oder Säuglingssterblichkeit) auf die Präferenzen zu berücksichtigen (vgl. S. 167).

Wie gezeigt, sind Colemans Vorschläge für eine Modellierung von Bedürfniswandel nur ein erster, unfertiger Versuch zur Ausdifferenzierung des Akteursmodells. Verfassungsbildung und Rezeptoranpassung haben innerhalb seiner Theorie nur einen randständigen Status, weisen Leerstellen auf und bergen die Gefahr von ad-hoc-Anwendungen. Schließlich fehlt eine Metatheorie, die angibt, unter welchen Umständen der Akteur die Umwelt umgestaltet und wann er seine interne Struktur in welcher Art und Weise ändert. Daher kommen die Phänomene aus diesem Bereich über eine bloße Erwähnung nicht hinaus.

Ein zweiter neuralgischer Punkt ist m. E. die Lücke zwischen begrifflichen Konzepten, die Bestandteile der Entscheiderin repräsentieren. So arbeitet Coleman die kausale Verbindung zwischen den Begriffen Ressource, Interesse, Bedürfnis und Nutzen nicht exakt aus; insbesondere fehlt die Transformation von Ressourcen in Nutzen. Prinzipiell ist Zielerreichung, wie oben definiert, das Kriterium für Nutzen. Colemans Analyse endet stets beim Erwerb der Ressource; eine Umwandlung in Nutzen, sei es z. B. durch Konsum oder Produktion, wird nicht modelliert. Entsprechend liest sich die Theorie so, als erführen die Handelnden Nutzen bereits in dem Moment, da sie die begehrte Ressource erworben haben. So fehlen in der Colemanschen Austauschheuristik die Motivationen der Entscheiderinnen, die dem Ressourcenerwerb bzw. -tausch vorgeordnet sind. Da Kontrolle ausüben auch das Konsumieren bedeuten kann, ist das Kontrollieren von Konsumgütern weniger schwer einzupassen. Warum Akteure die Kontrolle über Handlungsrechte als Ressource erwerben, kann hingegen nur erklärt werden, wenn der Nutzen aus einem erwünschten Weltzustand am Ende einer Kette von Handlungen, der über Zwischenziele angestrebt wird, entspringt.

Da für die Handlungsziele eine exakte Definition fehlt und mit Beispielen gespart wird, können sie nicht scharf gegen den Bedürfnis- oder Interessenbegriff abgegrenzt werden. Darüber hinaus werden allerdings auch die Termini Bedürfnis, Interesse, Nutzen und Präferenzen (tastes) nicht klar unterschieden und teilweise synonym verwendet, was den Eindruck nahe legt, der eine oder andere Begriff aus diesem Ensemble könnte überflüssig sein. Diese Bedeutungsüberschneidung ist Ausdruck dessen, dass die Bestimmungsgrößen des Handelns letztlich der empirischen Erhebung überlassen bleiben und im Grunde empirischen Charakter haben.

Zugleich ist die postulierte Exogenität eine voreilige Annahme: In alle Größen, die sich auf konkrete Ressourcen richten, sind bereits spezifische Situationsmerkmale (etwa Preise oder die Art der Optionen) eingegangen, so dass Präferenzen situativ bestimmt sind und nicht losgelöst von Systemeigenschaften bestimmt werden können. Gleiches muss für Interessen gelten, die sich ebenfalls auf Ressourcen richten und durch deren Eigenschaften im System mitbestimmt werden: Das Interesse an einer Ressource wird nicht allein von den (subjektiven) Zielen des Akteurs festgelegt, also exogen bestimmt, sondern hängt auch von ihrem (objektiv bestimmbaren) Wert im System ab. Daher variieren die Interessen mit den Systemeigenschaften, mit der Anzahl seiner Akteure sowie mit der Macht- und Interessenverteilung unter denselben.

Im Zusammenhang hiermit steht, dass Präferenzen, die variabel sind oder sich auf andere beziehen, den statischen Systemen der Ökonomik widersprechen. Schließlich repräsentiert Colemans Modell ein Walrasianisches Gleichgewicht, das aus Akteurseigenschaften Systemgrößen ermittelt. Wandlungsfähige Akteure sind mit der Statik[34] eines Gleichgewichts nicht vereinbar. Um den dritten Erklärungsschritt zu vollziehen und auf die Makroebene zu gelangen, müssen die Akteure also (kurzfristig) konstant gehalten werden.

Für eine Reformulierung der Coleman-Entscheiderin schlage ich daher vor, Interessenanpassung an die Umwelt weitgehend außer acht zu lassen und Interessen für die Analyse als temporär feststehend aufzufassen. Verfassungsbildung ist aber eine sinnvolle Erweiterung, mit deren Hilfe die Ausprägung der Interessen erklärt werden kann. Dabei ist jedoch zu beachten, dass es sich nur um einen Rohentwurf handelt und Akteur und Systemgrößen nicht gleichzeitig variieren können. Auch die scheinbar vielfältigen Handlungsmodi und -varianten reduzieren sich bei näherer Betrachtung auf eine simplere Strukturiertheit der Akteure. So werden Altruismus und Moral zwar der Möglichkeit nach eingeführt, nicht aber in der Analyse irgendeines Anwendungsbeispiels wirklich verwendet.[35] Überzeugungen und Selbstbindung werden nur benannt und nicht zur Erklärung von Makrophänomenen herangezogen. Coleman zeigt lediglich auf, dass prinzipiell Anschlussfähigkeit für derartige Konzepte vorliegt, leistet aber keine Integration mit seinem Modell und macht sie nicht operationalisierbar.

Bei aller Kritik erweist sich Colemans Handlungsmodell in einigen Punkten als recht überzeugend. Ein Fehler, der ihm nicht unterläuft, ist, dem Anschein nach nur wenig vorauszusetzen, aber unter der Hand doch Verengungen einzuführen. Statt dessen arbeitet er mit nur wenigen Verhaltensannahmen, die er auch explizit macht. Sein Menschenbild ist offen für kulturelle Einflüsse und frei von Essentialismen. Zudem bewegt er sich methodisch vom Abstrakten zum Konkreten: Mit dem ursprünglich simplen und unsozialisierten Akteur geht Coleman von einer »minimalen, im Grunde asozialen« Situation aus, in der »ahistorische[.]« Individuen vorliegen (Kappelhoff 1992, S. 223 und 226). Auf dieser Grundlage reichert

---

[34] Das heuristsche System ist statisch, auch wenn die oben erwähnten Dynamisierungen möglich sind. Dabei handelt es sich auch nur um mehrmalige Aneinanderreihungen von Gleichgewichtszuständen, zwischen denen z. B. Präferenzen oder Ziele verändert werden können.

[35] Aus der Sicht von Soziologen bleibt Moral bei Coleman immer noch deutlich unterbelichtet (vgl. Alexander 1992; Stinchcombe 1992, S. 183ff).

6. Tausch von Verfügungsrechten: James S. Coleman

er das Modell aber schrittweise um Aspekte wie Normbindung und Fremdorientierung an.

In seinen »Grundlagen« beweist Coleman, dass sein schlichtes Akteursmodell ausreicht, um eine Reihe verschiedenartiger Handlungen mit den Bestimmungsgrößen Ressource und Interesse zu reformulieren und als Transaktionsvorgang aufzufassen. Coleman (1992a) erhebt den Anspruch, alle Arten von Handlungen nach einer einheitlichen Konzeption modellieren zu können, ob es nun politische, soziale oder ökonomische Handlungen sind (vgl. S. 119). Dass dies in der Tradition der Rational-Choice-Theorie nicht selbstverständlich ist, zeigt z. B. Downs' Demokratietheorie, in der zwei grundsätzlich verschiedene Handlungslogiken angenommen werden: Bürgerinnen und Bürger maximieren ihr Einkommen durch Geld, politische Akteure maximieren Prestige und Macht über Wahlstimmen (vgl. Downs 1968, S. 4-7 und 27-29). Im Gegensatz dazu folgen Colemans Akteure in allen Handlungen dem gleichen Entscheidungsprinzip. Ihm gelingt es auch, die Unterscheidung zwischen natürlichen und juristischen Personen (Organisationen) aufzuheben.

Bei einem sehr breiten Anwendungsspektrum hat Colemans Theorie dennoch nicht ihre Präzision eingebüßt. Sowohl Entscheidungen in originär ökonomischen auch auch soziologischen Handlungskontexten können rekonstruiert und zu Makroergebnissen aggregiert werden. Durch die Ausführungen zum Selbst wird die Anwendungsbreite weiter vergrößert. Endogener Interessenwandel hat im Modell Platz, Akteure sind sozialisiert und haben eine Geschichte. Darüber hinaus sind Handeln unter Unsicherheit, Agentschaft, Vertrauen, Normbefolgung bis hin zu Altruismus als Handlungsdispositionen berücksichtigt. Colemans Modell der entscheidenden Person und ist somit viel ausdifferenzierter als bei den bisherigen Vorschlägen. Die meisten Fälle, die in der Einleitung als Herausforderung für eine Handlungstheorie erwähnt wurden, können in Colemans Theorie also berücksichtigt werden. Anomalien, wie sie von Kahneman und Tversky festgestellt wurden, trägt er allerdings nicht Rechnung, es sei denn in seiner randständigen Anmerkung über die Fehleinschätzung von Wahrscheinlichkeiten bei hohem oder niedrigem Verlust-Gewinn-Verhältnis (siehe oben, Seite 142).

Durch die explizite Modellierung des Mikro-Makro-Übergangs, der sich bei ihm nicht in bloßer Aggregation erschöpft, überschreitet Coleman die engen Grenzen der herkömmlichen Ökonomik. Insbesondere überwindet er deren Hauptdefizite (vgl. Coleman 1984), die Unmöglichkeit, Vertrauen zu erfassen, und die Schwierigkeit des Umgangs mit Kollektivgütern und kollektiven Entscheidungen.

Hervorheben möchte ich nochmals den Einbezug von Normen, um den sich neoklassische Modelle nicht bemühen. Wird Ökonomik als Sozialwissenschaft verstanden, so sind Normen als relevante handlungsbeeinflussende Größe zu berücksichtigen. Sie unterzubelichten, ist auch für eine Theorie, die sich allein auf Markttausch richtet, kein verzeihlicher Lapsus, denn Normen haben auf Kaufakte ebenso Auswirkungen wie auf alle anderen sozialen Handlungen. Erinnert sei nur an das ökologische Gewissen, das manche Menschen zum Kauf von Pfandflaschen veranlasst, oder an Konsumboykotte wie gegen Shell anlässlich Brent Spar (vgl. hierzu auch Priddat 1998d, S. 175f). Insofern muss die Ökonomik anerkennen, dass Preiseffekte nur eingeschränkt die Entscheidungen bestimmen. Sowohl das Generieren von Regeln als auch deren Einhaltung werden in neoklassischen Modellen sowie auch bei Savage und Becker ausgeblendet bzw. als selbstverständlich vorausgesetzt.[36] Coleman hingegen zeigt eine Möglichkeit auf, sowohl die Einhaltung von Normen rational erscheinen zu lassen als auch deren Entstehung zu rekonstruieren. Dabei unternimmt er eine nutzentheoretisch-individualistische Fundierung, verfängt sich also nicht in holistischem Denken von Normen als überindividuell gesetzte Systemeigenschaften.

Mit Colemans Handlungsmodell wird es auch möglich, verschiedene Nutzenaspekte eines Gutes zu berücksichtigen, weil Werte in seiner Theorie nicht den Gütern anhaften, sondern im jeweiligen sozialen Systemn neu konstituiert werden. Anders als die Neoklassik, die schlichtweg vom Bedarf des Akteurs an dem Gut ausgeht, bietet Coleman Möglichkeiten einer kausalen Erklärung des Bedarfs: Ziele und Handlungsmotive im Zusammenwirken mit den Verwendungsmöglichkeiten der Ressource sind ausschlaggebend für das Interesse des Akteurs; so können je nach situativen Gegebenheiten verschiedene Verwendungsmöglichkeiten hervor- oder zurücktreten.

Interessant ist, dass Coleman das Recht, eine Handlung auszuführen, auf die Überzeugung der (relevanten) Akteure zurückführt, die handelnde

---

[36] Wie bei Becker schon erwähnt, könnten sie durch Hilfskonstruktionen wie das ›gute Gewissen‹ als Zielgut eingeführt werden, was aber keine systematische Integration, sondern ein ad-hoc-Vorgehen wäre und insbesondere ihre Entstehung nicht erklärt.

6. Tausch von Verfügungsrechten: James S. Coleman

Person verfüge über dieses Recht. Insofern strukturieren im Grunde geteilte Überzeugungen und somit Wahrnehmungen die Situation. Colemans Theorie basiert jedoch nicht explizit auf Wahrnehmungen, so dass die Behauptung, er habe die Brücke zwischen Wahlhandlungstheorie und Wahrnehmungen geschlagen (vgl. Lindenberg 1993b, S. 233f), berechtigt wäre. Dieser Gedanke einer gesellschaftlichen Konstruktion von Recht und Unrecht durch geteilte Überzeugungen wird bei ihm nicht ausgebaut oder vertieft; ihn gedacht zu haben, ist allerdings ein neuer Pfad der Ökonomik, der von Douglass North weiter beschritten wird.

Insgesamt ist Colemans individualistisches Erklärungsschema, das für zahlreiche Exempel durchdekliniert wird, holistischen Ansätzen an theoretischer Leistung überlegen. Für die Soziologie kommt ihm also das Verdienst zu, ein Vorgehen etabliert zu haben, das den traditionellen Methoden an Erklärungskraft überlegen ist. Auch gegenüber der Ökonomik bedeutet sein Ansatz eine Neuorientierung, da er die Anwendbarkeit eines gleichgewichtsbasierten Vorgehens außerhalb von Marktzusammenhängen demonstriert. Da er ein geschlossenes Konzept vorgelegt hat, das nicht nur, aber auch Kaufakte erfasst und den Rahmen für eine Analyse sozialer Handlungen mitsamt ihren Regelwerken bietet, täte die Ökonomik gut daran, ihn stärker zu rezipieren.

Kapitel 7

Institutionen und shared mental models: Douglass C. North

Douglass C. North weicht bewusst von den Modellannahmen eines idealen Marktes ab und rückt den Begriff der Institutionen ins Zentrum seiner Theorie. Diese Neuorientierung fügt sich in die Schule der Neuen Institutionenökonomik ein. Für sie soll hier als einschlägiger Vertreter auch Williamson (1985, 1990) genannt sein, der neben North einen zweiten Strang dieser Forschungsrichtung geprägt hat. In der Neuen Institutionenökonomik Williamsonscher Prägung wird schwerpunktmäßig die Gestaltung von Verträgen unter Effizienzaspekten diskutiert, und es werden Organisationen (als Geflecht von Verträgen) sowie die Wechselwirkungen zwischen Organisationen und Institutionen behandelt. Norths Untersuchungsschwerpunkt liegt dagegen mehr auf der Entwicklung und Geschichte von Ökonomien. Dabei wirft er insbesondere die Frage auf, durch welche institutionellen Konstellationen sich effiziente Ökonomien auszeichnen und wie es aus institutioneller Sicht dazu kommt, dass ineffiziente Ökonomien trotz ihrer Ineffizienz überlebensfähig sind und fortbestehen.[1] In erster Linie geht es North darum, die historische Entwicklung verschiedener Wirtschaften und dabei auch Unterschiede zwischen ihnen zu erklären.

Obwohl North den Entscheidungsprozess, sprich: den Wahlakt, ausdrücklich als Komponente der Theorie benennt (vgl. Mantzavinos/North/Shariq 2001, S. 1), wird dieser nicht ausbuchstabiert und wenig erläutert.

---

[1] Ein kurzer Überblick über die Neue Institutionenökonomik findet sich bei Bonus und Maselli (1997); zur Einführung vergleiche Richter und Furubotn (1999), zur Abgrenzung gegenüber dem ›alten‹ Institutionalismus der amerikanischen sowie der deutschen historischen Schule vergleiche Coase (1984).

Es handelt sich bei seinen Entwürfen nicht um eine ausgearbeitete Entscheidungstheorie, sondern um Vorüberlegungen, die auf eine weitere Ausarbeitung drängen und innerhalb seiner Theorie keinen zentralen Status haben, sondern eher randständig sind. Trotz der nur rudimentären Ausarbeitung des Entscheidungsvorgangs soll Norths Handlungstheorie in meiner Arbeit vorgestellt werden, da er einen originellen Vorschlag macht, um Faktoren einzubeziehen, die bei den bisher behandelten Theoretikern keine Rolle spielen. Das vorliegende Kapitel bleibt dafür kürzer.

7.1 Handeln im institutionellen Umfeld

Auch Norths theoretisches Programm baut auf der Neoklassik auf, ist aber (anders als die bisher vorgestellten Theorien) zugleich eine tiefgreifende Kritik derselben. Im neoklassischen Gleichgewichtsmodell hält er zentrale Fragen für nicht bearbeitbar. Er nennt – dargestellt als Antwort auf Winter[2] – sieben Argumente dafür, dass das Walrasianische Gleichgewichtsmodell keine adäquate Beschreibung ökonomischen Handelns ist (vgl. North 1992b, S. 29f):

(1.) In den meisten zu untersuchenden Fällen existiert nicht nur ein Gleichgewicht, sondern eine Vielzahl von Gleichgewichten. (2.) Häufig werden einmalige und sich nicht wiederholende Entscheidungen getroffen. (3.) Präferenzen und Einstellungen sind nicht konstant, wofür es sowohl psychologisch-experimentelle als auch historische Indizien gibt. (4.) Eine Verbesserung der Entscheidungsergebnisse wird oft durch das Nichterkennen besserer Alternativen verhindert. (5.) Durch Eindämmung des Wettbewerbs oder verwirrende Signale kann die Anpassung verzögert oder fehlgeleitet werden. (6.) In der Geschichte findet sich vielfältiges Anschauungsmaterial für viel mehr als simples rationales nichtkooperatives Verhalten. (7.) Ein Verständnis der Genese und Entwicklung von Institutionen wird durch die neoklassischen Verhaltensannahmen nicht gefördert, sondern verhindert.

---

[2] Winters (1986) Prämissen für die ökonomische Modellierung (vgl. S. S429) wurden bereits im Neoklassik-Kapitel genannt, siehe Seite 30.

7. Institutionen und shared mental models: Douglass C. North

Mit den neoklassischen Modellannahmen können laut North zwei Phänomene nur unzureichend erklärt werden: die Vorgänge in nicht voll entwickelten Marktwirtschaften und die (z. T. gravierenden) Unterschiede zwischen verschiedenen Ökonomien. Zum Beispiel kann die Geschichte Osteuropas nicht neoklassisch, wohl aber institutionentheoretisch nachvollzogen werden (vgl. North 1994a, S. 366). North sieht die Mängel der Neoklassik vor allem darin, dass zwei Größen als selbstverständlich bzw. als vernachlässigbar gelten, die er für zentral hält und als Ausgangspunkt für die Erklärung der Entwicklung von Wirtschaften wählt: den Begriff der Transaktionskosten und den der Institution. Zudem hält er das Rationalitätspostulat für reformulierungsbedürftig, weil dass Ideen und politische Prozesse in die Erklärung mit einbezogen werden müssen (vgl. North 1992a, S. 5), wie weiter unten noch deutlich werden wird.

Transaktionskosten, erstmals eingeführt von Coase (1937), entstehen einerseits daraus, dass der Wert des Tauschs festgestellt werden muss (d. h. die Eigenschaften des zu transferierenden Objekts sind zu ermitteln), zum anderen daraus, dass Kosten der Vertragsanbahnung und -schließung anfallen, und drittens sind Durchsetzung und Überwachung eines Vertrags mit Aufwand verbunden (vgl. North 1984a, S. 256).

Um diese drei Kostenargumente zu erläutern (vgl. North 1992b, S. 32-42): Zur Ermittlung des *Werts eines Tauschs* müssen die verschiedenen nutzenstiftenden Attribute des Gutes festgestellt und ihr Ausprägungsniveau gemessen werden (für ein Auto beispielsweise Farbe, Beschleunigung, Bauart, Innenausstattung, Benzinverbrauch etc.). Dieser Schritt ist von beiden an der Transaktion beteiligten Parteien zu vollziehen. Dabei kann das zusätzliche Problem asymmetrischer Information auftreten, das in manchen Marktsegmenten systematisch auftritt und nicht zu vernachlässigen ist (vgl. z. B. Akerlof 1970). *Anbahnung und Abschluss* eines Vertrags bedeuten insofern Aufwand, als der Vertragspartner oder die Vertragspartnerin gefunden, miteinander kommuniziert, eine Einigung über die Vertragsbedingungen ausgehandelt und beiderseitig (schriftlich oder mündlich) in den Vertrag eingewilligt werden muss. *Erfüllungssicherung* von Verträgen ist kostspielig, weil Agenten überwacht werden müssen und die Einhaltung des Vertrags z. T. erzwungen werden muss. Dies kann (z. B. durch einen Vergeltungsakt) von Vertragspartnerin oder -partner selbst vorgenommen werden oder durch gesellschaftliche Sanktionen bzw. einen mit Zwangsgewalt ausgestatteten dritten Akteur (den Staat) sichergestellt werden. Beispielsweise fallen bei einem Hauskauf für beide an der Transaktion Beteiligte Transaktionskosten an (Zeit, Informationen über Preise und Alternativangebote, Vermitteln und Feststellen von Vertrauenswürdigkeit, Maklerprovision, Annoncen, Leisten von Zahlungen) (vgl. Wallis/North 1986, S. 98).

Quantitativ betrachtet, sind diese Transaktionskosten keineswegs marginal: Es gibt Berufe, die allein aus Transaktionsfunktionen bestehen, z. B. Einkauf, Verkauf und Monitoring in Unternehmen oder Verteidigung als Teil des öffentlichen Sektors (vgl. ebenda, S. 101). Empirisch zeigen die Autoren, dass 1970 allein derjenige Anteil der Transaktionskosten, der über den Markt läuft, 45% des Volkseinkommens betragen habe und dass dieser Teil des BIP – 1870 habe er noch bei etwa 25% gelegen – tendenziell ansteige. Im Jahr 1984 schätzt North: »[T]oday in advanced western countries they may comprise as much as 50 percent of GNP.« (North 1984b, S. 201)[3] Das Wachstum des Transaktionskostensektors resultiert laut North aus steigender Arbeitsteilung, rent seeking und den Kosten unpersönlichen Austauschs; es gibt allerdings auch gegenläufige Tendenzen (z. B. innovative Organisationsformen), die ihn schrumpfen lassen (vgl. North 1984a, S. 263).

Da Transaktionskosten auch Teil der Produktionskosten sind, machen sie eine Neuformulierung der Produktionsfunktionen des Walras-Modells nötig. Sie müssen ebenso wie die zur physischen Transformation von Gütern benötigten Mittel (Boden, Arbeit und Kapital) (vgl. North 1992b, S. 38) in die Produktionsfunktion eingefügt werden.

In enger Verbindung mit dem Transaktionskostenbegriff steht der Begriff der Institution. Institutionen sind relevant, weil Transaktionskosten bestehen; in einer Coase-Welt ohne Transaktionskosten wären Institutionen bedeutungslos, weil sich die Akteure immer ohne Aufwand an veränderte Konstellationen anpassen könnten.

Institutionen sind ›Spielregeln‹, formale und formlose Regelwerke. Sie helfen, vertragswidriges oder unerwünschtes Verhalten einzuschränken, was insbesondere bei asymmetrischer oder unvollständiger Information wichtig ist (vgl. North 1999, S. 67). Allgemein wird die Höhe der Transaktionskosten (sowie auch der Produktionskosten) durch die Gestalt der Institutionen festgelegt. Institutionen können die Kosten der Messung von

---

[3] Davis (1986) hält die Trennschärfe zwischen Transaktions- und Transformationskosten allerdings nicht für ausreichend und zieht Norths Zuordnung einiger Berufe in Zweifel.

7. Institutionen und shared mental models: Douglass C. North

Gütereigenschaften senken, sie können Vertragsschlüsse erleichtern (etwa durch Standardisierungen) sowie Einhaltung der Verträge garantieren und die Eigentumsrechte sichern. North (1992b) unterscheidet zwischen formgebundenen und formlosen Regeln (vgl. S. 43-64). Formgebundene Regeln sind politische und wirtschaftliche Regeln und Verträge (hierarchisch geordnet vom Allgemeinen zum Konkreten), formlose können entweder Erweiterungen der formgebundenen Regeln oder informelle Verhaltensnormen sein, die entweder gesellschaftlich oder intern seitens eines Akteurs sanktioniert werden. Durch Institutionen wird es möglich, nicht nur den persönlichen Tausch, sondern auch den unpersönlichen Tausch bei Verbundenheit und schließlich den unpersönlichen Tausch mit externem Zwang zu modellieren. Die durch Institutionen ermöglichte Formenvielfalt des Tauschs gewährleistet ein hohes Maß an Komplexität und nicht zuletzt Spezialisierung innerhalb einer Wirtschaft (vgl. North 1992b, S. 40f).

Die Annahme, Institutionen seien grundsätzlich effizient, ist angesichts unvollständiger Informationen und begrenzter Rationalität nicht berechtigt (vgl. North 1993, S. 16). Gegenteilige Fälle, in denen die Institutionen ungünstig ausgeformt sind und es dadurch zu Transaktionskostenerhöhungen kommt, sind sogar viel häufiger. Nachteilig ist es auch, wenn formale Regeln und informelle Normen nicht zueinander passen (vgl. North 2000, S. 7). Solche Konstellationen sind es, die Unterentwicklung kennzeichnen. Institutionen sind nur in Teilen rational planbar und wandeln sich zum anderen Teil evolutorisch. Dieser Wandel verläuft *pfadabhängig*, d. h. er

> »setzt sich aus unzähligen Einzelschritten zusammen, wobei zufällige Konstellationen den Ausschlag geben können. Deswegen sind Institutionen auch historisch bedingt, und zu ihrem Verständnis kommt es [...] auf das Verständnis geschichtlicher Zusammenhänge an« (Bonus/Maselli 1997, o.S.).

Zur Illustration führt North vergleichende Analysen von Wirtschaften vor Augen, z. B. zwischen Nord- und Südamerika (vgl. North 1996, S. 39) und weist auf den unterschiedlichen Erfolg Spaniens, Portugals, Großbritanniens und der Niederlande hin (vgl. North 1994b S. 263), der sich mit zentralisierten bürokratischen Strukturen oder dezentralen Entscheidungen in Bezug setzen lässt. Die Entstehung adaptiv effizienter Institutionensets führt er v. a. auf den intensiven Wettbewerb zwischen Nationalstaaten sowie auf dezentrale Entscheidungsstrukturen zurück, die von Hayek (1980, vgl. Wolf 2000, S. 41-60) hervorgehoben wurden. Günstig hierfür waren die Möglichkeit, sichere Kontrakte zu schließen auf der Basis glaubhafter Verbindlichkeiten (vgl. North 1993), die Vorhersagbarkeit von Regierungsentscheidungen und unpersönliche Kapitalmärkte, das Ergebnis der fiskalischen Revolution in England (vgl. North/Weingast 1989, S. 829-831).

7.2 Akteure und Gedankenmodelle

In dieser Welt, die sich von der Neoklassik so fundamental unterscheidet, stellt sich auch das Handeln der Akteure anders dar. Die Grundzüge der Theorie von North, dem es vor allem um gesellschaftlich-makroökonomische Zusammenhänge (Effizienz, wirtschaftliche Entwicklung, Institutionen) geht, konnten im letzten Abschnitt weitgehend ohne den Begriff des Akteurs definiert und erläutert werden. Eine Theorie des Entscheidens fehlt. Allerdings entwickelt er doch zumindest eine Skizze eines Akteursmodells, das zu seinen Erörterungen über Institutionen und Kosten passt. Er rekonstruiert die ›Software‹ der Menschen zur Datenverarbeitung (vgl. Eggertsson 1993, S. 27). Dabei bezieht er sich u. a. auf die von der kognitiven Psychologie untersuchten Entscheidungsanomalien (von mir unter 3.2.1 und 4 dargestellt) und wertet diese als ernst zu nehmenden Anlass für eine Abkehr vom homo oeconomicus (vgl. etwa North 1992b, S. 21f und S. 26). North zufolge sind die Handlungsmotivationen realer Akteure komplizierter, die Präferenzen weniger stabil und die subjektiven Modelle, die sich Menschen von der Welt machen, nicht immer wirklichkeitsgerecht. Daher plädiert er mit Bezug auf Simon für einen anderen Rationalitätsbegriff (vgl. North 1992a, S. 3) und verweist auf das Konzept der ›bounded rationality‹.

Bounded rationality

Wie oben schon erwähnt (siehe 2.3), kritisiert Simon das neoklassische Konzept der instrumentellen Rationalität. Er wirft den substanziellen Rationalitätsbegriff, der von Ergebnisoptimierung ausgeht, zugunsten der Effizienz des Wahlprozesses über Bord (vgl. Simon 1986a, S. 23) und entwickelt einen prozeduralen Rationalitätsbegriff:

> »Procedural rationality is the rationality of a person for whom computation is the scarce resource – whose ability to adapt successfully to the

situations in which he finds himself is determined by the efficiency of his decisionmaking and problem solving processes.« (Simon 1978a, S. 504)

Simon unterstellt den Akteuren, sie wählten nicht immer diejenige Option, die nach Abwägen sämtlicher Alternativen und Eventualitäten definitiv die beste ist, sondern diejenige, die – bezogen auf ein bestimmtes Befriedigungsniveau – gut genug (»satisficing«) ist und dabei den Kalkulationsaufwand nicht zu hoch werden lässt (vgl. Simon 1979, S. 498f). Aus dieser Sicht muss der Akteur mit der Zeit und Mühe, die das Treffen einer Entscheidung beansprucht, haushalten.

Ohne die neoklassischen Simplifizierungen stellt sich das Entscheidungsmodell folgendermaßen dar (vgl. Simon 1955): Die Entscheiderin zieht nur eine Teilmenge der insgesamt vorhandenen Optionen in Erwägung. Befindet sich in diesem Ausschnitt des Optionenraums eine, die auf dem für sie akzeptablen Befriedigungsniveau liegt, so stellt sie die Berechnungen ein (mathematisch wird dies von Simon im Anhang hergeleitet). Ist keine akzeptable darunter, so wird die in Erwägung gezogene Optionenmenge ausgeweitet. Anhand der Analogie zu einem Schachspiel macht Simon diese Überlegung plausibel: Statt alle möglichen Züge zu durchdenken, stoppt die Schachspielerin das Grübeln, sobald sie einen Zug gefunden hat, der gut genug ist. (Insbesondere wird sie sich, wenn sie eine Möglichkeit gefunden hat, den Gegner matt zu setzen, nicht mit Überlegungen aufhalten, wie sie das noch schneller tun könnte.) Da das anfänglich in Erwägung gezogene Optionenset zufällig bestimmt wird, ist die letztlich gewählte Option allerdings nicht mehr prognostizierbar, sondern kontingent.

Wie Gigerenzer und Selten (2002b) zeigen, ist bounded rationality eine bessere Lösung als etwa die Annahme einer Optimierung unter Beschränkungen, die theoretische Probleme mit sich bringt (vgl. S. 4f). Selten (2002) stellt einige Arbeiten vor, die er als Bausteine für eine Theorie der beschränkten Rationalität betrachtet; eine umfassende, kohärente Theorie dazu liegt zurzeit nicht vor. Er betont, dass bounded rationality weder Irrationalität modelliert noch ein Sonderfall oder eine Variante der Nutzenmaximierung ist, sondern dem gegenüber einen neuen Ansatz bedeutet (vgl. ebenda, S. 15, sowie Selten 1990, S. 651 und S. 657). Es wird nicht mehr der Nutzen maximiert, sondern der Aufwand zur Herstellung eines akzeptablen Nutzenniveaus minimiert.[4]

Norths ›shared mental models‹

North, in dessen Theoriewelt die neoklassischen Simplifizierungen nicht weiter kultiviert werden, nimmt diese Kritik des neoklassischen Menschenbildes ernst. Das Akteursmodell, das er skizziert, ist komplexer als jenes wirtschaftstheoretischer Modelle, die das Akteursverhalten allein aus simplen individuellen Nutzenfunktionen und Restriktionen erklären. Zwei wesentliche Aspekte menschlichen Verhaltens, mit denen er sich bezüglich des Menschenbildes intensiver auseinandersetzt, sind die Motivation und die Entschlüsselung der Umwelt.

Als Motivation nimmt er eine grundsätzliche Orientierung am Eigeninteresse an, weist aber darüber hinaus auf Altruismus sowie auf selbstgesetzte Verhaltensnormen hin, welche die Entscheidungen im Endergebnis beeinflussen (vgl. North 1992b, S. 24-27). Er erinnert an biologische Modelle, in denen die Entwicklung der Eigenschaften der Individuen durch Vererbung und Variation erklärt wird. Dabei kann es unter Umständen für die Population überlebensgünstig sein, wenn Akteure (wie Becker es mit dem rotten-kid-Theorem modelliert, siehe S. 115f) Nutzen aus dem Wohlbefinden anderer ziehen. Unter selbstgesetzte Verhaltensnormen fallen z. B. das Streben nach Fairness oder Gerechtigkeit und die Orientierung an einer normativen Vorstellung, was für eine Gesellschaft ›gut‹ ist. Die Existenz dieser Motivation zeigt sich u. a. daran, dass Abstimmungen in gesetzgebenden Körperschaften nicht als bloße Ausführung der Interessen der Wählenden erklärt werden können, sondern eine eigene, ideologische Vorstellung der Agenten widerspiegeln, wie die Welt aussehen sollte. Nelsons und Silberbergs (1987) Studie über das Abstimmungsverhalten der US-Senatoren des 97. Kongresses belegt dies.

---

[4] Als Weiterführung der Handlungstheorie auf der Basis einer bounded-rationality-Hypothese vergleiche Niechoj (2003, S. 57-65). Das Modell der Situation und der Modus des Entscheidens werden hier nacheinander bestimmt.

7. Institutionen und shared mental models: Douglass C. North

Altruismus und ideologische Weltanschauungen haben einen um so höheren Einfluss auf die Entscheidungen der Akteure, je niedriger die Kosten ihrer Artikulation sind.[5] Auch wenn North mit seiner individuellen Verhaltensannahme nicht vom Anspruch auf Rationalität abrückt (vgl. North 1984a, S. 204), hält er eine Reihe von Entscheidungen, die aus der Sicht herkömmlicher ökonomischer Konzepte als suboptimal erscheinen, für rational. Abweichungen kommen zustande, weil nicht die komplette Auswahl an Optionen bekannt ist (vgl. Denzau/North 1994, S. 21), weil Unternehmen und Konsumierende nicht das gleiche Wissen haben (vgl. Mantzavinos/North/Shariq 2001, S. 12) oder weil die Informationen nicht vollständig sind und Unsicherheit vorkommt. Konzepte von Savage und anderen sieht North als Kritik der neoklassischen Auffassung, aber nicht als tragfähigen Gegenvorschlag zu ihr (vgl. Denzau/North 1994, S. 5f).

Simons bounded-rationality-Konzept übernimmt North – wie übrigens auch Williamson (1975) –, ohne es auszugestalten oder auch nur zu erläutern.[6] Er verweist auch auf Heiner (1983), der – aus einer evolutorischen Betrachtungsweise heraus – den Begriff ›CD-gap‹ (gemeint ist die Lücke zwischen ›competence‹ des Akteurs und ›difficulty‹ der Entscheidung) geprägt hat (vgl. S. 562). Für Entscheidungen, bei denen diese Lücke entsprechend groß ist, entwickeln die Akteure geregelte Reaktionsmuster und stellen bei solchen Entscheidungen keine nennenswerten Überlegungen an, weil Unsicherheiten durch »eine Reihe wohleingeführter Institutionen« verringert werden (North 1992b, S. 27). Diesen vereinfachten Handlungsmodus (North schätzt seine Bedeutung auf ca. 90% aller Entscheidungen) setzt er in Verbindung mit Institutionen, die Unsicherheiten verringern und strukturieren (vgl. ebenda). Nur bei komplexen und einzigartigen Problemen vollziehen die Akteure den Entscheidungsvorgang explizit.

Aber nicht nur die Handlungswahl, auch die Entschlüsselung der Umwelt läuft nach einem vereinfachten Modell ab: Da Transaktionen, insbesondere die Informationsbeschaffung, kostspielig sind, entwickeln die Akteure eine Alltagstheorie und benutzen sie, um sich Informationen zu erar-

---

[5] Auch dies wird übrigens durch Nelson und Silberberg untermauert, nach denen die persönliche Weltanschauung der Senatoren besonders bei Tagesordnungspunkten mit geringer ökonomischer Auswirkung zum Tragen kommt (vgl. ebenda, S. 23).

[6] »In the transaction costs approach [...] much emphasis is put on bounded rationality, but only verbally.« (Selten 1990, S. 651)

beiten. In diesem Gedankenmodell (›mental model‹) sind sowohl der Problemraum als auch die Erwartungen darüber, wie die Umgebung auf Handlungen reagieren wird, enthalten. Insofern ist es die interne Repräsentation der Umwelt (vgl. Denzau/North 1994, S. 5).[7] Beispielsweise muss sich der Akteur, wenn ihm ein einmaliges Kaufangebot von einer fremden Person gemacht wird, ein mentales Modell der Verkäuferin (u. a. von ihrer Informiertheit, Fachkundigkeit und Ehrlichkeit) machen, um sich in der Situation orientieren zu können (vgl. ebenda, S. 10).

Gedankenmodelle sind nicht statisch. Die Akteure lernen und entwickeln sich weiter, indem sie ihre mental models anpassen. Dafür ist es notwendig, dass sie ein Feedback der Umgebung erhalten, anhand dessen sie überprüfen können, ob das Modell zutreffend bzw. hilfreich ist. Erweist es sich als falsch oder als unzureichend, kann es korrigiert werden (vgl. Mantzavinos/North/Shariq 2001, S. 4f). Neue Informationen werden in das mental model eingepasst bzw. sind Anlass für seine Modifikation. Durch Kommunikation werden die Modelle zwischen den Akteuren weitergegeben und abgeglichen. Auch wenn die Erfahrungen verschiedener Individuen nie völlig identisch sein werden, ähneln sich die mental models innerhalb der Mitglieder einer Gesellschaft doch deutlich, da die Individuen in demselben institutionell strukturierten Raum ähnliche Erfahrungen machen. Durch das Ordnen, Erklären und Kommunizieren von Erfahrungen findet kulturelles Lernen, die Entwicklung gesellschaftlich geprägter Modelle, statt. Denzau und North (1994) verstehen ihren Vorschlag auch als ›Bayessches Lernen‹ (vgl. S. 17), da auf diesem Weg Überzeugungen gelernt werden, die in der Bayesschen Entscheidungstheorie die Grundlage für die Abschätzung von Wahrscheinlichkeiten bilden.[8] Einerseits wird kulturelles Lernen durch Kommunikation begünstigt, andererseits erleichtert Kommunikation wiederum kulturelles Lernen, denn die Codierungs- und Decodierungsprozesse folgen innerhalb des sozialen Raums tendenziell übereinstimmenden Regeln und Diskursen. So ergeben sich letztlich auch Koordinationsgewinne für Produktion und Austausch (vgl. Denzau/North 1994, S. 18-20).

---

[7] Diese interne Strukturierung der wahrgenommenen Welt durch Gedankenmodelle ist eine Analogie zur externen Strukturierung der Umwelt durch Institutionen.
[8] Wie in Kapitel 3 deutlich wurde, drücken Wahrscheinlichkeitseinschätzungen den ›Glauben‹ an ein bestimmtes Funktionieren der Welt aus und entstehen durch Lern-Erfahrungen des handelnden Subjekts mit der Welt.

7. Institutionen und shared mental models: Douglass C. North

Das Vorliegen einer intersubjektiv ähnlichen, also letztlich gemeinsamen Interpretation der Realität bedeutet, dass sich soziale Tatsachen auf die gleiche Art im Bewusstsein der Individuen widerspiegeln (vgl. Mantzavinos 2001, S. 68). Es handelt sich somit um ›*shared mental models*‹, um übereinstimmende Interpretationen von Aspekten der Welt im Bewusstsein der Individuen (vgl. Denzau/North 1994, S. 4). Ein Beispiel[9] könnte ein Händler sein, den manche Individuen aufgrund ihrer Erfahrungen für nicht vertrauenswürdig halten. Sofern die Käuferinnen und Käufer zu einem kommunikativen Netzwerk gehören, wird sich innerhalb dessen die Einschätzung verbreiten, bei diesem Händler solle man besser nicht kaufen. In relativ geschlossenen Kommunikationsnetzwerken wie dörflichen Kontexten kann dies schnell zum Bankrott des Händlers führen, bei Fluktuationen, z. B. durch Tourismus, wird er dagegen noch häufig genug auf Kundschaft treffen, die dieses Gedankenmodell nicht teilt.

Jeder Akteur bildet mehrere mental models aus, die sich nach steigender Abstraktheit ordnen lassen und u. U. in partiellem Widerspruch zueinander stehen können (vgl. Mantzavinos/North/Shariq 2001, S. 5). Wenn mental models von vielen Individuen geteilt werden, verfestigen sie sich mit der Zeit zu einer Glaubens- bzw. *Überzeugungsstruktur* (›belief structure‹) (vgl. ebenda, S. 16). Diese kann beispielsweise die Überzeugung enthalten, dass demokratische Institutionen Ungerechtigkeiten verhindern oder dass in Deutschland hergestellte Produkte von höherer Qualität sind als andere. Meines Erachtens werden belief structures maßgeblich durch Medien und insbesondere Werbung, die »Literatur- und Kunstgattung der Märkte«, geprägt (was bei North unerwähnt bleibt) (Priddat 2004b, S. 40). Zu belief structures gehören auch religiöse Vorurteile, Dogmen und Tabus, die helfen, eine Entscheidung unter starker Unsicherheit zu vereinfachen und die Welt zu erklären (vgl. Denzau/North 1994, S. 12).

Bisweilen arbeitet North mit dem Ideologiebegriff. Ideologie definiert er als »die subjektiven Wahrnehmungen (Modelle, Theorien), über die alle Menschen verfügen, um sich ihre Welt zu erklären« (North 1992b, S. 28, FN 7). Ich habe dem Ideologiebegriff hier nicht viel Platz eingeräumt, da er m. E. gegenüber shared mental models und belief structures keine neuen Aspekte einbringt, sondern eine verallgemeinernde Reformulierung dieser Konzepte ist. North führt ihn vermutlich ein, da er eine größere Nähe

---

[9] North dekliniert dies nicht selbst an konkreten Anwendungsfällen durch. Das Beispiel wurde daher von mir eingefügt.

zum alltagssprachlichen Verständnis aufweist. Ideologien und Institutionen beeinflussen sich gegenseitig und entwickeln sich in Wechselwirkung miteinander fort (vgl. Denzau/North 1994, S. 23).

Zusammenfassend halte ich fest: Die North-Entscheiderin muss zuerst die Umwelt entschlüsseln, indem sie die nutzenstiftenden Attribute der Güter bzw. Wahlobjekte ermittelt und ggf. misst. Das tut sie in den meisten Fällen nur unvollständig oder auch überhaupt nicht, sondern greift auf Routinen und mentale Modelle zurück, mit deren Hilfe sie den Aufwand minimiert. Je komplexer und einzigartiger das Problem ist, desto mehr nimmt sie von Routinen Abstand und denkt über die Entscheidung nach. Gleichzeitig mit der Entschlüsselung bzw. Interpretation der Umwelt legt die Entscheiderin ein Optionenset fest und berechnet die Nutzenbeträge aus diesen Optionen. Auch dafür wird der Aufwand minimiert, nämlich durch Nutzung von Kommunikation, shared mental models und belief structures. Sobald sich eine Option als hinreichend gut erwiesen hat, wird diese gewählt und die Kalkulation beendet. Falls sich unter den zunächst in Betracht gezogenen Optionen keine hinreichend gute findet, wird mit erweitertem Optionenset bzw. reduziertem Befriedigungsniveau erneut kalkuliert.

7.3 Einschätzung

Wie sich gezeigt hat, ist der North-Akteur nicht bis ins Detail ausgearbeitet, sondern liegt nur als Skizze vor, die zudem später als seine Theorie der Institutionen entstand, also nicht der analytische Ausgangspunkt derselben ist. Entsprechend sind die Verbindungen zu Norths institutionentheoretischen Argumenten etwas schwach. Auch drängt sich mir teilweise der Eindruck auf, dass Ideologien und Wahrnehmungsprobleme in der Theorie institutionellen Wandels immer dann bemüht werden, wenn Phänomene ›erklärt‹ werden sollen, für die es theorieimmanent keine nachvollziehbare Begründung gibt. Dazu passt auch, dass er die Termini Institution, Modell und Ideologie teilweise nicht trennscharf unterscheidet (vgl. etwa North 1992b, S. 27). Ein Beispiel, anhand dessen er einen Entscheidungsprozess vorführt, fehlt leider. Der Akteur ist ein Abbild der Institutionenlandschaft bzw. korrespondiert mit den Institutionen. Nicht beleuchtet werden die Prozesse, die sich im Akteur abspielen, wenn er sich entscheidet. Im

Grunde wird davon ausgegangen, dass die Akteure wie in der Neoklassik entscheiden und Norths Handlungstheorie Modifikationen dieses bekannten Prozesses wiedergibt. Jedoch unterscheidet sich Norths Vorschlag grundlegend von der Neoklassik. Die Variante ›Routineentscheidung‹, die immerhin 90% der Fälle abdecken soll, wird nicht als Prozess dargestellt. Ebenfalls unklar muss die Überprüfung und Aktualisierung des mentalen Modells bleiben: Unter welchen Umständen findet sie statt? Gibt es einen Schwellenwert oder einen Auslöser dafür? Auch das Wechselspiel zwischen mental models und Institutionen wird nicht näher erläutert als durch den vagen Hinweis, sie stünden miteinander in ›Verbindung‹. Ferner bleibt offen, was passiert, wenn die mental models eines Akteurs in partiellem Widerspruch zueinander stehen. Dieser Fall wird lediglich als Möglichkeit erwähnt.

Neben dem Vorwurf, das Entscheidungsmodell nicht weit genug ausgearbeitet zu haben, greift die mental-models-Hypothese auch nicht in jeder Hinsicht. Beispielsweise ist das Einhalten religiöser Gebote ein prototypischer Fall von Ideologie bzw. belief systems, den auch North mehrmals nennt. Nun bietet Religion mit Sicherheit für manche Menschen die Möglichkeit einer vereinfachten Erklärung der Welt, spart aber nicht immer Aufwand ein, sondern kann ihn sogar erheblich erhöhen, wenn man den Zeitaufwand für das Praktizieren der Religion bedenkt. Zumindest teilweise handelt es sich bei Religion um erlernte Normen, die generiert und weitergegeben werden. Ebenfalls erklärungsbedürftig ist (wie auch bei Becker) das Fortbestehen von Ideologien vom Typ rassistische Vorurteile, die weder ›richtig‹ sind, weil Rassismus auf mittlerweile widerlegten Annahmen beruht, noch Handlungen erleichtern, sondern sie sogar verkomplizieren und effizienzmindernd sind.

Norths Ausführungen zur Motivation (Altruismus, Verhaltensnormen und normative Orientierungen) beschränken sich auf wenige Seiten und bleiben plakativ. Insbesondere der Altruismusbegriff ist wenig erklärungskräftig und reflektiert nicht das Problem, den Nutzen der anderen kennen zu müssen. Es ist North nicht nur vorzuwerfen, dass er die Defizite des Beckerschen Altruismusbegriffs (siehe oben, S. 115f) nicht überwindet, sondern er bleibt sogar hinter diesem zurück.

Zuletzt sei auf das Problem hingewiesen, dass durch den Rückgriff auf das bounded-rationality-Konzept zwar mehr der zuvor unbearbeitbaren Anomalien erklärbar werden, dafür aber die Prognosekraft bereits bei der individuellen Handlung sinkt und so keine Makrozustände mehr prognostizierbar sind. Hierauf verzichtet North bewusst und erhöht die empirische Beschreibungskraft seiner Theorie zu Lasten der kausalen Erklärungsleistung.

Die Kritik, die ich in diesem Abschnitt vorgebracht habe, bezieht sich vorwiegend auf den Entwurfscharakter des Northschen Handlungsmodells. Darüber darf aber nicht die Leistung übersehen werden, die Norths Erweiterung einbringt, nämlich die Erhöhung des Anspruchs an eine sozialwissenschaftliche Erklärung und die Erschließung einer größeren Bandbreite menschlichen Verhaltens. Die Entscheiderin erscheint nicht mehr als reine Kalkulationsmaschine, sie verfügt über normative Motivationen und über Meinungen, aktualisiert diese (in kommunikativer Rückkopplung mit anderen), nimmt gesellschaftliche Diskurse auf und hat eine Geschichte. Zudem benutzt sie Routinen und schränkt so den Kalkulationsaufwand ein.

Alle diese Eigenschaften lassen doch den Eindruck entstehen, dass North hier ein sehr lebensnahes Modell des Akteurs entwickelt. Er nimmt die Hinweise von Simon auf und konstruiert eine Entscheiderin, die nicht mehr so plump und unbeholfen erscheint, die rational mit ihren Schwächen bzw. Beschränkungen umgeht und insbesondere nicht mehr völlig isoliert vom sozialen Kontext auftritt. Insofern gibt er eine Antwort auf einige Probleme, die ich in früheren Kapiteln (insbesondere in Kapitel 3 und 5.1) benannt habe. So ist der Anwendungsbereich deutlich größer und umfasst auch Handlungen, die von den bisherigen Theoretikern nicht erklärt werden konnten.

Auch wenn Norths Konzept noch auf seine Vollendung wartet, hat er wesentliche neue Aspekte eingeführt, die mit seiner Institutionentheorie korrespondieren. Im nächsten Kapitel wird eine andere Annäherung an das Problem der kognitiven Beschränktheit vorgestellt, nämlich über die Auswahl zwischen konkurrierenden Handlungsmotiven.

Kapitel 8

Nutzenproduktion und situative Ziele: Siegwart Lindenberg

Siegwart Lindenberg führt den Rational-Choice-Ansatz, basierend auf dem Makro-Mikro-Makro-Modell, in der Soziologie fort und greift dabei wieder auf die Produktionsheuristik zurück, die Becker eingeführt hat. Er entwickelt dieses Konzept weiter und integriert Einflussfaktoren, die jener nicht berücksichtigt. Darüber hinaus bemüht er sich um den Einbezug subjektiver Wahrnehmungs- und Kategorisierungsprozesse als Erklärung für die Tatsache, dass die Akteure nicht uneingeschränkt der (neoklassischen) Logik von Kosten und Nutzen folgen. Laut Haller (1999) hat Lindenberg »den Rational-Choice-Ansatz wohl am weitesten in Richtung einer echten Sozialtheorie entwickelt« (S. 406, FN 361). Allerdings hat er keine geschlossene Theorie vorgelegt, sondern z. T. fragmentarische, z. T. lose miteinander verknüpfte Ideen zu einzelnen Aspekten der Rational-Choice-Theorie entwickelt. Zentral sind dabei seine Vorschläge für eine Erweiterung des Operators um die Wahrnehmungs- und Zielsetzungsleistung, wofür er ein komplexes Framing-Konzept entwickelt.

Lindenberg hat keine (eigene) Rational-Choice-Theorie zur Erklärung der Gesellschaft bzw. kollektiver Phänomene entwickelt, sondern baut auf bereits vorliegenden Konzepten auf. Dementsprechend beginnt dieses Kapitel nicht mit einer allgemeinen Einführung in die Lindenbergsche Theoriewelt. Dennoch sollen auch hier zunächst einige grundsätzliche Überlegungen Lindenbergs dargelegt werden, die er zu Tragfähigkeit und Erklärungsgehalt der Rational-Choice-Theorie angestellt hat (8.1). Diese können herangezogen werden, um einzuschätzen, inwiefern er seinen eigenen Anforderungen mit seinem Vorschlag gerecht wird. Nach dieser allgemeinen Einführung widme ich mich (unter 8.2) der Akteurs- und Handlungskonzeption Lindenbergs, untergliedert nach seiner Theorie der sozialen Produktionsfunktionen einerseits und seiner Theorie des Framing ande-

Abbildung 8.1: Grundmuster der Erklärung nach Lindenberg und Wippler

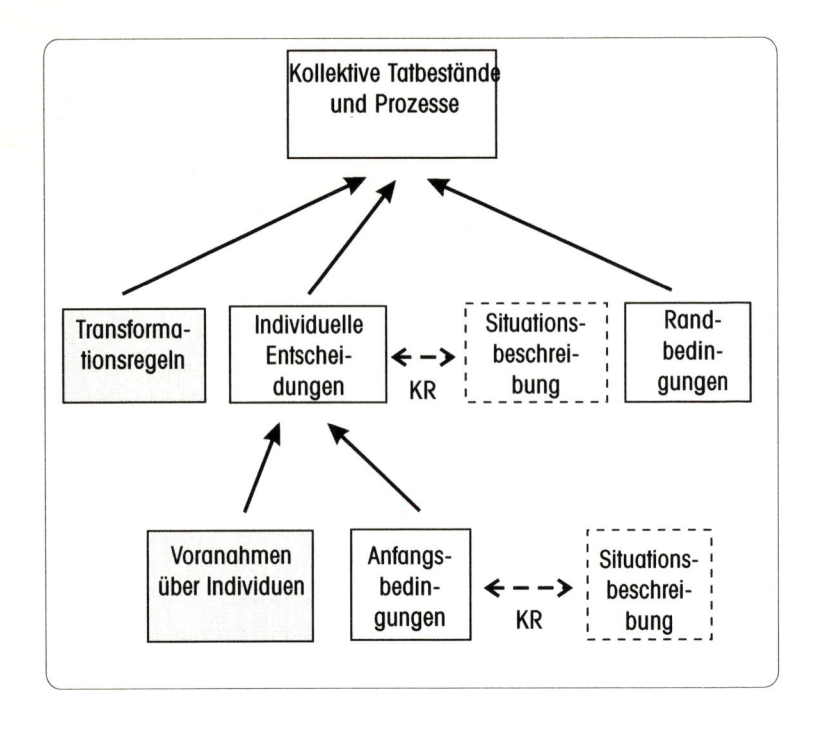

```
                    ┌─────────────────┐
                    │ Kollektive Tatbestände │
                    │   und Prozesse   │
                    └─────────────────┘
                      ↑     ↑      ↑
                    ╱       │       ╲
   ┌──────────┐  ┌──────────┐  ┌──────────┐  ┌──────────┐
   │Transforma-│  │Individuelle│  │Situations-│  │ Rand-    │
   │tionsregeln│  │Entschei-  │ ←→│beschrei-  │  │bedin-    │
   │          │  │dungen    │ KR│  bung     │  │gungen    │
   └──────────┘  └──────────┘  └──────────┘  └──────────┘
                     ↑   ↑
                    ╱     ╲
         ┌──────────┐  ┌──────────┐  ┌──────────┐
         │Vorannahmen│  │Anfangs-  │  │Situations-│
         │über Individuen│ │bedin-  │ ←→│beschrei-  │
         │          │  │gungen    │ KR│  bung     │
         └──────────┘  └──────────┘  └──────────┘
```

rerseits. Wie gehabt, folgt in 8.3 eine Diskussion der Stärken und Schwächen. Da sich bei Lindenberg ein besonderer Weiterentwicklungsbedarf zeigt, schließt dieses Kapitel mit einam eigens dafür vorgesehenen Abschnitt (8.4).

8.1 Anforderungen an eine leistungsfähige Individualtheorie

Lindenberg entwickelt gemeinsam mit Reinhard Wippler ein verallgemeinertes Grundmuster zur Erklärung kollektiver Tatbestände (siehe Abb. 8.1; vgl. Lindenberg/Wippler 1978, S. 222). Das Anliegen entspricht dem von Colemans Makro-Mikro-Makro-Modell: ein allgemeingültiges Instrumentarium zu beschreiben, das den Gang der Erklärung im Paradigma des Methodologischen Individualismus wiedergibt.

8. Nutzenproduktion und situative Ziele: Siegwart Lindenberg

Für die Erklärung unterscheiden Lindenberg und Wippler zwischen allgemeinen Gesetzesaussagen und empirischen Komponenten. (In Abbildung 8.1 sind die theoretischen Erklärungskomponenten grau unterlegt, die empirischen weiß.) Nach dem Lindenberg-Wipplerschen Grundmuster werden im ersten Schritt Entscheidungen der Individuen – sie bezeichnen sie als ›individuelle Effekte‹ – rekonstruiert, und zwar aus einer theoretischen Gesetzesaussage, den Vorannahmen[1] über die Akteure (z. B. über Motivation oder Kognition) im Zusammenwirken mit einer empirischen Komponente, den Anfangsbedingungen. Letztere sind situative Umstände, die in Theoriesprache übersetzt werden.[2] Die so erklärten Handlungen bilden den Ausgangspunkt für den Übergang zur Ebene kollektiver Erscheinungen. Sie werden mit den Transformationsregeln und den Randbedingungen zusammengeführt, um daraus kollektive Tatbestände und Prozesse zu erklären. Bei der Anwendung ist m. E. allerdings zu beachten, dass die beiden Erklärungsschritte in Wirklichkeit nicht immer voneinander isoliert vollzogen werden können, finden in manchen Fällen doch schon während der Wahl der Handlung Rückkopplungen bzw. Interaktionen statt.

Lindenberg und Wippler haben zur Konstruktion dieses Grundmodells zweimal das Schema von Hempel und Oppenheim (1948) hintereinander gesetzt, die das Explanandum durch logische Deduktion aus allgemeinen Gesetzen und Vorbedingungen erklären (vgl. S. 138). Das resultierende Erklärungsschema ist etwas schwerfälliger als das Makro-Mikro-Makro-Schema aus der Einleitung, lässt sich aber in dieses überführen: Im ersten Schritt werden die individuellen Handlungen erklärt, wird also der zweite Pfeil des Makro-Mikro-Makro-Modells nachvollzogen. Im zweiten Schritt findet der Mikro-Makro-Übergang statt. Da Anfangs- und Randbedingungen (deren Unterscheidung m. E. von Fall zu Fall schwierig sein kann, theoretisch nicht angeleitet wird und vielleicht einfach hinfällig ist) auf jeden Fall durch Größen der Makroebene (mit-)bestimmt werden, liegt hierin gewissermaßen der Makro-Mikro-Übergang. Die Unterscheidung zwischen Makro- und Mikroebene ist für Lindenbergs (1977) Erklärung ebenso zentral wie für Coleman: Kollektive Effekte der Makroebene werden

---

[1] In der von mir verwendeten Textvorlage steht statt Vorannahmen der Ausdruck ›Propositionen‹, den ich für das Resultat einer ungenauen Übersetzung aus dem Englischen halte.

[2] Dafür sind – von Lindenberg und Wippler nicht näher spezifizierte – ›Korrespondenzregeln‹ (KR) notwendig.

bei ihm durch Implikationsaussagen (ganz oder teilweise) auf individuelle Effekte der Mikroebene zurückgeführt (vgl. S. 81f).

Das Schema ist nach Meinung der Autoren zum Vergleich und zur Bewertung sozialwissenschaftlicher Theorien geeignet: Während holistische Ansätze beim ersten Schritt der Erklärung mit diesem Schema defizitär seien, bleibe in verhaltens- und handlungstheoretischen Ansätzen häufig die zweite Erklärungshälfte unterbelichtet (vgl. Lindenberg/Wippler 1978, S. 227-229). Das Problem bestehe darin, dass jene Elemente, die eine Theorie jeweils nicht ausarbeite, »mehr oder weniger ad hoc eingeführt werden und implizit Verwendung finden, wodurch die Kritik und mögliche Verbesserung dieser Elemente sehr erschwert wird« (ebenda, S. 229).[3]

Ausgehend von dieser Doppelstruktur entwickelt Lindenberg (1985b) fünf Anforderungen an eine gute Individualtheorie (vgl. S. 250-252f; vgl. auch Lindenberg 1990b, S. 737): (1.) Sie darf nur wenige Informationen über das konkrete Individuum selbst erfordern, muss (2.) den Einbezug struktureller und institutioneller Bedingungen ermöglichen und (3.) in der Lage sein, Erkenntnisse aus der Psychologie (auch der Physiologie) einzubinden sowie (4.) ermöglichen, den Grad des sozialtheoretischen Unwissens explizit zu machen und (durch ›abnehmende Abstraktion‹) schrittweise zu verringern. (5.) Schließlich muss sie der Natur des Menschen so weit gerecht werden, dass Vorhersagen und Erklärungen über deren Handlungen im Aggregat möglich sind; dies schließt die Bedeutung von Ausstattungen für das Verhalten ein.

Um zu entscheiden, wie diesen Anforderungen in der Theoriebildung Rechnung getragen werden kann, rekonstruiert Lindenberg Menschenbilder der Sozialtheorie (vgl. Lindenberg 1990b, Lindenberg 1985b, Lindenberg 1981; zum Folgenden v. a. Lindenberg 1985a, S. 100-105): Die traditionelle Soziologie verfügt über zwei Menschenbilder, die Lindenberg als OSAM (*O*pinionated, *S*ensitive, *A*cting *M*an, für den Empirismus) und

---

[3] Der Rational-Choice-Ansatz sei hingegen in der Lage, beiden Erklärungsschritten gerecht zu werden. Beim Vergleich von Theorien, die unterschiedlichen Paradigmen entstammen, gelangt dieses allgemeine Modell meiner Ansicht nach aber schnell an Grenzen, da Mikro- und Makroebene nur im Paradigma des Methodologischen Individualismus in dieser Form voneinander getrennt sind. Es ist ein Fehler, das begriffliche Instrumentarium eines Theorieansatzes zu verwenden, um andere daran zu messen und für defizitär zu erklären.

8. Nutzenproduktion und situative Ziele: Siegwart Lindenberg 187

SRSM (*S*ocialized, *R*ole-playing, *S*anctionized *M*an, für den Strukturfunktionalismus) bezeichnet. Der OSAM handelt auf der Basis von Meinungen, bei deren Bildung er sich von anderen Individuen beeinflussen lässt. Der SRSM verhält sich gemäß internalisierten Normen bzw. Werten und erfüllt Erwartungen, die an ihn gestellt werden. Im Fall imperfekter Sozialisation greifen Sanktionen, um deviantes Verhalten zu vermeiden. Der homo oeconomicus ist im Gegensatz zu den beiden soziologischen Homunculi allein von materialistischen Wünschen getrieben und in seinen Handlungsmotiven ausschließlich selbstbezogen. Dieses Handlungsmodell betont laut Lindenberg Aspekte des Menschen, die für die Soziologie nicht relevant sind, kommen sie doch nur in einer institutionslosen und damit ungesellschaftlichen Welt zum Tragen, die sich durch perfekte Information, Bewertung in Geldausdrücken sowie vollständigen Wettbewerb auszeichnet und ohne kommunikative Sinnübermittlung funktioniert.

Laut Lindenberg wird das neoklassische Menschenbild als inhaltsleer und allgemeingültig dargestellt, aber Verengungen werden demnach stillschweigend und ohne Rechtfertigung eingeführt. So wurde der homo oeconomicus zu einer »all-knowing, money-loving preference machine that encountered similar beings in spontaneous exchanges« (Lindenberg 1985a, S. 104). Das Vorgehen, speziellere Annahmen nicht explizit zu machen bzw. sie als selbstverständlich darzustellen und nicht zu diskutieren, belegt er mit dem Begriff der *Schattenmethodologie*.[4]

Lindenberg (1990b) schlägt nun den RREEMM als verallgemeinertes Menschenbild vor, das sowohl für ökonomische als auch für soziologische Theoriebildung geeignet ist (vgl. S. 739). Er enthält Aspekte aller drei erwähnten Menschenbilder: Für ihn ist die *R*essourcenausstattung wichtig. Unterschiede zwischen den Handlungsmöglichkeiten und -neigungen der Menschen verschiedener Kulturkreise werden auf die Mittel zurückgeführt, die jeweils zur Verfügung stehen. ›Resourceful‹ schließt auch ein, dass Menschen Möglichkeiten suchen und finden (vgl. Lindenberg 1985a, S. 100). Ferner muss der RREEMM mit Beschränkungen (*R*estrictions) umgehen, indem er auf Knappheiten reagiert und Substitutionen vornimmt.

---

[4] In der Neoklassik wird eine Schattenmethodologie in Form der quantitativen Annahmen über Nachfrageelastizitäten und Gütersubstitution angewendet (vgl. Lindenberg 1996a, S. 129-131). In der nicht-quantitativen Rational-Choice-Theorie avancieren häufig Alltagstheorien des Forschers oder der Forscherin zur Schattenmethodologie.

Er lebt außerdem mit *E*xpectations, indem er zukünftigen Ereignissen subjektive Wahrscheinlichkeiten zuordnet, und nimmt *E*valuationen nach geordneten Präferenzen vor. Das erste M steht für die *M*aximierung seines (erwarteten) Nutzens, das zweite für ›Man‹.[5]

Wie der RREEMM Entscheidungen trifft, hat Lindenberg auf diesem Stand der Überlegungen noch nicht ausgeführt, d. h. er verknüpft diese allgemeinen Aussagen zum Menschenmodell nicht systematisch mit seiner Handlungstheorie. Lindenberg (1990b) bezeichnet seinen Akteursentwurf als »homo socio-oeconomicus« (S. 739). In gewissen (außerökonomischen) Entscheidungskontexten verhält sich der RREEMM wie der SRSM oder der OSAM, beispielsweise gilt dies für »stable, primitive societies, routine behavior [or] voting provided it is not raining« (Lindenberg 1985a, S. 105). In rein ökonomischen Entscheidungssituationen verhält er sich hingegen wie der homo oeconomicus. So ist der RREEMM ein disziplinübergreifendes Modell des Menschen, auf dem sowohl Ökonomik als auch Soziologie aufbauen könnten. Durch die Verallgemeinerung vom homo oeconomicus zum RREEMM können diese Verengungen aufgehoben werden.

Indem die Theorie von den scheinbar gehaltvollen homo-oeconomicus-Hypothesen befreit wird, erhält sie den Charakter eines »empty-box-approach«, was White (1988) als problematisch einschätzt (vgl. S. 59). Lindenberg sieht jedoch gerade dies als Vorteil, fordert die Leere des Menschenbildes doch zum Füllen mit wohldurchdachten, gehaltvollen Annahmen heraus (vgl. Lindenberg 1981, S. 26f).

Natürlich streitet auch Lindenberg die Notwendigkeit abstrahierender Annahmen und Simplifikationen nicht ab. Er empfiehlt, zunächst mit simplifizierenden bis hin zu bewusst falschen Annahmen zu arbeiten, um diese Schritt für Schritt durch bessere Approximationen zu ersetzen. Beispielsweise kann zunächst die Annahme getroffen werden, innerhalb eines sozialen Zusammenhangs existierten keine Transaktionskosten, um jene Prozesse zu erfassen, die sich alle durch den Abschluss von Verträgen ergeben. Später werden Transaktionskosten eingeführt, damit ersichtlich wird, welche Veränderungen sich dadurch gegenüber dem ursprünglich angenommenen Zustand ergeben (vgl. Lindenberg 1981, S. 30). So ist es möglich,

---

[5] Hennen und Springer (1996) schlagen die Ergänzung eines dritten *E* vor: *E*nabling, womit sie die Handlungsleitung durch sozial-kulturelle Regeln ausdrücken. Da diese aber Teil der Restriktionen sind, ist ein drittes *E* m. E. überflüssig.

8. Nutzenproduktion und situative Ziele: Siegwart Lindenberg 189

die simplifizierenden Abstraktionen explizit zu machen und stufenweise wieder aufzuheben. Lindenberg (1981) bezeichnet diese Methode als abnehmende Abstraktion[6] und sieht darin eine Anforderung an erfolgreiche nutzenbasierte Theoriebildung (vgl. S. 32).[7]

Wichtig für das Menschenbild ist, dass Lindenberg nicht nur empirische Komponenten, sondern auch theoriereiche Annahmen über die Entscheiderinnen für nötig hält. Er bezeichnet diese als Brückenannahmen oder -theorien,[8] weil sie die Makro- mit der Mikroebene verbinden. Ohne theoriegeleitete Brückenannahmen, die als Zusatz- oder Hilfsannahmen eingeführt werden (vgl. Lindenberg 1996a, S. 128), ist die Theorie der rationalen Wahl inhaltlich leer und reicht für eine Erklärung noch nicht aus. Zu jedem Adjektiv des RREEMM sind Brückentheorien erforderlich, insbesondere aber zu den Handlungszielen (vgl. ebenda, S. 130f). Die Entwicklung nomologischer Aussagen ist bei ihm ein bewusster und expliziter Akt der Theoriebildung. Lindenberg legt Wert darauf, Nutzen- und Brückentheorie nicht ineinander zu schieben (vgl. Lindenberg 1981, S. 27), wie es in »Bastardtheorien« geschieht,[9] und setzt sich daher zunächst mit Bedürfnissen auseinander.

Kelle und Lüdemann (1996) sowie Opp und Friedrichs (1996) kritisieren die theoriereiche Gewinnung von Brückenannahmen. Sie sind der Auffassung, Handlungsziele und Präferenzen könnten nur empirisch gewonnen werden (wie dies auch Theoretikerinnen und Theoretiker vertreten, die einer revealed-preferences-Auffassung folgen). Lindenberg (1996b) spitzt seine Auffassung in Reaktion auf diese Einwände weiter zu.

---

[6] Wie Lindenberg erwähnt, wendet z. B. auch Marx (1984) die Methode abnehmender Abstraktion an, wenn er z. B. zunächst Naturalientausch modelliert und erst später Geld als Tauschmittel einführt.

[7] Für das Verhältnis von Neoklassik und Neuer Institutionenökonomik bedeutet dies, dass letztere die erweiterte Fortführung ist, die geeignet ist, um die simplifizierenden Abstraktionen der ersteren aufzuheben.

[8] Nach Lektüre der (z. T. originalsprachlichen, z. T. übersetzten) Aufsätze ist mein Eindruck, dass beide Begriffe synonym sind.

[9] Eine implizite Brückentheorie des homo oeconomicus, die von der Nutzentheorie nicht getrennt wird, besteht in der Annahme, dass dieser »nur darauf aus ist, Geld zu maximieren« (ebenda). Geld als (einziges) Nutzenargument wird laut Lindenberg in der Neoklassik implizit gewonnen.

I. Ökonomische Modelle von Welten und Handlungen

8.2 Handeln als Nutzenproduktion mit Frames

Aus Lindenbergs Anforderungen an eine (sozialwissenschaftliche) Erklärung sowie seinen Beiträgen zum disziplinübergreifenden Menschenbild ergibt sich die Notwendigkeit theoretischer Annahmen über die Akteure. Sie betreffen bei Lindenberg im Wesentlichen die Auswahl von Handlungszielen. Diese modelliert er zum einen – als soziale Produktionsfunktionen – in Abhängigkeit von der gesellschaftlichen Umgebung, welche Bewertung und Verfügbarkeit von Ressourcen bestimmt, und andererseits – in Form von Framing – als situationsspezifische Zielfestlegung durch die Entscheiderin. Entsprechend gliedert sich dieser Abschnitt in zwei Teile.

8.2.1 Soziale Produktionsfunktionen

Lindenberg übernimmt Beckers Prämisse, dass die Individuen durch Produktion von Zielgütern unter Einsatz von Ressourcen invariable Grundbedürfnisse befriedigen. Die Aufwendungen werden als monetäre Kosten bzw. Schattenpreise erfasst.[10] Allerdings versäumt es Becker, diese auf theoretischem Weg zu spezifizieren, und bestimmt sie ad hoc, wie ich dies auch in 5.4.1 problematisiert habe (vgl. Lindenberg 1989a, S. 190). Lindenberg reduziert die Zahl der Bedürfnisse und führt untergeordnete Ziele ein. Mit diesen Modifikationen behält er Beckers Produktionsheuristik bei.

Bei seiner Auswahl der Grundbedürfnisse nimmt Lindenberg auf Adam Smith, Alfred Marshall und Talcott Parsons Bezug (vgl. Lindenberg/Frey 1993, S. 195): Wie sie geht er davon aus, dass alle menschlichen Akteure – zeit- und kulturunabhängig – mit den Wünschen nach *physischem Wohlbefinden* und *sozialer Anerkennung* ausgestattet sind (vgl. Lindenberg 1996a, S. 135). Aus dem Bedienen dieser Grundbedürfnisse gewinnen sie Nutzen.[11] Teilweise, vor allem in späteren Texten, fügt er den beiden Grundbedürfnissen noch ein drittes hinzu, die Vermeidung von Verlusten (vgl.

---

[10] Lindenberg benutzt m. W. nicht den Begriff des Schattenpreises, legt seiner Analyse aber dieselbe Sicht auf Ressourcen zugrunde wie Becker und behandelt auch Nichtmarktgüter analytisch nicht anders als käufliche Ressourcen.

[11] Da Lindenberg eine Definition des Nutzenbegriffs vermissen lässt, greife ich hierfür auf Esser (1996) zurück, der ebenfalls das Lindenbergsche Nutzenproduktionskonzept verwendet und eine Definition angibt, die ich für passend halte: Nutzen ist »[d]ie – mehr oder weniger – gelingende Reproduktion des Organismus, die der Or-

8. Nutzenproduktion und situative Ziele: Siegwart Lindenberg

Lindenberg 1989a, S. 190). Diese Konstruktion ist ein Versuch, den von Kahneman und Tversky festgestellten Anomalien und ihrer grundsätzlichen Bedeutung für das Handeln Rechnung zu tragen. In der Mehrzahl seiner Texte kommt Verlustvermeidung jedoch nicht als Grundbedürfnis vor. Statt dessen bezieht Lindenberg die für ihn unverkennbar handlungsleitende Wirkung dieses Motivs durch das Framing-Konzept ein (siehe 8.2.2). Da sich durch dieses dritte Ziel an der Argumentation nichts ändert (vgl. auch Kelle/Lüdemann 1995, S. 254, FN 9) und er ihm wenig Aufmerksamkeit widmet (eine Produktionsfunktion für Verlustvermeidung ließe sich auch schwerlich angeben), lasse ich es im Folgenden unberücksichtigt.

In Produktionsfunktionen ist die Beziehung zwischen Inputfaktoren und der damit produzierbaren Menge primärer Zielgüter festgelegt (vgl. Lindenberg 1989b, S. 72). Über die Gestalt der Produktionsfunktionen – monotone Steigung? abnehmender Grenzertrag? Effizienzunterschiede? – schweigt sich Lindenberg allerdings aus (vgl. auch Kelle/Lüdemann 1995, S. 257), so dass wohl von dem typisch neoklassischen Verlauf auszugehen ist. Lindenbergs Produktionsfunktionen werden nicht wie Beckers Produktionsfunktionen in Abhängigkeit vom individuellen Humankapital diskutiert, sondern als sozial geprägt verstanden.[12] Durch die konsequente Deklaration der Produktionsfunktion als ›soziale‹ Produktionsfunktion drückt Lindenberg aus, dass die Produktionsfunktionen i. d. R. zwischen den Individuen verschränkt sind, also keine isolierten Produktionsprozesse abbilden; zudem beinhalten sie ein relationales Element, nämlich Status (vgl. Lindenberg 1989b, S. 54 und S. 60). Ein weiterer Aspekt dieser sozialen Festlegung von Produktionsfunktionen besteht darin, dass soziale Faktoren die Bewertung von Ressourcen im System bestimmen; z. B. finden Konventionen, Tabus, Sanktionen u. ä. Eingang in die individuelle Produktionsfunktion. Durch diese Konstruktion kann eine Begründung angegeben werden, warum Individuen auf gewisse Produktionsmethode (z. B. Trittbrettfahren) nicht zurückgreifen. Dabei kann Lindenberg mit der Annahme homogener und in der Zeit invarianter Akteure arbeiten – die Grund-

---

ganismus in verschiedenen Graden der Zuträglichkeit erlebt« (ebenda, S. 6). Eine numerische Quantifizierung des Nutzens wird bei beiden nicht vorgenommen.

[12] Das bedeutet nicht, dass Humankapital mit Lindenbergs Theorie nicht kompatibel wäre. Als Ursache für den individuell spezifischen Verlauf der Produktionsfunktionen wäre durchaus auch Humankapital anzugeben, es ist nur bei Lindenberg nicht von so zentraler Bedeutung wie bei Becker, weil er andere Schwerpunkte setzt.

Abbildung 8.2: Überblick über Handlungsziele bei Lindenberg

primäre Zielgüter	soziale Anerkennung	physisches Wohlbefinden	(Verlustvermeidung)
Zwischengüter	Verhaltensbestätigung Affekt Status	interner Komfort externer Komfort Aktivation	/

bedürfnisse nach Wertschätzung und Wohlbefinden bleiben unverändert – und dennoch eine große Bandbreite an individuell unterschiedlichen Entscheidungen zulassen. Die Produktionsfunktionen berufstätiger und sozial eingebundener Menschen sind beispielsweise stark auf andere bezogen; ältere Menschen können dagegen eher isolierte Produktionsfunktionen haben und dementsprechend Produktionsmethoden wählen, die wenig Interaktion mit anderen Menschen erfordern.

Mit den beiden Grundbedürfnissen ist die Liste der Handlungsmotive aber noch nicht komplett. Lindenberg führt außerdem sechs *instrumentale Hauptziele* ein (vgl. Abb. 8.2), die mittels Produktion von *Zwischengütern* verfolgt werden[13] und den Grundbedürfnissen untergeordnet sind. Der Produktionsprozess läuft also zweistufig ab.

Diejenigen Zwischengüter, die für die Produktion sozialer Wertschätzung in Frage kommen, sind *Status*, positiver *Affekt* und *Verhaltensbestätigung* (vgl. Lindenberg 1984, S. 175-178): Status leitet sich aus dem Besitz von (knappen) Gütern ab und zeichnet eine Person relativ zu ande-

---

[13] Der Begriff des Zwischenguts stammt nicht von Lindenberg, sondern – ebenso wie der des primären Zielguts – von Esser (1996, vgl. S. 6-8). Ich benutze diese Termini, weil Lindenberg selbst keinen Oberbegriff für die Güter einführt, die bei ihm als Produkte auftreten.
Esser fügt hinzu, dass es je nach Gesellschaftstyp ein primäres Zwischengut gibt, das akkumulierbar und fungibel ist (Ehre in Feudalgesellschaften, Land in Agrargesellschaften und Geld in kapitalistischen Gesellschaften).

8. Nutzenproduktion und situative Ziele: Siegwart Lindenberg

ren aus. Affekt erhält ein Individuum daraus, dass sich eine andere Person sein Wohlergehen zum Anliegen gemacht hat. Verhaltensbestätigung erwächst aus dem Gefühl, Handlungen vorzunehmen, die in den Augen anderer als ›richtig‹ gelten. Um physisches Wohlbefinden zu erreichen, strebt der RREEMM nach den instrumentalen Hauptzielen *interner Komfort, externer Komfort* und *Aktivation* (vgl. Lindenberg 1996a, S. 135). Leider lässt Lindenberg eine Erläuterung dieser drei Zwischengüter vermissen, so dass ich hier selbst Vermutungen anstelle, was darunter zu verstehen ist: Aktivation besteht wahrscheinlich in Unterhaltung, aktiv (durch Sport oder Sexualität) oder passiv (Aufnahme von Sinnesreizen). Externer Komfort wird m. E. durch Aufenthalt in einer angenehmen äußeren Umgebung erzielt, sei es in Abhängigkeit von Bequemlichkeit, Temperatur, ästhetischer Gestaltung o. ä., während interner Komfort wohl in einer angenehmen physischen Befindlichkeit besteht, die z. B. durch Gesundheit, Ernährung, Trainiertheit oder Drogenkonsum beeinflusst wird. Zumindest in sehr armen Gesellschaften, in denen die verfügbaren Ressourcen nicht ausreichen, um ein Mindestmaß an physischem Wohlbefinden zu gewährleisten, ist physisches Wohlbefinden wohl bedeutender als soziale Wertschätzung; mit seiner wachsenden Verfügbarkeit wird die Nachfrage nach sozialer Wertschätzung steigen.

Mitunter formuliert Lindenberg Gleichungen, wenn die mathematischen Anteile seiner Darstellung auch nicht überwiegen. Beispielsweise gibt er die Einkommensrestriktion unter Berücksichtigung dieser instrumentalen Hauptziele wie folgt an (vgl. Lindenberg 1984, S. 186):

$$p_c C + p_s S + p_a A + p_b B = I + p_c D_c + p_s D_s + p_a D_a + p_b D_b$$

C : physisches Wohlbefinden
A : Affekt
B : Verhaltensbestätigung
S : Status
p_i : Preis des jeweiligen Zielguts
D_i : Anfangsausstattung an dem jeweiligen Zielgut
I : monetäres Einkommen

Auf der rechten Seite der Gleichung stehen die Anfangsausstattungen (multipliziert mit den Preisen) sowie das monetäre Einkommen. Die linke Seite enthält die produzierten Outputmengen (ebenfalls multipliziert mit ihren Preisen). Die Anfangsausstattung wird im Produktionsprozess eingesetzt, um die Endausstattung hervorzubringen, deren Gesamtmenge (wie schon von Becker bekannt) durch die Budgetrestriktion beschränkt ist. (Hier zeigt sich, dass auch Lindenberg mit Schattenpreisen arbeitet, da er auch Güter wie positiven Affekt, für die kein Geldpreis existiert, mit Preisen versieht.) Diese formalisierte Annäherung hat eher illustrativen Charakter. Es handelt sich nicht um eine Funktion, mit deren Hilfe Werte berechnet würden.

Unterhalb der instrumentalen Hauptziele befinden sich Ressourcen, Mittel zu ihrer Erreichung; sie allgemeingültig einzugrenzen oder aufzulisten, scheint nicht nötig zu sein. Offenbar können Güter je nach den Erfordernissen der Situation Ressourcen sein oder nicht. Um einige Beispiele zu erwähnen: Für das vorrevolutionäre Frankreich fasst er die Ressourcenpalette eines Adligen mit Privilegien, Rechten und Besitztümern zusammen, die eines Bauern mit (geringfügigem) Besitz, Rechten, Arbeitskraft und der Hoffnung, vielleicht Glück zu haben (vgl. Lindenberg 1989b, S. 54) – wobei letzteres m. E. lediglich die Dürftigkeit der Ausstattung rhetorisch unterstreichen soll. Viele Ressourcen sind für verschiedene Produktionsprozesse verwendbar, beispielsweise können viele Luxusgüter als Ressource eingesetzt werden, um entweder Status und somit soziale Anerkennung oder physisches Wohlbefinden zu produzieren. (Die simultane Produktion mehrerer Zielgüter mittels Kuppelproduktion ist übrigens auch in diesem Modell nicht vorgesehen.)

Unterschiede zwischen den subjektiven Präferenzen und Zielen verschiedener Personen sind in Lindenbergs Theorie der Produktionsfunktionen nicht erklärungsrelevant, wenn er sie auch nicht prinzipiell ausschließt, wie es Becker (zumindest in der radikalen Lesart à la ›De Gustibus‹) tut. Vorrangig divergieren die Entscheidungssubjekte in ihren objektiven Mitteln zur Zielerreichung, nicht in subjektiven Merkmalen wie Zielen oder Geschmacksneigungen (vgl. Lindenberg 1990b, S. 745). Unterschiede im Verhalten von Individuen sind auf divergierende Ausstattungen und auf die sozialen Bedingungen des Umfelds zurückzuführen. Maßgeblicher Grund für die Änderung von Ressourcenwerten ist institutioneller Wandel, weil die Bewertung, d. h. die Tauglichkeit einzelner Güter für die Erzeugung von Zwischen- und primären Zielgütern durch Institutionen beeinflusst wird; institutioneller Wandel wird dementsprechend immer von Substitutionsprozessen begleitet. Dies zeigt sich z. B. am Wertverlust von DDR-Orden oder von Kenntnissen in der Theorie des Staatsmonopolistischen Kapitalismus nach 1989 (vgl. Esser 1997, S. 321). Lindenberg begründet auch die berufliche Umorientierung von Frauen zur Erwerbsarbeit anstel-

8. Nutzenproduktion und situative Ziele: Siegwart Lindenberg

le von Haus- und Erziehungsarbeit institutionell: In Folge veränderter gesellschaftlicher Wertorientierungen ist der Ertrag an sozialer Anerkennung aus einem Hausfrauendasein gegenüber jenem aus einer Erwerbstätigkeit gesunken (vgl. Lindenberg 1990b, S. 742). Damit geht er über Becker hinaus, der nur Löhne bzw. Kosten betrachtet und institutionelle Bewertungen nicht explizit in die Entscheidung einfließen lässt.

Eine zweite Handlungsart besteht im Einwirken auf die sozialen Produktionsfunktionen in der Absicht, diese zu verbessern bzw. zu erhalten (vgl. Lindenberg 1989b, S. 54). Dies wird aber nicht wie bei Becker als Investition aufgefasst, sondern i. d. R. als Anstrengungen zur Verlustvermeidung. So erklärt Lindenberg z. B. das Aufkommen sozialer Revolutionen: Gesellschaftliche Gruppen widersetzen sich einer Destabilisierung ihrer sozialen Produktionsfunktionen, die von der Regierung durch Erhebung von Steuern und Abgaben betrieben wird; sie unternehmen also einen Versuch intentionaler politischer Steuerung (vgl. Niechoj/Wolf 2000, S. 70). In diesem Zusammenhang führt Lindenberg in Anlehnung an Kahneman und Tversky (siehe vorn, S. 92) eine Verlusthypothese ein. Sie bewirkt in diesem Fall, dass die Akteure mehr Energie für ein Rückgängigmachen von Verschlechterungen aufwenden als für die Verbesserung ihrer Lage. Aus diesen Annahmen entwickelt Lindenberg den Grundriss einer mikrofundierten Erklärung für soziale Revolutionen und erläutert sie anhand der Französischen sowie der Russischen Revolution (vgl. Lindenberg 1989b, insbesondere S. 64-72).

Bei Kenntnis der Preisänderungen, die durch institutionelle Änderungen erfolgen, lassen sich laut Lindenberg auch Prognosen treffen. Zu beachten ist dabei allerdings die Zielstruktur, die den Handlungen zugrunde liegt. Beispielsweise weist Lindenberg die (Beckersche) Annahme, eine Straferhöhung führe zum Rückgang von Raubüberfällen, als verkürzt aus, weil nicht danach gefragt wird, welche Ziele mit einem Raubüberfall verfolgt werden und durch welche Substitutionen die betreffenden Menschen ihre Ziele nach der Kostenerhöhung verfolgen werden (vgl. Lindenberg 1996a, S. 137f). Möglich ist auch die Zunahme anderer Verbrechen, d. h. verschiedene Arten von Raubüberfällen müssen berücksichtigt werden. Durch Substitution lässt sich ferner erklären, dass sich ein steigendes Lebensalter auf das Produktions- bzw. Nachfrageverhalten auswirkt (vgl. ebenda, S. 138): Status und Verhaltensbestätigung sinken in ihrer Bedeutung und fallen tendenziell weg. Deshalb muss soziale Wertschätzung verstärkt durch Affekt produziert werden. Ebenso wird Aktivation schwerer produzierbar, weshalb physisches Wohlbefinden im Alter stärker durch Komfort hergestellt wird. (Eine Substituierbarkeit zwischen den beiden primären Zielgütern ist nicht gegeben.)

Für *Präferenzen* gibt Lindenberg keine eindeutige Definition: Einerseits zeichnet er die »substantive assumption about universal, stable preferences« als eines der kraftvollsten Werkzeuge der Sozialtheorie aus (Lindenberg 1985a, S. 100). Damit folgt er dem Beckerschen Präferenzbegriff, der die hinter den Handlungen stehenden Grundbedürfnisse bezeichnet. Andererseits – und häufiger – verwendet er den Präferenzbegriff jedoch in der Bedeutung ›tastes‹ (Vorlieben zwischen substituierbaren Ressourcen unterhalb der Grundbedürfnisse und instrumentalen Hauptziele).[14]

Da die Güter, auf die sich die Präferenzen beziehen, Produktionsmittel für Zwischengüter sind, können die Präferenzen erklärt werden. Weder bleiben sie »Geschmackssache« (vgl. Lindenberg 1996b, S. 562) noch werden sie (wie in der Ökonomik) durch Schattenmethodologien gewonnen. Zugleich wird der Fokus auf Knappheiten und Restriktionen gelegt, also die Gestalt der sozialen Produktionsfunktionen herangezogen (vgl. Lindenberg 1985b, S. 253).

Hieran anknüpfend schlägt er vor, künftig solle eine Zusammenarbeit zwischen Ökonomik und Soziologie stattfinden, weil die Fragestellungen beider Disziplinen somit übereinstimmten, nämlich die Erklärung von Handlungen unter Rückgriff auf Restriktionen.[15] In der Ökonomik lässt diese Entwicklung noch auf sich warten, in der Soziologie wird das Produktionsparadigma, wenn auch zögerlich, weiter ausgeleuchtet (vgl. etwa Kunz 1997, der den Begriff Produktionsfunktion stets in Anführungszeichen verwendet).

---

[14] Aus Lindenbergs uneindeutiger und relativ seltener Verwendung des Präferenzbegriffs lässt sich schließen, dass dieser für die Erklärung keinen eigenen Stellenwert hat, sondern Grundbedürfnisse und instrumentale Hauptziele als Explanans ausreichen.

[15] Die überkommene Aufteilung in getrennte Untersuchungsfelder hat seiner Auffassung nach zu zwei fruchtlosen Ritualen geführt: das »this should be studied by sociologists«-Ritual und das »economists should incorporate more sociological richness into their models«-Ritual (Lindenberg 1985b, S. 245). Wenn die Aufteilung zwischen den Disziplinen hinfällig wird, können auch diese ökonomischen Rituale durch eine konstruktive Theoriebildung abgelöst werden.

8.2.2 Variation von Zielen durch Framing

Zwei Grundgedanken sind es, die Lindenberg zu der Entwicklung seiner Framing-Theorie veranlassten: Abweichungen realer Entscheidungen von den Konsistenzanforderungen an Präferenzen, wie sie u. a. von Tversky und Kahneman experimentell untersucht wurden (siehe Teil 3.2.1), und Simons Einwände gegen die Anforderungen, die in der Ökonomik an menschliches Kognitions- und Kalkulationsvermögen gestellt werden (siehe 7.2). Lindenberg entwickelt nun ein eigenes Konzept, um der Beschränktheit menschlicher Kapazitäten Rechnung zu tragen, ohne dabei aber die Nutzenmaximierungshypothese zu verlassen.

Wie Lindenberg (1993a) darlegt, ist die prospect theory von Kahneman und Tversky an mehreren Stellen unpräzise (vgl. S. 16-19): Beispielsweise werde nicht spezifiziert, unter welchen Umständen das Hergeben eines Gutes als Verlust empfunden wird. Erwirbt die Entscheiderin nämlich ein Gut in der Absicht, es weiterzuverkaufen, so werde sie dies weniger als Verlust sehen, als wenn sie etwas verkaufen muss, das sie ursprünglich benutzen wollte. Ferner führt die prospect theory zu einer Fehlprognose: In einer Studie zeigten sich Haushalte bereit, mehr Geld zu bezahlen, um den Abbau von Risiken durch Gefahrenmüll zu erreichen, als um einen weiteren Risikoanstieg zu vermeiden. Zu erwarten wäre gewesen, dass ihnen der Erhalt des bereits bestehenden Risikoniveaus – der doch eine Verlustvermeidung darstellt – mehr wert ist.[16] Zudem werde im Entscheidungsgewicht π lediglich Fehlern der Wahrscheinlichkeitsschätzung Rechnung getragen, nicht aber dem Einfluss der Höhe von Gewinn oder Verlust, die ebenfalls subjektiv wahrgenommen werden. Vor allem aber fehlt ein theoretischer Anhaltspunkt zur Festlegung des Referenzpunkts, den die Entscheiderin wählen wird (vgl. Lindenberg 1989a, S. 187). Um die Defizite des Vorschlags von Tversky und Kahneman aufzufangen, hält Lindenberg (1993b) eine Theorie der Frames für nötig, die er selbst entwickelt.

Lindenbergs Modellierung ist zunächst an das Entscheidungsmodell von Siegel, Siegel und Andrews angelehnt, das durch Ofshe und Ofshe in der Soziologie eingeführt wurde (vgl. die Literaturangaben bei Lindenberg 1980, S. 316). Hier wird davon ausgegangen, dass Handelnde bei wiederholten Entscheidungen das Bedürfnis verspüren, Langeweile zu vermei-

---

[16] Offenbar wird hier anders geframed: Es erscheint als monetärer Verlust, für den Erhalt eines Risikoniveaus, das bereits vorherrscht, zu bezahlen.

den, und dieses Motiv in die nutzenbasierte Wahltheorie einzubeziehen ist. Die Akteure des Siegel-Ofshe-Modells wählen, wenn sie mehrmals mit derselben Entscheidungssituation konfrontiert sind, nicht jedes Mal diejenige Option mit dem höchsten *SEU*-Wert, sondern sie wechseln ab, wählen diese aber statistisch am häufigsten. Lindenberg hat die Idee einer stochastischen Entscheidung aufgegriffen und ein Diskriminationsmodell entwickelt, das sich durch drei Merkmale auszeichnet: Die Akteure beschränken sich in jeder Situation auf nur ein Ziel, sie bewerten die Optionen subjektiv, und sie wählen die Alternative mit dem höchsten *SEU*-Wert mit einer nichtlinear verlaufenden Wahrscheinlichkeit, wobei sie sich an der gewichteten Differenz zwischen den Nettonutzen orientieren (vgl. Lindenberg 1989a, S. 187-189). Dieses Modell wird weiter unten formalisiert dargestellt.

Zunächst werde ich nun eine Definition des Framebegriffs geben, anschließend referieren, welche Frames bei Lindenberg existieren, um danach zu zeigen, wie mit ihrer Hilfe Entscheidungen getroffen werden und wie es zum Framewechsel kommt.

Lindenberg nimmt an, Menschen seien lediglich in der Lage, in jeder Situation ein einziges Ziel zu verfolgen, d. h. ein Gut oder Güterbündel zu maximieren. Die Optionen werden nach diesem Aspekt geordnet. Andere Ziele treten in den Hintergrund und sind Nebenmotive, die von dessen Verfolgung ablenken, weil sie nahe legen, die Alternativen unter einem anderen Nutzenaspekt (z. B. nach Abwechslungsreichtum) zu ordnen (vgl. Lindenberg 1983, S. 454f). Diese Bestimmungsgrößen sind maßgeblich für die Einschätzung des Alternativenspektrums durch den RREEMM:

> »Framing in the discrimination model has a very definite meaning: the search for and ordering of alternatives in terms of one main maximand in a situation and the chanelling of the influence of other goods via the salience of the main maximand. [...] [O]ther utility arguments [...] are only admitted through the back door, namely as forces that reduce the salience of the main basket.« (Lindenberg 1988, S. 46)

Der Frame fungiert gewissermaßen als Brille, durch die das Ensemble der Alternativen betrachtet wird (vgl. Lindenberg 1989a, S. 195) und die ihre Vor- und Nachteile im Hinblick auf das Ziel deutlich werden lässt.

Lindenberg (1992) führt drei Frames ein, die seiner Auffassung nach für alle Handlungssituationen hinreichen (vgl. S. 133f): Zunächst gibt es die Orientierung auf Gewinn (*gain frame*), was auch Wohlstandsgewinne rela-

8. Nutzenproduktion und situative Ziele: Siegwart Lindenberg

tiv zu anderen Personen bedeuten kann. Ein zweites mögliches Handlungsziel ist die Einhaltung von Normen (*legality frame*), das dritte Hauptmotiv Lindenbergs die Vermeidung von Verlusten (*loss avoidance frame*).[17]

Gewinn als Handlungsmotiv ist aus den vorherigen Kapiteln hinreichend bekannt: Entschieden wird so, dass mit der verfügbaren Ausstattung eine möglichst hohe Nutzenisoquante erreicht wird. Die Kalkulation läuft wie beim homo oeconomicus ab.

Der Konformitätsframe umfasst Regelbefolgung, also das Problem der Normeinhaltung, das bereits in manchen der früheren Kapitel zu Widersprüchen oder Einwänden führte. Das bedeutet für die Handlungstheorie, dass über Normeinhaltung nicht durch Kostenerwägungen entschieden wird, denn durch Aktivierung des Konformitätsframe wird Normeinhaltung zum Selbstzweck. Sie findet nicht aus opportunistischen Gründen statt, weil der Verstoß gegen eine Norm zu höheren Kosten führen würde. Hier unterscheidet sich Lindenberg von im engeren Sinne ökonomischen Theoretikern, die Normen nicht als eigenständiges Handlungsmotiv behandeln können. Entscheiderinnen, die nach dem legality-Frame handeln, verfolgen das Ziel der Normbefolgung und produzieren auf diesem Weg Nutzen, etwa weil sie soziale Anerkennung produzieren, indem sie sich konform mit den Erwartungen anderer verhalten.[18] Wird ein anderes Ziel, Gewinnerzielung oder Verlustvermeidung, wichtiger, so kann die Normeinhaltung wieder hinter diesen neuen Frame zurücktreten.

Lindenbergs *Verlusthypothese* besagt, dass die Vermeidung unkompensierten Verlusts für sich genommen erstrebenswert ist und andere Ziele

---

[17] Jeder Frame umfasst zwei mögliche Handlungsweisen (vgl. Lindenberg 1992, S. 134-139): Im Gewinn-Frame reiner Opportunismus oder auch Einhaltung von Solidaritätsnormen in Fällen, in denen Kooperation Vorteile bringt. Im Konformitäts-Frame gibt es einerseits starke, gruppenbezogene Solidarität und andererseits schwache Solidarität, d.h. allgemeine, über die Gruppe hinaus anerkannte Regeln werden befolgt. Innerhalb des Verlustvermeidungs-Frame unterscheidet Lindenberg zwischen reaktiver (Sinn erkennender) und proaktiver (wiedererlangender) Verlustvermeidung. Diese Bemerkungen bleiben allerdings konsequenzlos und werden nicht weiter verfolgt.

[18] Hier deutet sich eine Verknüpfung von Grundbedürfnissen und Frames an. Leider hat Lindenberg keine solche Verknüpfung hergestellt, sondern seine Theorie der sozialen Produktionsfunktionen und seine Theorie des Framing getrennt voneinander entwickelt – mein zentraler Kritikpunkt an Lindenbergs Handlungstheorie. In 8.4 werde ich an dieser Stelle ansetzen.

dominiert. Die Bedeutung dieses Ziels steigt disproportional mit der Verlusthöhe an (vgl. z. B. Lindenberg 1988, S. 52). Entsprechend werden die Akteure mitunter, wenn sie bereits Kosten verausgabt haben (sunk costs), durchaus noch höheren Aufwand betreiben, um den bereits erlittenen Verlust – zumindest teilweise – wieder auszugleichen oder ihn im Nachhinein mit Sinn zu versehen. Zur Untermauerung führt Lindenberg an, dass Theaterabonnements, die für einen höheren Preis gekauft wurden, stärker genutzt werden als billigere, und die Mehrheit der Probandinnen und Probanden einer Studie empfiehlt, ein Flugzeug eines Typs fertig zu produzieren, auch wenn bereits vor seiner Vollendung ein besseres Modell auf den Markt gekommen ist (vgl. Arkes/Blumer 1985, S. 126-130). Sunk-costs-Verhalten führt dazu, dass der Aufwand für die Verfolgung des Ziels Verlustvermeidung mitunter sogar höher sein kann als der Betrag des Verlusts selbst (vgl. Lindenberg 1989a, S. 193f), was zunächst kein rationales Verhalten zu sein scheint. Aus der Verlusthypothese ergibt sich für Lindenberg, dass der loss-avoidance-Frame eine besonders hohe Wahrscheinlichkeit hat, aktiviert zu werden.

Obwohl er nur diese drei Frames explizit einführt und erläutert, begnügt sich Lindenberg an diversen anderen Stellen jedoch nicht mit ihnen, sondern führt eine Reihe weiterer ein: Beispielsweise wird in dem Frame ›ein guter Freund/eine gute Freundin sein‹ das Ziel verfolgt, einer bekannten Person zu helfen (vgl. Lindenberg 1993a, S. 22). Sich als ›smart consumer‹ verhalten zu wollen, heißt, ohne Rücksicht auf Zeit- oder z. B. Benzinaufwand zu möglichst niedrigen Marktpreisen einzukaufen (vgl. Lindenberg 1989a, S. 188). Weitere Frames sind Anerkennung, Aufwand minimieren, Spaß haben und Unannehmlichkeiten vermeiden (vgl. Lindenberg 1993a, S. 21 und 27f), etwa bei Regen nicht nass zu werden (vgl. Lindenberg/Frey 1993, S. 200). Auch Konformität ist ein Handlungsziel, das Lindenberg als Frame begreift (vgl. Lindenberg 1983, S. 458). In Bezug auf ein verkäufliches Gut kann entweder ein Benutzungsframe oder ein Geldframe dominieren (vgl. Lindenberg 1993a, S. 26f).[19] Ein weiterer Frame umfasst das Normengefüge ›starke Solidarität‹: Orientierung auf die Gruppe, anderen helfen, niemand schaden und nach Gleichheitskriterien verteilen (vgl. Lindenberg 1993a, S. 29f). Dieses Normengefüge steht in offenem

---

[19] Mit dem letzteren wird sich der Akteur leichter für einen Weiterverkauf entscheiden, während er im Benutzungsframe nicht (oder nur gegen einen sehr hohen Preis) verkaufen wird.

8. Nutzenproduktion und situative Ziele: Siegwart Lindenberg

Widerspruch zu Markthandlungen, die durch Gewinnframes geprägt sind und i. d. R. in anonymen Kontexten stattfinden. Innerhalb länger anhaltender Markt- und Vertragsbeziehungen gibt es allerdings einen schwache-Solidarität-Frame (vgl. ebenda sowie Lindenberg 1988, S. 47). Nach ihm wird die Aufrechterhaltung der Geschäftsbeziehung angestrebt und ein unvermittelter totaler Ausstieg unwahrscheinlich gemacht. Im Unterschied zu starker Solidarität geht es hier darum, langfristig Kooperationsgewinne zu sichern, also letztlich Gewinn zu machen.

Die genannten Frames habe ich aus verstreuten Passagen Lindenbergscher Aufsätze zusammengetragen. Die Aufzählung beansprucht offensichtlich keine Vollständigkeit. Mit gleicher Plausibilität könnten z. B. Frames wie körperlich fit sein, die Wohnung sauber halten, Erwartungen nicht enttäuschen oder gute Eltern sein hinzugefügt werden. Die Verbindung zum Framebegriff von Kahneman und Tversky ist schwach; es geht nicht mehr wie bei ihnen um Darstellungsfragen der Entscheidungssituation, die vor allem in experimentellen Situationen von Belang sind.

Prisching (1993) schlägt vor, Lindenbergs Frames hierarchisch zu ordnen: Die drei primären Frames Gewinn, Konformität und Verlustvermeidung (die homo oeconomicus, homo sociologicus und Kahneman-Tversky-Akteur repräsentieren) bilden eine höhere Klasse, die anderen Frames (wie z. B. smart consumer) könnten darunter angesiedelt werden (vgl. ebenda, S. 44f). Gegebenenfalls wäre anzunehmen, die übergeordneten Frames steuerten die niedrigeren, was dann bedeutete, die Entscheiderin legt sich zunächst auf eine dieser drei möglichen Identitäten fest und wählt anschließend ein Handlungsziel.[20]

Lindenberg widmet auch der Bildung von Institutionen ein wenig Aufmerksamkeit: Regeln entstehen bei ihm als Antwort auf Kollektivgüterprobleme (vgl. Lindenberg 1983, S. 463) und schreiben für bestimmte Situationen Ziele vor, legen also eine bestimmte Art des Framing nahe. Dadurch erfolgt die individuelle Bestimmung der Handlungsziele weniger beliebig, zufällig oder stimmungsabhängig (vgl. Lindenberg 1989a, S. 192). Frames werden durch die institutionelle Umgebung gestützt und unterstützen umgekehrt bestimmte Institutionen (vgl. Lindenberg 1993a, S. 34). Ein be-

---

[20] Andererseits hieße das, dass vor der eigentlichen Handlung mehrere Framing-Akte vorgenommen werden müssten, was den Entscheidungsprozess verkomplizieren würde. Prisching endet mit dem Hinweis, die Diskussion einer Typologie von Frames müsse erst noch eingeleitet werden (vgl. Prisching 1993, S. 47).

Abbildung 8.3: Framebasierter Entscheidungsprozess bei Lindenberg

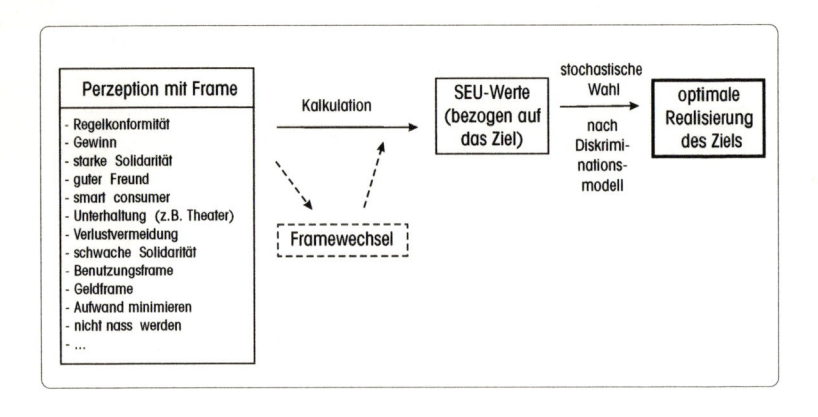

Perzeption mit Frame	Kalkulation	SEU-Werte (bezogen auf das Ziel)	stochastische Wahl nach Diskriminationsmodell	optimale Realisierung des Ziels
- Regelkonformität - Gewinn - starke Solidarität - guter Freund - smart consumer - Unterhaltung (z.B. Theater) - Verlustvermeidung - schwache Solidarität - Benutzungsframe - Geldframe - Aufwand minimieren - nicht nass werden - ...				

Framewechsel

stehendes soziales System lässt sich so charakterisieren, dass es günstige Bedingungen für bestimmte Frames und zugleich ungünstige für andere schafft (vgl. Lindenberg 1992, S. 131, Lindenberg/Frey 1993, S. 201).

Wie sind die Frames nun in die Entscheidungstheorie eingebunden? Lindenberg untergliedert die Handlung analytisch in drei Schritte (siehe Abb. 8.3; vgl. dazu Lindenberg 1993a, S. 19-22):[21] Zuerst erfolgt die Perzeption der Situation; in dieser Phase werden die bestehenden Alternativen spezifiziert und gemäß ihrer Eignung, um das übergeordnete Ziel des Frame zu erreichen, geordnet.[22] (Framewechsel werden weiter unten erläutert, siehe S. 204f). Im zweiten Schritt werden die Konsequenzen aller Handlungsalternativen mit einem Nutzenindex versehen. Dafür nimmt die Entscheiderin auch eine Wahrscheinlichkeitseinschätzung vor und ermittelt aus diesen beiden Größen den *SEU*-Wert jeder Alternative. Dieser Schritt unterscheidet sich im Prinzip nicht vom herkömmlichen *SEU*-Modell, nur dass lediglich jene Kosten- bzw. Nutzenaspekte einbezogen werden, die durch den Frame Relevanz erhalten (vgl. auch Esser 1991a,

---

[21] Dabei handelt es sich nicht um das Abbild realer kognitiver Prozesse, sondern (wie bei Savage) um eine Rekonstruktion des Handelns, *als ob* diese Schritte vollzogen würden (vgl. Lindenberg 1989a, S. 180).
[22] Die Vorgänge des Ordnens der Alternativen und des Bewertens sind hier analytisch getrennt und auf zwei verschiedene Schritte der Handlung verteilt. Real laufen sie sicher simultan ab.

S. 70). Nach diesen beiden Phasen der Werteermittlung fällt im dritten Schritt die Entscheidung. Bei diesem Vorgang zeigen sich die stärksten Abweichungen vom ›klassischen‹ *SEU*-Modell. Es wird nicht einfach die Alternative mit dem höchsten *SEU*-Index gewählt, sondern die Entscheidung erfolgt nach dem *Diskriminationsmodell* (vgl. zum Folgenden Lindenberg 1993a, S. 21f):[23]

Der erwartete Nutzen wird nun gewichtet. Zunächst wird der Nutzen jeder Option in Differenz zum durchschnittlichen Nutzenwert aller Handlungsmöglichkeiten gesetzt. Der Frame weist eine quantifizierbare und flexible Gültigkeit β auf, die von Situation zu Situation verschieden ist und von den jeweiligen Hintergrundzielen bestimmt wird. In Abhängigkeit von den Hintergrundzielen x_i ist $\beta = f(x_1, x_2, \ldots)$. Aufgrund der Verlusthypothese hat der Frame Verlustvermeidung prinzipiell eine besonders hohe situative Gültigkeit. Ohne einen Frame wäre der Akteur unentschieden und würde nach Zufall auswählen. Mit einem Frame ergibt sich für die Wahlwahrscheinlichkeit:

$$P_i = \beta(g_i - U_0) + \frac{1}{n}$$

P_i : Wahrscheinlichkeit der Entscheidung für Option i
β : situative Gültigkeit des Frame
g_i : Nutzen der Option i
U_0 : durchschnittlicher Nutzen aller Handlungsoptionen[24]
n : Zahl der verfügbaren Optionen

Der Frame erfüllt die Funktion, sicherzustellen, dass die Entscheiderin nicht indifferent zwischen den Alternativen ist, also mit seiner Hilfe zwischen den Alternativen *diskriminiert* werden kann. Leistet er dies nicht (mehr), so kommt es zum Framewechsel (vgl. etwa Lindenberg/Frey 1993, S. 199f). Entscheidungen ohne Frame gibt es in diesem Modell nicht.

Wie geht die Entscheiderin aber mit Situationen um, in denen mehrere Ziele zur Wahl stehen? Wie im obigen Zitat deutlich wurde, wird zwischen dem Frame als Hauptziel (›main basket‹) und den Hintergrundzielen (›back door‹). Für das Verhältnis zwischen Haupt- und Nebenzielen gibt es zwei

---

[23] Für eine ausführliche und allgemein verständliche Vorstellung des Diskriminationsmodells vergleiche auch Lüdemann (1997, S. 113-116).

[24] g_i und U_0 bezeichnen bei Lindenberg Nutzen; exakter wäre es, *SEU*-Indices zu verwenden.

Möglichkeiten: Steht ein Hintergrundziel zum aktuellen Frame in Konflikt, so reduziert dies die situative Gültigkeit β. Framekompatible Hintergrundziele stützen den Frame dagegen und erhöhen β.
Durch veränderte Rahmenbedingungen können Nebenziele wichtiger werden und das β des aktuellen Frame reduzieren. Sinkt β dabei so weit, dass es sich Null nähert, so eignet sich der aktuelle Frame nicht mehr zur Diskriminierung.[25] Die Folge:

> »[W]hen a person reaches a fifty-fifty chance of choosing one or the other [of two, DW] alternative[s], he will attempt to restructure the choice situation.« (Lindenberg 1983, S. 460)

Im Zuge dieser Restrukturierung der Situation wird die Entscheiderin ein anderes Ziel als Frame definieren. Dafür wird sie die Alternativen neu ordnen und die *SEU*-Werte neu berechnen. Da die Nutzenindices nach einem Framewechsel von Neuem berechnet werden, kann es mitunter zu sprunghaften Verhaltensänderungen kommen.

Zur Veranschaulichung konstruiere ich ein Beispiel: Ein Akteur möchte Lebensmittel einkaufen und framet die Situation als ›smart consumer‹. Dies bedeutet, beim Einkaufen soll das ausgegebene Geld minimiert werden, die verschiedenen Lebensmittelanbieter werden also nach Günstigkeit ihrer Angebote geordnet. Das Hintergrundziel, sich viel zu bewegen, stützt den Frame, so dass sich der Akteur um so weniger an langen Einkaufswegen stört. Durch einen beruflichen Wechsel gewinnt nun das bisher wenig relevante Hintergrundziel, Zeit zu sparen, an Bedeutung und reduziert das β des smart-consumer-Frame, bis sich dieser nicht mehr zur Diskriminierung eignet. Es kommt zum Wechsel auf den neuen Frame Zeit sparen, und ab jetzt werden die Lebensmittelanbieter in Hinblick auf Weglänge bzw. Erreichbarkeit geordnet. Smart consumer und Bewegung werden als handlungsleitende Ziele verdrängt und fungieren nun als Hintergrundziele.

Lüdemann (1997) hat das Diskriminationsmodell anhand von Verkehrsmittelwahl im Stadtverkehr empirisch getestet (vgl. S. 124-144). Sowohl Handlungsziele als auch deren Wichtigkeit sowie die bestehenden Alternativen wurden erhoben, und in 85% der Fälle ergaben sich aus dem Modell

---

[25] Wie Prisching (1993) bemerkt, können nicht nur externe Faktoren einen Framewechsel induzieren (vgl. S. 44, FN 3). In einer bilateralen Beziehung werden Erwartungen aneinander z. B. durch den kommunikativen Austausch von Signalen erzeugt, und ein Wechsel wird nötig, wenn sich diese Signale ändern.

zutreffende Prognosen. In einer starken Mehrheit der Fälle nannten die Befragten nur ein oder zwei Handlungsziele, was die Hypothese der Vereinfachung der Zielstruktur bestätigt. Am häufigsten wurde als Ziel genannt, Unannehmlichkeiten durch schlechtes Wetter zu vermeiden.

Genau genommen, besteht der Entscheidungsvorgang nach dem Diskriminationsmodell aus der Bestimmung des Frame und der Entscheidung selbst, Lindenberg widmet seine Aufmerksamkeit allerdings ausschließlich der Handlungsentscheidung (vgl. Braun 1997, S. 439). Wie Lindenberg (1989a) richtig bemerkt, muss die Entscheiderin aber in der Lage sein zu beurteilen, ob der Frame eine ausreichende Diskriminierung zwischen den Alternativen ermöglicht (vgl. S. 189). In einem relativ frühen Text führt er die Bewertung des Frame (sehr knapp) als vierten Schritt in sein dreischrittiges Entscheidungsmodell ein und formuliert eine Framewechselhypothese (vgl. Lindenberg 1980, S. 189): Nähert sich die Wahrscheinlichkeitsverteilung zwischen den Optionen einer Gleichverteilung an, so wird der aktuelle Frame durch den bis dato bedeutendsten Hintergrundaspekt ersetzt. Das könnte bedeuten, dass im Normalfall bereits ein Frame aktiviert ist und Framewechsel ausnahmsweise vorkommen (in Abbildung 8.3 durch gestrichelte Pfeile markiert).

Übrigens könnte über Theorien, die ausschließlich Markthandeln modellieren und ohne Frames arbeiten, behauptet werden, dass auch sie nicht ohne Frames auskommen: Sie verallgemeinern diejenigen Frames, die für Markthandeln entscheidend sind, Gewinnmaximierung und smart consumer. Das Funktionieren von Märkten wird durch Frames gewährleistet.[26] Zudem sind relative Preise auch für Handlungen, die keinem marktkompatiblen Frame folgen (z. B. starke Solidarität), nicht irrelevant. Der smart-consumer-Frame verschwindet nicht gänzlich, sondern ist Hintergrundziel, das die Entscheidungen mit bestimmt (vgl. Lindenberg 1993b, S. 238f).

Interessant wäre der Versuch, Enstehung und Erlernen von Frames im Zusammenwirken mit Institutionen zu erklären. Eine Ausarbeitung dieser Idee würde möglicherweise in Richtung eines mentalen Modells führen.

Eine Integration der beiden Konzeptionen soziale Produktionsfunktionen und Frame (bzw. Framewahl) leistet Lindenberg leider nicht. Dies korrespondiert damit, dass seine Theorie fragmentarisch in verschiedenen

---

[26] Lindenberg (1992) demonstriert dies anhand der Transformation in Osteuropa (vgl. S. 139).

Aufsätzen niedergelegt ist, die jeweils exemplarische Anwendungsfälle bearbeiten. In einem Aufsatz Lindenbergs kommen sowohl Framing als auch soziale Produktionsfunktionen vor: In seiner Revolutionstheorie modelliert er das Handlungsziel, die sozialen Produktionsfunktionen aufzubessern, als Frame. Meines Erachtens könnten die beiden Handlungstheorien Lindenbergs verbunden werden, indem die Ziele der sozialen Produktionsfunktionen als Frames reformuliert werden. So wäre beispielsweise Verhaltensbestätigung ein Frame, der die Handlungsoptionen nach dem Grad ihrer Regelkonformität ordnen ließe und die Produktion sozialer Anerkennung zum Ergebnis hat. Darum bemüht er sich jedoch nicht und verpasst damit eine Chance, seine Konzepte über fragmentarische Ideen hinaus zu entwickeln und eine geschlossene Handlungstheorie zu entwerfen.

Abschließend betone ich zum Framing noch einmal, dass dieses Konzept nicht (wie Simons bounded rationality) die Hypothese der Maximierung fallen lässt und auch nicht die *SEU*-Theorie verlässt. Lindenberg gibt lediglich die Hilfsannahme auf, die Akteure könnten gleichzeitig eine Reihe von Zielen verfolgen, also multiple Nutzenaspekte auf eine eindimensionale Skala reduzieren.

Exkurs: Framing bei Esser

Um Missverständnisse zu vermeiden und die Abgrenzung zu erleichtern, umreiße ich nun kurz den Framebegriff von Hartmut Esser (1996), den dieser nicht immer trennscharf von Lindenbergs unterscheidet (vgl. S. 12-23). Essers Entscheiderin stellt sich auf die Situation ein, indem sie ihr ein vereinfachtes gedankliches Modell (Frame) aus ihrem Repertoire zuordnet. Frames sind also Interpretationen sozialer Phänomene und werden entsprechend auch als Skript oder Schema bezeichnet; Kunz (1997) benutzt den Begriff »Mustererkennung« (vgl. z. B. S. 256). Jeder Frame enthält ein Ziel, ein Ensemble typischer Situationsmerkmale.[27]

Ist eine bestimmte Einstellung auf die Situation aktiviert, so steuert sie Definition, Wahrnehmung und Handlung quasi automatisch, wodurch der Aufwand für die Nutzenkalkulation der Handlungsalternativen im Sinne

---

[27] Ein Beispiel ist, sich als Befragter in einem Interview zu verstehen (vgl. Esser 1990, S. 240); dominierendes Ziel ist dann wahrheitsgemäßes Antworten. Im Frame ›Gespräch mit einer Staubsaugervertreterin‹ ist hingegen Abwimmeln das Ziel (vgl. ebenda, S. 242).

Simons reduziert wird. Zur Selektion des Frame postuliert Esser, dass sie selbst nach der *SEU*-Regel vollzogen wird. Grund zu wechseln ist dann gegeben, wenn der erwartete Nutzen eines anderen Frame höher ist als jener des gegenwärtigen (vgl. Esser 1990, S. 236). Allerdings kommt er im Prinzip über die tautologische Aussage, Frames würden gewechselt, wenn der Wechsel rational ist, nicht hinaus.[28]

Wenn Lindenberg auch die Zielspezifizierung und Esser die Interpretation der Situation in den Vordergrund stellt, haben Lüdemann und Rothgang nachgewiesen, dass der Framebegriff von beiden tendenziell in beiden Bedeutungen (die wechselseitig anschlussfähig sind) verwendet wird. Sie schlagen vor, Situationsdefinition und Framing als zwei aufeinander aufbauende Prozesse getrennt voneinander zu modellieren, da mit der Situationsdefinition in Sonderfällen bereits ein (einziges) Handlungsziel festgelegt werden kann (vgl. Lüdemann/Rothgang 1996, S. 286). Die Framewahl läuft dann innerhalb der definierten Situation ab.

Esser trägt der kognitiven Beschränktheit noch auf eine zweite Weise Rechnung, nämlich durch verschiedene Modi des Entscheidens, über die der Operator nach der Perzeptionsphase entscheidet. Einer davon ist der *Habit*, eine unmittelbare Verknüpfung von Einstellung und Verhalten ohne Ziel-Mittel-Kalkulation (vgl. Esser 1990, S. 234f),[29] so dass statt einzelner Akte ganze Bündel von Handlungssequenzen, »Daumenregeln, Routinen [...] ohne nähere Nachprüfung« gewählt werden (Esser 1991a, S. 65). Der normale Entscheidungsprozess – Kognition der Alternativen, Evaluation der erwarteten Ergebnisse, Selektion der besten Möglichkeit – wird verkürzt, der Aufwand für Informationsakquirierung und -verarbeitung gesenkt (vgl. Esser 1991b, S. 239). Habits eignen sich insbesondere für häufig wiederkehrende Entscheidungssituationen des Alltags. Wurden einmal, in einer prototypischen Situation, die notwendigen Schritte vollzogen, um zu einer guten Entscheidung zu gelangen, kann die Entscheiderin das so gefundene Ergebnis als Rezept abspeichern, das sie in analogen Handlungssituationen benutzt.[30]

---

[28] Egger und de Campo (1997) kritisieren Essers Vorschlag sowie die mathematische Modellierung, was Esser (1997) in einer Replik zurückweist.
[29] Sowohl die Existenz von Habits als auch jene von Frames leitet Esser nicht theoretisch her, sondern postuliert sie aufgrund phänomenologischer Evidenz.
[30] Ein Beispiel ist die routinemäßige Überprüfung, ob man den Schlüsselbund eingesteckt hat, vor dem Schließen der Wohnungstür.

Für das Ersetzen der Kalkulation durch ein Rezept spricht laut Esser »eine Reihe ›guter Gründe‹«; insbesondere die kognitiven Beschränkungen, die für die Wahl einer befriedigenden statt der optimalen Lösung sprechen, um den Entscheidungsaufwand zu senken (vgl. Esser 1991a, S. 66). Der Wechsel in einen anderen Handlungsmodus bzw. die Generierung neuer Frames und Habits erfordern eine neue Kalkulation.[31]

Mit Essers Konzeption sind Routinen, Rollenverhalten und auch Fehlreaktionen als Spezialfälle rationalen Handelns zu begreifen (letztere durch falsche Frame- oder Habitzuweisung). Trägheiten und Anpassungsverzögerungen können erfasst werden: Hat sich die Situation ein wenig geändert, benutzt der Akteur zunächst weiterhin bewährte Habits und kalkuliert nicht gleich neu. So entstehen Dämpfungsmechanismen, die dazu führen, dass die Handlungen nur noch mittelbar auf Änderungen der Rahmendaten reagieren und sich Gleichgewichte erst mit zeitlicher Verzögerung einstellen (vgl. Esser 1990, S. 241).

8.3 Diskussion

Der Akteursentwurf von Lindenberg weist, wie gezeigt, Lücken auf. Zugleich kann eine beachtliche Vielfalt des Handelns einer wissenschaftlichen Erklärung zugänglich gemacht werden.

Probleme des Lindenberg-Akteurs

Leider entwickelt Lindenberg nicht, wie z. B. Coleman, zunächst das begriffliche Gerüst seiner Theorie, um anschließend mit ihrer Hilfe ein Spektrum von Anwendungsfällen zu erklären. Vielmehr behandelt er einzelne Aspekte, in denen er vorliegende Rational-Choice-Theorien für

---

[31] Über mögliche Gründe, die Ergebnisse neu zu kalkulieren, hat Weiß (2000) nachgedacht (vgl. S. 40-42): Entweder steigt die Unzufriedenheit der Entscheiderin mit den Handlungsergebnissen bzw. hat sich ihre Ressourcenausstattung geändert, so dass veränderte Handlungsmöglichkeiten bestehen. Aber auch die Anwendung falscher Frames aufgrund von Wahrnehmungs- und Informationsfehlern kann eine innovative und kreative Wirkung haben. Nicht zuletzt imitieren Akteure auch jene Routinen und Interpretationen, die sie bei anderen als erfolgreich beobachtet haben.

8. Nutzenproduktion und situative Ziele: Siegwart Lindenberg

ergänzungs- oder kritikwürdig hält. Dabei greift er auf Anwendungsbeispiele zurück, die aber nur illustrierenden Charakter haben. Seine Theorie ist noch fragmentarischer als jene Beckers. Wie schon angedeutet, sind auch die beiden Lindenbergschen Erklärungskonzepte, soziale Produktionsfunktionen und Framing, nicht zu einem kohärenten Ganzen verbunden. So kommen Texte, in denen es um Framing geht, meist ganz gut ohne den Begriff der sozialen Produktionsfuktionen aus und umgekehrt.

Opp und Friedrichs (1996) kritisieren die beiden von Lindenberg eingeführten Grundbedürfnisse aus zwei Gründen als wenig sinnvolle Annahme (vgl. S. 550-552). Einerseits argumentieren sie, die Gliederzahl der Ziel-Mittel-Kette lasse sich über soziale Anerkennung hinaus weiter verlängern oder auch schon vorher abbrechen; zum anderen sind sie der Ansicht, soziale Anerkennung und physisches Wohlbefinden erfassten die Handlungsmotivationen nicht ausreichend. Sie nennen politisches bzw. psychisches Wohlbefinden als Beispiel für ein weiteres Bedürfnis und führen als Illustration die Protestbewegung zum Ende der DDR an, die ohne dieses zusätzliche Grundbedürfnis ihrer Auffassung nach nicht erklärbar wäre. Dieser Einwand trifft jedoch nicht, da sich soziale Revolutionen m. E. auch ohne die Einführung eines dritten Grundbedürfnisses begreifen lassen, zielen sie doch auf die Verbesserung der sozialen Produktionsfunktionenfür die beiden Grundbedürfnisse, die nach Ansicht der Betroffenen unter anderen politisch-sozialen Verhältnissen leichter zu befriedigen sind. Dass eine Verlängerung oder Verkürzung der Ziel-Mittel-Kette möglich ist, ist kein theoretisches Defizit, sondern eine Möglichkeit, die Theorie zu erweitern.[32] Opps und Friedrichs Einwände sprechen für theoretische Weiterarbeit sowie für die Überprüfung und Verfeinerung der Annahmen durch empirische Forschung.

In Lindenbergs Vorgehen, die Grundbedürfnisse zu gewinnen, könnte allerdings ein Problem gesehen werden: Seine ›theoriereiche Ermittlung der Brückenannahmen‹ besteht nur in der Formulierung plausibler Annahmen als Postulat. Die Ziel-Mittel-Produktionsketten werden weder aus der Empirie gewonnen noch durch Rückgriff auf Anschlusstheorien (z. B. motivationspsychologische Debatten) abgesichert. So sind sie »Zusatzannahmen, die zwar gehaltvoll sind, aber keinen logischen Zusammenhang zum

---

[32] Lüdemann (1997), der auf die gegenseitige Verschränkung der Gleichungen für die verschiedenen Produktionsfunktionen hinweist, sieht in der Frage nach dem Ende der Ziel-Mittel-Kette kein Defizit oder Problem der Theorie (vgl. S. 122f).

Theoriekern aufweisen« (Kelle/Lüdemann 1995, S. 252, FN 5). Grundbedürfnisse und instrumentale Hauptziele werden schlichtweg ›ausgedacht‹. Der Umstand, dass der Verlustvermeidung zum einen als Frame, zum anderen als Grundbedürfnis Rechnung getragen wird, zeigt, dass bei der Bedürfniskonstruktion eine gewisse Willkür nicht auszuschließen ist. Auch werden die Explananda selektiv ausgewählt und illustrieren die theoretischen Überlegungen meist nur. Sie bilden eine Sammlung mehr oder weniger hypothetischer Einzelfälle, die dem Muster entsprechen: »Nehmen wir an, eine Person tut x...« (anschaulich wird dies etwa in Lindenberg 1983, S. 457-459).

Frames werden ebenso wie die Grundbedürfnisse durch bloßes Ausdenken plausibler Handlungsdispositionen gewonnen. Im Gegensatz zu seinen Grundbedürfnissen werden diese aber nicht allgemeingültig und erschöpfend aufgelistet, sondern unsystematische, jeweils passend zum Anwendungsfall erdachte Einzelbeispiele. Somit vollzieht er die Framekonstruktion ad hoc und kann jedes Verhalten damit ›erklären‹, dass er entsprechende Frames zugrunde legt. Gleichzeitig ändert sich das Repertoire an Frames von Text zu Text: Einerseits bezeichnet er die drei allgemeinen Frames gain, legality und loss avoidance als hinreichend für alle Anwendungsfälle, andererseits wird diese Behauptung durch seine Texte zur Framing-Theorie und zum Diskriminationsmodell, wo er vielfach andere Beispiele anführt, nichtig. Zugleich wird die Gesamtliste der verwendeten Frames immer länger, je mehr Texte man heranzieht. Oft scheint es, dass die Handlungsoptionen selbst als situative Ziele auftreten, etwa bei der Entscheidung ›ins Theater gehen oder trocken bleiben‹. Wenn der Grund, warum die Entscheiderin die Handlung *x* wählt, in dem Frame ›Handlung *x* wählen‹ besteht, trägt dies wenig zum Verstehen sozialer Phänomene bei.

Hinzu kommt, dass Lindenberg die Bedingungen für einen Framewechsel nicht unabhängig von der zu erklärenden Situation spezifiziert, was Schein-Erklärungen Vorschub leistet. Auch eine Metatheorie, die festlegt, welcher Frame gewählt wird, entwirft Lindenberg nicht (vgl. auch Tietzel 1993, S. 41, und Lüdemann 1997, S. 119f). Gewinnt derjenige, der am stärksten diskriminiert, oder jener, der den höchsten Nutzen verspricht?[33]

---

[33] Essers Versuch, den *SEU* eines Frame als Kriterium für dessen Anwendung oder Wechsel zu benutzen, führt ebenfalls nicht zu einer tragfähigen Metatheorie, sondern zur Möglichkeit von ex-post-Rationalisierungen allen Handelns.

8. Nutzenproduktion und situative Ziele: Siegwart Lindenberg

Unklar bleibt zudem der Stellenwert des Framing als Teil der Handlungstheorie: Werden Frames grundsätzlich bei jeder Entscheidung angewendet oder nur bei jenen, die mit herkömmlichen Rational-Choice-Theorien nicht erklärt werden können? Bedenkenswert ist, dass Lindenberg diesen Teil seiner Theorie ausschließlich auf Anomalien anwendet, so dass der Eindruck entsteht, als wäre er für reguläre Fälle nicht relevant (vgl. Tietzel 1993, S. 42). Dies lässt sich allerdings nicht durch explizite Aussagen Lindenbergs bestätigen. (Wie schon verdeutlicht, lautet mein Vorschlag, dass der Frame Bestandteil jeder Handlung ist.)

Zwei grundsätzliche Bedenken gegen Lindenbergs Framing-Theorie sind hier noch zu platzieren: Zum einen wird die Entscheidung mit dem Diskriminationsmodell probabilistisch getroffen, d. h. die als situativ beste ermittelte Option wird nur stochastisch und nicht mit Sicherheit gewählt (vgl. auch Lüdemann/Rothgang 1996, S. 281). Meines Erachtens besteht auch bei Hinzuziehung von Frames keine Notwendigkeit, das Prinzip ›Selektion der besten Alternative‹ durch einen stochastischen Wahlmodus zu ersetzen. Lindenbergs Framing-Theorie beruht aber auf diesem Grundsatz, der bei seiner Rezeption nicht vergessen werden sollte. Er selbst scheint es nicht als Problem zu sehen, dass seine Akteure letztlich möglicherweise eine andere Option als jene mit dem höchsten *SEU*-Wert wählen. Der Grund, warum er diese stochastische Modellierung gewählt hat, besteht wohl in seiner Orientierung am Siegel-Ofshe-Modell, das die Vermeidung von Langeweile als Motiv setzt, was aber eigentlich gar nicht Lindenbergs Ausgangsproblem war.

Da keine grundlegenden Mängel diskutiert werden, die gegen das *SEU*-Prinzip des Entscheidens sprechen würden, ist Lindenbergs Aufgabe des *SEU*-Prinzips übereilt. Meines Erachtens wäre zu überlegen, ob die Größen des Diskriminationsmodells anders interpretiert werden könnten. Lindenbergs Framing-Modell könnte vielleicht als nichtstochastische Erweiterung der Handlungstheorie reformuliert werden, statt ohne Not zentrale Elemente des bewährten Modells aufzugeben und keinen adäquaten Ersatz anzubieten.

Der zweite Einwand gegen das Diskriminationsmodell besteht in der von Prisching aufgeworfenen Frage, warum die Beschränkung auf ein einziges situatives Ziel notwendig ist. Er sieht darin eine Unterschätzung der kognitiven Kapazitäten der Menschen und fügt hinzu, in gewissen Situationen sei die Annahme der parallelen Verfolgung mehrerer Ziele plausibel, etwa bei der Stimmabgabe zu politischen Wahlen (vgl. Prisching 1993, S. 44 und 47).

Brauns Einwand klingt ähnlich: Das komplizierte Entscheidungskalkül des Diskriminationsmodells stelle höhere kognitive Anforderungen an den Akteur als die Annahme perfekter Informationsaufnahme- und -verarbeitungskapazitäten. Wenn Lindenbergs Entscheiderin nach einer so komplizierten Formel eine Handlung wählen kann, so fragt Braun (1997), sollte sie dann situativ nur ein einziges Ziel verfolgen können (vgl. S. 442f)?

Opp (1988) geht so weit, den Framing-Ansatz als nutzlos zu bezeichnen, da lediglich ein neuer Begriff für Phänomene eingeführt werde, die auch ohne die konzeptionelle Erweiterung zu behandeln wären (vgl. S. 69). Er hält die Hilfsannahme der Kahneman-Tversky-Nutzenfunktion für ausreichend, um Anomalien zu begegnen.

Durch Lindenbergs Modifikationen können zwar erheblich mehr empirische Phänomene mit dem theoretischen Vokabular reformuliert werden. Zugleich gibt er damit aber Erklärungskraft auf[34] und löst den »Zielkonflikt zwischen Gehalt (Realitätsnähe) und Einfachheit von Modellen« zu Lasten der zweiten (Kelle/Lüdemann 1995, S. 253).

Vorzüge des Modells

Wird über die (insbesondere zum Framing) angeführten Probleme hinweggesehen, stellt sich der RREEMM als originelles Verhaltensmodell dar, dessen Erklärungsanspruch deutlich weiter reicht als jener der bisherigen Modelle.

Zunächst ist der Einwand zu entkräften, Framing-Effekte seien für Marktverhalten irrelevant (vgl. etwa Kitch 1992, S. 184): Einerseits betreffen Kahneman-Tversky-Anomalien auch und gerade den Kauf von Gütern, zu beobachten etwa bei den Wirkungen von Rabatten und der Darstellung von Preisinformationen (vgl. Machina 1987, S. 144f). Der empirische Nachweis mag nicht immer einfach sein, da bei alltäglichen Marktkäufen keine Informationen darüber vorliegen, ob das Individuum das Gut auch

---

[34] Auch wenn Lüdemanns Feldstudie (s. o., S. 204) mit dem Diskriminationsmodell zu 85% richtigen Prognosen gelangt, erhält er mit dem reinen *SEU*-Modell eine höhere Trefferquote von 93% (vgl. Lüdemann 1997, S. 134).

8. Nutzenproduktion und situative Ziele: Siegwart Lindenberg

gekauft hätte, wenn es z. B. nicht im Sonderangebot gewesen wäre. Andererseits geht auch dem anomaliefreien Markthandeln ein Framing-Akt voraus: Die Entscheiderin hat den Frame Geld an Stelle von Benutzung aktiviert, wenn sie ein Gut verkauft, und normalerweise den Frame smart consumer, wenn sie sich als Konsumentin verhält. Betrachtet eine Theorie ausschließlich Markthandlungen, so erscheinen diese Marktframes als normal und nicht erwähnens- bzw. diskutierenswert. Lindenbergs Entscheiderin verwandelt sich im Gegensatz dazu erst in eine Marktentscheiderin, indem sie entsprechendes Framing vornimmt. Durch Wahl des smart-consumer-Frame mutiert sie z. B. zum homo oeconomicus; im Aufwand-minimieren-Frame ähnelt sie einer bounded-rationality-Entscheiderin. Wählt sie andere Frames, so wird sie zu einer Handlungslogik befähigt, die Akteuren aus ökonomischen Theorien völlig fremd ist, z. B. Regelbefolgung oder Orientierung auf das Wohlergehen anderer – die Coleman-Entscheiderin kennt sie zwar, aber nicht als eigene Handlungsmotive.

Gegenüber der traditionellen ökonomischen Analyse ist Framing nichts völlig Fremdes, denn auch dort findet de facto eine (wenn auch primitive) Form von Framing statt: dadurch, dass eine Auswahl relevanter Argumente für die Nutzenfunktion vorgenommen wird. Damit werden bestimmte Variablen als prägend für die Entscheidungssituation gesetzt, während andere als Rahmendaten außerhalb der Betrachtung verbleiben. Dieser Vorgang überschreitet den Rahmen der Nutzentheorie und ist ein eigener, dort unterbelichteter Schritt (vgl. auch Lindenberg/Frey 1993, S. 201, und Prisching 1993, S. 43). So betrachtet, macht Lindenberg nur Annahmen explizit, die in verkürzter Form auch Bestandteil anderer ökonomischer Theorien sind. Wenn er auch den ökonomischen Rahmen überschreitet, verfällt Lindenberg dennoch nicht in Psychologismen, indem er Erklärungsgrößen in die Entscheiderin hinein verlegte. Er gewinnt die Nutzenargumente nicht psychologisch, sondern aus Sozialstruktur und Institutionen (vgl. Lindenberg 1981, S. 30). Zugleich öffnet er den Weg für eine interdisziplinäre Zusammenarbeit von Ökonomik und Sozialpsychologie.

Entscheidender Vorteil des Framing-Ansatz ist jedoch die Integration eines bounded-rationality-Konzepts, ohne dass dabei wie bei Simon das Axiom der Nutzenmaximierung aufgegeben werden müsste.

Lindenbergs Konzept der sozialen Produktionsfunktionen stellt m. E. einen wichtigen Fortschritt dar und ist stärker positiv hervozuheben als sein Diskriminationsmodell. Schließlich wird damit die Verbindung zwischen Ressourcenerwerb und Nutzen geleistet: Der Nutzen einer Ressource resultiert daraus, dass die Handelnde mit ihrer Hilfe Güter produziert. Diesen Gedanken hat er von Becker übernommen, aber statt der zahlreichen Beckerschen ›Präferenzen‹ nimmt Lindenberg nur zwei Grundbedürfnisse an, denen alle weiteren Bedürfnisse untergeordnet sind und durch Zwischen- und Zielgüterproduktion erklärbar werden.

Um Ziele und Mittel zu erklären, bezieht Lindenberg gesellschaftlich-institutionelle Umweltbedingungen ein, modelliert also auch die Rückwirkungen der Makroebene auf die Entscheidungssituation der Akteure, indem er sich entlang der Leiter abnehmender Abstraktion bewegt. Dieses Anliegen wird von den zuvor dargestellten Theoretikern entweder nicht verfolgt oder unbefriedigend gelöst. Lindenberg kann die kulturelle Prägung der Handelnden berücksichtigen, weil die beiden Grundbedürfnisse zwar gesellschaftsunabhängig sind, aber tradierte Wertvorstellungen und institutionelle Gegebenheiten die Mittel und Wege der Befriedigung festlegen.[35] Damit wird auch plausibel, dass tastes trotz homogen konzipierter Akteure mit Kultur- oder Schichtzugehörigkeit variieren, nämlich durch Ressourcenverfügbarkeiten, kulturspezifische soziale Bewertungen. Lindenberg kann also Verhaltensabweichungen erklären, die über unterschiedliche Budgets hinaus reichen, und interindividuelle Unterschiede auf gesellschaftlich bedingte Ursachen zurückführen. Eine Modifikation des Selbst ist nicht nötig, weil die Änderung externer Daten zur Erklärung völlig ausreicht.

Im Unterschied zu den bisher vorgestellten Handlungstheorien kann Einhaltung von Normen als bewusster Entscheidungsakt erfasst werden, nämlich als Wahl des Konformitätsframe oder Produktion von sozialer Anerkennung durch Regelbefolgung. Wird Konformität mit einem Internalisierungskonzept erklärt, so fehlt die situative, bewusste Entscheidung des Akteurs für die Normeinhaltung. Statt dessen erfolgt sie automatisch. Wird dagegen davon ausgegangen, dass Sanktionen als Kosten wirken, so wird das Verhalten des Akteurs durch die Restriktionen determiniert; die Norm löst sich dann in eine Modifikation der Kostenstruktur auf. Bei Lindenberg ist sie dagegen ein eigenständiges Handlungsmotiv, mit dem soziale Anerkennung produziert werden kann.

---

[35] Beispielsweise wird durch Wertvorstellungen der Gesellschaftsmitglieder das Ausmaß vorgegeben, in dem soziale Anerkennung durch Reichtum, Ehrlichkeit, Staatstreue o. ä. erreicht werden kann.

Lindenbergs Vorannahmen über Bedürfnisse können ihre Plausibilität losgelöst von den Anwendungsfällen beanspruchen und werden zudem explizit gemacht. Er füllt den Operator nicht – schattenmethodologisch – unter der Hand mit Essentialismen, sondern reduziert diese auf ein Minimum. Über seine beiden Grundbedürfnisse hinaus trifft er keine allgemeinen, situations- und kulturunabhängigen Aussagen über Bedürfnisse und Handlungsziele. Gleichzeitig weitet er, was die Grundbedürfnisse anbelangt, die Zahl seiner Annahmen nicht unnötig aus und behält sie verbindlich bei, statt sie (wie Becker) ad hoc und in beliebiger Anzahl einzuführen.

Mit der Einführung der instrumentalen Hauptziele hat Lindenberg Vorarbeiten für die quantitative Erhebung und empirische Überprüfung der Bestimmungsfaktoren für Handeln geleistet, die als Forschungsprogramm für empirische Sozialforschung dienen können. Diese Aufgabe, der er sich selbst nicht mit Priorität widmet, wäre ein wichtiger Schritt für die Überprüfung und Weiterentwicklung seines Akteursmodells.

8.4 Vorschlag für eine Zusammenführung

Wie oben gezeigt, klafft zwischen den Konzepten des Framing und der Nutzenproduktion eine Lücke, die Lindenberg in seinen Aufsätzen weder selbst benennt noch zu überbrücken versucht. Die Frage, ob sich beide Handlungstheorien zusammenfassen lassen, ist zumindest einen Versuch wert.

Abbildung 8.4 zeigt eine von mir systematisierte Zusamenstellung aller Ziele, die Lindenberg benutzt. Die primären Zielgüter soziale Anerkennung und physisches Wohlbefinden repräsentieren die beiden universalen Grundbedürfnisse jedes Akteurs. Eine Ebene tiefer sind die sechs Zielgüter, die instrumentalen Hauptziele, angesiedelt und den obigen wie gehabt zugeordnet. In die nächste Tabellenzeile habe ich die Frames eingetragen, mit denen Lindenberg arbeitet und von denen m. E. jeder mit genau einem Ziel korrespondiert. Ich habe sie dementsprechend dem passenden instrumentalen Hauptziel zugeordnet. Für Verhaltensbestätigung, Affekt und externen Komfort lassen sich mehrere Lindenbergsche Frames als Beispiele zuordnen, für Aktivation nennt er selbst nur den Theaterbesuch (der im Beispiel aufgrund des schlechten Wetters zur Disposition steht), für Verhaltensbestätigung besteht nur allgemein Regelkonformität, und für Status

216   I. Ökonomische Modelle von Welten und Handlungen

Abbildung 8.4: Zusammenstellung aller Lindenbergschen Handlungsmotive

primäre Zielgüter	soziale Anerkennung			physisches Wohlbefinden		
Zwischengüter	Verhaltensbestätigung	Affekt	Status	interner Komfort	externer Komfort	Aktivation
Frames	Regelonformität, ökologisches Verhalten, Wohltätigkeit	ein guter Freund sein, starke Solidarität	begehrte Güter besitzen, sozial aufsteigen	Euphorie, Fitness, Entspannung	Aufwand minimieren, Nicht nass werden, Bequemlichkeit	Nervenkitzel (Spiel), Theater, mentale Aktivität
univ. Zwischenziel	Einkommensmaximierung					
Frames	Gewinnmaximierung smart consumer			Verlustvermeidung schwache Solidarität		

und internen Komfort kommen keine Beispiele vor. Diejenigen, die in Abbildung 8.4 genannt werden, sind daher Vorschläge von mir. Da es sich bei Lindenbergs Frames lediglich um eine Reihung von Beispielen handelt, die je nach Erfordernis des jeweiligen Anwendungsfalls erweitert werden kann, ist es nach meiner Auffassung durchaus zulässig und kein großer Eingriff, die Lücken mit eigenen Beispielen zu füllen.

Jene Frames, die sich auf die Ausstattung des Akteurs beziehen (Gewinnmaximierung, Verlustvermeidung, smart consumer und schwache Solidarität), sind den anderen in meiner Übersicht nicht gleichgeordnet. Sie gehören zur Ausstattung (was nicht bedeuten soll, dass Ausstattung nur in Geld bestünde) und dienen dazu, das Budget und somit die Voraussetzungen für eine erfolgreiche Nutzenproduktion zu optimieren. Natürlich wäre es auch denkbar, Einkommensmaximierung als siebtes in die Reihe der sechs Zielgüter aufzunehmen und die zugehörigen Frames den anderen gleichzuordnen. Ich halte Budgetmanagement aber nicht für ein instrumentales Hauptziel, das wie die anderen zur Produktion von Nutzen geeignet wäre, da aus Einkommen allein kein Nutzen entspringt. In-

8. Nutzenproduktion und situative Ziele: Siegwart Lindenberg

sofern hat Lindenberg Recht, nur sechs Zwischengüter anzunehmen. Da Einkommensmaximierung eine Bedingung ist, um Zielgüterproduktion zu ermöglichen, bildet sie eine dritte Stufe der Bedürfnishierarchie. Dementsprechend habe ich Einkommensmaximierung als ›universales Zwischenziel‹ bezeichnet und auf einer eigenen Ebene angesiedelt, die in Abbildung 8.4 den anderen Motiven untergeordnet ist. In Marktgesellschaften hat die Ausstattung die Form von Geld oder Marktgüterbesitz. Da die Ausstattung Voraussetzung ist, um die meisten instrumentalen Hauptziele und Grundbedürfnisse zu bedienen,[36] ist Budgetmaximierung (bzw. Ausgabenminimierung) zentrales Handlungsmotiv, das in sehr vielen Entscheidungssituationen eine Rolle spielt. Nicht zufällig erlangt es daher Relevanz. Hinzu kommt, dass sich ausstattungsbezogene Handlungsmotive in den meisten Situationen anbieten.

Für die primären Zielgüter beansprucht Lindenberg allgemeine, gesellschaftsunabhängige Gültigkeit, das relative Gewicht der Zwischengüter (und in meinem Vorschlag auch des universellen Zwischenguts) variiert mit dem handlungsumgebenden Institutionengefüge. Die Frames können, wie ein Blick auf die genannten Beispiele leicht klar macht, bei Veränderung der institutionellen Umgebung durch andere ersetzt werden, sind also kulturell geprägt.[37]

Diese Zusammenstellung der Bedürfnisse und Dispositionen erscheint mir terminologisch präzise und potenziell erschöpfend. Meine Modifikationen gegenüber Lindenberg sind nicht gravierend. Sie belaufen sich auf Vorschläge zur Ergänzung einiger Frames und die Zuordnung zu je einem instrumentalen Hauptziel. Außerdem habe ich ein ›universales Zwischenziel‹ eingeführt, das bei Lindenberg nicht so kategorisiert wird. Einkommensmaximierung kommt aber im Grunde genommen auch bei ihm vor: einerseits als Ziel hinter den einkommensbezogenen Frames – immerhin

---

[36] Als Produktionsmittel für Verhaltensbestätigung und für Affekt mag Einkommen allerdings eine untergeordnete Rolle spielen. Zumindest für die anderen instrumentalen Hauptziele ist aber offensichtlich, dass ihre Produktion eine gewisse materielle Ausstattung voraussetzt und mit steigendem Einkommen (wenn auch aus unterschiedlichen Gründen) leichter wird.

[37] Dies gilt m. E. sogar für Frames wie ›nicht nass werden‹, da hier Gewöhnung an gewisse Standards eine Rolle spielt (gibt es z. B. Regenschirme oder Funktionskleidung?).

fallen gleich vier seiner Beispiele darunter, also mehr als für jedes instrumentale Hauptziel –, andererseits als Voraussetzung für die Produktionsprozesse.

Wie könnte sich die Handlungswahl nach einer kombinierten Frame-Produktionsfunktion-Interpretation des Lindenbergschen Handlungskonzepts gestalten? In der Theorie der sozialen Produktionsfunktionen wählt der Akteur jeweils Produktionsmethoden und substituiert dabei, um Zielgüter herzustellen. Die Wahl des Zielguts selbst wird jedoch nicht als eigenständiger Akt modelliert. Wie bei Becker scheint es selbstverständlich und nicht diskutierenswert, dass für jede Handlung ein Ziel existiert. Die Entscheidung für das Zielgut geht dem Produktionsprozess voraus, sie wird in der Theorie ignoriert.

Die Framing-Theorie ist nun ein Vorschlag für die Modellierung der Zielauswahl (gemäß der situativen Diskriminierungsleistung des jeweiligen Ziels). Im Prinzip könnte sie dieses Problem zu lösen versuchen, wird aber nicht in dieser Absicht entwickelt. Schließlich kommt in Lindenbergs Framing-Theorie Produktion nicht mehr vor, sondern nur Wahl, so dass der Eindruck entsteht, Framing und Produktion seien zwei verschiedene Herangehensweisen an Entscheidungsprobleme.

Ich schlage vor, an dem Grundgedanken festzuhalten, dass in jeder Situation nur ein Ziel verfolgt wird. Nach der Zielauswahl sollte jedoch ein Produktionsprozess folgen. Diese Kernidee, mit der Lindenberg Beckers Vorschlag weiterentwickelt, ist m. E. die eigentliche Stärke der Lindenbergschen Handlungstheorie. Das Produktionsparadigma eignet sich für die Erklärung menschlichen Handelns, sofern es möglich ist, die soziale Bedingtheit desselben zu erfassen. Genau dies gelingt Lindenberg mit seinem Modell.

Um Lindenbergs Entscheidungstheorie nicht zu verlassen, soll außerdem weiter daran festgehalten werden, dass jede Handlung auf der Basis eines Frame geschieht, das Framing also nicht optional oder nur in Ausnahmefällen stattfindet. In der Entscheidungssituation muss sich der Akteur darüber im Klaren sein, welche Frames realisierbar sind und welche Ziele generell nutzensteigernd für ihn sind. Wie soll nun die Auswahl zwischen den realisierbaren Zielen getroffen werden? Hierzu hat Lindenberg das Diskriminationsmodell angeboten und erläutert: Es wird derjenige Frame benutzt, der am besten zwischen den Optionen diskriminiert. Frames wer-

8. Nutzenproduktion und situative Ziele: Siegwart Lindenberg

den gewechselt, wenn ihre Diskriminationsleitung nachlässt und Unzufriedenheit aufkommt.

Hat sich der Akteur auf einen Frame festgelegt, so hat er damit zugleich entschieden, welches Grundbedürfnis bedient und welches Zielgut produziert werden soll. Lindenberg beansprucht, dass der Akteur Frames nach dem Kriterium auswählt, wie gut sie sich zur Diskriminierung eignen und nicht zunächst die Entscheidung trifft, welches Zielgut damit befriedigt wird. Damit könnte das Problem aufkommen, dass dem Akteur durch seine Frameauswahl – beispielsweise – ein Mangel an physischem Wohlbefinden entsteht, während er mehrfach hintereinander Wohltätigkeit und sozialen Aufstieg, also Zielgüter aus dem Bereich soziale Anerkennung produziert hat. Dieses Problem löse ich hier nicht, sondern verweise auf den zweiten Teil meiner Arbeit (siehe S. 267f), wo die Notwendigkeit einer Selbstreflexion thematisiert wird.

In diesem Abschnitt habe ich gezeigt, dass das Projekt, beide Teile der Lindenbergschen Handlungstheorie zusammenzuführen, aussichtsreich und eine Bemühung wert ist, wenn meine Idee dazu auch nur knapp dargestellt wurde und einige Punkte ungeklärt lässt.

Teil II

Welche Rationalität(en)?

Kapitel 9

Rationale Akteure in den rationalen Theoriewelten

Das Bild aus den letzten sieben Kapiteln ist heterogen. Rationalität beanspruchen alle der vorgestellten Akteure für ihre Entscheidungen, wobei die Entscheidungsabläufe z. T. sehr stark voneinander abweichen. Während der eine zwischen Lotterien wählt, produziert der andere Zielgüter, wohingegen der nächste Verfügungsrechte transferiert oder durch Routinen die Entscheidungskosten senkt. Dass die Entscheidungsprozesse nicht deckungsgleich sind, ist offensichtlich. So stellt sich die Frage, wie groß die Übereinstimmungen sind, die sich zwischen den Entscheidungsabläufen ausmachen lassen, und ob die verschiedenen Akteure in vergleichbaren Handlungssituationen zu gleichen oder zumindest zu ähnlichen Resultaten kommen würden. Bevor ich mit der zusammenfassenden Gegenüberstellung beginne, werde ich die theoriehistorische Entwicklung der Akteursmodelle rekapitulieren und so das Verhältnis der einzelnen Entscheidungsträgerinnen zueinander deutlich machen. Anschließend soll das Procedere des rationalen Wählens für jeden der ausgewählten Akteure zusammengefasst werden und sollen Gemeinsamkeiten herausgestellt werden, um dann ein Fazit daraus zu ziehen.

Abbildung 9.1 zeigt den theoriehistorischen Bezug der verschiedenen Ansätze und Handlungsmodelle.[1]

In der Neoklassik und bei Savage werden zwei unterschiedliche Akteurstypen benutzt, dabei aber jeweils Hypothesen aufgegriffen, die auf Bernoulli zurückgehen. Die Neoklassik geht vom abnehmenden Grenznutzen aus und arbeitet mit ertragsgesetzlich verlaufenden Produktions- und

---

[1] Dabei sind jene Vertreter, die ich in einem eigenen Kapitel behandle, mit einem durchgezogenen Rechteck umrahmt. Andere, die randständig behandelt oder erwähnt werden, habe ich aufgenommen und gestrichelt umrandet.

Abbildung 9.1: Entwicklungslogische Abfolge der behandelten Akteursmodelle

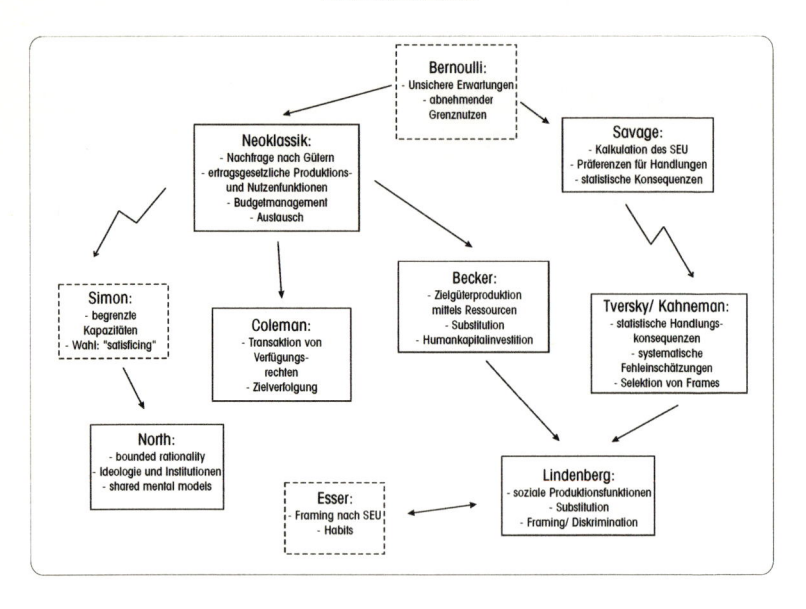

```
                          Bernoulli:
                       - Unsichere Erwartungen
                       - abnehmender
                         Grenznutzen
         Neoklassik:                          Savage:
       - Nachfrage nach Gütern             - Kalkulation des SEU
       - ertragsgesetzliche Produktions-   - Präferenzen für Handlungen
         und Nutzenfunktionen              - statistische Konsequenzen
       - Budgetmanagement
       - Austausch

                              Becker:
                         - Zielgüterproduktion
   Simon:                   mittels Ressourcen      Tversky/ Kahneman:
 - begrenzte                - Substitution        - statistische Handlungs-
   Kapazitäten   Coleman:   - Humankapitalinvestition   konsequenzen
 - Wahl: "satisficing"  - Transaktion von                - systematische
                          Verfügungs-                     Fehleinschätzungen
                          rechten                        - Selektion von Frames
                        - Zielverfolgung

       North:
   - bounded rationality
   - Ideologie und Institutionen                 Lindenberg:
   - shared mental models     Esser:         - soziale Produktionsfunktionen
                          - Framing nach SEU  - Substitution
                          - Habits            - Framing/ Diskrimination
```

Nutzenfunktionen. Ihre Entscheiderinnen fragen Waren nach und substituieren dabei auf der Grundlage eines beschränkten Budgets. Der klassische Handlungstyp ist Austausch. Auf dieses Handlungsmodell bezieht sich Simon, der am neoklassischen Akteursmodell anknüpft, es mit der Empirie abgleicht, für ungeeignet befindet und einen neuen, psychologisch fundierten Vorschlag der ›bounded rationality‹ vorlegt. Simons konstruktive Kritik ist wiederum ein Angelpunkt für North. Da Informationen aufwändig zu beschaffen sind, lässt North seine Akteure den Entscheidungsaufwand minimieren. So gelangt er zur Vereinfachung der Welt mittels mentaler Modelle und Ideologien bzw. Überzeugungssystemen. Das Verhältnis zur Neoklassik ist ein negativ-kritisches; sowohl mit Blick auf das Akteursmodell als auch bezüglich Institutionen, Verträgen und Privateigentum werden Erweiterungen gegenüber der vereinfachten neoklassischen Modellwelt eingefordert.

Coleman entwickelt das neoklassische Modell auf eine andere Art weiter als Simon. Er bezieht sich kaum explizit auf sie, arbeitet aber im Grunde mit demselben Modell, das er über die Anwendungsgrenzen von Gütertausch und Marktpreisen hinaus ausweitet. Produktionsaspekte spielen bei ihm keine Rolle; statt dessen verallgemeinert er die Austauschkomponente der neoklassischen Theorie. In Colemans Theorie können neben Marktgütern auch andere Ressourcen gehandelt werden, die keinen Marktpreis haben. Für das Entscheidungssubjekt ist Zielverfolgung der ausschlaggebende Faktor. Als Soziologe bemüht sich Coleman auch um die Integration sozial bedingten Wandels des ›Selbst‹.

Ein anderer Strang, der die Neoklassik fortsetzt, beginnt mit Becker. Aus der Neoklassik übernimmt er Budget, Isoquanten und Substitution. Allerdings bleibt er nicht im Paradigma des Güteraustauschs, sondern beginnt mit Produktionsfaktoren, analog zur neoklassischen Unternehmenstheorie. Nun erscheinen die nachfragenden Haushalte als Produzierende von Nutzen und haben Haushaltsproduktionsfunktionen. Sie stellen Zielgüter her, für die sie exogene Präferenzen haben. In Analogie zu Unternehmen verbessern sie ihre Produktionsfunktionen, nämlich durch Investition in Humankapital.

Savage modelliert seine Entscheiderin als Maximiererin erwarteten Nutzens, wobei die eintretenden Konsequenzen einer Handlung ein statistisches Phänomen sind. Handlungen führen zu Konsequenzen, und diese bringen Erwartungsnutzen mit sich, wobei dieser (der *SEU*) von den eintretenden Weltzuständen abhängt und somit eine stochastische Größe ist. Dementsprechend lassen sich den Handlungen Präferenzen zuordnen. Bei aller logischen Konsistenz hat auch diese Handlungstheorie ihre Kritiker gefunden: Kahneman und Tversky werfen Savage empirische Unstimmigkeiten vor und empfehlen eine Modifikation des Akteurs durch Neukonzipierung der Nutzen- und Wahrscheinlichkeitsfunktion sowie durch Frames (Gewinn und Verlustvermeidung). Damit legen sie zwei mögliche Erklärungen für Entscheidungsanomalien vor.

Lindenberg vereint zwei der vorher schon behandelten Konzepte und weist auf ihre Schwächen hin, die er auszugleichen versucht: Aus Beckers Handlungstheorie übernimmt er die Produktionsfunktionen, die er jedoch zweistufig hierarchisiert und in *soziale* Produktionsfunktionen umwandelt. Die Ziele des Handelns bestimmt er theoretisch und systematisiert sie. Zum zweiten führt er Kahnemans und Tverskys Idee des Framing weiter, wobei er Frames aber abweichend definiert, nämlich als Handlungsziele. Diese Frames integriert er in das Diskriminationsmodell des Entscheidens und verallgemeinert den Anwendungsbereich des Framing über Anomalien hinaus. Esser weist schließlich große Gemeinsamkeiten zu Lindenberg auf und bezieht sich positiv auf ihn (wie auch umgekehrt). Er definiert Framing aber nicht als situative Zielfestlegung, sondern als Sinnzuweisung durch den Akteur, die verknüpft ist mit zugehörigen, erlernten Handlungsmöglichkeiten in bestimmten Situationstypen. Er fügt den Habit als Variante rationalen Entscheidens hinzu.

9.1 Das Spektrum

In der folgenden Zusammenfassung der Eigenschaften und Verfahrensweisen der vorgestellten Akteure werde ich auf Inkonsistenzen und Probleme der einzelnen Modellierungsvorschläge keinen Bezug mehr nehmen. Solche Ungereimtheiten, die in Kapitel 2 bis 8 zur Genüge klargemacht wurden, blende ich hier aus. Ebenso verzichte ich im Folgenden auf Wiederholungen von Erläuterungen und Rechtfertigungen meiner Interpretation des jeweiligen Theorieentwurfs.

Um den Entscheidungsvorgang plastisch werden zu lassen, habe ich eine exemplarische Handlungssituation gewählt, mit der ich jeden Akteur konfrontiere: den Kauf eines PKW. Die Entscheiderin muss sich darüber klar werden, ob eine solche Anschaffung überhaupt rational ist, sie muss den für sie sinnvollen finanziellen Rahmen bedenken, Angebote sichten, sich auf ein Modell festlegen, ggf. eine Auswahl unter verschiedenen Anbieterinnen und Anbietern treffen und schließlich einen Kaufvertrag abschließen. Für das Exempel habe ich nicht festgelegt, ob die Entscheiderin schon einmal ein Fahrzeug besessen hat, wie hoch ihr Budget ist, in welcher Umwelt sie lebt und welche Erfahrungen sie prägen. Jede dieser Konkretisierungen wäre jeweils für die meisten Handlungsmodelle unbedeutend. Daher werde ich sie jeweils dann, wenn sie Relevanz erlangen, passend in das Exempel hineinkonstruieren. Das PKW-Beispiel halte ich für geeignet, weil es eine Markthandlung betrifft und insofern dem Kernbereich ökonomischer Handlungstheorien entstammt. (Ein Entscheidungsproblem wie z. B. ›Theaterbesuch oder zu Hause bleiben?‹ könnten dagegen nicht alle hier behandelten Akteurstypen bewältigen.) Zugleich ist dieses nicht auf einen reinen Marktkauf eingeschränkt und kann auch anders interpretiert werden, da es z. B. Raum für Sinnzuweisungen, sozial konstituierte Bewertungen oder Einschätzungen über die Zukunft lässt.

Abbildung 9.2: Die Handlungswahl in der Neoklassik

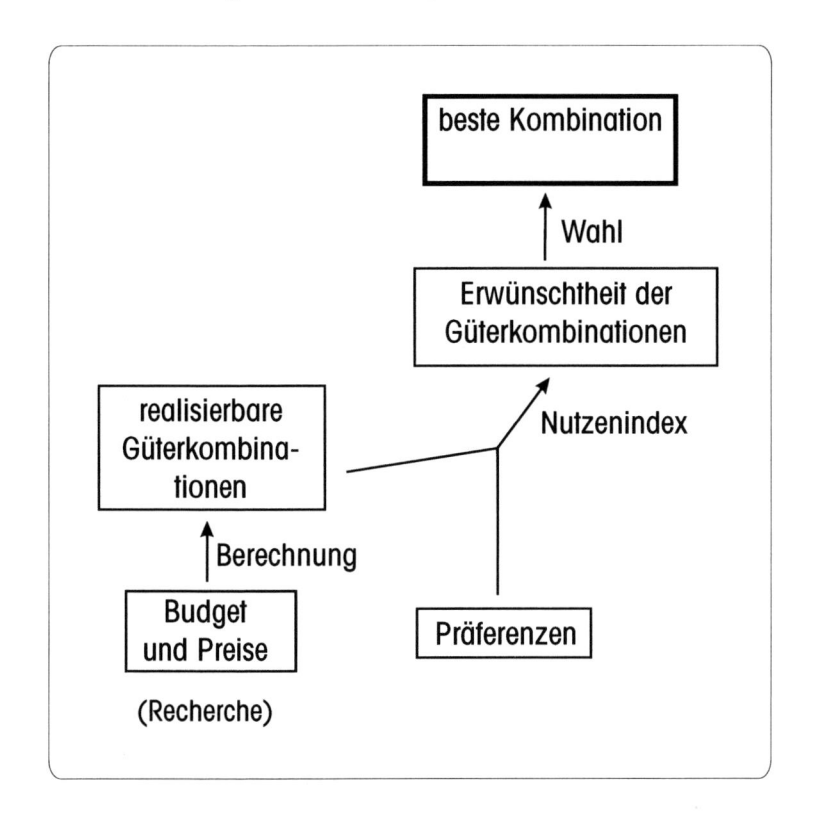

```
                    ┌──────────────────────┐
                    │  beste Kombination   │
                    └──────────────────────┘
                               ↑ Wahl
                    ┌──────────────────────┐
                    │   Erwünschtheit der  │
                    │   Güterkombinationen │
                    └──────────────────────┘
  ┌─────────────┐              ↗
  │ realisierbare│         Nutzenindex
  │ Güterkombina-│
  │   tionen    │
  └─────────────┘
         ↑ Berechnung
  ┌─────────────┐        ┌─────────────┐
  │   Budget    │        │  Präferenzen│
  │  und Preise │        └─────────────┘
  └─────────────┘
   (Recherche)
```

9.1.1 Neoklassik

Beim homo oeconomicus handelt es sich um eine Datenspeicherungs- und -verarbeitungsinstanz, die einem Computer gleicht; seine Entscheidung ist Ergebnis von Rechenoperationen bei vollständiger Information. Um zu einer optimalen Wahl zu gelangen, vollzieht dieser Akteuer die folgenden Schritte (siehe auch Abb. 9.2):

Er stellt vor der Entscheidung zunächst sein Budget (in Geld und Gütern) fest, was ihm aber keinerlei Aufwand bedeutet, ebenso wie das Ermitteln (sowie Speichern und Aktualisieren) von Informationen über die verfügbaren Güter und Güterkombinationen. Den Schritt ›Recherche‹ habe ich daher in Klammern ergänzt, da er beim homo oeconomicus nicht wirklich stattfindet, aber implizit als vollzogen unterstellt wird. Aus Budget und Preisen errechnet er die im Austausch erhältlichen Güterkombinationen. Aus diesen Güterbündeln erfährt der homo oeconomicus Nutzen, dessen Betrag sich nach seinen Präferenzen richtet. Diese Präferenzen sind wohlgeordnet, exogen gegeben und dem Akteur bekannt. Ohne erst in sich gehen zu müssen, kann er also sämtlichen Güterbündeln, die für ihn realisierbar sind, einen Nutzenindex zuweisen und sie nach ihrer Erwünschtheit ordnen. Er ist nun bestrebt, mit Hilfe seines Budgets durch geeigneten Tausch dasjenige Haushaltsgleichgewicht zu realisieren, das auf der höchsten für ihn erreichbaren Nutzenisoquante liegt. Dementsprechend wählt er aus den realisierbaren Güterkombinationen gemäß seinen Präferenzen die bestmögliche aus. Zwischen den substituierbaren Güterbündeln zu entscheiden, fällt ihm leicht; die Entscheidung erfordert weder Aufwand noch Bedenkzeit.

Dieser Akteur ist nur mit Marktsituationen befasst und unternimmt für seine Handlungswahl nichts außer Rechenoperationen – die auch eher automatisch vollzogen werden. Er befindet sich stets in der Situation kostenloser Transaktionen und der Abwesenheit von Tauschhemmnissen, wobei er alle entscheidungsrelevanten Daten kennt und sich über die Folgen aller Handlungen sicher ist. Seine Präferenzen sind exogen festgelegt und können nur im Rückschluss aus beobachtetem Verhalten (›revealed‹) bestimmt werden. Die Entscheidungen sind durch Präferenzen und Kosten determiniert und können komplett antizipiert werden, wenn man über diese beiden Größen Kenntnis hat. Seine prototypische Situation ist das Nachfragen (oder Anbieten) von Gütern oder Arbeitskraft.

Der homo oeconomicus beim PKW-Kauf

Der homo oeconomicus kann die Entscheidung für ein bestimmtes Auto sehr schnell bewältigen. Seine Situation ist günstig, da er die entscheidungsrelevanten Eigenschaften der verfügbaren PKWs nicht erst herausfinden muss; Angebot, Qualität und Preise liegen ihm vollständig vor. Daher kann er potenziell unendlich viele Modelle in Erwägung ziehen, die sich an jedem beliebigen Ort befinden können. Magazine, Annoncen, Telefonate und das Begutachten von Angeboten kann er überspringen. Die Welt, in der er sich befindet, zeichnet sich auch dadurch aus, dass er nicht betrogen werden kann und nie auf Informationsasymmetrien oder Fälle von Marktversagen trifft; das gekaufte Auto wird letztlich genau seinen Erwartungen entsprechen. Über die zukünftige Entwicklung der Welt weiß er Bescheid, so dass keine unvorhergesehenen Ereignisse eintreten und seinen Nutzen ggf. schmälern können. In dieser Entscheidungssituation kann er zudem jede beliebige Händlerin oder jeden beliebigen Händler konsultieren, da sie ihm alle faire Angebote machen und auch das Abholen des Autos weder Kosten noch Mühe verursacht.

Betrachten wir Procedere und Ergebnis der Entscheidung, so lässt sich über beides nur sehr wenig aussagen: Jedes KFZ liegt für den homo oeconomicus auf einer Nutzenisoquante. Wie diese im Detail aussehen und welche Aspekte des Autos (Design? Komfort? Verbrauch? Schnelligkeit?) seinen Nutzenbetrag bestimmen, kann die Theorie nicht angeben. Es hängt von seinen Präferenzen ab, die sich im Kaufakt offenbaren. Das schließlich erworbene Auto bringt – in Kombination mit dem restlichen Budget, das noch für andere Güter zur Verfügung steht – so viel Nutzen, wie es dem homo oeconomicus mit seinem Budget möglich ist. Hinsichtlich des Entscheidungsablaufs ist er eine black box. Aus diesem Grund kann hier nicht diskutiert werden, welches Fahrzeug er wählen wird.

Sollte der homo oeconomicus gar kein Auto erwerben, so bedeutet das nicht, dass er nicht potenziell Nutzen aus einem PKW erführe, sondern nur dass er bei seinem Budget aus anderen Güterbündeln, die keinen PKW enthalten, mehr Nutzen gewinnt. Da das Auto darüber hinaus keine symbolische oder emotionale Bedeutung für ihn hat und da Käufe und Verkäufe keinen Aufwand bedeuten, könnte er das Auto bei einer Änderung der Rahmenbedingungen (z. B. Erhöhung seines Budgets) sofort gegen ein anderes eintauschen.

9.1.2 Savage

Wie die Savage-Entscheiderin eine Handlung auswählt, zeigt Abbildung 9.3. Bevor die Entscheidung stattfinden kann, müssen die möglichen Optionen spezifiziert und auf ihre Konsequenzen abgebildet werden. Dadurch ist die ›small world‹ festgelegt, die alle für die Analyse relevanten Daten enthält: Ereignisse, mögliche Handlungen, Konsequenzen und Wahrscheinlichkeiten. (Dem geht im Grunde der Schritt voraus, die Situation in die Form einer Lotterie, also in ein Spiel mit numerischen Wahrscheinlichkeiten sowie Nutzenauszahlungen zu transformieren.) Die Entscheiderin

II. Welche Rationalität(en)?

Abbildung 9.3: Die Handlungswahl bei Savage

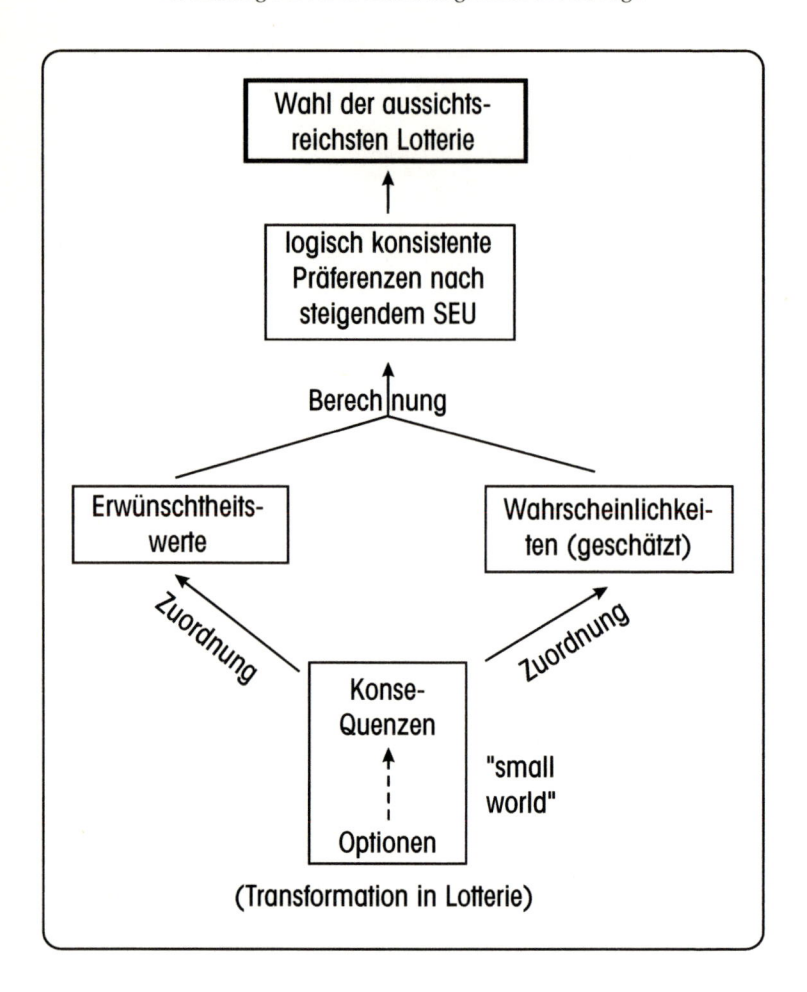

```
           ┌──────────────────┐
           │ Wahl der aussichts-│
           │  reichsten Lotterie │
           └──────────────────┘
                     ↑
           ┌──────────────────┐
           │ logisch konsistente│
           │  Präferenzen nach  │
           │  steigendem SEU    │
           └──────────────────┘
                     ↑
              Berechnung
           ╱              ╲
┌──────────────┐      ┌──────────────────┐
│Erwünschtheits-│      │ Wahrscheinlichkei-│
│    werte      │      │  ten (geschätzt)  │
└──────────────┘      └──────────────────┘
      ↖                        ↗
     Zuordnung            Zuordnung
            ┌──────────┐
            │  Konse-  │
            │  Quenzen │
            └──────────┘      "small
                 ↑             world"
            ┌──────────┐
            │ Optionen │
            └──────────┘
       (Transformation in Lotterie)
```

schätzt nun die Wahrscheinlichkeit jeder Konsequenz entsprechend ihrer subjektiven Welterfahrung ab und ordnet den Konsequenzen außerdem Erwünschtheitswerte[2] zu. (Als Hilfsmittel dafür kann ein Vergleich aller Konsequenzen mit Geldbeträgen nützlich sein, um ihre Erwünschtheit kardinal skalieren zu können.)

Aus diesen numerischen Größen berechnet die Savage-Entscheiderin nun die *SEU*-Werddte für alle Handlungen. Die Beträge für Nutzen und Wahrscheinlichkeiten werden in die Formel $E(x) = \sum_{i=1}^{n} x_i P(x(s) = x_i)$ eingesetzt (siehe oben, Seite 60). Gemäß den erhaltenen *SEU*-Werten weist sie jeder Option eine Präferenz zu, wobei die Präferenzen (den Axiomen entsprechend) logisch konsistent sind. Sie wählt diejenige Handlung, deren Nutzenerwartungswert am höchsten ist, was gleichbedeutend ist mit der Lotterie mit den größten Gewinnaussichten.

Der Präferenzbegriff bezieht sich hier im Gegensatz zur Neoklassik nicht auf Güter, sondern auf Handlungen (Wahloptionen). Genau genommen werden die Präferenzen erst in der Entscheidungssituation berechnet. Dennoch sind sie exogen, weil Erwünschtheitswerte und Wahrscheinlichkeiten außerhalb der Analyse gesetzt werden.

Die Savage-Entscheiderin scheint über ähnliche Fähigkeiten wie der homo oeconomicus zu verfügen: Auch ihr ist es ein Leichtes, alle Daten über das Entscheidungsobjekt zu speichern, zu aktualisieren oder zu berechnen. Allerdings hat sie kein sicheres Wissen über die Zukunft. Sie kann auch die neoklassischen Marktentscheidungen (bei Abwesenheit von Unsicherheit ggf. als Sonderfälle mit $p = 1$) treffen.

Wie in 3.2.2 dargelegt, halte ich den Anspruch, alle Entscheidungen eines Menschenlebens erklären zu können, für überzogen. Am besten lässt sich das Modell auf Situationen anwenden, in denen sich die zur Wahl stehenden Handlungen formal ähneln, z. B. wenn zwischen verschiedenen Fortbewegungsarten oder verschiedenen Versicherungen entschieden wird, und wenn Wahrscheinlichkeiten explizit eine Rolle spielen. Außerdem befindet sich die Entscheiderin in einer Welt ›einfacher‹ Konsequenzen, d. h. es gibt keine strategischen Interdependenzen mit den Handlungen anderer. Interaktive Handlungen und Probleme mit mehrstufigen Folgekonsequenzen lassen das Modell dagegen an Grenzen stoßen, da solche Probleme nicht immer in vereinfachter Form reformuliert werden können. Soziale

---

[2] ›Erwünschtheit‹ oder auch ›Nutzen‹ sind hier nicht identisch mit ›*SEU*‹ (siehe auch Fußnote 1, S. 51).

Entscheidungen mit Rückwirkungen auf andere (z. B. Freizeitbeschäftigungen, die Teilnahme an Demonstrationen oder gar generatives Verhalten) sollten daher besser nicht ins Modell gepresst werden.

Diese Handlungstheorie Modell ermöglicht, sofern die erforderlichen numerischen Größen feststehen, Prognosen über das Verhalten einer ideal rationalen Person. Abweichungen realer Entscheiderinnen von diesem idealtypischen Konstrukt können als Fehler aus dem Erklärungsbereich ausgeschlossen, nicht aber in der Theorie als rational rekonstruiert werden. Dies führt, wie die Reduzierung auf einfache Konsequenzen, zu einer Verengung des Anwendungsbereichs – der damit aber immer noch größer ist als jener der Neoklassik.

Die Savage-Entscheiderin beim PKW-Kauf

Savages Entscheiderin rechnet ebenfalls ziemlich viel, wenn sie ein Auto kauft, wenn auch auf etwas andere Art als der homo oeconomicus. Auch wenn Informationen über die Gegenwart für sie ebenfalls komplett und aufwandsfrei vorliegen, ist die Zukunft komplizierter. Die Entscheidung über den PKW ist für sie eine Lotterie mit ungewissem Ausgang. Dementsprechend denkt die Savage-Entscheiderin über alle möglichen Pfade nach, die sich im Zusammenhang mit der Anschaffung ihres Fahrzeugs ergeben können und die sehr variantenreich sind. Um einige Beispiele anzuführen: Ein Gebrauchtwagen könnte mit höherer Wahrscheinlichkeit als ein Neuwagen schon bald hohe Reparaturkosten verursachen. Die Regierung könnte die KFZ- bzw. Kraftstoffsteuer nach ökologischen Gesichtspunkten erhöhen oder die OPEC die Fördermenge drosseln, was die Bedeutung der Sparsamkeit im Verbrauch steigern würde. Es könnten beruflich längere Autobahnfahrten auf sie zukommen, wodurch ein schnellerer Wagen von Vorteil wäre. Ein Hagelschauer könnte, v. a. wenn keine Garage zur Verfügung steht, bei einem Neuwagen mehr Wert vernichten als an einem gebrauchten Modell usw.

Wie hier offensichtlich wird, sind vielfältige Möglichkeiten einzubeziehen, und die Savage-Entscheiderin ist in der Lage, sie alle zu bedenken, so lange sie für die Entscheidung relevant sind – wie der homo oeconomicus aufwandsfrei und in einer logischen Sekunde. Damit hat sie den ersten Schritt geleistet, der bei Savage implizit enthalten ist, nämlich die Welt in eine Lotterie zu transformieren.

Nachdem sie sich über alle relevanten zukünftigen Weltzustände klar geworden ist, bildet die Savage-Entscheiderin jede Entscheidung auf ihre möglichen Konsequenzen ab, was zu einer Matrix führt, deren Felderanzahl dem Produkt aus der Zahl aller in Betracht zu ziehenden Wagen und der Zahl der relevanten Weltzustände entspricht.[3] Sie ordnet jedem Fahrzeug in jedem Weltzustand einen (numerischen) Erwünschtheitswert zu und trägt ihn in das zugehörige Matrixfeld ein. Bei Schwierigkeiten hilft sie sich mit der Frage: Wieviel Geld wäre es mir wert, in Weltzustand x über Fahrzeug A zu verfügen? Die Anschaffungskosten für den Wagen sind in die Nutzen- bzw. Erwünschtheitsbilanz jedes Autos bereits mit eingegangen. Schließlich wirkt sich die weggegebene Geldsumme nutzenmindernd aus, der PKW dagegen nutzensteigernd, so dass beides miteinander verrechnet werden kann, um den Gesamtnutzen aus dem jeweiligen Auto zu ermitteln.[4]

Nach dem Ermitteln der Nutzenbeträge ordnet die Entscheiderin jedem möglichen zukünftigen Weltzustand eine Wahrscheinlichkeit zu, die sie entsprechend ihren bisherigen Erfahrungen mit der Welt abschätzt. Nun multipliziert sie Nutzen und Wahrscheinlichkeit für jede mögliche Konsequenz miteinander und trägt den resultierenden Erwartungswert in das Feld der Matrix ein, das zu der Handlung in dem Weltzustand gehört. Schließlich addiert sie die Werte aus jeder Zeile ihrer Matrix auf, da sie zu demselben Auto gehören. So erhält sie für jeden PKW einen *SEU*-Wert und damit Präferenzen: Je höher der *SEU*, desto höher die Präferenz für das jeweilige Auto. Der Notizzettel, vollständig mit numerischen Werten ausgefüllt, ist für sie eine klare Entscheidungsrichtlinie.

9.1.3 Kahneman und Tversky

Kahneman und Tversky behalten im Grunde die Logik des Entscheidens bei, wie sie Savage entwickelt hat. Allerdings modifizieren sie den Savage-Akteur dahin gehend, dass seine Werte sowohl bei der Erwünschtheit als

---

[3] Vermutlich sieht ihr Notizzettel so aus: eine Zeile für jeden in Frage kommenden PKW und eine Spalte für jeden möglichen Weltzustand. Da beide Variablen sehr viele Ausprägungen haben können, muss sie u. U. über reichlich Papier verfügen.
[4] Die anderen Akteure in meiner Arbeit folgen nicht einer solchen Logik, nach der die Kosten einer Option als Bilanz in den Nutzen mit eingehen. Budget und Nutzen sind für sie verschiedene Größen, die auf ihre je eigene Art die Entscheidung bestimmen.

auch bei den Wahrscheinlichkeiten systematisch gegenüber den ›eigentlichen‹ Größen verzerrt sind: Kleine Wahrscheinlichkeiten werden überschätzt, große werden unterschätzt; Verluste wiegen schwerer als Gewinne; Nutzen wird als Differenz zum Referenzpunkt wahrgenommen (siehe vorn, Abb. 4.1 und 4.2).

In Abbildung 9.4 ist der Entscheidungsprozess des Kahneman-Tversky-Akteurs grafisch zusammengefasst; Ähnlichkeiten mit Savage (siehe Abbildung 9.3) werden dabei deutlich.

Der Kahneman-Tversky-Akteur schaltet der Ermittlung des Erwünschtheitsmaßes eine Framing-Phase (gewissermaßen als Vorentscheidung) voraus, in der die genannten Verzerrungen wirksam werden. In Abhängigkeit vom Frame bestimmt er den Nutzen (wobei er auf die Kahneman-Tversky-Nutzenfunktion zurückgreift), schätzt die Wahrscheinlichkeit ab (die durch das Entscheidungsgewicht verzerrt ist) und berechnet daraus ebenso wie der Savage-Akteur die *SEU*-Werte und Präferenzen. Auch er wählt die Lotterie mit den subjektiv höchsten Gewinnaussichten, wobei seine Einschätzung von derjenigen des Savage-Akteurs abweichen kann.

Die Entscheidungen des Kahneman-Tversky-Akteurs lassen sich schwerer antizipieren, da sie von dem jeweils aktivierten Frame abhängen. Für dessen Wahl werden jedoch keine theoretischen Kriterien angegeben, sondern allenfalls intuitive Kriterien nahe gelegt. Prognosefähigkeit dieses Modells ist also nicht gegeben; es ist deskriptiv angelegt. Geeignet ist dieser Akteursentwurf vor allem für die Bearbeitung von Entscheidungsanomalien, also als Ergänzung zur Theorie von Savage. Im Normalfall ist es nicht nötig, auf den Kahneman-Tversky-Akteur zurückzugreifen.

Der Kahneman-Tversky-Akteur beim PKW-Kauf

Kahnemans und Tverskys Akteur legt sich ebenso wie Savages für den Autokauf eine Entscheidungsmatrix an, bezieht dieselben Größen ein und durchläuft ähnliche Schritte. Allerdings schätzt er Nutzen und Wahrscheinlichkeit anders ein. Fälle mit geringen Wahrscheinlichkeiten (vielleicht den Hagelschauer?) wird er überbewerten und im Hinblick auf sie besonders – Savage würde sagen: unangemessen – vorsichtig sein. Den Nutzen des Autos beurteilt er aus einem Vergleich mit seiner bisherigen Ausstattung. Außerdem wird er das Ausgeben des Geldpreises als Verlust wahrnehmen, der ihn mehr als die Savage-Entscheiderin schmerzt. Da-

9. Rationale Akteure in den rationalen Theoriewelten

Abbildung 9.4: Die Handlungswahl bei Kahneman und Tversky

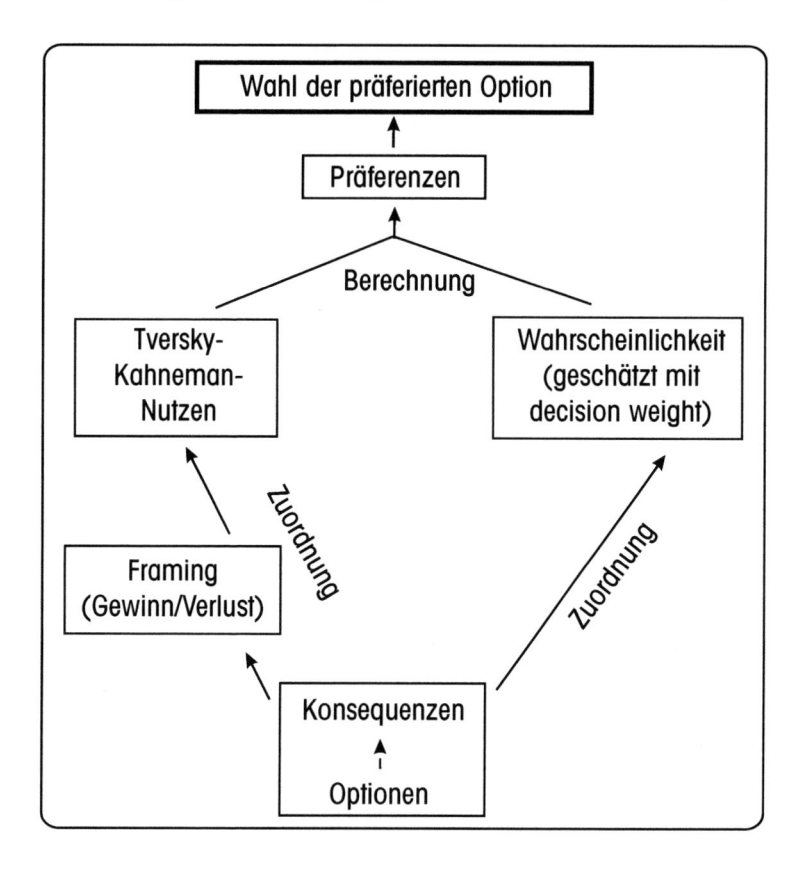

```
                    Wahl der präferierten Option
                                ↑
                           Präferenzen
                                ↑
                          Berechnung
         ┌──────────────────────────────────────┐
   Tversky-                              Wahrscheinlichkeit
   Kahneman-                             (geschätzt mit
   Nutzen                                decision weight)
      ↑         Zuordnung        Zuordnung    ↑
      │                                       │
   Framing                                    │
   (Gewinn/Verlust)                           │
      ↑                                       │
      └──────── Konsequenzen ─────────────────┘
                     ↑
                  Optionen
```

her wird sein Aufwand, um diesen Verlust zu minimieren, größer sein als beim homo oeconomicus und bei Savage. Verlustvermeidung kann er z. B. durch Einkauf bei einer bestimmten Händlerin, die ihm Rabatte gewährt, oder durch das Nutzen von Sonderangeboten oder Preisnachlässen beibestimmten Zahlungsweisen bewerkstelligen. Ferner könnte der Kahneman-Tversky-Akteur z. B. leicht auf das Angebot hereinfallen, dass eine Skidurchlademöglichkeit im Preis enthalten ist, obwohl sie gar nicht zu seinen dringendsten Wünschen gehört. Ratenzahlung wird für ihn besonders attraktiv sein, da ihm der Verlust derselben Geldsumme unter diesen Umständen geringer erscheint.

Mit dem Verweis auf die Rabatte soll nicht ausgesagt werden, dass die anderen von mir vorgestellten Akteure kein Interesse an Preissenkungen hätten. Sie alle minimieren ihre Ausgaben. Allerdings lässt sich der Kahneman-Tversky-Akteur im Unterschied zu ihnen gegebenenfalls durch ein Sonderangebot zu einem Kauf hinreißen, den er u.U nicht getätigt hätte, wenn ihm dieselbe Summe als Normalpreis dargestellt worden wäre. Oder anders: Werden zwei Wagen mit demselben Preis ausgezeichnet, wobei der erste aber ursprünglich mehr kosten sollte und im Preis reduziert wurde, so würde der Kahneman-Tversky-Entscheider unabhängig von der Qualität der beiden PKW zum ersten Exemplar tendieren. Er wäre überzeugt, dadurch die Summe, um die der Preis herabgesetzt worden ist, zu gewinnen.

Auch der Referenzpunkt, von dem aus der Kauf getätigt wird, ist wichtig: Hat er unmittelbar zuvor eine größere Geldsumme erhalten, mit der er nicht gerechnet hatte (etwa gewonnen oder geerbt), so fällt es ihm leichter, diese auszugeben, als wenn er das Geld schon länger besessen hat. So würde z. B. der homo oeconomicus, für den die Herkunft seines Budgets irrelevant ist, nicht denken.

Ein weiteres Phänomen kann durch das Streben nach Verlustvermeidung auftreten: Wäre ihm mit seinem letzten, noch neuwertigen Wagen ein Unfall mit Totalschaden passiert, könnte ihm das ein Anlass sein, nicht wieder dasselbe Modell zu kaufen, auch wenn er es sich leisten könnte. Eine hohe Geldsumme auszugeben und hinterher doch nur wieder das Gleiche zu haben wie zuvor, erscheint ihm im Vergleich zur Anschaffung eines anderen Modells mehr als sinnlose Geldausgabe. Also wird er dazu neigen, sich für einen anderen Wagen zu entscheiden, auch wenn der letzte seiner Einschätzung nach optimal war.

Auch sunk costs könnten seine Entscheidung beeinflussen: Vielleicht hat er eine Fahrerlaubnis erworben oder besitzt bereits Winterreifen, Straßenatlas, Kindersitz etc. – möglicherweise als Geschenk von einer Person, die ihn zu einem Autokauf drängen will? –, die sonst ungenutzt blieben. Die PKW-Anschaffung ist ein gutes Mittel, um solche sunk costs nicht als ungerechtfertigten Verlust erscheinen zu lassen, sondern sie nachträglich mit Sinn zu versehen.[5]

---

[5] Auch der homo oeconomicus erfährt natürlich mehr Nutzen aus bestimmten Güterbündeln, wenn er über gewisse andere Güter bereits verfügt. Der Unterschied ist aber,

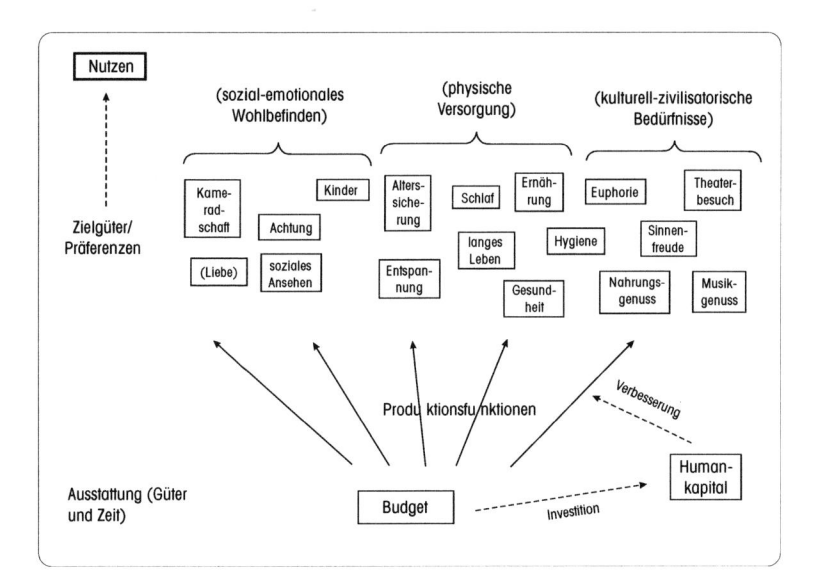

9. Rationale Akteure in den rationalen Theoriewelten 237

Abbildung 9.5: Die Handlungswahl bei Becker

[Diagramm: Nutzen ← Zielgüter/Präferenzen (sozial-emotionales Wohlbefinden: Kameradschaft, Achtung, Kinder, (Liebe), soziales Ansehen; physische Versorgung: Alterssicherung, Schlaf, Ernährung, Entspannung, langes Leben, Gesundheit; kulturell-zivilisatorische Bedürfnisse: Euphorie, Theaterbesuch, Hygiene, Sinnenfreude, Nahrungsgenuss, Musikgenuss) ← Produktionsfunktionen ← Ausstattung (Güter und Zeit), Budget → Investition → Humankapital → Verbesserung]

Zusammengefasst liegen die Besonderheiten des Kahneman-Tversky-Akteurs also darin, dass er u. U. mehr Geld ausgeben würde als andere, dass ihm die Ausgabe in Abhängigkeit davon, wie er zu dem Geld gekommen ist, leichter oder schwerer fallen würde, und dass er besonders sensibel auf Sonder- und Sparangebote reagiert.

9.1.4 Becker

Beckers Entscheiderin (normalerweise ein Haushalt) ermittelt zunächst ihr Budget, in das sie Geld, Marktgüter und ihre Zeitkontingente einrechnet. Danach müsste sie im Grunde eine Recherche vornehmen, um alle relevanten Eigenschaften der angebotenen Güter, ihre Verwendungs- und Substitutionsmöglichkeiten und ihre Preise in Erfahrung zu bringen; diese ist nicht mit nennenswertem Aufwand verbunden und bleibt größtenteils unerwähnt.

dass ihn der Besitz von Zubehör nicht dazu veranlassen würde, ein Auto zu kaufen, um sinnlose Ausgaben bzw. Verluste zu vermeiden.

Die Becker-Entscheiderin verfügt über ein Repertoire an Bedürfnissen (siehe Abbildung 9.5), die sich drei Kategorien zuordnen lassen: sozial-emotionales Wohlbefinden, physische Versorgung und kulturell-zivilisatorische Bedürfnisse. Aus der Herstellung möglichst großer Zielgutmengen in Übereinstimmung mit ihrer Präferenzstruktur gewinnt sie Nutzen; dieser nimmt, wie in der Neoklassik, mit steigender Menge eines Gutes konkav zu. Die Präferenzen geben das Nutzenquantum an, das die Entscheiderin aus einem Zielgut erfährt. Sie sind exogen, konstant und unterscheiden sich nicht zwischen den Entscheidungssubjekten. Produktionsfunktionen legen fest, mit welchen Inputkombinationen eine Einheit jedes Zielguts produziert werden kann und welche Substitutionsmöglichkeiten bestehen. In die Produktionsfunktionen gehen auch die (exogen vorgegebenen) Preise der verfügbaren Faktoren ein. Ihre Gestalt kann durch Änderungen des Humankapitals beeinflusst werden.

Die Wahl zwischen Optionen wird hier als Schritt auf ein übergeordnetes Ziel, das Bedürfnis, hin betrachtet: Die Entscheiderin ist auf der Suche nach der besten Methode, um es zu befriedigen. In Kenntnis von Produktionsfunktionen und Budget setzt sie ihre Ausstattung ein: Sie vergleicht die verschiedenen Produktionsmöglichkeiten für das gewünschte Zielgut[6] und ermittelt diejenige mit dem niedrigsten Faktoreinsatz (wobei es ein gemeinsames Maß für alle Faktoren gibt, nämlich den Markt- oder Schattenpreis). Im Tausch gegen ihr Budget erwirbt sie noch fehlende Produktionsmittel und substituiert dafür so lange, bis sie einen Gleichgewichtspunkt auf der höchsten erreichbaren Nutzenisoquante realisieren kann.

Parallel zur Nutzenproduktion strebt sie langfristig danach, ihre Produktionsfunktionen durch Investitionen in Humankapital zu verbessern.[7] Beide Handlungslogiken folgen der Frage: »Wie kann ich unter den gegebenen Restriktionen meinen Ressourceneinsatz zur Herstellung der gewünschten Zielgütermenge minimieren?«, die einmal situationsbezogen und einmal langfristig interpretiert wird. Durch dieses Investitionskonzept ist Beckers

---

[6] Wie erläutert, ist es innerhalb der Beckerschen Theorie nicht möglich, Kuppelproduktion zu modellieren (siehe oben, Seite 124f), also wird in jeder Entscheidungssituation nur ein Zielgut angestrebt.

[7] In der Grafik habe ich Humankapitalinvestitionen als gestrichelte Linie eingetragen, da sie parallel zu den kurzfristig rationalen Entscheidungen stattfindet und ihre Rationalität darin besteht, die Bedingungen für zukünftige Nutzenproduktion zu verbessern.

Entscheiderin zu einer Selbstmodifikation in der Lage, obwohl sie in ihrer Bedürfnisstruktur konstant bleibt. Zwei Personen, die sich in der gleichen Situation befinden und deren Produktionsfunktionen nicht durch verschiedene Humankapitalbestände voneinander abweichen, gelangen nach Becker zu derselben Entscheidung.

Besonders gut kann die Becker-Entscheiderin Entscheidungen über Zeitverwendung und Gütersubstitution bearbeiten. Die Kenntnis ihrer Produktionsfunktionen, ihrer Ausstattung und der Angebots- bzw. Kostenstruktur erlaubt eine Prognose ihres Verhaltens. Auch diese Entscheiderin interagiert nicht (strategisch) mit anderen. Ihr Handlungsspektrum bleibt nicht auf Kaufakte beschränkt, sondern umfasst auch private Alltagsentscheidungen, darunter sogar Bereiche, für die Rationalität keine nahe liegende Annahme ist (Drogenkonsum, Partnerschaft oder Nachwuchs). Normbefolgung und Altruismus sind mit diesem Akteursmodell nicht vereinbar und werden besser aus der Analyse ausgeschlossen, statt sie über ad-hoc-Konstruktionen zu bearbeiten (s. o., Seite 127f).

Die Becker-Entscheiderin beim PKW-Kauf

Beckers Entscheiderin betrachtet das Auto als Produktionsmittel für ein Zielgut, sagen wir: Mobilität.[8] Sie ist bestrebt, diese Mobilität bei möglichst geringem Faktoreinsatz zu erzeugen. Um sich für die Anschaffung eines PKW zu entscheiden, muss sie alle bestehenden Produktionspfade für Mobilität ermitteln und miteinander vergleichen, also Besitz verschiedener PKW, aber auch öffentliche Verkehrsmittel, Fahrrad, Taxi oder Car Sharing.

Ihre persönlichen Produktionsfunktionen werden u. a. bestimmt durch ihre Fahrerlaubnis und Fahrpraxis, Besitz einer BahnCard, ihre Kompetenz im Umgang mit öffentlichen Verkehrsmitteln und die Qualität des öffentlichen Verkehrsnetzes. Außerdem vergleicht sie die Produktionseffizienz von Mobilität mit Hilfe verschiedener PKW-Modelle. Diese werden sich in erster Linie hinsichtlich der Kosten und des zusätzlich erforderlichen Faktoreinsatzes (Treibstoff, Versicherung, Zeit, Konzentration...) unterscheiden, der sich ebenfalls in Kosten umrechnen lässt: in Preise und

---

[8] Außerdem kämen z. B. Prestige oder die Verbesserung der Fahrpraxis (also Humankapitalinvestition) als Handlungsziele in Frage.

Schattenpreise. Sie entscheidet sich für den Produktionsweg mit dem geringsten Faktoraufwand. Im Unterschied zu den bisher vorgeführten Entscheiderinnen kann sie die Frage beantworten, worin der Nutzen aus dem Auto besteht und welche Aspekte desselben für ihre Entscheidung ausschlaggebend sind: Sie stellt mit seiner Hilfe Mobilität (oder ein anderes Zielgut) her. Entsprechend wählt sie das Auto, mit dem diese Produktion am kostengünstigsten ist.

9.1.5 Coleman

Der Coleman-Akteur verfügt über Bedürfnisse als abstrakte oberste Handlungsziele. Ihnen untergeordnet sind Zwischenziele, beispielsweise das Gewinnen der Sympathie einer bestimmten Person oder der Besitz wertvoller Güter. Alle transferierbaren Objekte nehmen für den Coleman-Akteur die Form von Ressourcen an, da er sie zur Verfolgung seiner Ziele einsetzt. Das Ausmaß, in dem ihm das gelingt, entspricht dem Nutzen, der mit wachsender Gütermenge konkav zunimmt. Allerdings spielt der Nutzenbegriff nur in Colemans quantitativen Passagen eine Rolle und ist sonst keine zentrale Kategorie. Auch wie Nutzen entsteht, wird nicht problematisiert.

In Abbildung 9.6 sind die wesentlichen Begriffe, mit denen Coleman Handlungen erklärt, zusammengefasst. Handlungsmotiv des Coleman-Akteurs ist es, die Umwelt so umzugestalten, dass sie mit seinen Bedürfnissen möglichst weitgehend übereinstimmt. Daher entwickelt er das Interesse an bestimmten Kontrollrechten und überträgt, erwirbt und handelt Kontrollrechte über Ressourcen und Ereignisse. Seine Leitfrage ist: »Wie kann ich durch Transfer von Kontrollrechten möglichst wertvolle Ressourcen unter meine Kontrolle bringen?« Der Begriff Interesse ist bei Coleman zentral. Interessen werden von der Verwendbarkeit der Entscheidungsobjekte für seine persönlichen Ziele bestimmt. Auch der Wert einer Ressource ist bedeutend für das Interesse, weil er die Begehrtheit eines Objekts innerhalb des Systems angibt und mit dem Wert die Aussicht auf Zielerreichung tendenziell steigt. Durch Kontrolle über wertvolle Ressourcen steigt auch die Macht des Akteurs. Ein universelles Zwischenziel des Coleman-Akteurs ist es demnach, Werte anzuhäufen und Macht zu erlangen, weil sich so seine Chancen für die Zielverfolgung verbessern. Aus den Interessen des Akteurs leiten sich seine Präferenzen ab (die als tastes zu verstehen sind). Der Präferenzbegriff spielt wie der Nutzenbegriff keine zentrale Rolle und kommt nicht oft vor. Die handlungsrelevanten Größen werden nicht theoretisch bestimmt und können nur empirisch ermittelt werden. Einzig das Grundbedürfnis nach Überlebensfähigkeit wird gesetzt; darüber hinaus kommt die Theorie ohne Essentialismen aus.

Der Akteur besteht aus Rezeptor und Aktivator. Der Rezeptor verspürt Wünsche, die sich in Interessen konkretisieren und nicht allgemein spezifiziert werden. Der Aktivator gestaltet die Umwelt, so weit es möglich ist, in Übereinstimmung mit diesen. Da der Rezeptor durch Sozialisation geprägt ist, kann Colemans Akteur u. U. auch rational handeln, indem er tut, was andere sich wünschen. Parallel zu den situativen Wahlhandlungen erwirbt und modifiziert der Akteur seine Interessen, indem er seinen Rezeptor umstrukturiert. Zu beachten ist jedoch, dass der Akteur im Moment der Entscheidung konstant ist und seine Bedürfnisse exogen festgelegt sind.

Alle Entscheidungsobjekte haben bei Coleman die Gestalt von Verfügungsrechten. Entscheidungen bestehen in (impliziten) Vertragsabschlüssen über den Transfer von Verfügungsrechten. Die Frage, die Colemans Akteure an ein Objekt stellen, ist die nach seiner Verwendbarkeit für die Zielerreichung. Über die Auswahl der Ziele sowie über das Bedürfnisrepertoire wird überhaupt nichts ausgesagt; Exempel sind rar und reichen über die in Abbildung 9.6 als Beispiele angegebenen Bedürfnisse nicht hinaus.

Ein idealtypisches Beispiel Colemans ist der Austausch von Fußball- und Baseballbildern zwischen Kindern (s. o.), der strukturelle Ähnlichkeiten mit einem Markt aufweist. Das Handlungsspektrum reicht aber über Kauf- und Tauschakte hinaus und weiter als jenes der bisher vorgeführten Akteurstypen. Coleman gelingt es, fast alle sozialen Handlungen als Kontraktschlüsse über Kontrollrechte zu reformulieren, z. B. auch eine Fluchtpanik oder die Mitgliedschaft in religiösen Sekten. Darüber hinaus kann er auch Normbefolgung und Vertrauen modellieren; Probleme, die in den bisherigen Vorschlägen als Anomalie oder Irrationalität ausgeschlossen werden mussten.

Colemans Akteursmodell ist für jede Handlung geeignet, die sich als Transaktion von Verfügungsrechten reformulieren lässt. Die Entscheidungen lassen sich aber auch bei Kenntnis von Tauschmöglichkeiten und Wünschen (die sozialisationsbedingt sind) nur begrenzt antizipieren. Schließlich hat der Akteur die Möglichkeit, von einer Umgestaltung der äußeren Welt abzulassen und statt dessen seine Bedürfnisstruktur zu ändern. Wann

Abbildung 9.6: Die Handlungswahl bei Coleman

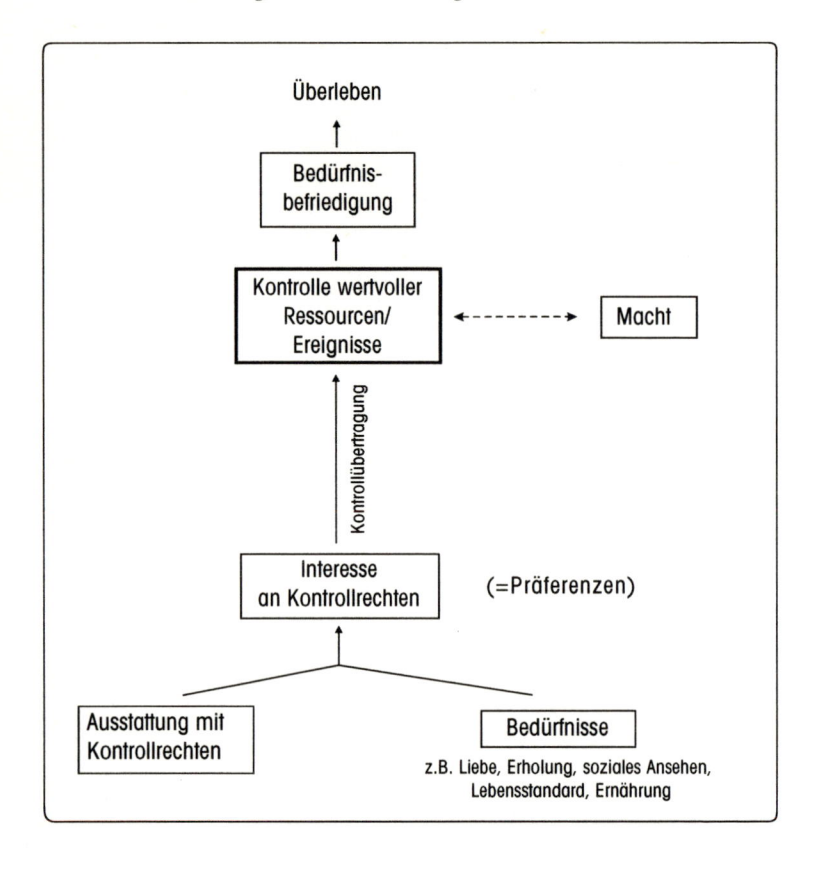

```
                    Überleben
                       ↑
               ┌───────────────┐
               │  Bedürfnis-   │
               │ befriedigung  │
               └───────────────┘
                       ↑
            ┌──────────────────┐
            │ Kontrolle wertvoller │          ┌───────┐
            │    Ressourcen/       │ ←------→ │ Macht │
            │     Ereignisse       │          └───────┘
            └──────────────────┘
                       ↑
               Kontrollübertragung
                       │
              ┌─────────────────┐
              │    Interesse    │    (=Präferenzen)
              │ an Kontrollrechten │
              └─────────────────┘
                    ↗      ↖
    ┌──────────────┐      ┌──────────────┐
    │ Ausstattung mit │      │  Bedürfnisse  │
    │ Kontrollrechten │      └──────────────┘
    └──────────────┘      z.B. Liebe, Erholung, soziales Ansehen,
                             Lebensstandard, Ernährung
```

er von dieser Möglichkeit Gebrauch macht, ist jedoch nicht theoretisch festgelegt, so dass Kontingenzen verbleiben.

Der Coleman-Akteur beim PKW-Kauf

Colemans Akteur erwirbt mit einem Auto die Kontrollrechte über eine Ressource. Für ihn ist es ein Mittel, um Ziele verfolgen zu können, wobei die Ziele aber nicht in Form eines Kanons festgelegt sind und nicht gegeneinander substituiert werden können. Der Autokauf kann Teil einer mehrstufigen Ziel-Mittel-Verknüpfung sein, beispielsweise: Entscheidung für einen

PKW, um damit die Lebensgefährtin regelmäßig von ihrer Arbeit abholen zu können, um seine Wertschätzung gegenüber ihr auszudrücken, um die Beziehung zu ihr zu verbessern, um längerfristig eine Familie zu planen. Oder: Entscheidung für einen PKW, um damit zum Arbeitsplatz zu pendeln, um eine weiter entfernte Tätigkeit ausüben zu können, ohne aus dem sozialen Umfeld wegzuziehen usw.

Wieviel Nutzen der Rezeptor des Coleman-Akteurs bei welcher Entscheidung empfindet, hängt von seiner Sozialisation ab. So könnte er die Interessen anderer Personen (vielleicht seiner Kinder oder seiner Partnerin) internalisiert haben und z. B. ein preiswertes und weniger luxuriöses Modell wählen, damit möglichst viel Geld für Lebensunterhalt und Urlaub übrig bleibt. Ebenso könnte er seiner Partnerin zuliebe ein komfortables und angesehenes Auto kaufen oder seinen Eltern zuliebe – die schon immer gesagt haben, schnelle Autos seien Teufelszeug – besonderen Wert auf Sicherheit legen. Vielleicht hat er auch soziale Normen internalisiert, z. B. aus ökologischen Motiven ein Modell mit niedrigem Verbrauch zu wählen. Wie offensichtlich wird, ist das Spektrum möglicher Entscheidungsresultate beim Coleman-Akteur sehr weit und das Entscheidungsergebnis kaum vorhersagbar. Hierfür müsste die Struktur seines Rezeptors bekannt sein, die mit dem indviduellen Erfahrungshintergrund differiert. Nur bei Kenntnis des Rezeptors inklusive seiner internalisierten Fremdinteressen und Normen ist eine Prognose möglich.

Diese Aussagen beziehen sich auf den qualitativen Teil von Colemans Theorie. Der ›quantitative‹ Coleman-Akteur lässt eine simplere Handlungsmotivation annehmen: Er verfolgt mit dem Autokauf kein spezifisches Ziel, sondern vergleicht alle Ressourcenwerte des sozialen Systems und erwirbt schließlich dasjenige Auto, das einen möglichst hohen Wert hat und mit seinem Budget realisierbar ist. Die Entscheidung des quantitativen Coleman-Akteurs ähnelt der des homo oeconomicus. Er orientiert sich an einer eindimensionalen, numerisch messbaren Größe (Nutzen), die er maximiert.[9] Interessanter ist trotz seiner Widersprüche und unbeantworteten Fragen jedoch der qualitative Coleman-Akteur, der eine größere Bandbreite menschlichen Handelns abdeckt.

Falls der Coleman-Akteur die Möglichkeit dazu hat, wird er Sozialkapital nutzen, indem er eine Händlerin konsultiert, mit der er in einer vertrau-

---

[9] Auch worin der Nutzen aus dem Auto genau besteht, bleibt auf ähnliche Weise unklar wie beim homo oeconomicus.

ensvollen Sozialbeziehung steht, sei es durch Freundschaft, zurückliegende Kaufinteraktionen oder ähnliches.

9.1.6 North

Norths Entscheiderin empfindet das Einholen von Informationen sowie das Herausfinden der optimalen Wahl als Aufwand und möchte diesen reduzieren. Sie muss damit zurechtkommen, dass ihr Informationen teilweise überhaupt nicht, teilweise nicht kostenlos vorliegen und ihre mentalen Kapazitäten zudem beschränkt sind. Daher arbeitet sie mit einem vereinfachenden Modell der Situation, in das sie ihre (zwangsweise unvollständigen) Informationen einordnet. Dieses Situationsmodell entwirft sie auf Basis ihres mentalen Modells, in das ihre grundsätzlichen Ansichten über die Welt (Ideologien) eingehen und das sie permanent im kommunikativen Austausch mit den Informationen und Ansichten anderer Akteure aktualisiert.

Ausgehend vom Modell der Situation gibt es nun zwei Möglichkeiten für die Entscheiderin (vgl. auch Abb. 9.7): Ist die Entscheidung einmalig oder sehr wichtig – was nach seiner Schätzung in ca. 10% der Fälle vorkommt –, so folgt sie dem rechten Pfeil zur Nutzenbestimmung und durchdenkt sie gründlich. In der Mehrzahl der Fälle orientiert sie sich an der Routine (linker Pfeil), die sie für Situationen dieses Typs entwickelt hat. Im Fall einer Kalkulation ist der Ablauf folgendermaßen: Sie recherchiert (wie es von Simon empfohlen worden ist) so lange, wie sich der Aufwand dafür lohnt, da sie mit ihren Kapazitäten haushaltet. Sie betrachtet ein nicht zu großes Optionenset, schätzt die Konsequenzen ab, ermittelt jeweils den Nutzen und sucht nach einer akzeptablen Option, d. h. nach einer, die auf dem erwünschten Mindestnutzenniveau oder darüber liegt. Hat sie eine solche gefunden, wählt sie diese. Wenn es keine geben sollte, wird sie entweder das gewünschte Nutzenniveau absenken oder die in Betracht gezogene Optionenmenge erweitern, in jedem Fall aber erneut kalkulieren, bis sie eine satisficing-Option gefunden hat, die sie dann wählt.

Durch ihr mentales Modell reduziert die North-Entscheiderin den Entscheidungsaufwand weiter. Sie nimmt es zu Hilfe, um Informationen zu verarbeiten und Situationen zu interpretieren – ein Schritt, der den bisher dargestellten Akteuren nicht bekannt ist. Die Aktualisierung des mentalen Modells, die Rückkopplung mit anderen Akteuren, ist neben den situativ

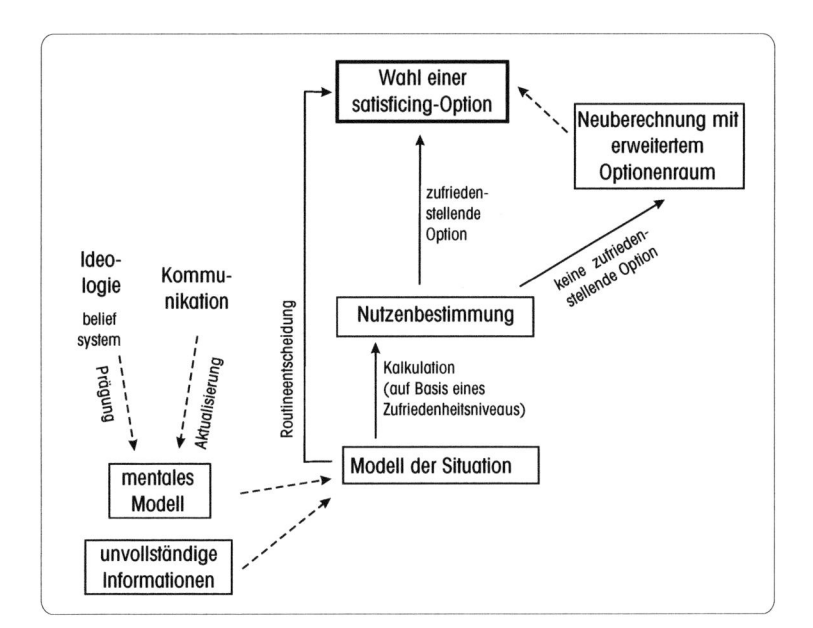

9. Rationale Akteure in den rationalen Theoriewelten 245

Abbildung 9.7: Die Handlungswahl bei North

rationalen Entscheidungen ein eigenständiger Prozess, der langfristig die Entscheidungskosten zu senken hilft. Die North-Entscheiderin verbessert also wie der Becker-Akteur ihre Entscheidungsbedingungen parallel zur situativen Handlungswahl.

Dieses Handlungsmodell ist wieder enger am ökonomischen Kontext ausgerichtet. Handhabbar sind für die North-Entscheiderin vor allem Marktentscheidungen (Güterkauf). Entscheidungsdeterminierend ist für die North-Entscheiderin vor allem das mentale Modell, eine wenig konkretisierte Größe, deren Ausprägung von weichen Faktoren abhängt und nicht formalisiert werden kann. Die Prognosefähigkeit im Einzelfall ist daher gering. Mit diesem Handlungsmodell lassen sich auch normative Komponenten der Entscheidung nachvollziehen, also z.B. moralisches Konsumverhalten.

Die North-Entscheiderin beim PKW-Kauf

Das mentale Modell der North-Entscheiderin enthält ideologische Überzeugungen. Um einige mögliche Ausprägungen ihres belief systems zu nennen: Ihr mentales Modell kann z. B. die Überzeugung enthalten, man sei ohne ein Auto nicht so selbständig und unabhängig wie andere oder die steigende Zahl der Verkehrstoten spreche gegen dieses Transportmittel. Weitere Möglichkeiten können sein, dass man ›in‹ sei, wenn man ein sportliches Fahrzeug sein Eigen nennt, dass individueller Kraftfahrzeugverkehr wegen der Abgase schädlich sei oder dass ein bestimmter Hersteller die besten Autos der Welt baue. Zu diesen Überzeugungen gelangt sie durch Sozialisation, durch Erfahrung, durch Kommunikation mit anderen Akteuren ihres Umfelds (als Teil des gesellschaftlichen Diskurses) und zu einem maßgeblichen Teil durch Werbung. Das von ihr in Betracht gezogene Optionenset ist nicht vollständig, sondern enthält nur einige Modelle, über die sie nachdenkt. Je nach ihren beliefs wird sie z. B. einen PKW mit viel Knautschzone den Vorrang geben, nur ihren Lieblingshersteller in Betracht ziehen o. ä. Preise und Budget sind für sie weiterhin ausschlaggebend. Sie trifft nur Marktentscheidungen, reduziert die Welt aber nicht wie der homo oeconomicus auf Preise.

In der Entscheidung für ein bestimmtes Exemplar würde sie zuerst Mindestanforderungen festlegen, z. B. ›nicht mehr vebrauchen als x Liter‹, ›mindestens x Kubikmeter Stauraum‹, ›Preis nicht höher als x Euro‹ oder eine bestimmte Sonderausstattung. Vermutlich wird ihr belief system die Überzeugung enthalten, dass einige Hersteller zu favorisieren sind, weil sie für Qualität stehen. Zugleich kann sie mit Hilfe dieser Weltsicht die Zahl der in Betracht zu ziehenden Modelle reduzieren. In Alltagsgesprächen würde sie andere Akteure nach ihren Erfahrungen mit der Qualität bestimmter Wagen befragen und diese Informationen in ihr Bild der Welt einfügen. Vielleicht hat sie Kontakt zu anderen, die sich erst vor kurzem ein Auto gekauft haben oder aus anderen Gründen besser über die Preisstruktur informiert sind. Von diesen Akteuren besorgt sie sich Informationen und aktualisiert ihr mentales Modell entsprechend. Sie informiert sich ggf. bei Experten und konsultiert schließlich einen Händler ihres Vertrauens, der ihre Vertrauensautomarke führt und in der Nähe ihres Wohnorts ansässig ist. Den Wagen in Augenschein zu nehmen und ihn abzuholen, bedeutet ihr schließlich Kosten (Transaktionskosten), die sie minimiert. Möglicherweise wird sie aus diesem Grund ein engeres Angebotsspektrum nicht nur hinnehmen, sondern sogar zu schätzen wissen, um keinen zu hohen Informationsverarbeitungsaufwand zu haben.

Gemäß der bounded-rationality-Annahme schließt sie den Kaufvertrag ab, sobald sie einen PKW gefunden hat, das ihren Mindestanforderungen genügt. Dass es eventuell ein anderes Auto gegeben hätte, das mehr als zufriedenstellend, nämlich optimal gewesen wäre, bekümmert sie nicht. Statt dessen ist sie glücklich darüber, dass sie nun ein akzeptables erworben hat, ohne für die Entscheidung zu viel Kosten und Mühe zu verausgaben.

Erhöht sich ihr Budget, so würde sie das Auto nicht (wie es der homo oeconomicus tun könnte) sofort gegen ein besseres eintauschen, sondern lieber den Aufwand für eine erneute Entscheidung einsparen. Hätte sie mit ihrem bisherigen Wagen vor Kurzem einen Totalschaden erlitten, so würde sie das nicht veranlassen (wie vorhin beim Kahneman-Tversky-Akteur überlegt) diesmal ein anderes zu wählen, sondern sie wird normalerweise eher dazu neigen, wieder das bewährte Modell anzuschaffen, weil sie dadurch eines der zur Wahl stehenden Objekte in ihren Eigenschaften bereits sehr gut kennt und weil sie sich die Mühe des Entscheidens nicht wieder von Neuem machen möchte. War sie mit dem PKW zufrieden, so spricht nichts dagegen, den gleichen wieder anzuschaffen.

9.1.7 Lindenberg

Da der Lindenbergsche RREEMM, wie oben erklärt, zwei verschiedenen Logiken folgt, ist die Kurzzusammenfassung etwas länger als in den vorausgehenden Unterkapiteln. Ich werde zunächst die Entscheidung mittels Nutzenproduktion für sich genommen rekapitulieren und danach die Zielauswahl durch Framing hinzufügen.

Im ersten Fall (siehe Abb. 9.8) folgt der Lindenberg-Akteur einer Produktions- und Substitutionslogik: Er investiert Ressourcen aus seinem Budget, um mit ihrer Hilfe Zwischengüter und damit wiederum primäre Zielgüter zu produzieren. Die primären Zielgüter belaufen sich auf seine beiden Grundbedürfnisse nach sozialer Anerkennung und physischem Wohlbefinden, für manche Anwendungen ergänzt um Verlustvermeidung als drittes.[10] Befriedigt werden sie auf dem Weg der Produktion der Zielgüter Verhaltensbestätigung, Affekt, Status, interner und externer Komfort

---

[10] In der Grafik ist es daher gestrichelt umrandet, und es weisen keine Pfeile von den Zwischengütern aus darauf, da es nicht mit ihrer Hilfe produziert werden kann.

Abbildung 9.8: Die Handlungswahl bei Lindenberg (ohne Frameeinfluss)

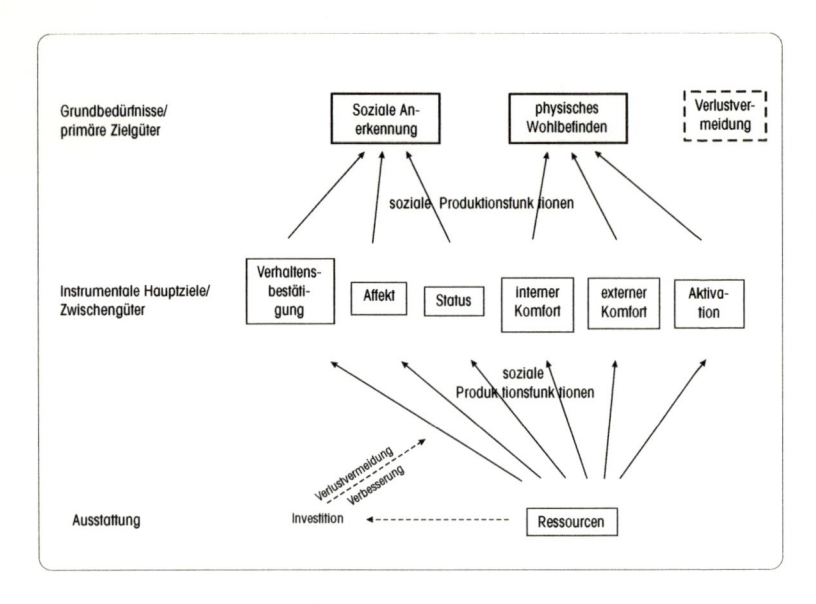

sowie Aktivation. Aus der Befriedigung der Bedürfnisse erfährt der Akteur Nutzen als Zuträglichkeit zu einer gelingenden Reproduktion seines Organismus. Der gewonnene Nutzen wächst mit der produzierten Menge des Zielgutes.

Der RREEMM substituiert Produktionsfaktoren gegeneinander, um mit seiner Ausstattung möglichst viel Nutzen zu erzeugen. Ferner substituiert er auf der Ebene der instrumentalen Hauptziele, z. B. Affekt gegen externen Komfort oder Status gegen Verhaltensbestätigung. Art und Menge der einzusetzenden Produktionsmittel sind durch seine Produktionsfunktionen festgelegt, die sozial bestimmt werden, also nur in Gesellschaft gelten bzw. je nach der Art der sozialen Umwelt verschieden ausgeprägt sein können. Da Lindenberg diesen Produktionsprozess nicht selbst erläutert, wird die Theorie durch Kenntnis von Beckers Heuristik – auf die er allerdings kaum explizit verweist – verständlicher. Neu ist bei Lindenberg die soziale Bestimmtheit der Produktionsfunktionen, fasst er sie doch als miteinander verschränkt und institutionell bedingt auf. Produktionsfunktionen sind auch für Lindenberg veränderlich und können durch politisches Handeln beeinflusst werden. Gegen Verschlechterungen werden die Akteure

u. U. gemeinsam aktiv. Bei Becker finden Veränderungen dieser Produktionsfunktionen individuell, nämlich durch Investitionen in Humankapital, statt. Ein solcher individueller Prozess wird bei Lindenberg nicht erwähnt; er berücksichtigt nur die soziale bzw. kollektive Verbesserung oder Verlustvermeidung von Produktionsfunktionen.[11]

Lindenbergs Verhältnis zu Becker lässt sich allgemein als Fortentwicklung beschreiben. Insbesondere hat er Erweiterungen vorgenommen, mit denen mehr reale Entscheidungen begreifbar werden. Stellenweise kommt er zu anderen Schlussfolgerungen (z. B. beim Themenkomplex Kriminalität und Strafe oder Arbeitsmarktpartizipation von Frauen), aber grundsätzlich sind seine Aussagen über das Akteursverhalten mit Beckers kompatibel.

Um den erläuterten Produktions-Substitutions-Modus des Entscheidens konsequent anzuwenden, muss der RREEMM sehr viele Informationen über Nachfrage- und Produktionsmöglichkeiten, Faktorpreise und Größen des sozialen Umfeldes einholen und abspeichern, die zudem permanent aktualisiert werden müssen. Dies ist es jedoch nicht, was ihn davon abhält, seine Entscheidung mit Hilfe gründlicher Recherche und Kalkulation zu treffen, sondern vielmehr die Komplexität seiner eigenen Motivationen. Soll er lieber x oder y produzieren, indem er in a oder in b investiert? Diese Grundsatzentscheidung, die der Wahl des effizientesten Produktionswegs vorausgeht und für Becker kein Problem darstellt, ist bei Lindenberg der Entscheidung vorgeordnet. Sie macht den Akteur zwar in gewisser Weise ›sympathischer‹, d. h. lebensnäher, aber der Weg des Entscheidens wird dadurch komplizierter.

Überfordert vom simultanen Einbezug verschiedener Nutzenaspekte, wendet der Lindenberg-Akteur den zweiten Handlungsmodus neben der Produktions-Substitutions-Logik an und trifft eine Auswahl zwischen seinen Handlungszielen. Er benutzt einen Frame, der ein Hauptziel enthält, und ordnet die verfügbaren Optionen in der Reihenfolge ihrer Dienlichkeit für dieses Ziel.

---

[11] Wie bei Becker habe ich in Abbildung 9.8 die Möglichkeit einer Veränderung der Produktionsfunktionen als gestrichelte Linie eingetragen, da sie parallel zu den situativ rationalen Entscheidungen stattfindet und ihre Rationalität darin besteht, die Bedingungen für zukünftige Nutzenproduktion zu verbessern.

Hat er nicht bereits einen Frame aktiviert, so wählt er im ersten Schritt einen. Dieser hilft in der Perzeptionsphase, die Optionen zu spezifizieren und zu ordnen. Nach der Perzeption kalkuliert er *SEU*-Indices für die in Betracht gezogenen Optionen. Das situationsspezifische Hauptziel des Frame ist das Kriterium für die Erwünschtheit jeder Option, welche mit den gewählten Frames variiert. Neben dem Nutzen gibt es wie bei Savage subjektive Erwartungen über die Wahrscheinlichkeiten des Eintretens bestimmter Konsequenzen, die der Berechnung des *SEU* zugrunde liegen. Der *SEU* jeder Option wird berechnet und – dies ist neu – wiederum mit der situativen Gültigkeit des Frame gewichtet. Dies geschieht nach der Formel $P_i = \beta(g_i - U_0) + \frac{1}{n}$ (siehe oben, Seite 203). Als Ergebnis erhält der RREEMM schließlich Wahrscheinlichkeiten, mit denen jede Option zu wählen ist, und entscheidet auf dieser Grundlage stochastisch.

Um die beiden Handlungsmodi, in die Lindenbergs Theorie zerfällt, zu einem einzigen Modell zu integrieren, habe ich in 8.4 einen Vorschlag gemacht, der in Abbildung 9.9 grafisch dargestellt ist. Jeder der Lindenbergschen Frames ist dort einem instrumentellen Hauptziel zugeordnet, außerdem gibt es vier Budgetframes (darunter auch Verlustvermeidung, die nun kein instrumentelles Hauptziel mehr ist). Mit der situativen Entscheidung für einen Frame legt der Akteur zugleich automatisch ein instrumentelles Hauptziel fest. Die Entscheidung für eine Handlungsoption wird auf der Grundlage des Frame getroffen; wie viel Nutzen das Ergebnis bringt, legen die sozialen Produktionsfunktionen fest.

Die Hauptaktivität des Lindenberg-Akteurs besteht angesichts des Diskriminationsmodells offenbar im Kalkulieren. Wenn man sich vor Augen führt, über welch enorme Rechenkapazitäten ein Akteur real verfügen müsste, um diese Formel auf Entscheidungsobjekte anzuwenden (allein schon um die relevanten Größen zu ermitteln), erstaunt es fast, wenn er überhaupt in der Lage ist, eine Entscheidung zu treffen. Um seine Handlungen zu prognostizieren, wäre in erster Linie die Kenntnis seines Framerepertoires notwendig sowie auch seiner Entscheidung, welchen Frame er aktivieren wird. Da Lindenberg keine Kriterien angibt, nach denen ein Frame gewählt wird, scheint dies aber ein subjektiver und nicht antizipierbarer Vorgang zu sein. Der Anwendungsbereich des Lindenbergschen Handlungsmodells reicht von Gütertausch über Zeitmanagement bis zu Normbefolgung. Eine idealtypische Form des Entscheidungsobjekts, wie

9. Rationale Akteure in den rationalen Theoriewelten   251

Abbildung 9.9: Die Handlungswahl bei Lindenberg (integrierte Variante)

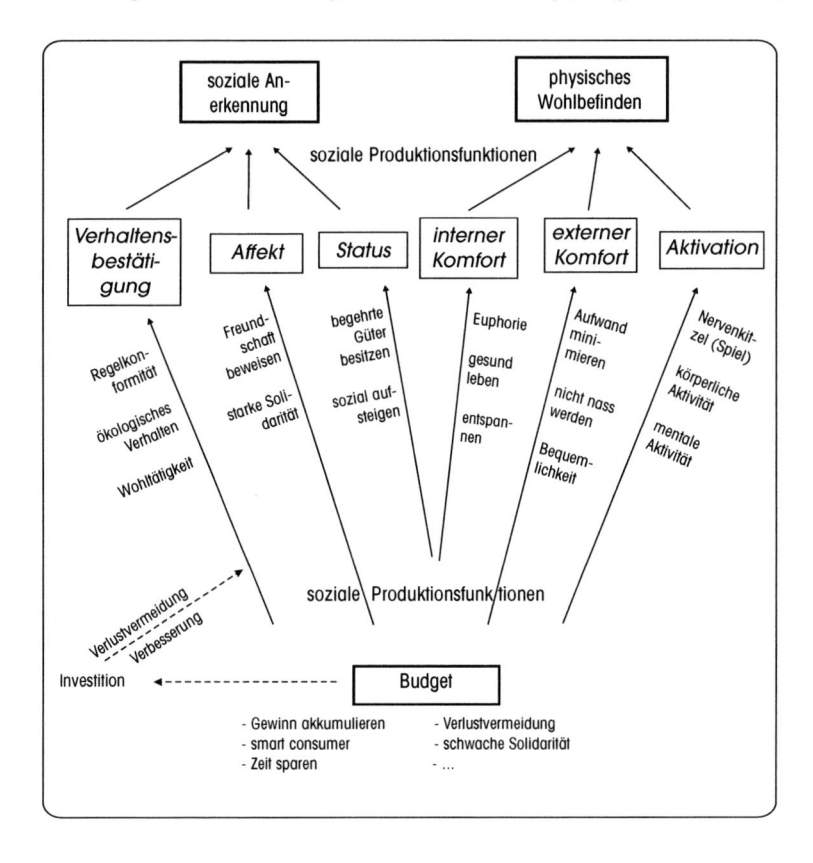

```
                    soziale An-              physisches
                    erkennung                Wohlbefinden
                           ↖    soziale Produktionsfunktionen    ↗
                             ↖   ↑         ↑          ↑        ↗
  Verhaltens-                                                      
  bestäti-      Affekt      Status    interner    externer    Aktivation
  gung                                 Komfort    Komfort

  Regelkon-   Freund-     begehrte    Euphorie    Aufwand    Nervenkit-
  formität    schaft      Güter                   mini-      zel (Spiel)
              beweisen    besitzen    gesund      mieren     
  ökologisches            sozial auf- leben       nicht nass körperliche
  Verhalten   starke Soli- steigen                werden     Aktivität
              darität                 entspan-                
  Wohltätigkeit                       nen         Bequem-    mentale
                                                  lichkeit   Aktivität


         Verlustvermeidung       soziale Produktionsfunktionen
              Verbesserung
  Investition  ←--------------    Budget

              - Gewinn akkumulieren    - Verlustvermeidung
              - smart consumer         - schwache Solidarität
              - Zeit sparen            - ...
```

sie sich bei vielen der vorher dargestellten Theoretikern angeben lässt, existiert nicht.

Der RREEMM beim PKW-Kauf

Der Lindenberg-Akteur produziert mit Hilfe des Autos Güter für die Verfolgung instrumenteller Hauptziele. Dabei substituiert er Inputs für die Erzeugung sozialer Anerkennung und physischen Wohlbefindens gegeneinander. Mit dem Auto könnte er beides produzieren, da ein Auto z. B. für die Herstellung von Status (begehrte Güter besitzen), externen Komforts

(Mobilität und Bequemlichkeit) oder Aktivation (Nervenkitzel) nützlich ist. Die Bedeutung (im doppelten Sinne: sowohl Wichtigkeit als auch inhaltliche Bestimmung) von Status, Komfort und Aktivation sowie die qualitative und quantitative Zusammensetzung der notwendigen Produktionsinputs für diese Zielgüter werden sozial festgelegt.

Durch Frames trifft der RREEMM eine Vorauswahl für ein Handlungsziel. Ein nahe liegender Frame wäre Mobilität (die unter externen Komfort fällt), besteht hierin doch die Hauptfunktion eines PKW. Allerdings wird dieser Frame keine allzu großen Unterschiede zwischen den angebotenen Modellen zutage fördern, da die meisten Autos ein nur unwesentlich unterschiedenes Maß an Mobilität erzeugen können. Daher diskriminiert dieser Frame nur sehr schwach zwischen den Optionen; ein anderer ist in den meisten Fällen hilfreicher. Mit einem Bequemlichkeitsframe ist der Unterschied zwischen den erwerbbaren PKW vermutlich größer, variiert ihre Bequemlichkeit doch mit der unterschiedlichen Ausstattung deutlich. Um z. B. sein Budget zu optimieren, kann der Lindenberg-Akteur aber auch den smart-consumer-Frame wählen, d. h. seine Ausgaben (unter z. T. beträchtlichem Aufwand) minimieren.[12] Merkmale wie Design, Ausstattung oder Verbrauch treten dann gegenüber Anschaffungspreis und laufenden Kosten in den Hintergrund. Die Reihe der möglichen Frames ließe sich noch weiter fortsetzen (Angeben, Eignung für Dienstreisen, Ökologie...).

Nehmen wir an, der Lindenberg-Akteur wählt den Frame Bequemlichkeit, wobei Kosten sparen und Ökologie Hintergrundziele sind und eine untergeordnete Rolle spielen. In diesem Fall ordnet er die verfügbaren Autos nach dem Kriterium, welches von ihnen die größte Bequemlichkeit verspricht. Der Lindenberg-Akteur bringt die zur Wahl stehenden Optionen in eine Rangskala nach dem Kriterium, in welchem Maß das im Frame festgelegte Ziel erreicht wird, d. h. wieviel Nutzen jede Option bringt. Parallel dazu schätzt er ab, welche zukünftigen Weltzustände zu erwarten sind, und

---

[12] Im letzten Fall würde sein Entscheidungskriterium dem des homo oeconomicus ähneln. Er würde sich eingehend informieren und keine Kosten noch Mühen scheuen, bis er viel über die Angebote herausgefunden hat und schließlich das kostengünstigste wählt. Der Unterschied bestünde allerdings darin, dass durch die Informationssuche für den homo oeconomicus kein nennenswerter Aufwand entsteht, wohingegen der Lindenberg-Akteur als smart consumer schon fast zu einer Karikatur des homo oeconomicus wird: Er verschwendet Zeit, Geld und Energie, indem er z. B. lange Wege und hohe Telefonkosten in Kauf nimmt und sehr viel Zeit investiert, nur um ggf. einen verschwindend geringen Anteil des Kaufpreises zu sparen.

ordnet ihnen Wahrscheinlichkeiten zu. Ist dies erfolgt, so kann er aus den Nutzenwerten und Wahrscheinlichkeiten den *SEU*-Wert jeder Option berechnen. Genaueres darüber wissen wir von der Savage-Entscheiderin. Der Unterschied besteht jedoch darin, dass es dem Lindenberg-Akteur leichter fällt, den Nutzen der Optionen zu bestimmen – schließlich muss er nicht multiple Nutzenaspekte gleichzeitig einbeziehen, sondern gibt einem Aspekt den Vorzug. Den erhaltenen *SEU* gewichtet er mit Hilfe der Diskriminations-Formel, d. h. er ermittelt auch noch die situative Gültigkeit β des gewählten Komfortframe, setzt die Zahlenwerte in die Formel ein und berechnet *P*. Die für jede Option erhaltenen Werte sind Wahrscheinlichkeiten, mit denen das Auto zu wählen ist. Der Einfluss der Hintergrundziele Kosten und Ökologie ist in der Diskriminationsformel bereits mit berücksichtigt worden, so dass teure und unökologische Modelle hinter anderen mit vergleichbaren Bequemlichkeitswerten zurückstehen.

Sollte sich herausstellen, dass das Kriterium Bequemlichkeit nicht (mehr) ausreichend zwischen den Optionen unterscheidet – z. B. weil sich die Angebote zu sehr ähneln oder weil es dem Akteur weniger wichtig geworden ist –, so wird der Akteur den Frame wechseln und eines der bisherigen Hintergrundziele zum neuen Hauptziel erheben.

9.2 Theoretischer Autismus?

Wie die Pluralität der soeben zusammengefassten Entscheidungsmethoden – *SEU*-Kalkulation, Substitution, Frameaktivierung... – offenbart, handelt es sich bei den verschiedenen Entscheidungsmodi nicht um Varianten eines Grundmodells handelt. Um dies noch einmal plastisch vor Augen zu führen, bearbeite ich das Beispiel des letzten Kapitels hier weiter und zeige, wie leicht oder schwer es den einzelnen Akteuren fallen würde, ihre Entscheidungsabläufe und -ergebnisse wechselseitig nachzuvollziehen.

9.2.1 Fiktives Zusammentreffen der Entscheidungsträgerinnen

Die allen Akteuren gestellte Aufgabe, sich einen PKW anzuschaffen, reizt geradezu zu einem Gedankenexperiment: Was könnte passieren, wenn sich die verschiedenen Entscheiderinnen, alle gerade mit der PKW-Frage befasst, zufällig begegnen und sich darüber austauschen würden, auf welche Weise sie jeweils an das Problem herangehen?

Lassen wir die *Savage-Entscheiderin* beginnen: »Wichtig ist für mich bei dieser Anschaffung, alle in Zukunft möglichen Entwicklungen zu bedenken. Dann schätze ich ab, wie wahrscheinlich oder unwahrscheinlich jede von ihnen ist, wenn ich dieses oder jenes Auto kaufe. Zum Beispiel hängen die Folgekosten sowohl vom Modell als auch von der Entwicklung der Welt ab: Je älter der PKW ist, desto größer ist die Wahrscheinlichkeit, dass hohe Reparaturkosten anfallen. Eine Verteuerung von Kraftstoff, die ich für wahrscheinlich halte, würde mich in Abhängigkeit vom Verbrauch unterschiedlich stark treffen, Hagelschauer werden den Wert eines Neuwagens stärker mindern als den eines gebrauchten. Auch die vermutete Reaktion meines sozialen Umfeldes beziehe ich ein: Je eindrucksvoller der Wagen ist, desto besser sind meine Chancen auf soziales Ansehen. Die Qualitätsaspekte jedes Autos drücke ich in Werten aus, indem ich mir überlege, was mir jeder in Geldausdrücken wert wäre. Diese Werte und die Wahrscheinlichkeiten rechne ich in *SEU*-Werte um, und schon weiß ich, welche Entscheidung rational ist.«

Kopfschüttelnd reagiert der *homo oeconomicus* auf diese Erläuterung: »Über Eventualitäten und Wahrscheinlichkeiten muss ich gar nicht nachdenken, da ich vollständige Voraussicht über die Zukunft habe. Die monetären Folgekosten (andere sind für mich nicht existent) sind mit in meine Nutzenindices eingegangen.« Da wird er von einem Einwurf der *North-Entscheiderin* unterbrochen: »Offensichtlich hast du das Glück, über Informationen zu verfügen, die den anderen Akteuren nicht so problemlos zur Verfügung stehen!« Unbeirrt fährt der *homo oeconomicus* fort: »Das mit dem sozialen Ansehen kann ich überhaupt nicht nachvollziehen. Für mich ist Auto im Prinzip gleich Auto und verschafft mir mehr oder weniger Nutzen, so einfach ist die Welt. Die Höhe des Nutzens hängt mit dem Auto selbst zusammen, nicht mit der Reaktion anderer Menschen auf meine Errungenschaft.«

»Wie kommt es eigentlich zustande, dass ihr mit manchen Fahrzeugen höheren Nutzen verbindet als mit anderen?« werden beide vom *Coleman-Akteur* gefragt (den diese Frage selbst von Zeit zu Zeit umtreibt). Darauf kann der *homo oeconomicus* nur antworten, diese Frage sei für ihn irrelevant. Schließlich übersteigt sie sein Wissen bzw. sein Reflexionsvermögen über die eigenen Motivationen und Bedürfnisse. Auch die Savage-Entscheiderin kann nur die Auskunft geben, das sei doch klar – irgendwie.

Der *Kahneman-Tversky-Akteur* hat der *Savage-Entscheiderin* zugehört und ist bei dem Gedanken an Statusverlust ein wenig zusammengezuckt.

Verlust ist für ihn i.d.R. eine mittlere Katastrophe. Daher rät er ihr, ihren Referenzpunkt möglichst genau zu ermitteln und dafür Sorge zu tragen, dass er durch die Anschaffung nicht reduziert wird. Verlustvermeidung motiviert ihn selbst normalerweise dazu, nach Sonderangeboten zu suchen. Er bringt aber noch einen zweiten Gedanken auf: »Ihr unterschätzt die ›unwahrscheinlichen‹ Fälle. Niedrige Wahrscheinlichkeiten können höher sein, als man denkt!«

Beide Argumentationen werden von den anderen Akteuren als irrational und Ausdruck einer leichten Manipulierbarkeit bezeichnet. Nur der *Lindenberg-Akteur* kann dies zu einem gewissen Teil verstehen, ist ihm doch Verlustvermeidung häufig wichtiger als die anderen Ziele, die er kennt. Die *Savage-Entscheiderin* fühlt sich provoziert und beginnt, dem *Kahneman-Tversky-Akteur* die Nutzenerwartungswerte vorzurechnen. Sie beharrt darauf, auf diese harten Fakten zu vertrauen, statt sich von gefühlsbasierten Fehleinschätzungen irritieren zu lassen. Verluste und entgangene Gewinne sind ihrer Ansicht nach gleich zu behandeln. Sie fordert den *Kahneman-Tversky-Akteur* dazu auf, seine Entscheidungen auf ihre Rationalität zu überprüfen und ggf. zu korrigieren, was dieser aber nicht einsieht.

Die *North-Entscheiderin*, die es als Aufwand empfindet, Angebote zu sichten, Optionen zu vergleichen und gar noch Wahrscheinlichkeiten abzuschätzen, kann über die von den anderen vorgeschlagenen Kalkulationen nur den Kopf schütteln. Sie hält einen Entscheidungsprozess, der so viel Aufwand erfordert, keinesfalls für rational (zumal nach ihrer Erfahrung ohnehin nie das optimale Ergebnis erzielt wird, ist doch die Informationslage notwendig unzureichend). Sie erklärt: »Rationalität bedeutet für euch, sich bei jeder Entscheidung mit endlosen Erhebungen und Berechnungen zu belasten. Ihr habt noch nicht verstanden, dass es klüger ist, statt dessen mit seinen Kapazitäten hauszuhalten.« Sie erläutert kurz, wie sie ihren Entscheidungsaufwand reduziert und sich mit einem zufriedenstellenden Auto begnügt. Allerdings stößt sie nicht auf Verständnis. Die anderen Akteure, die unerbittlich auf der Suche nach dem optimalen Entscheidungsergebnis sind, können ihre Lage nicht nachvollziehen, weil sie selbst über die notwendigen Daten einfach verfügen und den Aufwand der Entscheidung nicht empfinden.

In dieser Frage steht der *Lindenberg-Akteur* ein wenig zwischen den Fronten. Zum einen weiß er, dass Entscheiden Aufwand bedeutet – schließlich kennt er ›Aufwand minimieren‹ als Frame. Andererseits verfolgt er dieses Motiv nicht immer. Insbesondere gibt es bei ihm auch das Gegenteil, den smart-consumer-Frame, innerhalb dessen er auf der Jagd nach den besten Angeboten u. U. sogar Kosten der Entscheidungssuche auf sich nimmt, die sich durch den Ertrag gar nicht rechtfertigen. Bei der Entscheidung zum Autokauf hat er sich allerdings nicht für den smart-consumer-Frame entschieden, sondern für einen Bequemlichkeitsframe mit Kostenersparnis und ökologischer Verträglichkeit als Nebenziele.

Der *Becker-Akteur* meldet sich zu Wort: »Worum geht es euch denn überhaupt? Ein Auto ist doch nur Mittel zum Zweck, um nämlich ein Zielgut zu produzieren. Ich denke: Mobilität.« Die Terminologie ›Produktion von Zielgütern‹ ist dem *Lindenberg-Akteur* vertraut, der nun hilft, die anderen einzuweihen. Durch sein Eingreifen kommt es jedoch zu einer Auseinandersetzung über die Bestimmung der Produktionsfunktionen – individuell vs. sozial. Nachdem er den *Lindenberg-Akteur* zum Schweigen gebracht hat, fährt der *Becker-Akteur* fort: »Habt ihr für dieses Ziel eigentlich auch Alternativen zur PKW-Anschaffung durchdacht?« Nach einem kurzen Disput über öffentliche Verkehrsmittel – die *North-Entscheiderin* hat in diesem Zusammenhang auf die Möglichkeit hingewiesen, die Informationskosten durch elektronische Fahrpläne etc. zu senken – kommen alle Anwesenden zu dem Ergebnis, dass für sie das Auto durchaus die meistversprechende Option ist. (Einzig der *Coleman-Akteur* zögert etwas, da seine Präferenz für das Auto durch seine Normorientierung – ihn hat die Ökologiebewegung der 1980er Jahre geprägt – gemindert wird.) *Beckers Akteur* kommt zum Ende: »Rational ist es, dasjenige Auto zu wählen, mit dem Mobilität (gemäß der Produktionsfunktion) am kostengünstigsten produziert werden kann, d. h.: möglichst niedriger Verbrauch, möglichst geringe Wartungskosten und möglichst preiswerte Anschaffung.« Der *homo oeconomicus* stellt an dieser Stelle überrascht fest, dass diese Eigenschaft, kostenminimale Erzeugung erwünschter Zielgüter, genau genommen auch der Grund ist, warum er für die von ihm bevorzugten Autos eine Präferenz hat. Allerdings korrigiert ihn der *Becker-Akteur*: »Du hast nicht Präferenzen für verschiedene Autos, sondern tastes. Präferenzen beziehen sich nämlich auf abstrakte Zielgüter.«

Noch jemand in der Runde kann wenig darüber aussagen, woraus der Nutzen resultiert, und zugleich mit Zielgüterproduktion nichts anfangen: *Norths Entscheiderin*. Sie befasst sich mit der Frage, was ihr Nutzen verschafft, nicht besonders eingehend, worin sie auch der *homo oeconomicus* bestärkt, etwas älter als sie und eine Art Vorbild. Nun erläutert sie ihren Umgang mit der Entscheidungssituation: »Ich mache mir ein mentales Modell, in dem ich alle Informationen zusammenfasse, die mir vorliegen: aus der Werbung, durch meine früheren Autos, mein Wissen über die Hersteller. Auch ein Freund, der Mitglied in einem Motorsportclub ist, berät mich. Informationslücken überbrücke ich, indem ich alles Fehlende passend zu meinem mentalen Modell abschätze.« Für die *North-Entscheiderin* hat diese Möglichkeit des Austauschs einen recht hohen Nutzen – immerhin sitzt sie gerade mit gut informierten Wirtschaftssubjekten zusammen, deren Kenntnisse sie nutzen kann, um ihr mentales Modell auf den neuesten Stand zu bringen. Gerne wird sie sich z. B. vom *homo oeconomicus* über die Eigenschaften und Preise aller Modelle aufklären lassen. Ihre ideologischen Überzeugungen kann sie leider nicht mit den Anwesenden austauschen. Mit ihrem nächsten Satz: »Außerdem verschwende ich nicht so viel Energie mit dem Entscheiden, sondern begnüge mich mit einer zufriedenstellenden Option.« stößt sie auf Unverständnis, zumindest bei denjenigen Akteuren, die nicht Herbert Simon gelesen haben.

Für *Colemans Akteur* ist der genaue Entscheidungsablauf auch kaum Gegenstand der Reflexion. Er fühlt sich teils bestätigt, teils unwohl durch die Anwesenheit des *homo oeconomicus*, der für ihn eine Art Vaterfigur ist. »Deine egoistische Kostenkalkulationen kann ich zwar nachvollziehen, habe jedoch darüber hinaus noch mehr zu berücksichtigen gelernt. So kenne ich auch die Orientierung an den Interessen anderer, indem ich ihnen zuliebe auf bestimmte Aspekte achte oder Normen befolge.« Darin versteht ihn vor allem der *Lindenberg-Akteur*, der aber einschränkt: »Normen halte ich nicht kontinuierlich ein, sondern nur dann, wenn ich gerade einen Konformitätsframe benutze.« Der *Coleman-Akteur* verspürt hingegen, wenn er entsprechend sozialisiert wurde, immer das Bedürfnis, die Interessen gewisser anderer Akteure mit zu berücksichtigen.

Gelangweilt von dieser Reflexion, mit der er nichts anfangen kann, wendet sich der *homo oeconomicus* an den *Lindenberg-Akteur*: »Ziemlich oft scheinst du Verständnis dafür zu haben, wie die anderen ihre Entscheidungen treffen. Aber wie gehst du selbst vor?« Seine Antwort, die Erläuterung von Zielauswahl und Diskriminationsmodell, stößt auf allgemeines Erstaunen. »Warum beschränkst du dich beim Autokauf auf nur ein Ziel?« fragt der *Coleman-Akteur*. »Weil die Welt so komplex ist und ich nicht dauernd über alle Zielgrößen nachdenken will. Außerdem orientiere ich mich ja noch ein wenig an anderen Zielen: das Auto muss vor allem bequem sein, aber auch nicht zu teuer und ökologisch einigermaßen vertretbar.« – »Nach welchen Kriterien wählst du deine Ziele aus?« will die *Savage-*

Entscheiderin wissen, die selbst oftmals verschiedene Konsequenzen als Hilfskonstruktion auf Geld reduzieren muss, um sie bezüglich des Nutzens vergleichen zu können. Die Anwort des *Lindenberg-Akteurs*: »Ich nehme immer das Ziel, mit dem sich die Optionen am besten nach Nutzen unterscheiden lassen«, ist allerdings wenig zufriedenstellend und löst allgemeines Befremden in der Runde aus. »Ist dir die Rechnerei nicht zu umständlich?« fragt verwundert die *North-Entscheiderin*, die sich unter Komplexitätsreduzierung etwas ganz anderes vorstellt als dieses komplizierte Verfahren

In der Frage, *wo* man kauft, sind einige Akteure relativ indifferent; die Händlerin hat für sie keine besondere Funktion und kann z. B. auch durch eine Internetseite ersetzt werden. Die anderen, *Norths Entscheiderin*, der *Coleman-Akteur* und der *Kahneman-Tversky-Akteur* bevorzugen eine Vertrauenshändlerin, müssen jedoch feststellen, dass sie dafür jeweils unterschiedliche Gründe haben.

Wenn sich die fiktive Runde auflöst, werden sich die Akteure gegenseitig kaum Rationalität attestieren und z. T. darüber rätseln, was die jeweils anderen Entscheiderinnen überhaupt zu rationalen Akteuren macht. Zwei von ihnen (*homo oeconomicus* und *Coleman-Akteur*) hat der Austausch mit dem *Becker-Akteur* um eine Selbsterkenntnis reicher gemacht, können sie doch nun mehr über die Herkunft ihrer Bedürfnisse aussagen als zuvor. Eine Änderung ihrer Entscheidung resultiert daraus allerdings nicht. Die *North-Entscheiderin* ist die einzige in diesem Kreis, die auf Kommunikation reagiert und daher in der Lage ist, diesen Austausch mit den anderen zu ihrem Vorteil zu nutzen. Sie profitiert durch die neu gewonnenen Informationen und wird insofern nach dieser Zusammenkunft ggf. ein anderes Auto wählen, als sie es sonst getan hätte, und ihre Zufriedenheit mit Hilfe der Kommunikation erhöhen. Die anderen Akteure bleiben auf jeden Fall bei dem Auto, das sie vorher schon favorisiert haben.

Alle werden schließlich kopfschüttelnd oder befremdet nach Hause gehen, ihr favorisiertes Auto kaufen und erleichtert darüber sein, dass sie sich nicht mit einem der anderen Akteure auf eine Entscheidung einigen müssen – dieses Unterfangen wäre nicht von Erfolg gekrönt.

9.2.2 Heterogenität und Familienähnlichkeiten – ein Zwischenergebnis

Mit der fingierten Diskussion über das PKW-Exempel hat sich anschaulich gezeigt, wie heterogen das Spektrum der Handlungslogiken ist und dass auch die Ergebnisse der jeweiligen Entscheidungsprozesse stark divergieren. Es handelt sich bei den verschiedenen Modellen rationaler Handlungen nicht um verschiedene Spielarten desselben, sondern mitunter um gänzlich verschiedene Herangehensweisen an das Problem.

Eine Annäherung ist über den Ansatz der Familienähnlichkeiten möglich: Die Zuordnung von Vertretern zu einer Kategorie (hier der Kategorie ›rationaler Akteur‹) erfolgt nicht aufgrund einer Anzahl gemeinsamer (notwendiger und hinreichender) Merkmale. Vielmehr treten einzelne Merkmale jeweils nur bei manchen Akteuren Vertretern auf und bilden eine Struktur von Überschneidungen, die einige miteinander teilen.[13] Abbildung 9.10 zeigt eine grafische Darstellung der Entscheiderinnen (wobei stellvertretend für die Modelle ihre ›Schöpfer‹ eingetragen wurden). Jede der Ellipsen steht für ein Merkmal, das zwei oder mehrere Handlungsmodelle miteinander teilen, und im Inneren finden sich alle Vertreter der Kategorie rationaler Akteur, die dieses Merkmal aufweisen.

Grundsätzlich kann die Mitte bei einer solchen Struktur auch leer sein, die Kategorie bildet dann einen Ring. Steht ein Vertreter in der Mitte und teilt Merkmale mit allen anderen, so stellt er den Prototyp der Kategorie dar (vgl. Kleiber 1988, S. 45).

In diesem Anwendungsfall verbindet die Becker-Entscheiderin mit der North-Entscheiderin und dem Lindenberg-Akteur die Möglichkeit einer Modifikation des Akteurs durch Lernprozesse – wenn diese in den einzelnen Theorieentwürfen auch verschiedene Gestalt haben. Als weitere Gemeinsamkeiten zeigt die Grafik: Bei Savage, Lindenberg und Kahneman/Tversky kommt Risiko vor; Lindenberg, Becker und Coleman arbeiten mit hierarchisch geordneten Bedürfnissen bzw. mit einer Ziel-Mittel-Verknüpfung. Die Entscheidungssubjekte, die in einer Welt mit vollständiger Information leben, sind homo oeconomicus, Becker- und Savage-Entscheiderin. Frames spielen bei Lindenberg und bei Kahneman/Tversky

---

[13] Zur Theorie der Familienähnlichkeit als Theorie der Kategorisierung vgl. Kleiber (1988, S. 116-137). Das Konzept stammt von Wittgenstein (1984), der den Begriff anhand des berühmten Beispiels ›Spiel‹ einführt (vgl. S. 277f).

Abbildung 9.10: Familienähnlichkeiten zwischen den Akteursmodellen

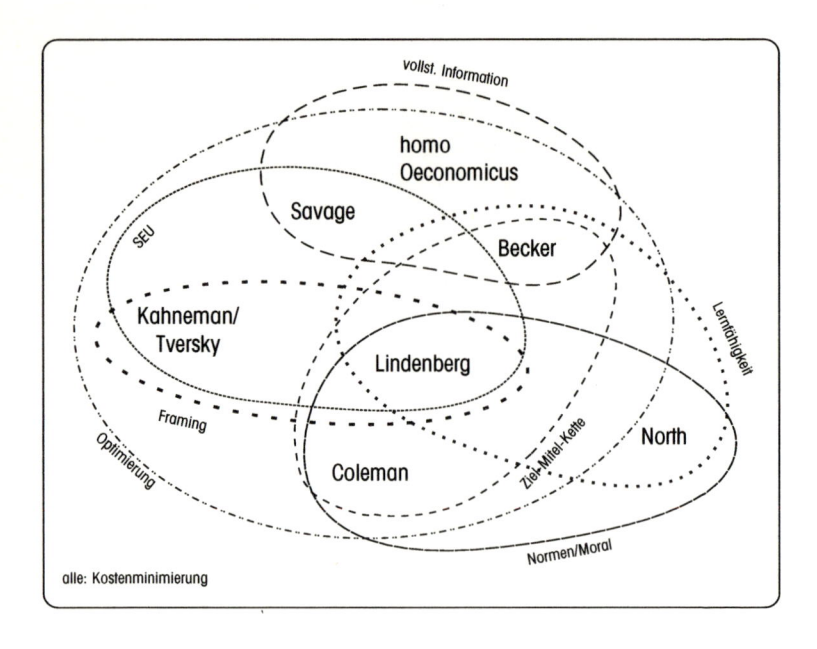

eine Rolle. Lindenberg, Coleman und North lassen in der einen oder anderen Form moralische Entscheidungen zu. Bis auf die North-Entscheiderin sind alle Akteure bestrebt, eine optimale Wahl zu treffen.

Bei dieser Gruppierung zeigt sich nur ein verbindendes Moment aller Akteurstypen: die Minimierung von Kosten.[14] Der Lindenberg-Akteur steht im Zentrum und ist Teil der meisten Ellipsen. Was sich in der fingierten PKW-Diskussion schon andeutete, wiederholt und konkretisiert sich anhand der Grafik: Lindenberg (in der von mir vorgeschlagenen integrierten Variante) verbindet einige Konzepte und Ideen, die in den vorher bereits dargestellten Akteursmodellen zum Tragen kommen.

Das Zwischenergebnis dieses Kapitels lautet also: Ausgewählte Vertreter des Rational-Choice-Ansatzes arbeiten mit so stark voneinander abwei-

---

[14] Wohlgemerkt nicht die Maximierung von Nutzen, denn dieses Merkmal würde die North-Entscheiderin ausschließen, die nicht ergebnis-, sondern prozessoptimal entscheidet.

9. Rationale Akteure in den rationalen Theoriewelten 261

chenden Handlungstheorien, dass Übereinstimmungen nur zwischen einigen in manchen Aspekten zu finden sind; manche weisen überhaupt keine Gemeinsamkeiten miteinander auf (z. B. Becker und Kahneman/Tversky oder North und Savage).»Theoretischer Autismus« ist eine m. E. passende Zuspitzung des Sachverhalts, dass jeder Akteur in seiner eigenen Welt handelt.[15] So liegt auch die Frage nicht fern, womit sich rechtfertigt, die ausgewählten Vertreter unter dem Paradigma ›Theorie der rationalen Wahl‹ zusammenzufassen.

Wenn eine solche Frage auch vielleicht für die Theorie als ganzes zu weit geht, lautet doch eine Konsequenz für die Akteursmodelle: Es wäre voreilig, anzunehmen, Rational-Choice-Theorien seien bezüglich des Handelns automatisch miteinander kompatibel und Versatzstücke einer Theoriewelt ließen sich problemlos in eine andere einfügen. Sofern die Akteure betroffen sind, ist Vorsicht geboten und bedarf es der Rechtfertigung, wenn beispielsweise bei der Rekonstruktion Colemans *SEU*-Terminologie verwendet wird (vgl. Esser 1992, S. 136, und Lüdemann 1998, S. 157f). So wird unter der Hand ein abweichendes Modell der entscheidenden Person in dasjenige Colemans, das in der Terminologie von Kontrollrechten gedacht ist, inkorporiert. Bei dem geringen Entsprechungsverhältnis, das sich in diesem Abschnitt gezeigt hat, sind Akteure der einen Rational-Choice-Welt in einer anderen vielmehr Fremdlinge.

Für die Theoriekonstruktion bringt der Umstand, dass es nicht ›den‹ rationalen Akteur gibt, auf den sich alle Rational-Choice-Theorien einfach berufen könnten, einige Unbequemlichkeiten mit sich. So genügt es nicht, beim Entwurf einer akteurszentrierten Theorie eingangs verlauten zu lassen: »Ich arbeite mit dem üblichen Handlungsmodell, nach dem die Akteure (›irgendwie‹) ihren Nutzen maximieren.« Bei der Konstruktion von Erklärungen oder Erklärungsmodellen innerhalb des Rational-Choice-Paradigmas ist dem Handlungsmodus gebührend Aufmerksamkeit zu widmen, z. T. mehr, als es die von mir dargestellten Theoretiker tun. Es muss spezifiziert werden, welche Größen für die Entscheidung ausschlaggebend

---

[15] So verschieden wie die Entscheidungsmodelle sind auch die Theoriewelten, denen sie angehören: Der homo oeconomicus kann z. B. nur in einer Welt ohne Transaktionskosten existieren und würde sich nicht zurecht finden, wenn Informationen nicht mehr kostenlos wären oder ihm Vertragsabschlüsse Aufwand verursachten. Die Savage-Entscheiderin kann nur bei abschätzbaren Risiken agieren, Norths Entscheiderin muss mental models zu benutzen, weil in ihrer Welt Informationssuche und Entscheidungen Aufwand verursachen usw.

sind, und entweder ein Handlungsmodell als Prototyp benannt und in die Erklärung eingepasst oder ein eigenes entworfen werden.

Dabei ist der Rückgriff auf ad-hoc-Konstruktionen zu vermeiden. Die Versuchung, Logik und Ablauf der Entscheidung erst nach Feststehen von Entscheidungsergebnissen zu bestimmen oder den Akteur im Nachhinein mit einem geeigneten Innenleben auszustatten (z. B. mit den passenden Bedürfnissen, Erfahrungen oder Normen), kann mitunter groß sein. Durch post-hoc-Rationalisierungen und die Verwendung des entsprechenden Akteursmodells lassen sich schließlich nahezu alle Phänomene theoretisch nachvollziehen. Um auf das Beispiel zurückzukommen: Es wäre ein Leichtes, durch Rückgriff auf ein geeignetes Akteursmodell und die passende Sozialisation die Wahl jedes beliebigen PKW als rational zu rekonstruieren. Dadurch werden aber keine Erkenntnisfortschritte gemacht, sondern wird nur eine Nacherzählung des Beobachteten in Theoriesprache vorgenommen. Der Appell, das Innenleben des Akteurs zu Beginn einer Analyse festzulegen, bedeutet zugleich, demselben mehr theoretische Aufmerksamkeit zu widmen und es explizit zu machen. In den Kapiteln 2 bis 8 musste ich vielfach auf Lücken hinweisen oder sie theorieimmanent vervollständigen, weil dies versäumt wurde und das Handlungsmodell von dem entsprechenden Theoretiker nur grob umrissen worden ist.

Neben dieser disziplinierenden Maßnahme für Theoriekonstrukteure weist die vorgefundene Heterogenität darauf hin, dass die Rational-Choice-Theorie als zeitgemäßes Paradigma der Sozialwissenschaften eine solidere Grundlage gebrauchen kann und dass eine eingehendere Diskussion des Handlungsmodus rationaler Akteure sinnvoll und wichtig ist.

9.2.3 Ein Versuch: Der Multi-Processing-Akteur

Wenn die dargestellten Akteursmodelle nun nicht Varianten eines gemeinsamen Kernakteurs sind und sich zudem ein Modell gefunden hat, das mit vielen anderen Gemeinsamkeiten aufweist, liegt es nahe, den Versuch einer Integration zu einem universellen Handlungsmodell anhand des zentralsten Entwurfs zu unternehmen. Durch Verschieben der Puzzleteile entsteht so ein neues Bild, aus dem die sieben behandelten Akteursmodelle Ausschnitte sind. Da der Lindenbergsche RREEMM bereits viele Merkmale der vor ihm genannten Entscheiderinnen enthält, soll er versuchsweise noch ein wenig erweitert werden.

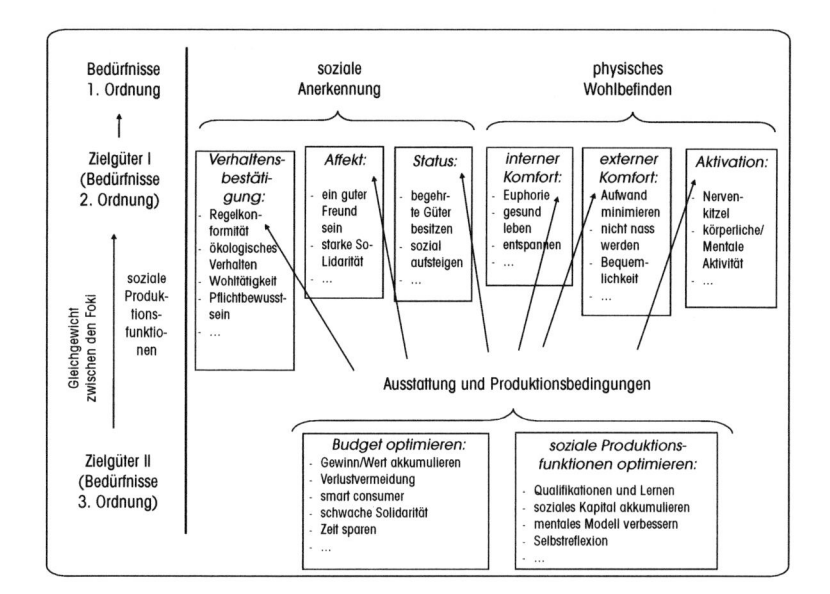

9. Rationale Akteure in den rationalen Theoriewelten 263

Abbildung 9.11: Der Multi-Processing-Akteur

Bedürfnisse 1. Ordnung	soziale Anerkennung			physisches Wohlbefinden		
Zielgüter I (Bedürfnisse 2. Ordnung)	Verhaltensbestätigung: - Regelkonformität - ökologisches Verhalten - Wohltätigkeit - Pflichtbewusstsein - ...	Affekt: - ein guter Freund sein - starke Solidarität - ...	Status: - begehrte Güter besitzen - sozial aufsteigen - ...	interner Komfort: - Euphorie - gesund leben - entspannen - ...	externer Komfort: - Aufwand minimieren - nicht nass werden - Bequemlichkeit - ...	Aktivation: - Nervenkitzel - körperliche/ Mentale Aktivität - ...

Gleichgewicht zwischen den Foki / soziale Produktionsfunktionen

Ausstattung und Produktionsbedingungen

Zielgüter II (Bedürfnisse 3. Ordnung)	Budget optimieren: - Gewinn/Wert akkumulieren - Verlustvermeidung - smart consumer - schwache Solidarität - Zeit sparen - ...	soziale Produktionsfunktionen optimieren: - Qualifikationen und Lernen - soziales Kapital akkumulieren - mentales Modell verbessern - Selbstreflexion - ...

Abbildung 9.11 zeigt einen Vorschlag hierfür in Anlehnung an Abbildung 9.9. Die aufgeführten Handlungsmotive entsprechen im Wesentlichen jenen des (integrierten) Lindenberg-Akteurs.

Lindenbergs Grundbedürfnisse nenne ich ›Bedürfnisse erster Ordnung‹, seine Zielgüter ›Bedürfnisse zweiter Ordnung‹. Der Umstand, dass einige Bedürfnisse als Teil einer Ziel-Mittel-Kette auftreten, macht sie zu Bedürfnissen zweiter oder – von mir neu eingeführt – dritter Ordnung. Unter Beibehaltung von Lindenbergs Terminologie können die Bedürfnisse zweiter Ordnung als Zielgüter I, die Bedürfnisse dritter Ordnung als Zielgüter II bezeichnet werden. Bedürfnisse dritter Ordnung beziehen sich auf die Optimierung der Ausgangsbedingungen: die Verbesserung des Budgets sowie die Verbesserung der sozialen Produktionsfunktionen. Diese Aktivitäten sind erforderlich, um die Produktion von Zielgütern I möglich zu machen oder zu erleichtern.

Den Zielgütern (I und II) sind situativ aktivierbare Handlungsmotive zugeordnet, in der Grafik mit einem kleinen F markiert. Ich bezeichne diese nicht als Frame, sondern als ›Fokus‹, um begriffliche Verwirrung zu vermeiden, da unter Frame in den Sozialwissenschaften die Interpretation der Welt oder der Situation verstanden wird. Gemeint ist hier die bevorzugte Verfolgung eines Nutzenaspekts, hinter dem andere situativ zurückstehen.[16] (Die Auswahl eines Fokus wird weiter unten erläutert.)

Im Wesentlichen habe ich diese Foki aus Abbildung 9.9 übernommen; zu ihrer Erläuterung siehe oben, Seite 199ff. Neu hinzugefügt wurden diejenigen, die zum Zielgut ›Produktionsbedingungen‹ gehören: das Streben nach formalen Qualifikationen auf Anregung von Becker (Humankapital), die Akkumulation sozialen Kapitals (d. h. Erwartungen, Verpflichtungen, Kommunikation und alle Umstände, die Kontrakte und Informationsfluss erleichtern) auf Anregung von Coleman, mentale Modelle (Informationsbündelung und ideologisch-normative Sicht auf die Welt) von North. Lernen habe ich als allgemeineren Ausdruck neben Qualifikationen ergänzt, da nicht alles Lernen Humankapital in Beckers Sinn ist. Beispielsweise könnte hier auch an die Übernahme von Normen gedacht werden (die Coleman und North kennen) oder Übung im Einschätzen von Wahrscheinlichkeiten (das bei Savage und Kahneman/Tversky wichtig ist). Diese Foki können z. B. verfolgt werden, wenn die Entscheiderin Käufe bei einer bestimmten Händlerin tätigt, um das soziale Kapital zu verbessern. Investition in Humankapital bedeutet, sich um Bildung, Informationen etc. zu bemühen. Der Fokus ›Verbesserung und Aktualisierung des mentalen Modells‹ liegt z. B. der Entscheidung zugrunde, Stiftung-Warentest-Berichte zu lesen oder Einschätzungen über die Welt im Gespräch mit anderen Akteuren auszutauschen. (Gespräche können natürlich auch aus anderen Gründen geführt werden, z. B. um Affekt zu produzieren.)

Mit dieser Vielfalt möglicher Handlungsmotive und -ziele stellt sich eine neue Anforderung an den Akteur: Er muss auf irgendeinem Weg dafür Sorge tragen, dass alle seine Bedürfnisse in einem ausgewogenen Maß bedient werden. Daher habe ich Selbstreflexion eingeführt, auf die ich weiter unten noch genauer eingehe.

Über die Zusammenstellung von Handlungsmotiven hinaus ist ein Modus des Entscheidens anzugeben. In diesem Punkt ist es nicht möglich, so zu

---

[16] In der Lindenbergschen Verwendung hat ein Frame gar nicht die Bedeutung einer Interpretation der Situation, weshalb sein Framingbegriff hier grundsätzlich auch übernommen werden könnte. Trotzdem möchte ich nicht, Lindenberg folgend, den Begriff entgegen der heute üblichen Definition benutzen.

9. Rationale Akteure in den rationalen Theoriewelten 265

verfahren, wie ich es bei den Bedürfnissen getan habe, und einfach alle Elemente der behandelten Akteursmodelle zusammenzufügen, da sich die Vorgehensweisen nicht ergänzen, sondern sich z. T. gegenseitig widersprechen. Dennoch will ich hier einen Vorschlag in Form einer groben und unformalisierten Skizze für die Wahl einer Handlungsoption angeben, der zu dem Bedürfnisrepertoire des Multi-Processing-Akteurs passt.

Norths Vorschlag folgend, dass zwei Handlungsmodi existieren und je nach Bedarf benutzt werden, verfügt auch der Multi-Processing-Akteur über zwei Arten des Entscheidens.[17] Zum einen kennt er den *ökonomisch-kalkulierenden Modus*, der dem homo oeconomicus sowie der Savage- und der Becker-Entscheiderin ähnelt: Die Situation wird zunächst analysiert, d. h. der Multi-Processing-Akteur ermittelt Angebote, Gütereigenschaften, (Schatten-)Preise und Substitutionsmöglichkeiten. (Da die Annahme vollständiger Information in den wenigsten Fällen gerechtfertigt ist, kann man i. d. R. von Informationsdefiziten ausgehen, die der Akteur jedoch zu minimieren versucht.) Unter Umständen kann für diesen Schritt viel Zeit und Aufwand eingesetzt werden. Aus dieser Recherche ergeben sich die möglichen Handlungsoptionen, zwischen denen gewählt werden kann. Parallel dazu vergegenwärtigt sich der Multi-Processing-Akteur seine Bedürfnisse bzw. Handlungsziele und rechnet aus, wie hoch die Befriedigungsgrade sind, die er infolge der jeweils gewählten Option zu erwarten hat. Auf dieser Basis wägt er zwischen allen Handlungsoptionen, die er in Betracht zieht – real werden es weniger sein als z. B. beim homo oeconomicus –, ab und trifft dabei auch die Entscheidung, welches Zielgut oder welche Zielgüter er in seiner Handlungssituation anstrebt.[18]

Andererseits kann der Multi-Processing-Akteur einen *Fokus* aktivieren; für die Fokuswahl schlage ich nicht das Diskriminationsmodell vor, da ›möglichst leichte Nutzenunterscheidung zwischen den Optionen‹ m. E. nicht das Kriterium für die Zielwahl sein kann. Die Fokuswahl geht der Handlungsentscheidung im zweiten Modus voraus, sie wird vom Akteur

---

[17] Selten (1978) entwirft eine ähnliche Entscheidungstheorie, die drei levels umfasst: Routine, Imagination (der Akteur versucht sich ungefähr vorzustellen, wie seine Entscheidung die Zukunft beeinflusst) und Durchdenken (der Akteur bemüht sich bewusst, die Situation rational, erfahrungsbasiert und logisch zu analysieren) (vgl. S. 147f).

[18] Vielleicht denkt er: »Mit der Wahl von x werde ich voraussichtlich 5 Einheiten Aktivation erhalten, mit y 2 Einheiten Prestige, also ziehe ich x vor.«

ohne langes Überlegen vollzogen und hängt v. a. von den Möglichkeiten ab, die in der Situation angelegt sind. Vielleicht hat ihn die Struktur der Handlungssituation zu einer bestimmten Fokuswahl inspiriert, weil sie eine Gelegenheit bietet (etwa positiven Affekt zu produzieren, indem er jemand über die Straße hilft). Vielleicht erscheint ihm das gewählte Ziel auch als einzige Möglichkeit des Verhaltens, weil die Menschen normalerweise in derartigen Situationen so agieren und er über andere Ziele gar nicht nachdenkt oder bereits eine Lösung für sein aktuelles Problem im Kopf hat. Er könnte aber auch den Vorsatz gefasst haben, einem bestimmten Fokus Vorrang einzuräumen (beispielsweise körperlich fit zu werden und deshalb das Fahrrad anderen Transportmitteln vorzuziehen); dies berührt die Thematik ›Identität‹, auf die ich weiter unten noch eingehe.

In der Regel spezifiziert der Akteur in diesem Modus (Fokusaktivierung) nicht ausgiebig das Optionenset, sondern erwägt nur die Möglichkeit(en), die ihm ins Auge springt/springen. Welche dies ist oder sind, hat mit Erfahrung und Gewohnheit zu tun.[19] Kommen mehrere in Betracht, wird intuitiv entschieden. Mit einem Fokus hat sich der Akteur automatisch auch auf ein Zielgut (I oder II) festgelegt, ohne diese Wahl gründlich durchdacht zu haben. Schließlich weiß er, dass jedes Zielgut mehr oder weniger zuträglich für die gelingende Reproduktion seines Organismus ist, wenn er vielleicht auch nicht das maximal erreichbare Nutzenmaß ausschöpft. Die Handlung ist auf jeden Fall ›gut so‹, d. h. sie führt zu einem der Zielgüter, die vom Akteur erwünscht sind, und erhöht das Wohlbefinden.

Vor der eigentlichen Handlungswahl fällt beim Multi-Processing-Akteur also eine Vorentscheidung zwischen den beiden Entscheidungsmodi. In trivialen sowie bekannten, häufig wiederkehrenden Handlungssituationen wird er – wie Norths Akteur – normalerweise den einfacheren Weg einschlagen und einen Fokus benutzen. (Dies ist ihm allerdings nicht vorgeschrieben. Er kann durchaus auch eine Alltagsentscheidung einmal durchkalkulieren, wenn er gerade Zeit dafür hat oder der Verdacht aufkommt, dass der bisherige Fokus nicht (mehr?) gut ist. Normalerweise wird er sich diesen Aufwand jedoch bei Alltagsentscheidungen nicht zumuten.) Handelt es sich dagegen um eine seltene Entscheidung oder um eine, die der Multi-Processing-Akteur für besonders wichtig hält – sei es, weil sie mit

---

[19] Dies erinnert an Essers Habit (siehe weiter oben, S. 207f), der als Routine definiert ist und von der Einordnung der Situation in ein Wahrnehmungsmuster (Essers Frame) abhängt.

9. Rationale Akteure in den rationalen Theoriewelten 267

hohen Kosten verbunden ist oder weil in Abhängigkeit von ihrem Ausgang sehr große Nutzengewinne oder -einbußen folgen –, so wird er nach dem ökonomisch-kalkulierenden Modus verfahren. Dies bedeutet, dass er seine Bedürfnisse sowie deren Befriedigungsmöglichkeiten betrachtet, Substitutionsmöglichkeiten erwägt, Informationen über diese einholt und dann kalkuliert, mit welcher Handlung er am effizientesten möglichst große Mengen erwünschter Zielgüter herstellen kann. Dieser Entscheidungsmodus entspricht jenem von Becker.

Für den Modus ›Fokusentscheidung‹ ist eine Theorie der Wahl zwischen den Foki erforderlich. Bei Lindenberg, meiner Vorlage, fehlt eine solche, da sein Diskriminationsmodell lediglich die bessere Unterscheidbarkeit der Optionen und die Vermeidung von Langeweile als Ursache für die Frameaktivierung benennt, die Frameselektion darüber hinaus bei ihm aber völlig unbestimmt bleibt. Wovon könnte die Wahl des Fokus abhängen? Zunächst kommt hier die Entscheidungssituation selbst in Betracht, die durch ihre Beschaffenheit eine spezifische Fokusaktivierung nahe legen kann: Man wird nach dem Weg gefragt und gibt Auskunft, man ist durstig und kauft am Kiosk eine Cola usw. Dies wirft jedoch das Problem auf, dass bei einer solchen, von situativen Zufälligkeiten bestimmten Handlungswahl nicht automatisch sichergestellt ist, dass alle Bedürfnisse des Multi-Processing-Akteurs ausreichend befriedigt werden. Folgen viele solcher fokusgeleiteter (und somit z. T. intuitiver) Entscheidungen aufeinander, könnte es z. B. vorkommen, dass der Akteur häufig Foki aus dem Affektbereich benutzt und darüber vergisst, physisches Wohlbefinden herzustellen, oder dass er zu Bequemlichkeit neigt und dadurch zu wenig Aktivation produziert etc. Hieraus begründet sich die Notwendigkeit für einen Akt der Überprüfung, in dem (rückblickend) ein Abgleich zwischen Bedürfnisstruktur und produzierten Zielgütern vorgenommen wird. Der Multi-Processing-Akteur macht sich Gedanken darüber, ob seine Fokusaktivierung langfristig mit seinen Bedürfnissen übereinstimmt. Sinnvoll ist es dabei, ein horizontales Gleichgewicht zwischen den Zielgütern einer Ebene einzuhalten: Budget und Produktionsbedingungen müssen so aufeinander abgestimmt werden, dass sie sich optimal ergänzen, die Zielgüter I sind ebenfalls in einem sinnvollen Gleichgewicht zu halten. Zugleich ist auch eine vertikale Abstimmung wünschenswert, um die Zielgüter II möglichst effektiv zur Nutzenproduktion einzusetzen.

Selbstreflexion habe ich eingeführt, um diese notwendigen Überprüfungsaktivitäten zu berücksichtigen. Wenn die Selbstreflexion in die Bedürfnisstruktur des Multi-Processing-Akteurs eingebunden werden soll, passt sie m. E. am besten unter die Optimierung der Produktionsbedingungen, sorgt sie doch für eine angemessene Verteilung von Ressourcen und Energie des Akteurs auf seine möglichen Aktivitäten. Im Zuge der Selbstreflexion zieht der Multi-Processing-Akteur eine Bedürfnisbefriedigungsbilanz aus den Handlungen der letzten Zeit, um sozusagen eine ex-post-Metaoptimierung vorzunehmen. Dabei führt er für jedes seiner Bedürfnisse eine Art ›Schuldkonto‹ und ist bestrebt, alle seine Konten langfristig ausgeglichen zu halten. Das bedeutet, dass er das eine oder andere Bedürfnis vorübergehend vernachlässigen kann, während er gerade um die Befriedigung anderer bemüht ist. Bei der nächsten Selbstreflexion wird er in so einem Fall jedoch feststellen, dass das entsprechende Konto überzogen ist.

Wie lautet die Konsequenz, wenn die Selbstreflexion ein solches Missverhältnis zwischen produzierten Zielgütern und Bedürfnissen zutage fördert, wenn der Multi-Processing-Akteur feststellt, dass seine Fokushandlungen ein Defizit an Gesundheit oder positivem Affekt oder Budget erzeugt haben? Eine erfahrungsbasierte Antwort lautet. Man ›nimmt sich‹ eben ›vor‹, das zu kurz kommende Bedürfnis in der nächsten Zeit wichtiger zu nehmen und dementsprechend mehr Sport zu treiben, eine Liebesbeziehung besser zu pflegen, Geld zu sparen o. ä. Auf diese Art und Weise kann die Bilanz zwischen den Zielgütern wieder ins Gleichgewicht gebracht werden. Zeigt der Vorsatz die gewünschte Wirkung, so können das Bedürfnis und die zugehörigen Foki zu gegebener Zeit wieder unwichtiger werden,[20] wenn z. B. ein paar Kilogramm abtrainiert sind, wenn genug Geld gespart ist oder auch wenn das Gefühl entsteht: »In letzter Zeit habe ich viel für meine Beziehung getan und darüber andere Ziele vernachlässigt. Ich muss mich ab jetzt wieder stärker auf meine beruflichen Aufgaben konzentrieren.« Im Gegensatz zu Lindenbergs Framewahl ist die Fokuswahl somit nicht völlig unbestimmt und kontingent, wenn auch trotzdem nicht determiniert.

---

[20] Anhand von Konsumboykotten zeigt sich, dass die Akteure durch Nichtkonsum von ›moral bads‹ moralische Einstellungen realisieren. Dies setzen sie jedoch nicht unbegrenzt fort, so dass sich – am gesellschaftlichen Diskurs ausgerichtete – Moralzyklen im Konsumverhalten beobachten lassen (vgl. Priddat 1997). Eine solche Prozessualität wird hier neben Verhaltensbestätigung auch für die anderen Zielgüter angenommen.

9. Rationale Akteure in den rationalen Theoriewelten

Ich fasse zusammen: Aus dem Handlungsmodus ›Fokusaktivierung‹ ergibt sich die Notwendigkeit, die Zielgüterversorgung zu überprüfen, woraus wiederum die Nowendigkeit folgt, Vorsätze fassen zu können. Der Entwurf des Multi-Processing-Akteurs als Verallgemeinerung aus den Akteursmodellen der Kapitel 2 bis 8 hat also zu einer Fähigkeit geführt, die jenen allen fehlt: Er kann seine Bedürfnisse gegeneinander gewichten, sich entscheiden, welchen er Vorrang einräumen will, und Vorsätze fassen.

Durch das Person-Konzept wird klar, warum Akteure ein Ziel, das sie eine Zeitlang verfolgt haben, zurückstellen. Damit ist aber immer noch nicht die Motivwahl für das Handeln bearbeitet. Wie sie zur Wahl derjenigen Foki kommen, die sie benutzen, ist über den kurzen Hinweis sich situativ bietender Gelegenheiten hinaus noch ungeklärt. Bei Lindenberg, der als einziger eine Theorie der situativen Zielauswahl vorschlägt, wird immer dasjenige Ziel (bei ihm: Frame) benutzt, in dessen Licht sich die Alternativen am meisten unterscheiden. Um eine tiefer greifende Antwort zu geben, muss m. E. der Kontext der Situation ausgeleuchtet werden. Schließlich kommen Ziele bzw. Foki nicht aus der Luft, bedingt der Kontext doch bereits ihre Sinnhaftigkeit und Realisierbarkeit.

Ein weiterer Ausbau der Fähigkeit, die Zielgüterversorgung zu überprüfen, führt in die Ausrichtung der Fokus- und damit der Handlungswahl an persönlichen Wertentscheidungen. Diese Fähigkeit ist gegenüber den Akteursmodellen des ersten Teils eine qualitativ neue Komponente und sprengt die klassische Rational-Choice-Logik völlig. Ist jedoch die Erfordernis von Vorsätzen für das Handlungsmodell erst einmal eingestanden, so ist der Schritt zu dieser Erweiterung kein allzu großer mehr. Eine Entscheidungsträgerin, die Wertentscheidungen als persönliche Projekte verfolgt, kann über ihre individuellen Präferenzen hinaus Einstellungen zu ihren Handlungen haben und Gründe für diese reflektieren und erörtern. Sie entwickelt durch die Verfolgung von Ich-transzendierenden Ansprüchen und Ideen eine Identität (vgl. Priddat 1998a). Auf diese Weise entwickelt sie einen Entwurf ihrer selbst auf einen bestimmten Personentyp hin und verfolgt die Realisierung dieses Projekts als Lebensplan. Dadurch wird das ökonomische Individuum zur *Person*, die nicht nur rational, sondern *vernünftig* entscheiden kann (vgl. ebenda, S. 144).

Das damit zutage geförderte Konzept der Persönlichkeit, hier nur schlagwortartig benannt, ist einer der Aspekte, die in der ›klassischen‹ Rational-Choice-Theorie keinen Platz finden, deren Nichtberücksichtigung jedoch eine vertane Chance für die Ökonomik wäre. In Kapitel 10 werde ich noch weitere solcher Aspekte diskutieren.

... als gemeinsamer Nenner

Nun ist noch zu erläutern, in welchem Verhältnis der Multi-Processing-Akteur zu den zuvor dargestellten Akteuren steht: Sie bilden Ausschnitte von ihm, die unter bestimmten Bedingungen aktiviert werden.

Beispielsweise ist der *homo oeconomicus* eine sehr reduzierte Variante des Multi-Processing-Akteurs. Bedürfnisse zweiter Ordnung sind bei ihm ausgeblendet, Produktionsbedingungen sind für ihn unveränderbar. Er wechselt nicht zwischen unterschiedlichen Foki, sondern ist stets ein ›smart consumer‹, Ausgabenminimierer.[21] ›Schwache Solidarität‹ fällt weg, weil ihm strategisches Verhalten nicht möglich ist und die Aussicht auf Kooperationsvorteile seinen Horizont übersteigt, ›Verlustvermeidung‹ spielt keine Rolle als eigenständiges Handlungsmotiv, also über rationales Budgetmanagement hinaus. ›Zeit sparen‹ ist nicht erforderlich, da Transaktionen ohnehin in logischer Zeit erfolgen. Unter der Zielsetzung ›Budget optimieren‹ berechnet er mögliche Faktorkombinationen und wählt die jeweils optimale aus.

In Situationen, die (nahezu) frei von Transaktionskosten sind und in denen die Entscheidung lediglich den Einkäufe von Marktgütern betrifft, verhält sich der Multi-Processing-Akteur ungefähr wie der homo oeconomicus. Näherungsweise betrifft das einen Einkauf im Supermarkt (der nicht Routineeinkauf ist) oder im Internet, da dort große Auswahl, niedriger Aufwand des Vergleichens und zwar nicht keine, aber zumindest ungefähr gleich hohe Transaktionskosten für die zur Wahl stehenden Optionen angenommen werden können. Zugleich ist vorauszusetzen, dass keine alternativen Wahrnehmungsformen in der Welt ökonomischer Beziehungen möglich sind,[22] der Akteur also in der Lage ist, die angebotenen Güter einigermaßen als ›sie selbst‹ wahrzunehmen und z. B. Werbung keine allzu zentrale Rolle spielt.

---

[21] Er kann, anders als Lindenbergs smart consumer, für die Minimierung monetärer Kosten aber keinen größeren Aufwand betreiben, als die Transaktion wert ist, da in seiner Welt keine Transaktionskosten anfallen.
[22] Hutter (1979) hält das Gegenteil für richtig (vgl. S. 50f). Dazu weiter unten noch mehr.

9. Rationale Akteure in den rationalen Theoriewelten 271

In dieser Art könnte ich nun auch alle weiteren Akteursmodelle nacheinander abhandeln und ihre Gemeinsamkeiten mit dem Multi-Processing-Akteur noch einmal herausstellen. Ich halte es aber für ausreichend (und für weniger dröge), diese Frage für die weiteren schlagwortartig abzuhandeln:

Savages Entscheiderin ist Gewinnmaximiererin und optimiert lediglich das Budget. Auch der Akteur von *Kahneman und Tversky* ist auf Budgetoptimierung reduziert, kennt allerdings zwei der Foki des Multi-Processing-Akteurs, ›Gewinnmaximierung‹ und ›Verlustvermeidung‹. Sein Entscheidungsmodus ist Kalkulieren, wenn auch z. T. auf Grundlage unpräzise abgeschätzter Daten. Die *Becker*-Entscheiderin benutzt wie der Multi-Processing-Akteur Produktionsfunktionen und bedient fünf der sechs Bedürfnisse zweiter Ordnung[23] sowie die Verbesserung der Produktionsbedingungen durch Humankapital. Der *Coleman*-Akteur verfolgt Ziele als Teil einer mehrgliedrigen Ziel-Mittel-Verknüpfung; da sein Akteursmodell relativ leer ist, ist es für den Multi-Processing-Akteur anschlussfähig. Bedingungsoptimierung erfolgt durch Lernen, durch Investition in soziales Kapital und durch Erhöhung seiner Macht mit dem Erwerb begehrter Ressourcen. Die Bedürfnisstruktur von *Norths* Entscheiderin wird nicht erörtert, aber in Bezug auf die Dualität der Handlungsmodi stimmt sie mit dem Multi-Processing-Akteur überein. *Lindenbergs* Akteur entspricht dem Multi-Processing-Akteur bis auf das Zielgut II ›Optimierung der Produktionsfunktionen‹.

Diesen Erkenntnissen entsprechend ist der Multi-Processing-Akteur als Synthese aus den ausgewählten Akteursmodellen ein kontextsensibles Wirtschaftssubjekt. Er kann, wie sich gezeigt hat, verschiedenen Logiken folgen und variiert die zugelassenen Bestimmungsgrößen seines Handelns sowie die Logik des Entscheidungsablaufs. Den Ausschlag für diese Variation gibt der Typus von Situation, in dem er sich befindet:

Um wie ein homo oeconomicus oder eine Savage-Entscheiderin zu handeln, bedarf er eines möglichst ›kontextneutralen‹ Kontexts. (Die Frage, ob ein solcher existiert, stelle ich hier zurück, um sie im nächsten Kapitel zu beantworten.) Der Multi-Processing-Akteur ähnelt dem Kahneman-Tversky-Akteur, wenn der Kontext eine Betrachtung der Entscheidungs-

---

[23] Der Komplex Verhaltensbestätigung fehlt, da sich normgeleitetes Handeln nicht in die Haushaltsproduktionstheorie einbeziehen lässt, ohne sie überzustrapazieren bzw. neue Restgrößen einzuführen (siehe S. 127f).

ergebnisse als Gewinn oder als Verlust nahelegt oder wenn z. B. eine sehr kleine Wahrscheinlichkeit für ihn dennoch – oder gerade – mit einer gewissen Hoffnung verbunden ist. Er kann zu einer North-Entscheiderin mutieren, wenn die Entscheidung einer aufwändigen Recherche bedürfte und er sich lieber mit einer satisficing-Option begnügt oder wenn sie ein Thema tangiert, das Teil eines gegenwärtigen gesellschaftlichen Diskurses ist (etwa Müllvermeidung oder ein Konsumboykott), an dem er partizipiert. Fordert ihn seine Umwelt (z. B. durch innovative Haushaltsgeräte) dazu heraus, effizientere Wege der Bedürfnisbefriedigung zu suchen, wird er zum Becker-Akteur. Ein Coleman-Akteur ist er in Kontexten, die eine Berücksichtigung internalisierter Fremdinteressen und Normen einfordern. Auf Lindenbergs Entscheidungsmethode greift er zurück, wenn er eine situative Beschränkung auf ein bevorzugtes Handlungsziel vornimmt, also in Kontexten, die hierzu einladen.

Angesichts dieser kontextbedingten Mutationen des Multi-Processing-Akteurs fragt sich, wie der Situationstypus bzw. der Handlungskontext bestimmt wird. Die knappen Beschreibungen, die ich hier für die Kontexte gegeben habe, nennen z. T. objektive Merkmale der Situation. Entscheidend ist für das Handeln des Akteurs jedoch, wie er selbst die Situation betrachtet und welchen Handlungsmodus er daher anwendet. Schließlich ist er es, der die Daten aufnimmt, verarbeitet und Konsequenzen daraus zieht. In der Regel (und wie anhand des Autokaufs deutlich wurde) lassen Situationen mehr als eine Deutung des Kontextes zu, d. h. der Multi-Processing-Akteur verwandelt sich z. B. in einen Lindenberg-, Coleman- oder Becker-Akteur, je nachdem, ob er sich in einem Lindenberg-, Coleman- oder Becker-Kontext wähnt. Ausschlaggebend ist seine subjektive Sicht auf die Situation.

9.3 Zusammenfassung und Fazit

Aus den Darstellungen der sieben Akteursmodelle und dem aktuellen, vergleichenden Kapitel lassen sich folgende Ergebnisse festhalten:

1. *Das Handlungsmodell wichtiger nehmen!* Die Herausarbeitung des Akteursmodells war teilweise mit unerwartet hohem Aufwand verbunden. In der Neoklassik und bei Savage ist das Modell noch schlicht und bedarf keiner ausgiebigen Erläuterung. Hier wäre es allerdings ange-

messen, ein Wort über die implizit als vollzogen unterstellten Handlungsschritte zu verlieren: die Transformation der Welt in eine Lotterie und die Recherche. Kahneman und Tversky erläutern den Entscheidungsablauf etwas ausgiebiger. Bei Becker wird die Logik des Entscheidens ausreichend verdeutlicht und formalisiert. Unklar bleiben lediglich Zielauswahl und Aufteilung der Ressourcen zwischen unmittelbarer Bedürfnisbefriedigung und Humankapitalinvestition. Coleman versäumt es zu erklären, auf welchem Weg die Kontrolle über Ressourcen zu Nutzen führt, und nutzt sein Sozialisationskonzept kaum für Erklärungen, sondern skizziert es nur. North widmet Handlungswahl und -motiven weniger Aufmerksamkeit als Umfeldfaktoren und konkretisiert die mental-models-Hypothese kaum. Lindenberg schließlich widmet dem Handlungsmodell mit Abstand die größte theoretische Aufmerksamkeit, versäumt es aber, die zwei Ideen, die er dazu entwickelt hat, zu einem konsistenten Handlungsmodell zu integrieren. Außer bei Kahneman und Tversky war es daher für jedes Akteursmodell nötig, in der einen oder anderen Form theorieimmanent über die Erläuterungen des Theoretikers hinaus zu denken. Dieses Ergebnis fordert dazu heraus, dem Handlungsmodell, mit dem gearbeitet wird, mehr theoretische Aufmerksamkeit zu widmen.

2. *Heterogenität.* Das Spektrum der Entscheidungsmotive, -abläufe und -ergebnisse ist bereits bei den ausgewählten ›Klassikern‹ der Rational-Choice-Theorie heterogener als erwartet. Allen gemeinsam ist lediglich ein einziger Entscheidungsaspekt, nämlich Kostenminimierung. Außerdem wird Ergebnisoptimierung von allen außer dem prozessoptimierenden North-Akteur angestrebt. Was unter diesen Begriffen jeweils verstanden wird, divergiert allerdings. Weitere Gemeinsamkeiten sind so verteilt, dass sie jeweils nur zwei oder drei der Akteursentwürfe miteinander verbinden und somit Familienähnlichkeiten konstituieren, die – wie in Abbildung 9.10 dargestellt – jeweils einige der Modelle miteinander verbinden, nicht aber einen gemeinsamen Nenner bilden, der sich als Kern ›des‹ ökonomischen Rationalitätskonzepts darstellen ließe. Eine Konsequenz lautet, dass das Handlungsmodell zu Beginn einer Rational-Choice-Untersuchung ausgewählt und charakterisiert werden muss und nicht beliebig mit dem jeweiligen Anwendungsfall variiert werden darf, um nicht dem bekannten Tautologievorwurf gegen Akteurstheorien Vorschub zu leisten. Ferner ist es

sinnvoll, die Suche nach einer einheitlichen heuristischen Grundlage fortzusetzen. Die Rational-Choice-Theorie könnte als neues Paradigma der Sozialwissenschaften überzeugender sein, wenn sie nicht mehr mit dem Problem autistischer Akteure umgehen müsste.

3. *Kontextbedingte Eignung der einzelnen Akteursmodelle:* Die vorgestellten Handlungsmodelle eignen sich jeweils gut für bestimmte Analyseanforderungen: der homo oeconomicus für Einkäufe, v. a. im Supermarkt und im Internet, die Savage-Entscheiderin für Glücksspiele und Versicherungen, der Kahneman-Tversky-Akteur für darstellungsbedingte Anomalien, die Becker-Entscheiderin für Zeitverwendung und Konsumverhalten, der Coleman-Akteur für die Befolgung internalisierter Normen und Fremdinteressen, die North-Entscheiderin für Marktentscheidungen unter der Wirkung von Ideologien bzw. Werbung und der Lindenberg-Akteur zum Nachvollzug des situativen Wechsels zwischen Handlungszielen.

4. *Integrationsfähigkeit besteht nur hinsichtlich der Bedürfnisstruktur.* In puncto Bedürfnisse ist es möglich, aus den verschiedenen Entwürfen einen gemeinsamen Nenner zu bilden, also alle diejenigen Bedürfnisse, die bei den einzelnen Rational-Choice-Klassikern eine Rolle spielen, zusammenzufügen. Die Entscheidungsabläufe sind dagegen zu heterogen, als dass sie zu einem kombiniert werden könnten.

5. *Einbuße an Erklärungskraft für mehr Beschreibungskraft?* Je komplexer – und damit: menschenähnlicher – die Akteursmodelle werden, desto weniger sind sie (bislang?) geeignet bzw. darauf ausgelegt, das Verhalten von Individuen oder Kollektiven zu prognostizieren: Kahnemans und Tverskys prospect theory liefert keine Kriterien bezüglich der Framewahl und hat sich vom Anspruch der Prognosefähigkeit bereits ausdrücklich verabschiedet, ebenso ist die Zielwahl bei Lindenberg kontingent. Norths Prognosen sind wenig konkreter Natur, etwa: Handlungen werden so gewählt, dass sie im Einklang mit den Ideologien und Institutionen der jeweils umgebenden Gesellschaft stehen. Colemans Theorie eignet sich insbesondere bei der Internalisierung von Fremdinteressen und Normen vor allem zum plausibilisierenden Nachvollzug realer Entscheidungen. Diese Feststellung mündet jedoch nicht in ein Plädoyer für Reduktionismus, führen die schlichteren Modelle des homo oeconomicus und des Savage-Akteurs doch bisweilen zu Fehlprognosen. Auch Beckers Theorie bedarf zur Vermeidung

von Fehlprognosen mitunter der Modifikation (wie es etwa anhand der Nachfrage nach Kindern der Fall ist, siehe oben, S. 103). Bezüglich dieses Problems sollte vielmehr versucht werden, die Prognosefähigkeit komplexer Akteursmodelle zu erhöhen, indem handlungsbestimmende Faktoren wie Zielauswahl, Wahrnehmung oder Ideologien so eingegrenzt werden, dass sie in der realen Welt untersucht und für Vorhersagen nutzbar gemacht werden können. Damit wird die Ökonomie zu einer komplexeren und schwierigeren Disziplin, als sie es manchem Vertreter oder mancher Vertreterin bislang erscheinen mag.

6. *Wahrnehmungsillusionen sind wichtiger.* Empirisch feststellbare Entscheidungsanomalien werden lediglich von Kahneman und Tversky wirklich ernst genommen, die in der fiktiven Diskussion zwischen den Akteuren regelrecht untergingen. Lindenbergs Entwurf ist noch am meisten bemüht, das zu integrieren, aber seine Verlusthypothese bleibt vage. Zudem werden die empirisch gefundenen Anomalien von Tversky und Kahneman zum Anlass genommen, die Theorie nur noch deskriptiv aufzufassen und sich so vom Anspruch, substanzielle Erklärungen und Vorhersagen zu liefern, zu verabschieden. Wünschenswert wäre eine erklärungs- und zugleich vorhersagekräftige Theorie, die diesen empirischen Funden nicht nur als Abweichung Rechnung trägt.

7. *Wie werden Ziele bestimmt?* Bei dem Versuch, aus den sieben vorgestellten Akteursmodellen einen integrierten Entwurf zu kreieren, der Motivationen und Bedürfnisse aller enthält, hat sich die Notwendigkeit gezeigt, die Wahl der Handlungsziele in die Theorie des Handelns zu integrieren – was bislang allein Lindenberg tut, der aber mit der Diskriminationsfähigkeit zwischen den Optionen allenfalls einen Teilaspekt des Problems berücksichtigt. Ein weiterer Aspekt ist die Herstellung einer Balance zwischen Bedürfnissen, der weiter führt zum Konzept der Identität als Entwurf des Akteurs von sich selbst als Persönlichkeit. In den dargestellten Akteurskonzeptionen fehlt die Fähigkeit hierzu völlig. Würde sie hinzugefügt, so würden auch bereits bekannte Aspekte wie Moralorientierung, Regelbefolgung oder Affekt in einem anderen Licht erscheinen: nicht mehr als reine Produktionsmittel, sondern als Ausdruck einer persönlichen Wertentscheidung darüber, welchen Handlungsorientierungen man Vorrang gegenüber anderen einräumen will.

8. *Abschied vom Wettbewerbsgleichgewicht?* Schließlich wird die Ökonomie mit einem Problem konfrontiert, das ihre Modellbildung tangiert: Wenn Rationalität nicht allein die Wahl kostengünstigster Optionen bedeutet, sondern nicht ausgeschlossen werden kann, dass Akteure – zumindest in bestimmten Entscheidungssituationen – wie bei North auf Kommunikation reagieren, wie bei Kahneman und Tversky Wahrnehmungsillusionen aufsitzen oder wie bei Lindenberg situative Ziele auswählen, d. h. wenn nicht alle Akteure nach derselben Rationalität handeln, dann... sind die herkömmlichen Marktgleichgewichte nicht mehr das geeignete Konzept, um Ökonomie zu betreiben. Gleichgewichte werden nicht mehr als aggregierte Handlungen eines verallgemeinerten repräsentativen Akteurs aufzufassen sein, der immer optimal entscheidet. Sie sind insofern nicht standardisierbar und können, wenn überhaupt, nicht mehr so einfach prognostiziert werden, so lange wir nicht wissen, unter welchen Umständen ein Akteur einen Autokauf als homo oeconomicus oder als North-Akteur handhabt oder wann sich ein Savage- in einen Kahneman-Tversky-Akteur verwandelt.

9. *Beschränktheit auf vorgegebene Alternativen.* Die vorgestellten Akteure teilen eine weitere Eigenschaft, die daher auch den Multi-Processing-Akteur des letzten Unterabschnitts auszeichnet, nämlich die naive Genügsamkeit bezüglich des Möglichkeitenraums. Sie alle begnügen sich mit den Optionen, die ihnen zur Auswahl gestellt werden, und entscheiden sich brav zwischen a, b und c. Ein »active consumer« (vgl. Bianchi 1998b), der sich auf der Suche nach Neuem seine Handlungsmöglichkeiten erst schafft, könnte, statt a, b oder c zu wählen, einfach die neue Möglichkeit x entdecken oder das vorgeschriebene Optionenset schlicht ablehnen, indem er z. B. überhaupt kein Auto kauft, sondern Mobilität auf einem neuen, bisher unbekannten Weg erzeugt. Sofern das Neue als eigenes Phänomen betrachtet wird, ist es keine Rekombination des Vorhandenen und somit weder antizipierbar noch ex ante beschreibbar (vgl. Wegner 1997). Konsequenzen für die Ökonomie kann ich hier nicht diskutieren, verweise aber weiterführend auf Priddat (2004a).

Darüber hinaus stellt sich die Frage, was einem Akteursmodell nun ggf. noch fehlt, um ein gutes Hilfsmittel für die ökonomische Erklärung des Handelns zu sein. Da die reale Handlungsumgebung in den seltensten Fällen so unterkomplex ist, wie es die simpleren der vorgestellten Akteursmodelle erfordern, sind mentale Modelle ein wichtiger Aspekt, der weiter verfolgt werden sollte. Entscheidungsanomalien, die in einer Vielzahl von Experimenten als Einwände zutage gefördert wurden, sind ernst zu nehmen und nicht vom Tisch zu wischen. Sie weisen darauf hin, dass die Situation nicht objektiv gegeben ist, sondern durch den Akteur rekonstruiert, ja, konstruiert wird – ein Vorgang, der nur bei Kahneman und Tversky berücksichtigt wird. In den vorgestellten, ›klassischen‹ Rational-Choice-Konzepten ist es zudem nicht möglich, jenseits der vorgegebenen neue Handlungsoptionen zu (er-)finden. Um solchen Phänomenen Rechnung zu tragen, sollte die Ökonomie nicht davor zurückschrecken, einen Blick in ihre Nachbardisziplinen zu werfen, die kognitiven Prozessen, die zum Handeln gehören, auf der Spur sind.

Im folgenden Ausblick werde ich einige Aspekte der aktuellen Diskussion in diesem Zusammenhang aufgreifen und Fragen nach Grenzen und Erweiterungen der Rational-Choice-Theorie anreißen.

Kapitel 10
›Oeconomia Nova‹ – ein Ausblick

In den letzten Kapiteln habe ich nun die Handlungsmodelle etablierter Rational-Choice-Theoretiker aus ihren jeweiligen Theoriekonzeptionen herausdestilliert, sie auf Konsistenz geprüft und zueinander in Bezug gesetzt. Das Verhältnis dieser konstruierten Akteure zu den (belebten) Wirtschaftssubjekten der realen Ökonomie spielte eine mehr oder weniger untergeordnete Rolle, sowohl bei ihren ›Vätern‹ als auch in meiner Auseinandersetzung mit ihnen. (Bei der Diskussion der Akteursmodelle war dies durchaus Absicht, denn ›Realitätstreue‹ hängt immer von der persönlichen Wahrnehmung der Realität durch die Theoretikerin oder den Theoretiker ab und ist daher als Gütekriterium für Theorien nicht besonders geeignet). Im Folgenden skizziere ich nun einige Herausforderungen aus der aktuellen Diskussion um Akteursmodelle, die interessanterweise stärker als die der Theoretiker meines ersten Teils bei der Beobachtung realen menschlichen Entscheidens anknüpfen. Es spricht einiges dafür, sie ernst zu nehmen und verfügbare empirische Fakten und Erfahrungen bei der Hypothesenbildung stärker zu berücksichtigen.

10.1 Fehlfarben im Spektrum

Nach der intensiven Beschäftigung mit Handlungstheorien werfe ich hier noch drei Fragen auf, die einen Teil der ökonomischen Theoriediskussion heute beschäftigen und von den Vertretern der klassischen Rational-Choice-Theorie unbeachtet bleiben. Ich lasse hier – jeweils in Form eines einschlägigen Artikels – drei Protagonisten zu Wort kommen, die sich, jeder auf seine Weise, langjährig und intensiv mit ökonomischen Entscheidungen beschäftigt haben: Daniel McFadden (Nobelpreisträger 2000), W. Brian Arthur (Schumpeter-Preis 1990) und Vernon L. Smith (Nobelpreis 2002).

Die McFadden-Frage: Bestimmen Präferenzen das Handeln?

Das genuine Arbeitsgebiet von Daniel McFadden (2001) ist die Mikroökonometrie. Er hat das ökonometrische Modell zur statistischen Behandlung der Konsumnachfrage mittels computerbearbeiteter Umfragedaten weiterentwickelt, um die Annahme homogener Akteure zu überwinden.[1] McFadden weist auf Unterlassungen des üblichen ökonomischen Handlungsmodells hin: Kontext-Effekte, Emotionen, Fehlurteile, Affekt und Motivation sind z. T. wichtigere Einflussfaktoren als Nutzenkalkulation und -maximierung, werden aber völlig ignoriert. Ferner weiß die Psychologie, dass die primäre mentale Aktivität des Akteurs nicht in der Reduktion multipler Attribute auf Eindimensionalität, sondern in der Suche nach Analogien und Unterschieden zu anderen (kanonischen) Wahlsituationen besteht.

Gegen das Standardmodell stabiler Präferenzen spricht für McFadden die Existenz einer Reihe systematischer Bewusstseinsillusionen, beispielsweise des Anchoring-Effekts: Befragungsergebnisse unterscheiden sich statistisch signifikant danach, ob die Frage einen Betrag nennt oder nicht, etwa: »Wieviel wären Sie bereit, pro Jahr für die Rettung von Seevögeln in ölverseuchten Gebieten zu bezahlen?« vs.: »Würden Sie für die Rettung von Seevögeln in ölverseuchten Gebieten eine jährliche Abgabe von {5$} akzeptieren?« (vgl. ebenda, S. 364-368). Neben Anchoring nennt McFadden 14 weitere systematische Effekte: Availability (leicht zugängliche Informationen lassen eine eingehendere Beschäftigung mit dem Produkt als überflüssig erscheinen), Einfluss des Kontexts der vorausgegangenen Fragen, Privilegierung des Status Quo, Prospect (Fehleinschätzung niedriger Wahrscheinlichkeiten), Referenzpunkt (wie in Kapitel 4 erläutert), Fokussierung (Kategorisierung von quantitativen Informationen, etwa von Preisen als ›teuer‹ oder ›billig‹), Primacy/Recency (erste und letzte Ereignisse springen besonders ins Auge), Regelbefolgung (strategische Antworten durch Selbstkontrolle), Projektion (das Subjekt orientiert sich an

---

[1] In den von ihm vorgestellten Modellen werden Alternativen in psychologischer Tradition als psychische Stimuli beschrieben. Als Variablen tauchen Einkommen, Kosten und Zeiterfordernis sowie andere beobachtete Attribute der Optionen (als ›Nutzen‹) auf, außerdem spielen beobachtete Charakteristika (die unbeobachtete induzieren) der Konsumentinnen und Konsumenten und die Elastizität der Freizeitnachfrage eine Rolle. Seine Modellformulierung eignet sich z. B. für Verkehrsnachfrage, Erziehungs-, Wohnort- oder Berufswahl (vgl. ebenda, S. 355).

10. ›Oeconomia Nova‹ – ein Ausblick

einem erwünschten Selbstbild), Aberglaube (Zufälle werden mit Kausalstrukturen verbunden), Regression (gewöhnliche Schwankungen um einen Mittelwert werden als Tendenz oder Entwicklung überinterpretiert), Repräsentativität (hohe bedingte Wahrscheinlichkeiten induzieren die Überschätzung anderer), Überbetonung auffälliger Aspekte der Fragestellung und inkonsistente Zeitdiskontierung (vgl. ebenda, S. 365). Diese Beobachtungen sind mit Datensammlungen aus Experimenten empirisch unterfüttert.

Die Relevanz solcher Funde für ökonomische Transaktionen könnte offensichtlicher kaum sein: Zahlungsbereitschaften schwanken z. B. zwischen Auktionen und Festpreisen oder durch Darstellung des Preises als ›Sonderangebot‹, spontane und suboptimale Konsumentscheidungen werden durch entsprechende Informationen angestoßen, die Nachfrage nach einem Produkt hängt von seiner Preisdifferenz zu ähnlichen Angeboten ab etc. Bewusstseinsillusionen sind auf Märkten so massiv zugegen, dass sie von Anbieterinnen und Anbietern systematisch ausgebeutet werden und die Ökonomik sogar eine eigene Disziplin (das Marketing) betreibt, die damit befasst ist, diese nutzbar zu machen. Um so schlechter kann sie ihre Existenz weiter abstreiten.

Für das ökonomische Standard-Handlungsmodell ergeben sich gravierende Konsequenzen: Wenn die rationale Wahl in derart vielfältiger Art und Weise durch Formulierungsvariationen irritiert wird, lässt sich nicht mehr unabhängig von Fragestellung und Kontext angeben, was das Individuum für ›das Beste‹ hält, sprich: Seine Präferenzen variieren mit der Handlungsumgebung oder – präziser – mit seiner Wahrnehmung derselben, welche durch Variationen der Fragestellung manipuliert werden kann. Das stellt die Existenz exogener und stabiler Präferenzen, mithin von Präferenzordnungen überhaupt in Frage. Was berechtigt schließlich vor einem solchen Hintergrund zu der Annahme, Individuen hätten wohlgeordnete Präferenzen, nach denen sie Güterbündel in einer eindeutigen Reihenfolge der Erwünschtheit anordnen können? Aus psychologischer Sicht wird z. B. Mustererkennung als bessere Erklärung für Handlungen angeboten, und heuristische Regeln gelten als Triebkräfte des Handelns.[2] Derartige Kon-

---

[2] In der Gestalttheorie wird dementsprechend die Vervollständigung von Lücken gemäß situativen Gefordertheiten zu einer insgesamt konsistenten Gestalt als Handlungsmotiv angenommen, was u. a. Rollenverhalten oder Stereotypenbildung erklären kann (vgl. Kubon-Gilke 1990, S. 120, und 1994, S. 132-135). Auch auf ›gute

zepte scheinen mehr Erklärungsleistung zu verheißen als der Rückgriff auf Präferenzen.

Würde das Konzept der Präferenzordnungen aufgegeben, bedeutete dies letztlich die Abkehr von der bekannten mikroökonomischen Bezugsgröße für die Behandlung von Konsumentscheidungen.

McFadden selbst steht der Frage, ob Präferenzen überhaupt als handlungsleitende Größe anzunehmen sind, gelassen gegenüber. Er weist darauf hin, dass der Rückgriff auf Regeln keine bessere Entscheidungstheorie verspricht, da Regeln negativ formuliert sind. Somit bestimmen sie das Entscheidungsergebnis nicht inhaltlich, sondern schließen lediglich schlechte Entscheidungen aus. Seine Empfehlung ist daher, die Existenz von Präferenzen anzunehmen, aber systematische Einflüsse von Regeln und Fehlwahrnehmungen zuzulassen. Für die ökonomische Handlungswissenschaft bedeutet das, dass die Struktur der Präferenzen besser ausgeforscht werden muss und dabei auch Erfahrung und Informationen in ihrer Wirkung auf Wahrnehmung und Präferenzausdruck wichtiger genommen werden müssen. Das Feedback der experimentellen und behavioralen Ökonomik für die Theoriebildung sollte in den nächsten Forschungsgenerationen ausgebaut werden.

In Bezug auf die Akteursmodelle meines ersten Teils bedeutet McFaddens Einwurf, dass die Arbeiten von Kahneman und Tversky (sowie die weiterführenden Ergebnisse der experimentellen Ökonomik) ernster zu nehmen sind. In der fingierten Diskussion zwischen den rationalen Akteuren in 9.2.1 kamen die Einwände der prospect theory wenig zur Geltung, über den Kahneman-Tversky-Akteur wurde von den anderen hauptsächlich der Kopf geschüttelt. Rückblickend mag dies erstaunen, sind Tversky und Kahneman doch die einzigen aus dem Ensemble, die ihre Vorschläge für die Entscheidungstheorie aus empirischen Untersuchungen von Entscheidungsverhalten ableiten.

Mit der Skizzierung eines ökonomischen Forschungsprogramms hält sich McFadden, der zugegebenermaßen auf eine lange Geschichte mikroökonometrischer Modellbildung und -anwendung zurückblickt, eher knapp. Den zutage geförderten Phänomenen Rechnung zu tragen, ohne das bekannte Handlungsmodell einer rationalen Wahl nach Präferenzen komplett aufzugeben, bedeutete immerhin, zumindest mit situationsabhängi-

Gründe‹ für eine Handlung jenseits von Präferenzen sei in diesem Zusammenhang verwiesen (vgl. Nida-Rümelin 2000).

gen individuellen Präferenzen zu arbeiten. Sofern Präferenzen aber mit der Kontextwahrnehmung wechseln, kann kein Gleichgewicht postuliert werden – zumindest keines der bekannten Art, das aus der Summe vieler optimaler Entscheidungen entsteht und somit als kollektives Optimum aufzufassen ist, d. h. kein Individuum durch weitere Transaktionen besser gestellt werden kann. Schließlich muss nur irgendein Akteur nach der Aggregation zum Gleichgewicht mit der passenden Frage konfrontiert werden,[3] schon wird er für ein Gut, das ihm vorher weniger attraktiv schien, plötzlich eine höhere Präferenz verspüren. Nun kann seine Position, in Nutzen gemessen, unerwarteterweise doch wieder verbessert werden, was das ursprünglich erreichte Gleichgewicht wieder zunichte macht. Potenziell könnten die Präferenzen jedes Akteurs oder sogar aller Akteure gleichzeitig auf diese Weise irritiert werden, wenn die von McFadden in die Diskussion gebrachten Effekte ernst genommen werden.

Die Arthur-Frage: Hat die Entscheidungssituation eine (einzige) Bedeutung?

W. Brian Arthur (2000) spricht eine Schwierigkeit an, die in der herkömmlichen Ökonomie ignoriert wird, indem man viel zu unbekümmert von dem Ablauf ›Problem – rationale Entscheidung – wohldefinierte Lösung‹ ausgeht: die Konstituierung von Bedeutung. Wie er zu verstehen gibt, denken Menschen assoziativ und nicht deduktiv, was das ökonomisch-kalkulierende Modell des Handelns zwar nicht radikal in Frage, aber doch vor einige Schwierigkeiten stellt.

Für Arthur ist der menschliche Verstand ein »fast pattern completer«, der Wahrgenommenes assoziativ zu gewohnten Mustern vervollständigt, z. B. einen langen, schwarzen, behaarten Schwanz, der sich um eine Hausecke windet, zu einer Katze. Die Vorgänge, die sich dabei im Einzelnen im Gehirn abspielen, sind kompliziert und z. T. unerforscht. Beim Lesen einer Novelle etwa erzeugt das Gehirn aus Lichtpunkten, die auf der Netz-

---

[3] Vielleicht: »Würdest du nicht doch lieber Bananen statt Birnen kaufen, wenn ich dir verrate, dass die Bananen außerhalb der Saison eigentlich deutlich teurer sind als die Birnen, heute aber ausnahmsweise zum gleichen Preis angeboten werden?«

haut abgebildet werden, »somehow«[4] Buchstaben, Wörter und syntaktische Gebilde und setzt diese wiederum »somehow« in Bedeutung um, die in Bildern besteht (vgl. ebenda, S. 53). Generiert werden diese assoziierten Bedeutungen im Kopf der lesenden Person; sie sind nicht den Daten inhärent. Daher können auf Basis derselben (nicht nur literarischen, sondern ebenso ökonomischen) Daten unterschiedliche Bedeutungen erzeugt werden. Assoziationen (Bilder, Erinnerungen, Metaphern oder Theorien) werden durch Regeln miteinander verbunden, und die Gesamtheit von Assoziationen und Regeln bildet den Verstand (›mind‹). Also ist der Verstand emergent und beinhaltet Ideen nicht, sondern besteht aus solchen: »[D]eep enough within cognitive philosophy the concept of mind itself dissolves« (ebenda, S. 56).

Für das Akteursmodell der Ökonomie bedeuten diese Überlegungen zunächst, dass in jeder Situation multiple Interpretationen möglich sind und keine ›korrekte‹ Bedeutung existiert. Dies beantwortet meine Frage aus 9.2.3, ob ein ›kontextneutraler‹ Kontext existieren kann, abschlägig und unterhöhlt so die Existenzbedingungen des homo oeconomicus. Zugleich liegt hierin eine Herausforderung, die ökonomische Handlungstheorie zu modifizieren: Akteure suchen nach Frames, d. h. sie assoziieren Bilder, Erinnerungen oder Metaphern aus dem Erfahrungsbereich ihrer persönlichen Geschichte. Erfahrung ist traumartig und oftmals bildreicher als das ökonomische Kalkulieren.

Durch Mustererkennung und Objektrepräsentation bildet sich die Entscheiderin Hypothesen oder subjektive Überzeugungen (etwa über die Zuordnung von Konsequenzen zu Handlungen und Weltzuständen), die mit ihrer assoziativen Interpretation der Welt übereinstimmen. Umgebungssignale stärken oder schwächen ihren Glauben an die jeweilige Hypothese. Ist der Moment des Entscheidens gekommen, wird die momentan glaubwürdigste oder meistversprechende Hypothese ausgewählt. An ihr wird so lange festgehalten, wie sie sich bewährt; wenn sie Fehler verursacht oder eine bessere aufkommt, wird die bisherige Hypothese wieder fallen gelassen (vgl. ebenda, S. 57).

Wenn Arthur Recht hat und die Akteure ihre individuelle Bedeutung in die Situation hineinbringen, dann ist keine Entscheidung mehr so einfach,

---

[4] Die Kognitionswissenschaften können den zugehörigen Mechanismus bislang nicht exakt angeben, was Arthur durch diesen verschleiernden Zusatz zum Ausdruck bringt.

wie es scheint. Schließlich lässt sich die Bedeutung eines Produkts nicht objektiv bestimmen. Schon die Alltagserfahrung zeigt, dass z. B. eine Tüte Gummibärchen als ›Zahn-Killer‹, als ›Kinder- und Erwachsenenfreude‹ oder (in Zeiten von BSE) als ›Gesundheitsrisiko‹ interpretiert werden kann. Sie ändert ihre Bedeutung u. U., wenn der Akteur weiß – oder zu wissen glaubt –, dass Gummibärchen kein Fett enthalten, dass diese Tüte das Prädikat ›fair trade‹ für die meisten ihrer Ingredienzen trägt oder dass ausschließlich Fruchtextrakte und Rohrzucker aus kontrolliert biologischem Anbau verwendet wurden und natürliche Vitamine zugesetzt sind. Dann können die Süßwaren für ihn mehr als nur eine Gaumenfreude bedeuten, nämlich ›Schlankheit‹, ›globale Gerechtigkeit‹ oder ›Gesundheit‹.[5]

Diese Interpretationsleistung ist ein genuiner Bestandteil von Transaktionen, die der rationale Akteur sogar schon bei so scheinbar einfachen Handlungen wie dem Kauf von Süßigkeiten zu erbringen hat. Wird Arthurs Impuls ernst genommen, so ist keines der auf Märkten angebotenen Güter semantisch evident, sondern muss jeweils mit einer Bedeutung versehen werden. Wie das Gummibärchen-Beispiel weiterhin erkennen lässt, werden Bedeutungen nicht rein individuell konstituiert, sondern entstammen Kommunikationsakten; schließlich werden nicht nur die Informationen bezüglich Zahnschädlichkeit oder Schlankheit kommunikativ vermittelt, sondern auch deren Relevanz diskursiv bestimmt. Dabei müssen die entsprechenden Diskurse nicht dem Terrain der Ökonomie entstammen, sondern können durchaus auch in den Bereichen des Politischen, der Ästhetik, der Kultur oder der Ethik geführt werden und in jenen der Ökonomie hinein diffundieren. Auch auf den ökonomischen Märkten selbst wird kommuniziert, vor allem in Gestalt von Advertising und Marketing, die den Konsumentinnen und Konsumenten die Eigenschaften von – insbesondere neu auf den Markt zu bringenden – Gütern erklären und Gründe vermitteln, warum man ausgerechnet dieses Produkt kaufen soll.

Indem Diskurse in dieser Art und Weise die Bedeutung von Gütern bzw. Alternativen modifizieren, ja konstituieren, beeinflussen sie zwangsläufig auch die Frage, was das Individuum für ›das Beste‹ hält, sprich:

---

[5] Dies ist um so relevanter, da Marktgütern Zeichen anhaften, durch die Waren gewissermaßen mit den Konsumentinnen und Konsumenten kommunizieren: Zeichen fordern dazu heraus, die Güter mit einer bestimmten Bedeutung zu versehen, und konstituieren den Kontext, in dem die Transaktionen vollzogen werden (vgl. Hutter 1998, S. 241-243).

seine Präferenzen.[6] Dieser Gedanke stellt das Individuum als selbständige Entscheidungsinstanz nicht in Frage, verweist es jedoch in den Status eines methodologischen Individuums, als Ort der zu treffenden Entscheidung. Bestritten wird allerdings die Kommunikationsunabhängigkeit, der Solipsismus des Zustandekommens seiner (nicht länger exogenen und konstanten) Präferenzen. Welche Option es für die beste hält, muss aus dieser Sicht kommunikationsgeleitet bestimmt werden. Präferenzordnungen sind dann nicht mehr dem Individuum allein zuzuordnen, sondern nehmen die Gestalt von shared preferences an, die in der linguistic community tendenziell übereinstimmen.

Eine Theorie der Bedeutungsgenerierung fehlt bei den im ersten Teil meiner Arbeit vorgestellten Akteursmodellen weitgehend. Es könnte eingewendet werden, bei Lindenberg werde die Arthur-Frage tangiert, wählt sein RREEMM doch in Abhängigkeit von situativen Gegebenheiten Ziele aus und definiert seine Rationalität jeweils situationsspezifisch. Dieser Einwand hat jedoch keinen Bestand, führt man sich vor Augen, dass Lindenbergs Framewahl nicht auf Interpretation der Situation oder gar auf Diskurse in sozialen Netzwerken rekurriert, sondern im Grunde wieder ein Berechnen rationaler Handlungsziele ist, indem nämlich jenes Ziel gewählt wird, das am besten zwischen den Alternativen diskriminiert und somit dem Treffen der Entscheidung am dienlichsten ist. Allerdings bin ich der Ansicht, dass sich die North-Entscheiderin als anschlussfähig für die Arthur-Frage erweist: Sie kreiert ein mentales Modell der Situation, etwas in der Art von Arthurs Frames und Hypothesen, in dem sie verfügbare relevante Informationen zusammenfasst und Ursachen auf Konsequenzen abbildet. Bei North konzentriert sich das mentale Modell auf Eigenschaften und Preise von Gütern, etwa in der Art:»Bei deutschen Händlern sind im allgemeinen Qualität, aber auch Preise höher.« (Arthurs Idee der Musterassoziation und Gestalt-Vervollständigung scheint mir noch allgemeiner und nicht allein auf Marktentscheidungen bezogen zu sein.) Kommunikation kann für sie Anlass sein, das mentale Modell der Entscheidungssituation zu aktualisieren. Sie kommuniziert, um Aufwand einzusparen und sich Entscheidungen auf der Basis unvollständiger Information zu erleichtern. Eine eigene Semantik sowie bedeutungsabhängige Präferenzen hat sie nicht;

---

[6] Die Argumentation dieses Absatzes verläuft parallel zu jener Priddats (2004b, vgl. insbesondere Chapter 2 und 3), von dem auch der Begriff ›bounded epistemology‹ stammt (siehe unten).

dieser Gedanke übersteigt Norths Rahmen, der den homo oeconomicus im Grunde um Informationsdefizite erweitert. Das Element der Ideologie bei North könnte möglicherweise eine Brücke zur Integration der Bedeutungsgenerierung durch gesellschaftliche Diskurse sein, wenn es dementsprechend ausgestaltet würde.

Die Smith-Frage: Ist Rationalität ein bewusster Vorgang?

Vernon L. Smith (2003) nähert sich dem Problem rationalen Entscheidens von einer Hayek-inspirierten Sicht auf die Ökonomie. Er stellt eingangs zwei Auffassungen von Rationalität gegenüber, die er als »constructivist« und »ecological« kategorisiert. Sein Verständnis dieser Begriffe macht er zunächst an einem Beispiel der Makroebene begreiflich: an Regeln und Institutionen. ›Konstruktivistisch‹ betrachtet sind sie Ergebnis des bewussten Entwurfs einer gestaltenden Vernunft, ›ökologisch‹ dagegen das Ergebnis kultureller und biologischer Evolution, ohne dass sich die Akteure, die diesen Regeln folgen, ihrer Rationalität gewärtig sein müssen (vgl. ebenda, S. 469-471). Während die ›konstruktivistische‹ Sicht vielfach nützlich sein kann, um die Funktionalität vorgefundener Sachverhalte zu erfassen, ist sie dennoch nicht mehr als eine Konstruktion und in den meisten Fällen als Beschreibung der Realität weniger zutreffend als die ›ökologische‹ Sicht.

Wird die Rationalität individuellen Entscheidens durch Antworten auf Wahlprobleme untersucht (die bisherige Praxis sowohl von Psychologie als auch Ökonomie), so liegt dem eine ›konstruktivistische‹ Auffassung zugrunde. Individuelle Rationalität ist für Smith jedoch ebenso wie Institutionen ein ökologisch evolviertes Phänomen; keineswegs müssen reale Individuen der realen ökonomischen Welt so denken, wie es das ökonomische Handlungsmodell fordert, selbst wenn ihre Handlungen grosso modo mit dessen Vorhersagen übereinstimmen. Diese These untermauert Smith experimentell:

Im »ultimatum game« wird gegenüber der spieltheoretischen Prognose ›zu viel‹ kooperiert und wechselt zudem das Ausmaß der Kooperation bei Variation des Kontexts (vgl. ebenda, S. 488-492). Das »trust game« (siehe Abb. 10.1, 1)[7] lässt Reziprozität erkennen (vgl. ebenda, S. 493f): Spielerin 1 kann dieses Spiel entweder mit (10/10) beenden oder es fortsetzen,

---

[7] Gespräche mit den Probandinnen und Probanden zeigen, dass die Subjekte in der Kategorie ›Vertrauen‹ (nicht etwa Nutzen, Fairness oder Reziprozität) denken, die

Abbildung 10.1: Trust Game nach Smith

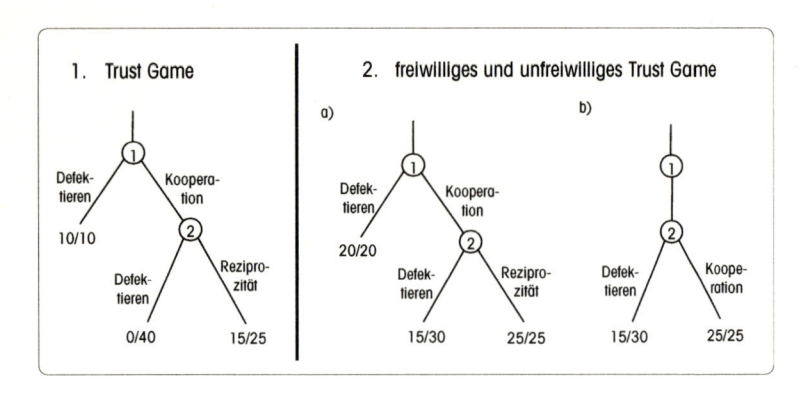

```
1. Trust Game                    2. freiwilliges und unfreiwilliges Trust Game
                                  a)                          b)
         ①                              ①                          ①
   Defek-    Koopera-              Defek-    Koopera-         
   tieren     tion                 tieren     tion            
   10/10        ②                  20/20        ②                    ②
           Defek-   Rezipro-              Defek-   Rezipro-    Defek-    Koope-
           tieren   zität                 tieren   zität      tieren    ration
           0/40     15/25                 15/30    25/25      15/30     25/25
```

was Spielerin 2 erlaubt, (15/25) oder (0/40) zu wählen. Erstaunlicherweise wird in ca. der Hälfte der Fälle *nicht* das teilspielperfekte Gleichgewicht (10/10) realisiert und die Kooperation in drei Vierteln der Fälle erwidert, so dass das spieltheoretisch irrationale Ergebnis (15/25) zustande kommt. Zwei Variationen des Spiels,»voluntary« und »involuntary trust game« (siehe Abb. 10.1, 2) demonstrieren die Kontextrelevanz der Kooperationsbereitschaft: Spielerin 2 steht jeweils vor der Entscheidung zwischen (25/25) und (15/30), jedoch weiß sie im Fall a), dass Spielerin 1 zuvor auf die Auszahlung (20/20) verzichtet hat, im Fall b) dagegen nicht. In a) wird zu 65% kooperiert, in b) nur zu 33% (vgl. ebenda, S. 496f).

Smith folgert, dass Kooperation nicht der ›konstruktivistischen‹ Rationalität folgt, zumal sie besonders im Kontext einer wahrgenommenen Kooperationsbereitschaft des anderen Akteurs auftritt. In der Konsequenz weist er die Nutzentheorie in ihrer Gesamtheit als unbrauchbar aus, zumal auch fremdorientierte Präferenzen keine Erklärung bieten und real keine Forminvarianz herrscht (vgl. ebenda, S. 495 und 497). Folgende Befunde führt er gegen die Nutzentheorie an:[8]

---

nicht in den Instruktionen des Spiels enthalten war – dies gab ihm nachträglich seinen Namen (vgl. ebenda, S. 496).

[8] Ich beschränke mich hier auf die zentralen Ergebnisse; Quellenangaben und eine genauere Erläuterung gibt Smith (ebenda, S. 497-499).

10. ›Oeconomia Nova‹ – ein Ausblick

- Experimente zeigen, dass es sich besser anfühlt, 10$ nicht zu bekommen, als 90$ nicht zu bekommen, d. h. entgangene Auszahlungen werden bedauert.

- In einem Experiment wurden Patientinnen und Patienten mit einer Läsion des mittleren Gehirnvorderlappens untersucht. Vor die Aufgabe gestellt, möglichst hohe Punktzahlen von verdeckten Kartenstapeln zu ziehen, lernten sie schlechter als die gesunde Vergleichsgruppe, die Stapel mit dem höchsten *SEU* zu wählen. Sie blieben bei suboptimalen Optionen und rationalisierten dies verbal. Interessanterweise handelte die Vergleichsgruppe ›richtig‹, ohne dies gleich rational begründen zu können, und zeigte zudem emotionale Reaktionen auf Karten mit hohen Verlusten (messbar durch Hautleitungstests), die einigen der Gehirnversehrten (denjenigen mit beschädigtem Mygdala) fehlten.

- Geldbelohnungen führen zu stärkeren Gehirnaktivitäten als reine ›o.k.‹-Bestätigungen; die neuronale Aktivität steige zudem mit höherem Wert des Spiels.

Smith setzt menschliches Verhalten daher zu Eigenschaften und Aktivitäten des Gehirns in Bezug und schlägt die Disziplin »neuroeconmics« vor. Sie geht davon aus, das Gehirn habe erfahrungs-, erinnerungs- und wahrnehmungsgeleitet verschiedene, interdependente Mechanismen für Entscheidungsaufgaben entwickelt. Eine plausible Interpretation der o.g. Ergebnisse ist für ihn, dass Kooperierende einen Gefallen erwidern, der ihnen getan wurde, und die »mind reading«-Module ihres Gehirns nutzen (ebenda, S. 496). Zusammen mit anderen hat Smith in einem Experiment mit dem trust game die Hypothese bestätigt, dass Kooperierende mehr Aktivität im Präfrontalkortex, vor allem in der Region »BA-8«, aufweisen (vgl. ebenda, S. 499). Dies könnte der Ort sein, wo die Nutzung der Gedankenlesemodule stattfindet.

Die nicht-›konstruktivistische‹ Rationalität Smiths ist in diesem Sinne eine mitunter intuitive, gefühlte Art und Weise, zu Präferenzen zu gelangen. Bewertungen, so auch Alternativkostenvergleiche, werden emotional vollzogen. Diese emotionalen Präferenzen stimmen aber dennoch im Resultat weitgehend mit der Rationalität überein, die von der ökonomischen Entscheidungstheorie als Denkungsart unterstellt wird. Insofern ist die ›konstruktivistische‹ Unterstellung bewussten rationalen Denkens keine Beschreibung der Realität des rationalen Entscheidens. Wenn die Theorie dies beachtet, wird sie etwas dezenter vorgehen und mehr für möglich halten müssen.

Für die Diskussion von Akteursmodellen bedeutet Smiths Einwurf m. E. wiederum die Negation der Kontextneutralität von Präferenzen: Zieht eine Person *A* gegenüber *B* und *B* gegenüber *C* vor, so ist ihre neuronale Aktivität für *B* im Vergleich mit *C* höher als für dieselbe Option *B*, wenn sie mit *A* verglichen wird. Das bedeutet wiederum, die Wahrnehmung von *B* variiert zwischen Kontexten, die bestimmte alternative Optionen enthalten. Nach McFadden und Arthur überrascht diese Feststellung nicht mehr allzu sehr. Ebensowenig dürfte der Hinweis überraschen, dass die Rational-Choice-Klassiker meines ersten Teils die Smith-Frage weder aufwerfen noch bearbeiten.

10.2 Rationale Akteure als Grundlage der Ökonomie?

Die als ›Fehlfarben‹ diskutierten Unterlassungen der herkömmlichen Akteurstheorie lassen die Handlungsmodelle, die ich im ersten Teil meiner Arbeit dargestellt habe, ausgesprochen primitv erscheinen. Angesichts der Komplexität des menschlichen Verstandes, welcher die Einwürfe anscheinend besser Rechnung tragen, wirken jene Akteursentwürfe plump, nackt und undifferenziert. Interessant ist auch, dass meiner Erfahrung nach ökonomisch ›unverdorbene‹ Menschen angesichts der Herausforderungen von McFadden, Arthur und Smith zu der Frage neigen, was daran denn spektakulär sei. Mit den herkömmlichen ökonomischen Akteursmodellierungen als Vergleichsfolie erscheinen sie dagegen innovativ, mithin fast als Ausgeburt kunstvoller Modellbildung.

Meines Erachtens münden die Einwürfe des letzten Abschnitts, nimmt man sie ernst, in die Frage, ob die Hypothese rational handelnder Akteure noch bedenkenlos bzw. überhaupt noch Grundlage ökonomischer Modellbildung sein kann. Versagt die Mikroökonomie nicht auf ganzer Linie, wenn sie auf derart unstimmiger und wackeliger Grundlage aufbaut und daraus Hypothesen und Theoreme ableitet? Smith zieht explizit die Konsequenz, die ökonomische Nutzentheorie sei zu verwerfen. McFadden und Arthur gehen nicht so weit, sie ernsthaft in Frage zu stellen, plädieren jedoch für eine Neuausrichtung der Ökonomik – der eine durch Nutzbarmachung empirischer Erfahrungen aus der Wirtschaftsgeschichte, der andere für ein verstärktes Feedback der experimentellen und behavioristischen

Ökonomik in die Theoriebildung. Wie gravierend sind die Einwände also, in welchem Verhältnis stehen sie zueinander und sind sie tatsächlich als Einwände zu verstehen?

Nach meiner Einschätzung hat McFadden, wenn er systematische Bewusstseinsillusionen auflistet, einen Teilaspekt dessen erfasst, was Arthur als kontextspezifische Variabilität von Nutzen bzw. Präferenzen auf den Punkt bringt. McFadden kreist das Phänomen vor allem mit Bezug auf Zahlungsbereitschaften ein, also in quantifizierter Form. Er beobachtet gewissermaßen auf der phänomenologischen Ebene, wie hoch der Wert ist, den ein Individuum im Kontext X, Y oder Z für das Produkt A zu bezahlen bzw. einzutauschen bereit ist und welche Regelmäßigkeiten sich darin zeigen. Diese Frage ist dieselbe, die auch schon Kahneman, Tversky, Slovic und ihre Koautoren und -autorinnen sowie Allais und Ellsberg stellten; die Hypothesen der experimentellen Psychologie und Ökonomik sind im Lauf der Zeit allerdings vielfältiger und differenzierter geworden. Arthur nähert sich dem Problem aus semantischer Perspektive. Er fragt, was Produkt A aus der erfahrungsgeprägten Sicht eines Individuums mit dem biografischen Hintergrund I im Kontext X oder Y bedeutet. Zahlungsbereitschaft ist m. E. als offensichtlicher und messbarer Niederschlag dessen anzusehen, neben der Genese von Bedürfnisstrukturen (Wie kommt ein Akteur zu der Überzeugung, ein Gut zu benötigen?) und der Produktion von shared preferences in Kommunikationsnetzwerken. Für Arthur bestimmen Frames bzw. Hypothesen sowohl, welche Alternativen in Betracht gezogen werden, als auch welchen Nutzen der Akteur darin sieht. Bei Smith wird der Nutzen auf messbare Abläufe im Gehirn zurückgeführt, die auch hier nicht fest mit einem Reiz bzw. mit einer Option verknüpft sind, sondern mit dem Vergleich zu anderen Optionen oder dem wahrgenommenen Verhalten anderer beteiligter Personen variieren. Dies ist m. E. eine weitere Erscheinungsform, in der sich die Kreation von Bedeutung durch die Erfahrung und Wahrnehmung der Akteure messbar präsentiert.

Somit ist die Essenz der drei ›Fehlfarben‹: »[C]ontext can and does matter« (Smith 2003, S. 490); ökonomische Akteure bringen außer Präferenzen und Ausstattungen auch ihr Verstehen in ihre Entscheidungen ein. Für die Ökonomik ist dies vielleicht weniger überraschend als erwartet, versperrt sie sich doch seit geraumer Zeit gegen alle Hinweise auf diese Tatsache. Würde sie sich darum kümmern, so bedeutete dies die Notwendigkeit, die Schlichtheit ihrer üblichen, neoklassischen Handlungstheorie zu überwinden.⁹ Das heißt auch, dass die Handlungsmodellierung dann schwerer wird, als sich die Ökonomie das für gewöhnlich wünscht; »economics suddenly becomes difficult« (Arthur 2000, S. 51).

Die althergebrachten Verkürzungen aufzugeben, muss m. E. allerdings nicht dazu führen, die Existenz von Präferenzen komplett abzustreiten, sondern vielmehr ihrer Kontextsensibilität Rechnung zu tragen.¹⁰ Für den methodologischen Individualismus bestärkt dies die Anforderung aus Kapitel 9, dem ersten Schritt des Makro-Mikro-Makro-Schemas mehr Aufmerksamkeit zu widmen, dem Übergang von der Makro- zur Mikroebene. Brückenhypothesen, von den meisten traditionellen Rational-Choice-Theoretikern nicht explizit oder nur randständig behandelt, müssen bedeutender werden. Zum Repertoire menschlicher Bedürfnisse ist Lindenbergs gedankliche Arbeit anschlussfähig; zu Frames und Entscheidungshypothesen ist solche in Weiterführung und Konkretisierung des Northschen Impulses noch zu leisten; auch »rules as agents for preferences« sind dabei einzubeziehen (McFadden 2000, S. 374). Frames, das semantische Element der Ökonomie, müssen in den Fokus der Theoriebildung rücken. Durch sie wird die Ökonomie zur Kulturwissenschaft, die Präferenzen auch als Niederschlag der zwischen Individuen aufgespannten kulturellen Zusammenhänge begreifen kann. Fragen, die in der Ökonomik durch eine solche Umorientierung integriert und bearbeitet werden können, lauten u. a.: Wovon hängt es ab, ob effiziente Arrangements vorgezogen werden? Was wird unter Effizienz verstanden? Wann kommt es zu Konsumboykotten? Wie entwickeln sich Bedürfnisse diskursiv weiter? Welche Überzeugungen und Ethiken integrieren die Akteure in ihre Frames? Um den Frames auf die Schliche zu kommen, ist theoriegeleitete empirische Arbeit not-

---

⁹ Der Einwand, das neoklassische Modell funktioniere aber doch ganz gut, greift nur, wenn man ihre restriktiven Voraussetzungen akzeptiert und die Selbstbeschränkungen hinnimmt, die sie sich bezüglich ihres Anwendungsbereichs auferlegt.

¹⁰ Auch die Erkenntnis, dass Entscheidungen emotional ablaufen und im Präfrontalkortex stattfinden, impliziert keine Notwendigkeit, die Hypothesen der ökonomischen Handlungstheorie zu verwerfen. Sofern diese Hypothesen zu richtigen Voraussagen führen, ist es unerheblich, ob Entscheidungen im Präfrontalkortex oder mit dem Knie getroffen werden (wie Joseph Beuys einmal behauptet haben soll) und ob das reale Individuum die Schritte des Modellakteurs vollzieht, um zu einer Entscheidung zu gelangen.

wendig,[11] die der Frage nachgeht, wie Individuen assoziieren, welche biografischen und historischen Erfahrungen dafür den Ausschlag geben und in welchen Entscheidungssituationen der Kontext mehr oder weniger zum Tragen kommt. Empirie besteht zum einen in der Durchführung von Experimenten (für die McFadden plädiert), zum anderen in der Auswertung von Marktdaten und in hermeneutischer Bedeutungsforschung, um die kulturelle Komponente des Entscheidens ausfindig zu machen.

Die bekannte Betrachtung von Märkten als Allokationssysteme mit Preis-Mengen-Signalen funktioniert nur bei vollständigen Beschreibungen von Gütereigenschaften und -bedeutungen. Werden ›bounded epistemology‹ und variable Bedeutungszuschreibungen zugelassen, ergeben sich nur noch partielle und temporäre Gleichgewichte, was dazu führt, dass die quantitativen Erklärungsansprüche der Ökonomik – zunächst – etwas gedrosselt werden. Hierin liegt gewissermaßen eine Vorleistung für einen Gewinn an Erklärungsqualität und Reichweite durch Nachholen der bislang versäumten qualitativen Arbeit. Wenn die Ökonomik diesen Weg einschlägt, werden Rational-Choice-Theoretikerinnen und -theoretiker künftig schmunzelnd darauf zurückblicken, wie unbeholfen die Modelle von einst doch waren.

---

[11] Wie erwähnt, spricht sich Lindenberg gegen die rein empirische Gewinnung von Brückenhypothesen aus. Der hier empfohlenen theoriegeleiteten Hypothesenbildung und empirischen Prüfung würde er jedoch nicht widersprechen.

Literaturverzeichnis

Agassi, Joseph (1975): Institutional individualism; in: British Journal of Sociology, Jg. 26, S. 144-155

Akerlof, George A. (1970): The market for ›lemons‹: quality, uncertainty and the market mechanism; in: Quartely Journal of Economics Vol. 84, S. 488-500

Alexander, Jeffrey C. (1992): Shaky foundations. The presuppositions and internal contradictions of James Coleman's Foundations of social theory; in: Theory and Society 21, S. 203-217

Allais, Maurice (1952): The foundations of a positive theory of choice involving risk and a criticism of the postulates and axioms of the American School; in: Allais/Hagen (Hg.) 1979, S. 27-145

Allais, Maurice (1979): The so-called Allais paradox and rational decisions under uncertainty; in: Allais/Hagen (Hg.) 1979, S. 437-681

Allais, Maurice/Hagen, Ole (Hg.) (1979): Expected utility hypotheses and the Allais paradox. Contemporary discussions of decisions under Uncertainty with Allais' Rejoinder; Dordrecht/Boston/London: D. Reidel Publishing Company

Anand, Paul (1987): Are the preference axioms really rational?; in: Theory and Decision 23, S. 187-214

Anscombe, F. J. (1956): Review of The Foundations of Statistics; in: Journal of the American Statistical Association 51, S. 657-659

Aretz, Hans-Jürgen (1997): Ökonomischer Imperialismus? Homo Oeconomicus und soziologische Theorie; in: Zeitschrift für Soziologie, Jg. 26 Heft 2, S. 79-95

Arkes, Hal R./Blumer, Catherine (1985): The psychology of sunk cost; in: Organizational behavior and human decision processes. Journal of fundamental research and theory in applied psychology 35, S. 124-140

Arrow, Kenneth J./Debreu, Gerard (1954): Existence of an equilibrium for a competitive economy; in: Econometrica, Jg. 22, Heft 3, S. 65-290

Arrow, Kenneth J./Hahn, Frank H. (1971): General competitive analysis; Tweeddale Court/Edinbourgh: Oliver & Boyd

Arthur, W. Brian (2000): Cognition: the black box of economics; in: Colander (Hg.) 2000, S. 51-62

Aumann, Robert A. (1962): Utility theory without the completeness axiom; in: Econometrica 30, S. 445-462

Aumann, Robert A. (1964): Utility theory without the completeness axiom: a correction; in: Econometrica 32, S. 210-212

Axelrod, Robert (2000): Die Evolution der Kooperation; Oldenbourg

Baurmann, Michael (1993): Rechte und Normen als soziale Tatsachen. Zu James Colemans Grundlegung der Sozialtheorie; in: Analyse & Kritik 15, S. 36-61

Bayes, Thomas (1736): An essay towards solving a problem in the doctrine of chances; in: Philosophical transactions of the Royal Society of London, S. 370-418

Beckenbach, Franz (Hg.) (1992): Die ökologische Herausforderung für die ökonomische Theorie; Marburg

Becker, Gary S. (1962): Irrationales Verhalten und ökonomische Theorie; in: Becker 1993a, S. 167-186

Becker, Gary S. (1964): Human capital. A theoretical and empirical analysis, with special reference to education; New York/London: Columbia University Press

Becker, Gary S. (1965): Eine Theorie der Allokation der Zeit; in: Becker 1993a, S. 97-130

Becker, Gary S. (1967): Human capital and the personal distribution of income: an analytical approach. Woytinsky Lecture No. 1; Michigan: Ann Arbor

Becker, Gary S. (1971): Preis und Vorurteil; in: Becker 1993a, S. 16-32

Becker, Gary S. (1974a): Crime and punishment: an economic approach; in: Becker/Landes (Hg.) 1974, S. 1-54

Becker, Gary S. (1974b): A theory of social interactions; in: Journal of Political Economy vol. 82 No. 2, S. 1063-1093

Becker, Gary S. (1975): Eine Theorie der Heirat; in: Becker 1993a, S. 225-281

Becker, Gary S. (1976): Altruismus, Egoismus und genetische Eignung: Ökonomie und Soziobiologie; in: Becker 1993a, S. 317-332

Becker, Gary S. (1981a): A treatise on the family; Cambridge/London: Harvard University Press

Becker, Gary S. (1981b): Single-person households; in: Becker 1981a, S. 4-13

Becker, Gary S. (1981c): Division of labor in households and families; in: Becker 1981a, S. 14-37

Becker, Gary S. (1981d): Altruism in the family; in: Becker 1981a, S. 172-201

Becker, Gary S. (1981e): Altruism in the family and selfishness in the market place; in: Economica 48, S. 1-15

Becker, Gary S. (1982): Der ökonomische Ansatz zur Erklärung menschlichen Verhaltens; in: Becker 1993a, S. 1-15

Becker, Gary S. (1985): Eine ökonomische Analyse der Familie; in: Becker 1996a, S. 101-116

Becker, Gary S. (1992): Gewohnheit, Sucht und Tradition; in: Becker 1996a, S. 77-97

Becker, Gary S. (1993a): Der ökonomische Ansatz zur Erklärung menschlichen Verhaltens; Tübingen

Becker, Gary S. (1993b): Nobel lecture: The economic way of looking at behavior; in: Journal of Political Economy, Vol. 101, No. 3, S. 85-409

Becker, Gary S. (1993c): Staat, Humankapital und Wirtschaftswachstum; in: Becker 1996a, S. 215-226

Becker, Gary S. (1996a): Familie, Gesellschaft und Politik – die ökonomische Perspektive; Tübingen

Becker, Gary S. (1996b): Accounting for tastes; Cambrigde, Massachusetts/London: Harvard University Press

Becker, Gary S. (1996c): Norms and the formation of preferences; in: Becker 1996b, S. 225-230

Becker, Gary S. (1996d): Preferences and values; in: Becker 1996b, S. 3-23

Becker, Gary S./Becker, Guity Nashat (1990a): The economics of life. From baseball to affirmative action to immigration. How real-world issues affect our everyday life; New York u. a.: McGraw-Hill

Becker, Gary S./Becker, Guity Nashat (1990b): Housework: The Missing piece of the economic pie; in: Becker/Becker 1990a, S. 127f

Becker, Gary S./Grossman, Michael/Murphy, Kevin M. (1991): Economics of drugs. Rational addiction and the effect of price on consumption; in: AEA Papers and Proceedings, Vol. 81, No. 3, S. 237-241

Becker, Gary S./Landes, William M. (Hg.) (1974): Essays in the economics of crime and punishment; New York/London: Columbia University Press

Becker, Gary S./Lewis, Gregg (1973): Zur Beziehung zwischen Quantität und Qualität von Kindern; in: Becker 1993a, S. 214-225

Becker, Gary S./Michael, Robert T. (1973): Zur Neuen Theorie des Konsumentenverhaltens; in: Becker 1993a, S. 145-166

Becker, Gary S./Murphy, Kevin K. (1988): A theory of rational addiction; in: Journal of Political Economy, Vol. 96, No. 4, S. 675-700

Becker, Gary S./Murphy, Kevin M. (2000): Social economics. Market behavior in a social environment; Cambridge, Massachusetts/London: The Balknap Press of Harvard University Press

Bell, Daniel/Kristol, Irving (Hg.) (1984): Die Krise in der Wirtschaftstheorie; Berlin

Bell, David E./Keeney, Ralph L./Raiffa, Howard (Hg.) (1977): Conflicting objectives in decisions; Chichester: John Wiley & Sons

Bell, David E./Raiffa, Howard/Tversky, Amos (Hg.) (1988): Decision making. Descriptive, normative, and prescriptive interactions; Cambridge: Cambridge University Press

Ben-Porath, Yoram (1982): Economics and the family – Match or mismatch? A review of Becker's A treatise on the family; in: Journal of Economic Literature Vol. XX (März 1982), S. 52-64

Berger, Johannes (1998): Das Interesse an Normen und die Normierung von Interessen. Eine Auseinandersetzung mit der Theorie der Normentstehung von James S. Coleman; in: Müller/Schmidt (Hg.) 1998, S. 64-78

Berk, Richard A. (1987): Household production; in: Eatwell/Milgate/Newman (Hg.) 1987b, S. 675-678

Berk, Richard A./Berk, Sarah Fenstermaker (1983): Supply-side sociology of the family: The challenge of the new home economics; in: Annual Review of Sociology Vol. 9/1983, S. 375-395

Bernoulli, Daniel (1954): Exposition of a new theory on the measurement of risk (Original: Specimen theoriae novae de mensura sortis, 1738); in: Econometrica 22 (1978), S. 23-36

Bianchi, Marina (Hg.) (1998a): The active consumer. Novelty and surprise in consumer choice; London/New York: Routledge

Bianchi, Marina (1998b): Introduction; in: Bianchi (Hg.) (1998a), S. 1-18

Bianchi, Marina (1998c): Taste for Novelty and novel Tastes. The role of human agency in consumption; in: Bianchi (Hg.) (1998a), S. 64-86

Biesecker, Adelheid/Kesting, Stefan (2003): Mikroökonomik. Eine Einführung aus sozial-ökologischer Perspektive; München/Wien

Blackorby, C. (1987): Orderings; in: Eatwell/Milgate/Newman (Hg.) 1987c, S. 754

Blättel-Mink, Birgit (1997): De gustibus non est disputandum! Oder etwa doch?; in: Soziologische Revue Jg. 20, S. 385-392

Blau, Peter M. (1993): Putting Coleman's Transition Right-Side Up; in: Analyse & Kritik 15, S. 3-10

Boettcher, Erik/Herder-Dorneich, Philipp/Schenk, Karl-Ernst (Hg.) (1998): Jahrbuch für Neue Politische Ökonomie. Band 7; Tübingen

Bolle, Friedel (1987): The altruistic family. Some remarks on Becker's theory of marriage; in: Todt (Hg.) 1987, S. 87-97

Bonus, Holger/Maselli, Heike (1997): Neue Institutionenökonomik; in: Gabler-Wirtschaftslexikon, 14. Auflage; Wiesbaden (CD-ROM-Ausgabe)

Borch, Karl/Mossin, J. (Hg.) (1986): Risk and uncertainty. Proceedings of a conference held by the international economic association (Reprint der Ausgabe von 1968); Houndmills, Hampshire: Macmillan

Böhme, Gernot/Chakraborty, Rabindra N./Weiler, Frank (Hg.) (1994): Migration und Ausländerfeindlichkeit; Darmstadt

Böventer, Edwin v. (1991): Einführung in die Mikroökonomie; München/Wien

Braun, Norman (1992): Der Rational-Choice-Ansatz in der Soziologie; in: Pies/ Leschke (Hg.) 1992, S. 147-173

Braun, Norman (1997): Eine Reformulierung des Diskriminationsmodells; in: Zeitschrift für Soziologie 26, S. 438-443

Brieskorn, Norbert/Wallacher, Johannes (Hg.) (1998): Homo oeconomicus. Der Mensch der Zukunft?; Stuttgart/Berlin/Köln

Brown, Lisa Jo (1994): »Gender« und die Wirtschaftswissenschaften; in: Regenhardt (Hg.) 1998, S. 93-106

Büschges, Günter (1994): Soziologische Aufklärung in praktischer Absicht; in: Soziologische Revue. Besprechung neuer Literatur 17, S. 273-278

Calhoun, Craig et al. (Hg.) (1990): Structures of power and constraint. Papers in honor of Peter M. Blau; Cambridge: Cambridge University Press

Coase, Ronald H. (1937): The nature of the firm; in: Williamson/Winter 1991, S. 18-33

Coase, Ronald H. (1984): The new institutional economics; in: Journal of Institutional and Theoretical Economics, Jg. 140, S. 229-231

Coats, A.W. (1987): Altruism; in: Eatwell/Milgate/Newman (Hg.) (1987a), S. 85-87

Colander, David Charles (Hg.) (2000): The complexitx vision and the teaching of economics; CHeltenham: Edward Elgar Publishers

Coleman, James S. (1966): The political consequences of educational Patterns; in: Litt (Hg.) 1966, S. 479-487

Coleman, James S. (1979a): Rational actors in macrosociological analysis; in: Harrison (Hg.) 1979, S. 75-91

Coleman, James S. (1979b): Macht und Gesellschaftsstruktur; Tübingen

Coleman, James S. (1982): Systems of trust. A rough theoretical framework; in: Angewandte Sozialforschung. Zeitschrift für Mitteleuropa; Heft 3; Jg. 10; S. 277-299

Coleman, James S. (1984): Introducing social structure into economic analysis; in: American Economic Review. Papers and Proceedings 74, S. 84-88

Coleman, James S. (1986a): Micro foundations and macrosocial theory; in: Lindenberg/Coleman/Nowak (Hg.) 1986, S. 345-363

Coleman, James S. (1986b): Social structure and the emergence of norms among rational actors; in: Diekmann/Mitter (Hg.) 1986, S. 55-83

Coleman, James S. (1988): Social capital in the creation of human capital; in: American Journal of Sociology, Vol. 94, 1988, Supplement, S. 95-120

Coleman, James S. (1990): Rational action, social networks, and the emergence of norms; in: Calhoun et al. (Hg.) 1990, S. 91-111

Coleman, James S. (1992a): The vision of *Foundations of Social Theory*; in: Analyse & Kritik 14, S. 117-128

Coleman, James S. (1992b): The problematics of social theory. Four reviews of Foundations of Social Theory; in: Theory and Society 21, S. 263-283

Coleman, James S. (1993a): Reply to Blau, Tuomela, Diekmann and Baurmann; in: Analyse & Kritik 15, S. 62-69

Coleman, James S. (1993b): The role of rights in a theory of social action; in: Journal of Institutional and Theoretical Economics, Jg. 149, S. 213-232

Coleman, James S. (1993c): The rational reconstruction of society; in: American sociological Review 58, S. 1-15

Coleman, James S. (1995a): Grundlagen der Sozialtheorie. Band 1: Handlungen und Handlungssysteme; München/Wien

Coleman, James S. (1995b): Grundlagen der Sozialtheorie. Band 2: Körperschaften und die moderne Gesellschaft; München/Wien

Coleman, James S. (1995c): Grundlagen der Sozialtheorie. Band 3: Die Mathematik der sozialen Handlung; München/Wien

Coleman, James S. (1995d): Families and schools; in: Zeitschrift für Sozialisationsforschung und Erziehungssoziologie; Heft 4; Jg. 15; S. 362-374

Collard, David (1978): Altruism and economy. A study in non-selfish economics; Oxford: Robertson

Davis, Lance E. (1986): Comment; in: Engerman/Gallman (Hg.), S. 149-161

Debreu, Gerard (1959): Theory of Value. An axiomatic analysis of economic equilibrium; New Haven/London: Yale University Press

Debreu, Gerard (1976): Werttheorie; Heidelberg

Denzau, Arthur D./North, Douglass C. (1994): Shared mental models: Ideologies and institutions; in: KYKLOS, Vol. 47, Fasc. 1, S. 3-31

Diedrich, Ralf (1999): Entscheidungen bei Ungewissheit. Axiomensysteme für reichhaltige Ergebnis- und Zustandsräume; Heidelberg

Diekmann, Andreas (1993): Sozialkapital und das Kooperationsproblem in sozialen Dilemmata; in: Analyse & Kritik 15, S. 22-35

Diekmann, Andreas/Mitter, Peter (Hg.) (1986): Paradoxial effects of social behavior. Essays in honor of Anatol Rapoport; Heidelberg/Wien

Downs, Anthony (1968): Ökonomische Theorie der Demokratie; Tübingen

Druwe, Ulrich/Kunz, Volker (Hg.) (1996): Handlungs- und Entscheidungstheorie in der Politikwissenschaft. Eine Einführung in Konzepte und Forschungsstand; Opladen

Eatwell, John /Milgate, Murray/Newman, Peter (Hg.) (1987a): The New Palgrave. A Dictionary of Economics, Bd. 1: A-D; London: Macmillan Press/ New York: Stockton Press/Tokyo: Maruzen Company Limited

Eatwell, John /Milgate, Murray/Newman, Peter (Hg.) (1987b): The New Palgrave. A Dictionary of Economics, Bd. 2: E-J; London: Macmillan Press/New York: Stockton Press/Tokyo: Maruzen Company Limited

Eatwell, John /Milgate, Murray/Newman, Peter (Hg.) (1987c): The New Palgrave. A Dictionary of Economics, Bd. 3: K-P; London: Macmillan Press/New York: Stockton Press/Tokyo: Maruzen Company Limited

Eatwell, John /Milgate, Murray/Newman, Peter (Hg.) (1987d): The New Palgrave. A Dictionary of Economics, Bd. 4: Q-Z; London: Macmillan Press/ New York: Stockton Press/Tokyo: Maruzen Company Limited

Edwards, Ward (1954): The theory of decision making; in: Psychological Bulletin 51, S. 380-416

Egger, Marianne/de Campo, Alberto (1997): Was Sie schon immer über das Verhalten in sinkenden U-Booten wissen wollten. Eine Replik zu Hartmut Essers Aufsatz »Die Definition der Situation«; in: Kölner Zeitschrift für Soziologie und Sozialpsychologie 49, S. 306-317

Eggertsson, Thrainn (1993): Mental models and social values: North's institutions and credible commitment; in: Journal of Institutional and Theoretical Economics (JITE) 149/1, S. 24-28

Eichner, Klaus/Habermehl, Werner (Hg.) (1977): Probleme der Erklärung sozialen Verhaltens; Meisenheim am Glan

Eisenführ, Franz/Langer, Thomas/Weber, Martin (Hg.) (2001): Fallstudien zu rationalem Entscheiden; Berlin/Heidelberg u. a.

Ellsberg, Daniel (1961): Risk, ambiguity, and the Savage axioms; in: Quarterly Journal of Economics 75, S. 643-669

Elster, Jon (1979): Unvollständige Rationalität: Odysseus und die Sirenen; in: Elster 1987, S. 67-140

Elster, Jon (1983): Saure Trauben; in: Elster 1987, S. 211-243

Elster, Jon (1987): Subversion der Rationalität; Frankfurt/New York 1987

Engerman, Stanley L./Gallman, Robert E. (Hg.) (1986): Long-term factors in American economic growth; Chicago: Univ. of Chicago Press

Esser, Hartmut (1990): ›Habits‹, ›Frames‹ und ›Rational Choice‹. Die Reichweite von Theorien der rationalen Wahl (am Beispiel der Erklärung des Befragtenverhaltens); in: Zeitschrift für Soziologie, Jg. 19, Heft 4, August 1990, S. 231-247

Esser, Hartmut (1991a): Alltagshandeln und Verstehen. Zum Verhältnis von erklärender und verstehender Soziologie am Beispiel von Alfred Schütz und ›Rational Choice‹; Tübingen

Esser, Hartmut (1991b): ›Rational Choice‹; in: Berliner Journal für Soziologie Heft 2, S. 231-243

Esser, Hartmut (1992): ›Foundations of social theory‹ oder ›Foundations of Sociology‹?; in: Analyse & Kritik 14, S. 129-142

Esser, Hartmut (1996): Die Definition der Situation; in: Kölner Zeitschrift für Soziologie und Sozialpsychologie 48 H. 3, S. 1-34

Esser, Hartmut (1997): Panik an Bord? Eine Antwort auf die Replik »Was Sie schon immer über das Verhalten in sinkenden U-Booten wissen wollten«; in: Kölner Zeitschrift für Soziologie und Sozialpsychologie 49, S. 318-326

Esser, Hartmut (1999a): Soziologie. Allgemeine Grundlagen; Frankfurt a.M./ New York

Esser, Hartmut (1999b): Die Wert-Erwartungstheorie; in: Esser (1999c), S. 247-294

Esser, Hartmut (1999c): Soziologie. Spezielle Grundlagen. Band 1: Situationslogik und Handeln; Frankfurt/New York

Felderer, Bernhard (Hg.) (1990): Bevölkerung und Wirtschaft; Berlin

Feess, Eberhard (2000): Mikroökonomie. Eine spieltheoretisch- und anwendungsorientierte Einführung; Marburg

Fischhoff, Baruch/Slovic, Paul/Lichtenstein, Sarah (1980): Knowing what you want. Measuring labile values; in: Wallsten (Hg.) 1980, S. 117-141

Fishburn, Peter C. (1992): Utility theory and decision theory; in Newman/ Milgate/Eatwell (Hg.) 1992c, S. 745-750

Frank, Robert H. (1987): If homo economicus could choose his own utility function, would he want one with a conscience?; in: American Economic Review 77, S. 593-604

Frank, Robert H. (1992): Melding sociology and economics: James Coleman's Foundations of social theory; in: The journal of economic literature 30, 1, S. 147-170

Frey, Bruno S. (1990): Entscheidungsanomalien: Die Sicht der Ökonomie; in: Psychologische Rundschau: Offizielles Organ der Deutschen Gesellschaft für Psychologie (DGP), Informationsorgan des Berufsverbandes Deutscher Psychologinnen und Psychologen (BDP), Heft 2, Jg. 41, S. 67-83

Frey, Bruno S./Eichenberger, Reiner (1989): Should social scientists care about choice anomalies?; in: Rationality and Society 1, S. 101-122

Friedman, Milton (1966a): The methodology of positive economics; in: Friedman 1966b, S. 3-43

Friedman, Milton (1966b): Essays in positive economics; Chicago: Univ. of Chicago Press

Friedman, Milton/Savage, Leonard J. (1948): The utility analysis of choice involving risk; in: The Journal of Political Economy Vol. 56, No. 4, S. 279-304

Friedman, Milton/Savage, Leonard J. (1952): The expected-utility hypothesis and the measurability of utility; in: The Journal of Political Economy Vol. 60 No. 6, S. 463-474

Friedrichs, Jürgen/Kühnel, Steffen (1994): Soziologie für eine Gesellschaft im Wandel: James Colemans Grundlagen der Sozialtheorie; in: Soziologische Revue. Besprechung neuer Literatur 17, S. 273-278

Fuchs, Peter/Göbel, Andreas (Hg.) (1994): Der Mensch – das Medium der Gesellschaft?; Frankfurt/Main

Gaertner, Wulf (Hg.) (1998): Wirtschaftsethische Perspektiven IV. Methodische Grundsatzfragen, Unternehmensethik, Kooperations- und Verteilungsprobleme; Berlin

Galler, Heinz P./Ott, Notburga (1990): Zur Bedeutung familienpolitischer Maßnahmen für die Familienbildung – eine verhandlungstheoretische Analyse familialer Entscheidungsprozesse; in: Felderer (Hg.) 1990, S. 111-134

Galler, Heinz P./Ott, Notburga (1993): Der private Haushalt als ökonomische Institution. Neuere Entwicklungen in der mikroökonomischen Haushaltstheorie; in: Gräbe (Hg.) 1993, S. 109-139

Geanakoplos, John (1987): Arrow-Debreu model of general equilibrium; in: Eatwell/Milgate/Newman (Hg.) (1987a), S. 116-123

Gerlach, Knut/Hübler, Olaf (Hg.) (1989): Effizienzlohntheorie, Individualeinkommen und Arbeitsplatzwechsel; Frankfurt am Main

Gigerenzer, Gerd/Selten, Reinhard (Hg.) (2002a): Bounded rationality; Cambridge/Massachusetts: MIT Press

Gigerenzer, Gerd/Selten, Reinhard (2002b): Rethinking rationality; in: Gigerenzer/Selten (Hg.) (2002a), S. 1-12

Gossen, Hermann Heinrich (1853): Entwickelung der Gesetze des menschlichen Verkehrs und der daraus fließenden Regeln für menschliches Handeln; Braunschweig (Reprint 1967: LIBERAC n.v. publishers, Amsterdam)

Grandmont, Jean-Michel (1989): Report on Maurice Allais' scientific work; in: Scandinavian Journal of Economics 91(1), S. 17-28

Granovetter, Mark (1978): Threshold models of collective behavior; in: American Journal of Sociology 83, S. 1420-1443

Granovetter, Mark/Soong, Roland (1983): Threshold models of diffusion and collective behavoir; Journal of Mathematical Sociology 9, S. 165-179

Granovetter, Mark/Soong, Roland (1986): Threshold models of interpersonal effects in consumer demand; in: Journal of Economic Behavior and Organization 7, S. 83-99

Grether, David M./Plott, Charles R. (1979): Economic theory of choice and the preference reversal phenomenon; in: American Economic Review 69, S. 623-638

Grossman, S./Hart, O. (1983): An analysis of the principal-agent-problem; in: Econometrica 51(1), Januar, S. 7-45

Grözinger, Gerd/Schubert, Renate/Backhaus, Jürgen (Hg.) (1993): Jenseits von Diskriminierung. Zu den institutionellen Bedingungen weiblicher Arbeit in Beruf und Familie; Marburg

Haferkamp, Hans (Hg.) (1989): Social structure and culture; Berlin/New York

Hahn, Frank (1984): Die allgemeine Gleichgewichtstheorie; in: Bell/Kristol (Hg.) 1984, S. 154-174

Haller, Max (1999): Soziologische Theorie im systematisch-kritischen Vergleich; Opladen u. a.

Hampicke, Ulrich (1992a): Neoklassik und Zeitpräferenz – der Diskontierungsnebel; in: Beckenbach (Hg.) 1992, S. 127-141

Hampicke, Ulrich (1992b): Ökologische Ökonomie. Individuum und Natur in der Neoklassik. Natur in der ökonomischen Theorie: Teil 4; Opladen

Hannan, Michael T. (1982): Families, markets, and social structures. An Essay on Becker's A treatise on the family; in: Journal of Economic Literature Vol. XX (März 1982), S. 65-72

Harrison, Ross (Hg.) (1979): Rational action. Studies in philosophy and social science; Cambridge u. a.: Cambridge University Press

Hayek, Friedrich A. von (1946): Der Sinn des Wettbewerbs; in: Hayek 1976, S. 122-140

Hayek, Friedrich A. von (1968): Der Wettbewerb als Entdeckungsverfahren; in: Hayek 1969, S. 249-265

Hayek, Friedrich A. von (1969): Freiburger Studien. Gesammelte Aufsätze; Tübingen

Hayek, Friedrich A. von (1974): Zur Bewältigung von Unwissenheit; in: Hayek 1996, S. 307-316

Hayek, Friedrich A. von (1976): Individualismus und wirtschaftliche Ordnung; Salzburg

Hayek, Friedrich A. von (1980): Recht, Gesetzgebung und Freiheit. Band 1: Regeln und Ordnung; München

Hayek, Friedrich A. von (1996): Die Anmaßung von Wissen. Neue Freiburger Studien; Tübingen

Heering, Walter (1989): Kommentar zu »Kognitive Sozialpsychologie und Effizienzlohntheorien«; in: Gerlach/Hübler (Hg.) 1989, S. 144-148

Heine, Michael/Herr, Hansjörg (1999): Volkswirtschaftslehre. Paradigmenorientierte Einführung in die Mikro- und Makroökonomie; München

Heinemann, Klaus (Hg.) (1987): Soziologie wirtschaftlichen Handelns; Kölner Zeitschrift für Soziologie und Sozialpsychologie, Sonderheft 28, Opladen

Heiner, Ronald (1983): The origin of predictable behaviour; in: American Economic Review Vol. 73, S. 560-595

Hempel, Carl G./Oppenheim, Paul (1948): Studies in the logic of explanation; in: Philosophy of Science 15, S. 135-175

Hennen, Manfred/Springer, Elisabeth (1996): Handlungstheorien – Überblick; in: Druwe/Kunz (Hg.) 1996, S. 12-41

Henrichsmeyer, Wilhelm/Gans, Oskar/Evers, Ingo (1991): Einführung in die Volkswirtschaftslehre; Stuttgart

Herder-Dorneich, Philipp/Schenk, Karl-Ernst/Schmidtchen, Dieter (Hg.) (1993): Jahrbuch für Neue Politische Ökonomie. 12. Band: Neue Politische Ökonomie von Normen und Institutionen; Tübingen

Herdzina, Klaus (1999): Einführung in die Mikroökonomik; München

Heyne, Paul (1991): The economic way of thinking; New York: Macmillan Publishing Company

Hoffmann, Thomas (2001): Kosten-Nutzwert-Analyse zur Unterstützung medizinischer Entscheidungsprobleme; in: Eisenführ/Langer/Weber (Hg.) 2001, S. 69-87

Hogarth, Robin M./Reder, Melvin W. (Hg.) (1986): The behavioral foundations of economic theory. Proceedings of a conference held October 13-15, 1985, at the University of Chicago and funded by the Irving B. Harris Foundation (Journal of Business, Ergänzungsband zu Vol. 59, No. 4)

Hogarth, Robin M./Reder, Melvin W. (Hg.) (1987): Rational choice. The contrast between economics and psychology; Chicago: University of Chicago Press

Homann, Karl/Suchanek, Andreas (1989): Methodologische Überlegungen zum ökonomischen Imperialismus; in: Analyse & Kritik 11, S. 70-93

Homann, Karl/Suchanek, Andreas (2000): Ökonomik. Eine Einführung; Tübingen

Homans, George C. (1973): Bringing men back in; in: Ryan (Hg.) 1990, S. 50-64

Hondrich, Karl Otto/Matthes, Jürgen (Hg.) (1978): Theorienvergleich in den Sozialwissenschaften; Darmstadt

Hoyer, Werner/Rettig, Rolf (1983): Grundlagen der mikroökonomischen Theorie; Düsseldorf

Hutter, Michael (1979): Die Gestaltung von Property Rights als Mittel gesellschaftlich-wirtschaftlicher Allokation; Göttingen

Hutter, Michael (1989): Die Produktion von Recht. Eine selbstreferentielle Theorie der Wirtschaft, angewandt auf den Fall des Arzneimittelpatentrechts; Tübingen

Hutter, Michael (1998): On the consumption of signs; in: Bianchi (Hg.) (1998a), S. 236-257

Hutter, Michael (2000): Besonderheiten der digitalen Wirtschaft – Herausforderungen an die Theorie; in: WISU Nr. 12/2000, S. 1659-1665

Hutter, Michael (2002): The role of ambiguity in the evolution of economic ideas: three cases; Wittener Diskussionspapiere der Fakultät für Wirtschaftwissenschaft, Heft Nr. 101, Mai 2002

Hutter, Michael/Teubner, Gunther (1994): Der Gesellschaft fette Beute. Homo juridicus und homo oeconomicus als kommunikationserhaltende Fiktionen; in: Fuchs/Göbel (Hg.), S. 110-145

Jorion, Philippe (1992): Bayesian decision theory; in: Newman/Milgate/Eatwell (Hg.) 1992a, S. 188-190

Junge, Kay (1988): Vertrauen und die Grundlagen der Sozialtheorie. Ein Kommentar zu James S. Coleman; in: Müller/Schmidt (Hg.) 1988, S. 26-63

Kappelhoff, Peter (1992): Die Auflösung des Sozialen; in: Analyse & Kritik 14, S. 221-238

Kahneman, Daniel/Knetsch, J./Thaler, Richard (1986): Fairness as a constraint on profit seeking; in: American Economic Review. Papers and Proceedings 76, S. 728-741

Kahneman, Daniel/Tversky, Amos (1979): Prospect theory: an analysis of decision under risk; in: Econometrica 47, S. 263-291

Kahneman, Daniel/Tversky, Amos (1984): Choices, values, and frames; in: American Psychologist Vol. 39 No. 4, S. 341-350

Kelle, Udo/Lüdemann, Christian (1995): Grau, teurer Freund, ist alle Theorie... Rational Choice und das Problem der Brückenannahmen; in: Kölner Zeitschrift für Soziologie und Sozialpsychologie 47, S. 249-267

Kelle, Udo/Lüdemann, Christian (1996): Theoriereiche Brückenannahmen? Eine Erwiderung auf Siegwart Lindenberg; in: Kölner Zeitschrift für Soziologie und Sozialpsychologie 48 Heft 3, S. 542-545

Kirchgässner, Gebhard (1997): Der methodische Ansatz des homo oeconomicus; in: Arbeitsblätter 1.97 (Nr. 37), herausgegeben vom Schweizerischen Arbeitskreis für ethische Forschung; Zürich, S. 5-28

Kirchgässner, Gebhard (2000): Homo Oeconomicus. Das ökonomische Modell individuellen Verhaltens und seine Anwendung in den Wirtschafts- und Sozialwissenschaften; Tübingen

Kitch, Edmund W. (1990): The framing hypothesis: is it supported by credit card issuer opposition to a surcharge on a cash price?; in: Journal of Law, Economics, and Organization 6, S. 217-233

Kitch, Edmund W. (1992): Framing hypothesis; in: Newman/Milgate/Eatwell (Hg.) 1992b, S. 184-185

Kleiber, Georges (1988): Prototypensemantik. Eine Einführung; Tübingen

Klose, Wolfgang (1994): Ökonomische Analyse von Entscheidungsanomalien; Frankfurt/Main/Berlin u. a.

Knight, Frank H. (1921): Risk, uncertainty and profit (seitenidentischer Nachdruck 2002); Washington, D.C.: Beard Books

Krelle, Wilhelm (1968): Präferenz- und Entscheidungstheorie; Tübingen

Krondorfer, Birge/Mostböck, Carina (Hg.) (2000): Frauen und Ökonomie oder: Geld essen Kritik auf. Kritische Versuche feministischer Zumutungen; Wien

Krüsselberg, Hans-Günter (1987): Ökonomik der Familie; in: Heinemann (Hg.) 1987, S. 169-192

Kubon-Gilke, Gisela (1990): Motivation und Beschäftigung, Eine sozialpsychologische Beurteilung der Effizienzlohntheorien und ihrer Kritik; Frankfurt a. M./New York

Kubon-Gilke, Gisela (1994): Die gestaltpsychologische Perspektive; in: Böhme/Chakraborty/Weiler (Hg.) 1994, S. 129-136

Kubon-Gilke, Gisela (1997a): Verhaltensbindung und die Evolution ökonomischer Institutionen; Marburg

Kubon-Gilke, Gisela (1997b): Moralische Kosten und die Endogenisierung von Präferenzen in der Neuen Institutionenökonomik; in: Seifert/Priddat (Hg.) 1997, S. 271-317

Kunz, Volker (1997): Theorie rationalen Handelns. Konzepte und Anwendungsprobleme; Opladen

Kyburg, Henry E. jr./Smokler, Howard E. (Hg.) (1964): Studies in subjective probability; New York/London/Sydney: John Wiley & Sons

Latsis, Spiro J. (Hg.) (1976): Method and appraisal in economics; Cambridge: Cambridge University Press

Laudan, Larry (1977): Progress and its problems. Toward a theory of scientific growth; Berkeley/Los Angeles/London: University of California Press

Leibenstein, Harvey (1976a): Atomistic versus molecular economics; in: Leibenstein 1976c, S. 3-11

Leibenstein, Harvey (1976b): X-Efficiency versus allocative efficiency; in: Leibenstein 1976c, S. 29-47

Leibenstein, Harvey (1976c): Beyond economic man. A new foundation for microeconomics; Cambridge (Massachusetts)/London: Harvard University Press

Libecap, Gary D. (1993): Politics, institutions, and institutional change; in: Journal of Institutional and Theoretical Economics (JITE) 149/1, S. 29-35

Lichtenstein, Sarah/Slovic, Paul (1971): Reversals of preference between bids and choices in gambling decisions; in: Journal of experimental psychology Vol. 89 No. 1, S. 46-55

Lichtenstein, Sarah/Slovic, Paul (1973): Response-induced reversals of preference in gambling. An extended replication in Las Vegas; in: Journal of experimental psychology Vol. 101 No. 1, S. 16-20

Limbers, Jan (2001): Unsicherheit und Erwartungen bei John Maynard Keynes. Eine institutionell-individualistische Rekonstruktion, Schrift No. 8 der Forschungsgruppe Politische Ökonomie; Marburg

Linde, Robert (1988): Einführung in die Mikroökonomie; Stuttgart

Lindenberg, Siegwart (1977): Individuelle Effekte, kollektive Phänomene und das Problem der Transformation; in: Eichner/Habermehl (Hg.) 1977, S. 46-84

Lindenberg, Siegwart (1980): Marginal utility and restraints on gain maximization: the discrimination model of rational, repetitive choice; in: Journal of Mathematical Sociology 7, 2, S. 289-316

Lindenberg, Siegwart (1981): Erklärung als Modellbau. Zur soziologischen Nutzung von Nutzentheorien; in: Schulte (Hg.) 1981, S. 20-35

Lindenberg, Siegwart (1983): Utility and morality; in: Kyklos Vol. 36 Fasc. 3, S. 450-468

Lindenberg, Siegwart (1984): Normen und die Allokation sozialer Wertschätzung; in: Todt (Hg.) 1984, S. 169-191

Lindenberg, Siegwart (1985a): An assessment of the new political economy: Its potential for the social sciences and for sociology in particular; in: Sociological Theory 3, S. 99-114

Lindenberg, Siegwart (1985b): Rational choice and sociological theory: new pressures on economics as a social science; in: JITE (Zeitschrift für die gesamte Staatswissenschaft) 141, S. 244-255

Lindenberg, Siegwart (1988): Contractual relations and weak solidarity: The behavioral basis of restraints on gain-maximization; in: Journal of Institutional and theoretical Economics 144, S. 39-58

Lindenberg, Siegwart (1989a): Choice and culture. The behavioral basis of cultural impact on transactions; in: Haferkamp (Hg.) 1989, S. 175-200

Lindenberg, Siegwart (1989b): Social production functions, deficits, and social revolutions: prerevolutionary france and russia; in: Rationality and Society, Vol. 1, S. 51-77

Lindenberg, Siegwart (1990a): Rationalität und Kultur. Die verhaltenstheoretische Basis des Einflusses von Kultur auf Transaktionen; in: Haferkamp (Hg.) 1989, S. 249-287

Lindenberg, Siegwart (1990b): Homo socio-oeconomicus. The emergence of a general model of man in the social sciences; in: Journal of institutional and theoretical economics 146, S. 727-748

Lindenberg, Siegwart (1992): An extended theory of institutions and contractual discipline; in: Journal of institutional and theoretical economics 148 (1992), S. 125-154

Lindenberg, Siegwart (1993a): Framing, empirical evidence, and applications; in: Herder-Dorneich/Schenk/Schmidtchen (Hg.) 1993, S. 1-38

Lindenberg, Siegwart (1993b): Rights to act and beliefs. Comment; in: Journal of Institutional and theoretical Economics 149, S. 233-239

Lindenberg, Siegwart (1996a): Die Relevanz theoriereicher Brückenannahmen; in: Kölner Zeitschrift für Soziologie und Sozialpsychologie, Jg. 48, S. 126-140

Lindenberg, Siegwart (1996b): Theoriegesteuerte Konkretisierung der Nutzentheorie. Eine Replik auf Kelle/Lüdemann und Opp/Friedrichs; in: Kölner Zeitschrift für Soziologie und Sozialpsychologie 48 H. 3, S. 560-565

Lindenberg, Siegwart/Coleman, James S./Nowak, Stefan (Hg.) (1986): Approaches to social theory; New York: Russell Sage Foundation

Lindenberg, Siegwart/Frey, Bruno S. (1993): Alternatives, frames, and relative prices: A broader view of rational choice; in: Acta Sociologica 36, S. 191-205

Lindenberg, Siegwart/Wippler, Reinhard (1978): Theorienvergleich: Elemente der Rekonstruktion; in: Hondrich/Matthes (Hg.) 1978, S. 219-231

Litt, Edgar (Hg.) (1966): The political Imagination. Dialogues in politics and political behavior; Scott, Foresman and Company

Lohmann, Karl Reinhard/Priddat, Birger P. (Hg.) (1997): Ökonomie und Moral. Beiträge zur Theorie ökonomischer Rationalität, München/Oldenbourg

Lorenz, Wilhelm (1986): Labor supply, household production and consumption: a diagrammatic presentation; in: Journal of Institutional Economics 142, S. 745-752

Luce, R. Duncan/Raiffa, Howard (1957): Games and decisions; New York: John Wiley & Sons

Lüdemann, Christian (1989): Das Makro-Mikro-Makro-Modell von James S. Coleman, Kontrollübertragungen und fremdenfeindliche Gewalt; in: Müller/Schmidt (Hg.) 1989, S. 157-179

Lüdemann, Christian (1995): Ökologisches Handeln und Schwellenwerte: Ergebnisse einer Studie zum Recycling-Verhalten; ZUMA-Nachrichten 18, S. 63-75

Lüdemann, Christian (1997): Rationalität und Umweltverhalten. Die Beispiele Recycling und Verkehrsmittelwahl; Wiesbaden

Lüdemann, Christian (2000): Normen, Sanktionen und soziale Kontrolle in der Theorie rationalen Handelns von James S. Coleman; in: Peters (Hg.) 2000, S. 87-110

Lüdemann, Christian/Rothgang, Heinz (1996): Der »eindimensionale« Akteur. Eine Kritik der Framing-Modelle von Siegwart Lindenberg und Hartmut Esser; in: Zeitschrift für Soziologie Jg. 25 Heft 4, S. 278-288

MacCrimmon, Kenneth R. (1968): Descriptive and normative implications of the decision-theory postulates; in: Borch/Mossin (Hg.) 1986, S. 3-32

MacCrimmon, Kenneth/Larsson, Stig (1979): Utility theory: axioms versus ›paradoxes‹; in: Allais/Hagen (Hg.) 1979, S. 333-409

Machina, Mark J. (1982): »Expected utility« analysis without the independence axiom; in: Econometrica 50, S. 277-323

Machina, Mark J. (1987): Choice under uncertainty: problems solved and unsolved; in: Economic Perspectives Vol. 1 No. 1, S. 121-154

Maier, Friederike (1993): Homo Oeconomicus – Zur geschlechtsspezifischen Konstruktion der Wirtschaftswissenschaften; in: PROKLA 4/93, S. 551-571

Manser, Marilyn/Brown, Murray (1980): Marriage and household decision making: a bargaining analysis; in: International Economic Review, 21(1) Feb. 1980, S. 31-44

Mantzavinos, Chrysostomos (2001): Individuals, institutions, and markets; Cambridge: Cambridge University Press

Mantzavinos, Chrystomos/North, Douglass C./Shariq, Syed (2001): Learning, change and economic performance; working paper, draft Nov. 2001, Max Planck Project Group Bonn

Marschak, Jacob (1950): Rational behavior, uncertain prospects, and measurable utility; in: Econometrica 18, S. 111-141

Marschak, Jacob (1979): Utilities, psychological values, and decision makers; in: Allais/Hagen (Hg.) 1979, S. 163-174

Marx, Karl (1984): Das Kapital. Kritik der Politischen Ökonomie. Erster Band. Buch I: Der Produktionsprozess des Kapitals; Berlin (Erstausgabe der 4. Aufl., hrsg. von Friedrich Engels, 1890)

Mayer, Karl Ulrich/Allmendinger, Jutta/Huinink, Johannes (Hg.) (1991): Vom Regen in die Traufe: Frauen zwischen Beruf und Familie; Frankfurt/New York

McClelland, David C. (1966): Die Leistungsgesellschaft. Psychologische Analyse der Voraussetzungen wirtschaftlicher Entwicklung; Stuttgart/Berlin/Köln/Mainz

McFadden, Daniel (2001): Economic choices; in: The American Economic Review Vol. 91 No. 3, S. 351-378

Mellor, D. H. (Hg.) (1990): Ramsay, Philosophical papers; Cambridge: Cambridge University Press

Michalitsch, Gabriele (2000): Jenseits des homo oeconomicus? Geschlechtergrenzen der neoklassischen Ökonomik; in: Krondorfer/Mostböck (Hg.) (2000), S. 91-104

Michalitsch, Gabriele (2003): Mann gegen Mann. Maskulinismen des neoklassischen Konkurrenzprinzips; in: Zeitschrift für Wirtschafts- und Unternehmensethik 4/1 (2003), S. 73-81

Mittelstrass, Jürgen (1990): Wirtschaftsethik oder der erklärte Abschied vom Ökonomismus auf philosophischen Wegen; in: Ulrich (Hg.) 1990, S. 17-38

Müller, Hans-Peter/Schmid, Michael (Hg.) (1998a): Norm, Herrschaft und Vertrauen. Beiträge zu James S. Colemans *Grundlagen der Sozialtheorie*; Opladen

Müller, Hans-Peter/Schmid, Michael (1998b): James Samuel Coleman, 12.05.1926-25.03.1995; in: Müller/Schmid (Hg.) 1998a, S. 7-25

Myers, Ramon H. (Hg.) (1996): The wealth of nations in the twentieth century. The policies and institutional determinants of economic development; California: Hoover Institiution Press

Nelson, Douglas/Silberberg, Eugene (1987): Ideology and legislator shirking; in: Economic Inquiry Vol. 25, S. 15-25

Neumann, John v./Morgenstern, Oskar (1961): Spieltheorie und wirtschaftliches Verhalten; Würzburg/Wien (Originalausgabe 1943)

Newman, Peter/Milgate, Murray/Eatwell, John (Hg.) (1992a): The New Palgrave Dictionary of Money & Finance, Band. 1: A-E; London: Macmillan Press/ New York: Stockton Press

Newman, Peter/Milgate, Murray/Eatwell, John (Hg.) (1992b): The New Palgrave Dictionary of Money & Finance, Band 2: F-M; London: Macmillan Press/ New York: Stockton Press

Nida-Rümelin, Julian (2000): The plurality of good reasons and the theory of practical rationality; in: Preyer/Peter (Hg.) (2000), S. 183-192

Nida-Rümelin, Julian/Schmidt, Thomas (2000): Rationalität in der praktischen Philosophie. Eine Einführung; Berlin

Niechoj, Torsten (2003): Kollektive Akteure zwischen Wettbewerb und Steuerung. Effizienz und Effektivität von Verhandlungssystemen aus ökonomischer und politikwissenschaftlicher Sicht; Marburg

Niechoj, Torsten/Wolf, Dorothee (2000): Der Mensch als Anpasser. Genese und Evolution von Ordnungen bei Hayek; Schrift No. 7 der Forschungsgruppe Politische Ökonomie; Marburg

North, Douglass C. (1984a): Government and the cost of exchange in history; in: Journal of Economic History 44, S. 255-264

North, Douglass C. (1984b): Transaction costs, institutions, and economic history; in: Journal of Institutional and Theoretical Economics, Jg. 140, S. 7-17

North, Douglass C. (1992a): Institutions and economic theory; in: The American Economist vol. 36, No. 1, S. 3-6

North, Douglass C. (1992b): Institutionen, institutioneller Wandel und Wirtschaftsleistung; Tübingen

North, Douglass C. (1993): Institutions and credible commitment; in: Journal of Institutional and Theoretical Economics (JITE) 149/1, S. 11-23

North, Douglass C. (1994a): Economic performance through time; in: The American Economic Review, Jg. 84, H. 3, S. 359-368

North, Douglass C. (1994b): The evolution of efficient markets in history; in: James/Thomas (Hg.) (1994), S. 257-264

North, Douglass C. (1996): Economic development in historical perspective the Western World; in: Myers (Hg.) (1996), S. 39-53

North, Douglass C. (1999): Hayeks Beitrag zum Verständnis des Prozesses wirtschaftlichen Wandels; in: Vanberg (Hg.), S. 57-78

North, Douglass C. (2000): Big-bang transformations of economic systems: an introductory note; in: Journal of Institutional and Theoretical Economics (JITE) 156/1, S. 3-8

North, Douglass C./Weingast, Barry W. (1989): The evolution of institutions governing public choice in 17th century England; in: Journal of economic history 49, S. 803-832

Nutzinger, Hans G. (Hg.) (1994): Wirtschaftsethische Perspektiven II. Unternehmen und Organisation, Philosophische Begründungen, Individuelle und kollektive Rationalität; Berlin

Olson, Mancur (1968): Die Logik des kollektiven Handelns. Kollektivgüter und die Theorie der Gruppen; Tübingen.

Opp, Karl-Dieter (1988): Contractual relations and weak solidarity: The behavioral basis of restraints an gain-maximization. Comment; in: Journal of Institutional and Theoretical Economics 144, S. 67-72

Opp, Karl-Dieter/Friedrichs, Jürgen (1996): Brückenannahmen, Produktionsfunktionen und die Messung von Präferenzen; in: Kölner Zeitschrift für Soziologie und Sozialpsychologie 48 H. 3, S. 546-559

Osherson, Daniel N./Smith, Edward E. (Hg.) (1990): Thinking. An invitation to cognitive science, Band 3; Cambridge: MIT Press

Ott, Notburga (1991): Die Wirkung politischer Maßnahmen auf die Familienbildung aus ökonomischer und verhandlungstheoretischer Sicht; in: Mayer/Allmendinger/Huinink (Hg.) 1991, S. 385-407

Ott, Notburga (1992): Der familienökonomische Ansatz von Gary S. Becker; in: Pies/Leschke (Hg.) 1992, S. 63-90

Ott, Notburga (1993): Die Rationalität innerfamilialer Entscheidungen als Beitrag zur Diskriminierung weiblicher Arbeit; in: Grözinger/Schubert/Backhaus (Hg.) 1993, S. 113-146

Packard, Dennis J. (1982): Cyclical preference logic; in: Theory and Decision 14, S. 415-426

Paulsen, Andreas (1949): Die Gestalt des Wirtschaftsmenschen in der theoretischen Nationalökonomie; Berlin

Penz, Reinhard (1992): Gary S. Beckers Economic Approach. Anmerkungen zum Nobelpreis 1992; in: Wirtschaftsdienst 12, 1992, S. 602-608

Peters, Helge (Hg.) (2000): Soziale Kontrolle. Zum Problem der Normkonformität in der Gesellschaft; Opladen

Pies, Ingo/Leschke, Martin (Hg.) (1992): Gary Beckers ökonomischer Imperialismus; Tübingen

Pollak, Robert A. (1985): A transaction cost approach to families and households; in: Journal of Economic Literature 23(2), June 1985, S. 81-608

Pollak, Robert A./Wachter, Michael L. (1975): The relevance of the household production function and its implications for the allocation of time; in: Journal of political Economy 83(2), April, S. 255-277

Preyer, Gerhard/Peter, Georg (Hg.) (2000): The contextualization of rationality; Paderborn

Priddat, Birger P. (1997): Moralischer Konsum: Über das Verhältnis von Rationalität, Präferenzen und Personen; in: Lohmann/Priddat (Hg.) 1997, S. 175-193

Priddat, Birger P. (1998a): Rationalität, Moral und Person; in: Gaertner (Hg.) 1998, S. 123-148

Priddat, Birger P. (1998b): Moral based rational man; in: Brieskorn/Wallacher (Hg.) 1998, S. 2-46

Priddat, Birger P. (1998c): Moralischer Konsum. 13 Lektionen über die Käuflichkeit; Stuttgart u. a.

Priddat, Birger P. (1998d): Moralischer Konsum. Brent Spar und die Vernunft; in: Priddat 1998c, S. 65-75

Priddat, Birger P. (1998e): Schlangestehen und Trinkgeldgeben. Warum handeln wir, wie wir handeln?; in: Priddat 1998c, S. 165-175

Priddat, Birger P. (2002): Theoriegeschichte der Wirtschaft *oeconomica/economics*; München

Priddat, Birger P. (2004a): »Heikle Epistemologie«: das Neue. Antwort auf U. Witt; in: Erwägen Wissen Ethik, Jg. 13

Priddat, Birger P. (2004b): Ökonomie als Kommunikation; working paper, Manuskript Jan. 2004, Witten/Herdecke

Prisching, Manfred (1993): Kommentar; in: Herder-Dorneich/Schenk/Schmidtchen (Hg.) 1993, S. 43-49

Puppe, Clemens (1991): Distorted probabilities and choice under risk; Berlin/Heidelberg/New York/London/Paris

Radner, Ronald (1981): Monitoring cooperative agreements in a repeated principal-agent-relationship; in: Econometrica 49, S. 1127-1148

Raiffa, Howard (1961): Risk, ambiguity, and the Savage axioms: comment; in Quarterly Journal of Economics 75, S. 690-694

Ramb, Bernd-Thomas (1993): Der universale homo oeconomicus. Die allgemeine Logik des menschlichen Handelns; in: Ramb/Tietzel (Hg.) 1993, S. 1-3

Ramb, Bernd-Thomas/Tietzel, Manfred (Hg.) (1993): Ökonomische Verhaltenstheorie; München

Ramsay, Frank P. (1926): Truth and Probability; Wiederabdruck in Mellor (Hg.) 1990, S. 52-109

Rawls, Ann Warfield (1992): Can rational choice be a foundation for social theory?; in: Theory and Society 21, S. 219-241

Regenhard, Ulla (Hg.) (1994): Ökonomische Theorien und Geschlechterverhältnis: der männliche Blick der Wirtschaftswissenschaft; Berlin

Reiß, Winfried (1992): Mikroökonomische Theorie. Historisch fundierte Einführung (unter Mitarbeit von Heide Reiß); München/Wien/Oldenbourg

Richter, Marcel K. (1987): Revealed preference theory; in: Eatwell/Milgate/Newman (Hg.) 1987d, S. 166-170

Richter, Rudolf/Furubotn, Eirik G. (1999): Neue Institutionenökonomik. Eine Einführung und kritische Würdigung; Tübingen

Rosch, Eleanor (1976): Basic objects in natural categories; in: Cognitive Psychology 8, S. 382-436

Ross, Samuel (1973): The economic theory of agency: the principal's problem; in: American Economic Review 63(2), S. 134-139

Rubinstein, Ariel (1998a): Bounded rationality in choice; in: Rubinstein (Hg.) 1998b, S. 7-24

Rubinstein, Ariel (Hg.) (1998b): Modeling bounded rationality; Cambridge, Massachusetts/London, England: MIT Press

Ryan, Alan (Hg.) (1990): The philosophy of social explanation; Oxford: Oxford University Press

Salop, Steven C. (1987): Evaluating uncertain evidence with Sir Thomas Bayes: A note for teachers; in: Economic Perspectives Vol. 1 No. 1, S. 155-160

Samuels, Warren J. (1981): The Pareto principle: Another view; in: Analyse & Kritik, Jg. 3, H. 1, S. 124-134

Samuelson, Paul A. (1938): A note on the pure theory of consumer's behavior; in: Economica 5, S. 61-71

Samuelson, Paul A. (1948): Consumption theory in terms of revealed preferences; in: Economica NS 15, S. 243-253

Samuelson, Paul A. (1952): Probability, utility, and the independence axiom; in: Econometrica 20, S. 670-678

Samuelson, Paul A. (1953): Consumption theorems in terms of overcompensation rather than indifference comparisons; in: Economica NS 20, S. 1-9

Savage, I. Richard (1987): Savage, Leonard J. (Jimmie); in: Eatwell/Milgate/Newman (Hg.) 1987d, S. 245-246

Savage, Leonard J. (1951): The theory of statistical decision; in: Journal of the American Statistical Association 46, S. 55-67

Savage, Leonard J. (1954): The Foundations of statistics; New York: John Wiley & Sons/London: Chapman & Hall, Limited

Savage, Leonard J. (1961): The Foundations of statistics reconsidered; in: Kyburg/Smokler (Hg.) 1964, S. 173-188

Savage, Leonard J. (1971): Elicitation of personal probabilities and expectations; in: Journal of the American Statistical Association 66, S. 783-801

Schefczyk, Michael (1999): Personen und Präferenzen; Marburg

Schlösser, Hans Jürgen (1992): Das Menschenbild in der Ökonomie: Die Problematik von Menschenbildern in den Sozialwissenschaften – dargestellt am Beispiel des homo oeconomicus in der Konsumtheorie; Köln

Schmid, Michael (1996): »There is, of course, only one social science«. Colemans allgemeine Sozialtheorie; in: Politische Vierteljahresschrift 37, S. 123-131

Schmid, Peter A. (1997): Ökonomische Rationalität und homo oeconomicus. Bericht über zwei Tagungen des Schweizerischen Arbeitskreises für ethische Forschung; in: Arbeitsblätter 1.97 (Nr. 37), herausgegeben vom Schweizerischen Arbeitskreis für ethische Forschung; Zürich, S. 73-84

Schmidt, Manfred G. (2000): Demokratietheorien; Opladen

Schmidt, Thomas (1995): Rationale Entscheidungstheorie und reale Personen. Eine kritische Einführung in die formale Theorie individueller Entscheidungen; Marburg

Schmidt, Thomas (1996): Klassische Erwartungsnutzentheorie. Status, Anwendbarkeit, Perspektiven; in: Druwe/Kunz (Hg.) 1996, S. 42-55

Schmitt, Annette (1996): Ist es rational, den Rational-Choice-Ansatz zur Analyse politischen andelns heranzuziehen?; in: Druwe/Kunz (Hg.) 1996, S. 106-126

Schramm, Michael (1996): Ist Gary S. Beckers ökonomischer Ansatz ein Taschenspielertrick? Sozialethische Überlegungen zum ökonomischen Imperialismus; in: Nutzinger (Hg.) 1996, S. 231-258

Schulte, Werner (Hg.) (1981): Soziologie in der Gesellschaft. Referate aus den Veranstaltungen beim 20. Deutschen Soziologentag; Bremen

Schumann, Jochen (1992): Grundzüge der mikroökonomischen Theorie; Berlin/ Heidelberg/New York/Tokyo

Schwinn, Thomas (1993): Besprechung von Hartmut Esser, Alltagshandeln und Verstehen. Zum Verhältnis von erklärender und verstehender Soziologie am Beispiel von Alfred Schütz und »Rational Choice«, 1991; in: Kölner Zeitschrift für Soziologie und Sozialpsychologie 45, S. 368-370

Seifert, Eberhard K./Priddat, Birger P. (Hg.) (1997): Neuorientierungen in der ökonomischen Theorie. Zur moralischen, institutionellen und evolutorischen Dimension des Wirtschaftens; Marburg

Selten, Reinhard (1978): The chain store paradox; in: Theory and Decision 9, S. 127-159

Selten, Reinhard (1990): Bounded rationality; in: Journal of Institutional and Theoretical Economics, Jg. 146, S. 649-658

Selten, Reinhard (2002): What is bounded rationality?; in: Gigerenzer/Selten (Hg.) (2002a), S. 13-36

Sen, Amartya Kumar (1977): Rational fools. A critique of the behavioral foundations of economic theory; in: Philosophy and Public Affairs, 6, S. 317-344

Sen, Amartya Kumar (1985): Entscheidungen, Präferenzen und Moral; in: Markl (Hg.), S. 186-199

Sen, Amartya Kumar (1987): Rational behavoir; in: Eatwell/Milgate/Newman (Hg.) 1987d, S. 68-76

Shafer, Glenn (1988): Savage revisited; in: Bell/Raiffa/Tversky (Hg.) 1988, S. 193-234

Sica, Alan (1992): The social world as a countinghouse. Coleman's irrational worldview; in: Theory and Society 21, S. 243-262

Simon, Herbert A. (1955): A behavioral model of rational choice; in: Quarterly Journal of Economics 69, Feb. 1955, S. 99-118

Simon, Herbert A. (1956): Rational choice and the structure of environment; in: Psychological Review 63 No. 2, S. 129-138

Simon, Herbert A. (1976): From substantive to procedural rationality, in: Latsis (Hg.) 1976, S. 129-148

Simon, Herbert A. (1978a): On how to decide what to do; in: Bell Journal of Economics 9/1978, S. 494-507

Simon, Herbert A. (1978b): Rationality as process and as product of thought; in: American Economic Review Vol. 68 No. 2, S. 1-16

Simon, Herbert A. (1979): Rational decision making in business organizations; in: American Economic Review. Papers and Proceedings 69, S. 493-513

Simon, Herbert A. (1976): From substantive to procedural rationality, in: Latsis (Hg.) 1976, S. 129-148

Simon, Herbert A. (1986a): The failure of armchair economics; in: Challenge, 11/12 (1986), S. 18-25

Simon, Herbert A. (1986b): Rationality in psychology and economics; in: Hogarth/Reder (Hg.) 1986, S. S209-S224

Slovic, Paul (1990): Choice. (Chapter 4); in: Osherson/Smith (Hg.) 1990, S. 89-116

Slovic, Paul/Lichtenstein, Sarah (1983): Preference reversals. A broader perspective; in: American Economic Review 73, S. 596-605

Slovic, Paul/Tversky, Amos (1974): Who accepts Savage's axiom? in: Behavioral Science Vol. 19, S. 368-373

Smelser, Neil J. (1990): Can individualism yield a sociology?; in: Contemporary Sociology 19, S. 778-783

Smith, Alasdair (1987): Einführung in die Volkswirtschaftslehre; München/Wien

Smith, Vernon L. (2003): Constructivist and ecological rationality in economics; in: The American Economic Review Vol. 93 No. 3, S. 465-508

Stigler, George J./Becker, Gary S. (1977): De gustibus non est disputandum; in: Becker 1996a, S. 50-76

Stiglitz, Joseph E. (1987): Principal and agent; in: Eatwell/Milgate/Newman (Hg.) (1987c), S. 966-972

Stinchcombe, Arthur L. (1992): Simmel systematized. James S. Coleman and the social forms of purposive action in his *Foundations of Social Theory*; in: Theory and Society 21, S. 183-202

Swann, G. M. Peter (1999): An economic analysis of taste. A review of Gary S. Becker: Accounting for tastes; in: International Journal of the Economics of Business, vol. 6 (1999), No. 2, S. 281-296

Tietzel, Manfred (1993): Kommentar; in: Herder-Dorneich/Schenk/Schmidtchen (Hg.) 1993, S. 39-42

Tietzel, Manfred (1998): Zur Theorie der Präferenzen; in: Boettcher/Herder-Dorneich/Schenk (Hg.) 1998, S. 38-71

Todt, Horst (Hg.) (1984): Normengeleitetes Verhalten in den Sozialwissenschaften; Berlin

Tuomela, Raimo (1993): Corporate intention and corporate action; in: Analyse & Kritik 15, S. 11-21

Tversky, Amos (1967): Utility theory and additivity analysis of risky choices; in: Journal of experimental psychology 75, S. 27-36

Tversky, Amos (1969): Intransitivity of preferences; in: Psychological Review 76, S. 31-48

Tversky, Amos (1975): A critique of the expected utility theory. Descriptive and normative considerations; in: Erkenntnis 9, S. 163-173

Tversky, Amos (1977): On the elicitation of preferences. Descriptive and prescriptive considerations; in: Bell/Keeney/Raiffa (Hg.) 1977, S. 209-222

Tversky, Amos/Kahneman, Daniel (1987): Rational choice and the framing of decisions; in: Hogarth/Reder (Hg.) 1987, S. 67-94

Tversky, Amos/Kahneman, Daniel (1988): Rational choice and the framing of decisions; in: Bell/Raiffa/Tversky (Hg.) 1988, S. 167-192

Tversky, Amos/Sattath, Shmuel/Slovic, Paul (1988): Contingent weighting in judgement and choice; in: Psychological Review Vol. 95 No. 3, S. 371-394

Tversky, Amos/Slovic, Paul/Kahneman, Daniel (1990): The causes of preference reversal; in: American Economic Review Vol. 80, S. 204-217

Ulrich, Peter (Hg.) (1990a): Auf der Suche nach einer modernen Wirtschaftsethik; Bern/Stuttgart

Ulrich, Peter (1990b): Wirtschaftsethik auf der Suche nach der verlorenen ökonomischen Vernunft; in: Ulrich (Hg.) 1990a, S. 179-226

Vanberg, Viktor (1979): Colemans Konzeption des korporativen Akteurs – Grundlegung einer Theorie sozialer Verbände; in: Coleman 1979b, S. 93-123

Vanberg, Viktor (1992): Zur ökonomischen Erklärung menschlichen Verhaltens; in: Pies/Leschke (Hg.) 1992, S. 141-146

Vanberg, Viktor (1988): Morality and economics. De moribus est disputandum; New Brunswick: Transaction Books (Social Philosophy and Policy Center, Original Papers No. 7)

Varian, Hal R. (1999): Grundzüge der Mikroökonomik; München/Wien

Vilks, Arnis (1991): Neoklassik, Gleichgewicht und Realität. Eine Untersuchung über die Grundlagen der Wirtschaftstheorie; Heidelberg

Voss, Thomas (1993): Besprechung von J. S. Coleman, Foundations of Social Theory, 1990; in: Kölner Zeitschrift für Soziologie und Sozialpsychologie 45, S. 366-368

Wallis, John H./North, Douglass C. (1986): Measuring the transaction sector in the American economy, 1870-1970; in: Engerman/Gallman (Hg.), S. 95-148

Wallsten, T. (Hg.) (1980): Cognitive processes in choice and decision behavior; Hillsdale, New Jersey: L. Erlbaum Associates

Walras Léon (1874): Elements d' économie politique pure ou théorie de la richesse sociale; Lausanne (u. a.)

Wegner, Gerhard (1992): Wissensnutzung in Märkten. Zur Unvereinbarkeit von Ordnungstheorie und Gleichgewichtstheorie; in: Jahrbuch für Sozialwissenschaft, Jg. 43, S. 44-64

Wegner, Gerhard (1997): Innovation, Komplexität und Erfolg. Zu einer ökonomischen Handlungstheorie des Neuen; in: Seifert/Priddat (Hg.) (1997), S. 181-204

Weise, Peter (1989): Homo oeconomicus und homo sociologicus. Die Schreckensmänner der Sozialwissenschaften; in: Zeitschrift für Soziologie, Jg. 18, Heft 2 (April), S. 148-161

Weise, Peter/Brandes, Wolfgang/Eger, Thomas/Kraft, Manfred (1993): Neue Mikroökonomie; Heidelberg

Weiß, Jens (1998): Subjektive Rationalität, Frames und Institutionen als Grundlagen moderner Rational-Choice-Theorie. Wittener Diskussionspapiere No. 5; Witten/Herdecke

Weiß, Jens (1999): Vetternwirtschaft heißt jetzt Netzwerk. Zur Politischen Ökonome von Seilschaften; in: Wolf et al. (Hg) 1999, S. 121-137

Weiß, Jens (2000): Umweltpolitik als Akteurshandeln. Eine Theorie der kooperativen Bearbeitung von Informations- und Verteilungsproblemen in der umweltpolitischen Steuerung; Marburg

Weiß, Johannes (1994): Reflexiver Individualismus; in: Soziologische Revue. Besprechung neuer Literatur 17, S. 285-289

White, Harrison (1988): Contractual relations and weak solidarity: the behavioral basis of restraints and gain-maximization. Comment; in: Journal of Institutional and Theoretical Economics 144, S. 59-66

White, Harrison (1990): Control to deny chance, but thereby muffling identity; in: Contemporary Sociology 19, S. 783-788

Wiese, Harald (2002): Mikroökonomik. Eine Einführung in 376 Aufgaben; Berlin/Heidelberg/New York

Willems, Ulrich (1996): Restriktionen und Chancen kollektiven Handelns. Eine Einführung in die Diskussion um Olsons ›Logik kollektiven Handelns‹ und ihre Probleme für Theorien der rationalen Wahl; in: Druwe/Kunz (Hg.) 1996, S. 127-153

Williamson, Oliver E. (1975): Markets and hierarchies: analysis and antitrust implications; New York: Free Press

Williamson, Oliver E. (1985): The economic institutions of capitalism; New York: Free Press

Williamson, Oliver E. (1990): A comparison of alternative approaches to economic organization; in: Journal of Institutional and Theoretical Economics, vol. 146, S. 61-71

Williamson, Oliver E./Winter, Sidney G. (Hg.) (1991): The nature of the firm. Origins, evolution, and development; Oxford: Oxford University Press

Winter, Sidney G. (1986): Comments on Arrow and on Lucas; in: Hogarth/Reder (Hg.) 1986, S. S427-S434

Wittgenstein, Ludwig (1984a): Philosophische Untersuchungen; in: Wittgenstein 1984b, S. 225-580

Wittgenstein, Ludwig (1984b): Werkausgabe Band 1; Frankfurt a.M.

Wolf, Dorothee (2000): Un-Ordnung durch Interessenorganisationen? F. A. von Hayeks Kritik kollektiver Akteure; Schrift No. 4 der Forschungsgruppe Politische Ökonomie; Marburg

Wolf, Dorothee/Reiner, Sabine/Eicker-Wolf, Kai (Hg.) (1999): Auf der Suche nach dem Kompass. Politische Ökonomie als Bahnsteigkarte fürs 21. Jahrhundert; Marburg

Wolfowitz, J. (1962): Bayesian inference and axioms of consistent decision; in: Econometrica 30, S. 470-479

Wright, Georg Henrik von (1987): Preferences; in: Eatwell/Milgate/Newman (Hg.) 1987c, S. 942-945

Zundel, Stefan (1995): Der methodologische Status der Rationalitätsannahme in der Ökonomie; Berlin